에밀 오를리크, 〈리허설 중인 코코슈카Kokoschka Rehearsing〉, 1919

오스카 코코슈카

세기의 예술가, 인간의 내면을 탐구한 색채의 철학자

| 일러 두기 |

1. 본문 중 대괄호([ ])는 이해를 돕고자 저자가 내용을 추가한 것이다.

2. 옮긴이의 주는 각주로, 저자의 주는 후주로 처리했다.

3. 본문에 나오는 그림은 오스카코코슈카재단 홈페이지(www.oskar-kokoschka.ch)에서 찾아볼 수 있다.

OSKAR KOKOSCHKA

Jahrhundertkünstler

오스카 코코슈카

세기의 예술가, 인간의 내면을 탐구한 색채의 철학자

뤼디거 괴르너

최호영·김하락 옮김

북캠퍼스

오스카 코코슈카

세기의 예술가, 인간의 내면을 탐구한 색채의 철학자

초판 1쇄	찍은 날 2024년 12월 1일	
초판 1쇄	펴낸 날 2024년 12월 13일	

지은이	뤼디거 괴르너
옮긴이	최호영·김하락
발행인	이원석
발행처	북캠퍼스
등록	2010년 1월 18일(제313-2010-14호)
주소	서울시 마포구 양화로 58 명지한강빌드웰 1208호
전화	070-8881-0037
팩스	02-322-0204
전자우편	kultur12@naver.com

편집	신상미
디자인	책은우주다
마케팅	임동건

ISBN	979-11-88571-23-9 04080
	979-11-88571-08-6 (Set)

이 도서의 국립중앙도서관 출판시도서목록(CIP)은 서지정보유통지원시스템 홈페이지 (http://seoji.nl.go.kr)와
국가자료공동목록시스템(http://www.nl.go.kr/kolisnet)에서 이용하실 수 있습니다.

내 붓이 당신에게 닿는 곳에서 당신은 내 것이 된다.

당신은 나의 전부이고 나 이상이며 나는 당신의 것이다.

태초의 아름다움, 세계의 여왕!

– 요한 볼프강 폰 괴테, '예술가의 인생행로Des Künstlers Erdewallen' (1773/1774)

여기서 우리가 아름다움으로 느낀 것은

곧 우리에게 진실로 다가올 것이다.

– 프리드리히 실러, 《예술가들Die Künstler》(1788)

형태에 익숙해진 눈: 아마 귀와 촉각도 마찬가지일 것이다.

– 프리드리히 니체, 《유고》(1884)

내 삶은 이렇게 빨리 지나가, 마야. 우리 예술가들의 인생이 그래. 우리가 알고 지낸 몇 년이 내게는 평생과도 같았어. 나 같은 사람에게 한가한 즐거움은 행복이 아니란 것을 점차 깨닫게 되었어. 나 같은 사람에게 인생은 그렇게 간단치 않아. 나는 쉬지 않고 일해야만 해. 마지막 날까지 작품을 만들고 또 만들어야만 해. (망설이면서) 그래서 더는 당신과 함께할 수 없어, 마야. 적어도 당신과만 있을 수는 없어.

– 헨리크 입센, 《우리 죽은 자들이 깨어날 때》(1899), 조각가 아르놀 루베크 교수의 대사

"모든 것이 어떻게 시작되었는지 살펴보자." 이렇게 오스카 코코슈카는 자서전[1]을 읽는 독자에게 때로는 미로와도 같았던 자신의 인생행로를 좇도록 권한다. 코코슈카는 그러면서 인간은 매 순간 다시 태어난다는 시인 요한 고트프리트 헤르더의 말을 떠올린다. 이제 코코슈카가 떠올리는 어린 시절의 인상 속에서 순수하게 시각적인 것이 어떻게 강조되는지를 살펴보자. "우리는 빛과 그림자로 된 창조의 기적을 이해하기 전에 먼저 세상을 응시한다. 눈으로 보면서 동시에 꿰뚫어 보지 못한다면 우리 주위는 계속 칠흑같이 깜깜할지 모른다."[2]

여기에서 무엇이 시작되었는가? 많은 예를 들 수 있어도 비슷한 예는 찾아볼 수 없는 한 예술가의 삶이 시작되었다. 이는 90년간 줄기차게 개성의 가치를 고집했던 삶, 집단적 자아 상실 시대에 또는 코코슈카가 말년의 인터뷰에서 강조한 것처럼 '대중화' 시대에 예술 행위를 통해 개인의 고유함을 확인하려는 삶이었다.

예술가가 시대를 표현하기 전에 시대가 예술가를 몰아낸다. 바로 이런 상태에서 사람들이 표현이라고 부르는 것이 생겨난다. 모든 표현에 앞서 인상, 즉 각인이 있다. 이 인상을 전달하고 다소 변형해서 모방하려는 욕망이 예술가에게 싹튼다. 바로 이것이 예술적 창작의 기초가 되는 원초적 모방의 상황이다.

코코슈카의 회상에 따르면 처음에는 공간 감각 또는 공간 인상 같은 것이 그에게 생겼고 그 안에서 유아용 침대의 난간과 여기에 걸린 그물의 '녹색 끈' 사이로 벽의 색깔과 꽃들과 흩어진 무늬를 보았다. 나중에 시각 학교를 설립하는 사람의 인생은 이렇게 시작되었다고 한다. 시각적인 원초적 장면이 산더미처럼 쌓인다. 특히 학생 오스카가 여선생 앞에서 무릎을 꿇고 벌을 받는 장면이 눈에 띈다. 여든다섯 살이 된 이 예술가의 설명에 따르면 이는 명확한 상징들로 장식된 첫 경험이었다. 코코슈카는 벌을 받으며 "[여선생의 노출된] 하얀 팔에 감긴 황금 팔찌의 빨간 눈을 가진 뱀 무늬를 응시했다".(ML, 34) 이는 어린 아담이 권위적이지만 선정적인 연상의 이브에게 벌과 유혹을 받는 장면이었다. 게다가 색은 소년에게 무엇과도 바꿀 수 없었다. 어느 크리스마스 날 소년은 물감을 선물로 받았다.

> 물감은 꿀맛이 났다. 나는 고대 전설에 관한 책에 있는 흑백 그림에 색을 칠하면서 붓을 핥고는 했다. 삶의 모든 것은 색이 있다. 그래서 나는 내가 가장 좋아하는 빨강, 초록, 노랑, 파랑으로 색칠을 했다.(ML, 39)

좋아하는 색은 있었지만 이탈리아 화가 조반니 바티스타 티에폴로의 분홍처럼 코코슈카의 작품을 지배한 단 하나의 색이 있지는 않았다.[3] 하지만 로코코 거장의 경쾌함과 스프레차투라^{sprezzatura}, 즉 인위적으로 보이지 않는 예술을 창조하는 경지는 일찌감치 코코슈카에게 큰 영감을 주었다.

사람들은 자서전을 읽을 때 이런저런 의구심을 품는다. 하지만 1898년 12월 후고 폰 호프만스탈에게 다음과 같이 쓴 해리 그라프 케슬러의 주장에 공감할 수도 있을 것이다. "그래도 자서전은 쓸모없지 않은 유일한 전기입니다. 인간에게는 사실 자체보다 사실이 남긴 인상만 중요합니다. 그리고 사실이 남긴 인상을 묘사할 수 있는 사람은 바로 자기 자신뿐입니다."[4]

　코코슈카는 "전기란 무엇인가?"라는 질문을 던지며 자서전의 앞머리에서 다음과 같이 수사학적 사변을 늘어놓는다. "사실을 가지고 저글링하기? 이상화하기?"(ML, 31) 삶에 관한 서술에서 금세 알 수 있듯 코코슈카는 삶의 진실이 지닌 색채를 보여주고자 했다. 물론 이는 기껏해야 삶에 관한 이런저런 진실들일 뿐이다. 아무리 믿을 만한 출처에만 의지하더라도 허구의 경계를 넘나든다는 인상은 완전히 지울 수는 없는 노릇이므로 자서전을 토대로 당시의 사건과 분위기를 진실하게 재구성하려는 노력은 계속될 수밖에 없다. 이는 무엇보다도 개인이 처한 시대 상황 속에서 개인을 이해하고 이를 토대로 당시의 관점에서 현재의 의미를 재구성하려는 시도이기 때문이다. 코코슈카가 아무리 회고록 《나의 인생Mein Leben》에서 자신의 인생을 해석할 권위를 주장하더라도 이 자서전은 결코 신뢰할 만한 전기 자료가 될 수 없다. 《나의 인생》은 오히려 그가 남긴 여러 산문 중 하나라 하겠다. 군데군데 뛰어난 문학성이 드러나는 코코슈카의 자서전에는 삶의 이야기와 이야기꾼으로서 재주가 한데 녹아 있다. 《나의 인생》은 또한 자화상으로 가득한 그의 다른 저작과 마찬가지로 오스카 코코슈카의 다재다능한 면모를 여실히 보여주는데, 그는 자기 자신을 무시하는 것 빼고는 거의 모든 것을 할 줄 아는 인물이었다. 1970년 3월, 코코슈카가 미술사가 프리츠 슈말렌바흐에게 털어놓기를 자신의 자서전에는 "일부는 참되고 일부는 꾸며낸 사건과 일화"가 담겨 있다고 했다. "저에게 과거나 기억이란 미래에 대한 상상만큼이나 무의미한 것이기 때문입니다. 저는 순간의 인간입니다."(Br Ⅳ, 222)

　《나의 인생》이라는 제목은 코코슈카의 인생에 예술이 담겨 있음을 시사한다. 실제로 여기에서 '인생'이란 평생에 걸친 예술 행위를 가리키는 이름이다. 그에게는 작품이 곧 인생이었고 인생이 곧 작품이었다.

우리는 이 책에서 "모순 속 인간"(콘라트 마이어)을 마주하게 될 것이다. 코코슈카는 표현주의 모더니스트이자 반인습주의자인 동시에 아방가르드 전통주의자였고 열정적인 교육자이자 제도의 비판자였다. 그는 또한 고국에 대한 애착심이 강한 망명자였다. 이데올로기적인 모든 것에 반대하면서도 망명 중에 멀리서나마 소련 공산주의에 어느 정도 공감했으며 아주 구체적인 삶의 위기의 순간에 자신의 작업실을 검은색으로 칠한 색채의 거장이었다. 우리는 이 책에서 한때 문제아이자 굶주린 예술가였던 코코슈카가 어떻게 부유한 세계시민이 되었는지 보게 될 것이다. 하지만 1919년 이후 한때 자신을 '예술가 중의 레닌'이라고 칭했던 그는 예술과 정치 문제에서 늘 깨어 있었다. 코코슈카는 추상을 거부하면서도 위대하고 압도적인 회화적 전통을 추상화하여 자신만의 양식을 찾아냈다.

이른바 미시사에서 그러하듯이 오스카 코코슈카의 하루나 한 달 또는 1년을 정확하게 재구성하고 싶은 마음이 들 수도 있겠다. 그러나 이러한 시도는 너무 억지스럽고 인위적이어서 이 예술가에게는 결코 어울리지 않는 데다 삶의 면면이 닮긴 코코슈카의 사진들과 경쟁하려는 듯한 인상을 줄지도 모른다. 코코슈카는 피카소와 더불어 당대에 가장 많은 사진을 찍은 예술가일 것이다. 이러한 사진 찍히기는 《나의 인생》과 마찬가지로 일종의 자기 묘사 또는 자기 연출에 해당하므로 코코슈카에게 어떤 의미를 지녔을지, 어떤 역할을 했을지 살펴보아야 한다. '꿰뚫어 보기'와 결부된 보기이든 아니든 코코슈카처럼 시각에 몰두하는 사람은 보이고 싶은 욕구 또는 자신을 바라보는 타인의 시선에 대해서도 나름의 견해를 가지고 있을 것이다.

'세기의 예술가, 인간의 내면을 탐구한 색채의 철학자' 오스카 코코슈카에 대한 시각을 넓히기 위해 '삶 속 작품'을 다루는 이 책에서는 삶을 중언하는 작품과 이야기를 비롯해 예술과 정치에 관한 그의 산문과 많은 양의 편지에 대한 평가 작업을 수행할 것이다. 우리는 코코슈카의 글에서도 색채와 시선이 장면을 지배하고 이런저런 시각에 대한 실험이 이루어지면서 기분을 자극하고 열정을 묘사하고 있음을 보게 될 것이다. 예를 들어 코코슈카가 알마 말러에게 쓴 편지는 단순히 개인의 성격을 드러내는 사이코그래프가 아니라 감정미학의 관점에서 중요한 연애편지이자 거의 한 세기에 걸친 그의 작품 일부로 이 책에서 다루어질 것이다.

세기의 예술가라는 명칭이 시사하는 바와 같이 오스카 코코슈카의 삶 속 작품과 작품 속 삶은 보편적 성격의 가능성과 문제점을 내포하고 있다. 이와 관련해 우리가 먼저 던질 질문은 다음과 같다. '근대성'이란 어떤 종류의 기준인가? 중기 작품에서 이 젊은 표현주의자는 어떤 모습으로 나타나는가? 그리고 후기 작품에서는 거칠고 사나운 기존의 모더니즘이 철회되었는가? 코코슈카는 제1차 세계대전에서 두 번이나 중상을 입고 건강이 좋지 않았는데도 거의 100년 가까이 살았다. 이렇게 길고 결코 평온하지 않았던 삶은 예술에 어떤 영향을 미쳤는가? 후기 작품은 전통주의적인 것으로밖에 평가할 수 없는가, 아니면 이는 단순히 코코슈카가 작품을 통해 구축했고 무수한 제자들에게 전수했던 바로 그 전통을 반영하는가?

고령의 예술가가 인생의 마지막 시기에 또다시 새로운 것을 창조하고자 급진적인 태도로 자신의 작품에 의문을 제기하는 것은 빈 모더니즘의 전형적인 행동이다. 젊은 후고 폰 호프만스탈의 희곡《티치아노의 죽음Der Tod des Tizian》에서 모습을 드러내지 않는 가공의 주인공이 그렇다. 늙고 급진적인 이 빈청년파Jung-Wien 르네상스 예술가는 궁정과 권력자들의 권모술수에 익숙했지만 모든 관습을 깨면서 마지막으로 자신의 예술을 포함한 모든 것을 걸고 모험을 감행한다. 이와 달리 코코슈카는 권력자들의 초상을 그리고 또 그렸다. 이러한 초상화 작업은 코코슈카에게 어떤 의미였을까? 만약 우리가 그 초상화를 시간의 흐름과 함께 인본주의라는 이념에 집중하게 된 예술관藝術觀처럼 취급한다면 이는 과연 정당할까?

(젊은 조형예술가 권터 그라스와 매우 유사하게) 1945년 이후 코코슈카의 작품에서 점점 더 뚜렷해진 추상에 대한 비판을 우리는 어떻게 이해하고 평가해야 할까? 아방가르드Avantgarde와 추상Abstraktion은 두운이 맞을 뿐만 아니라 서로의 조건이 된다는 명제가 언젠가 제기되었다. 그런데 이 명제도 음악의 아방가르드를 무조음악과 동일시하고 문학의 근대성을 내적 독백의 파괴나 무대 위에서 서로 딴소리하기, 서사 구조의 해체, 서정적 소재의 분할과 동일시한 것과 비슷한 도그마에 불과했을까? 코코슈카와 관련해 이러한 물음을 던지는 것은 그의 작품을 다른 관점에서, 즉 철저히 인본주의의 관점에서 고찰한다는 의미다. 코코슈카는 과연 추상이 인간적일 수 있는지, 아니면 인본주의나 명백히 인간 중심적 유산에 대한 또 다른 배신에 불과한지를 끊임없이 고민했기 때문이다.

이 예술가를 고찰하는 사람은 이 예술가가 자신의 삶을 위해 그리고 자신에 관한 장래 연구를 위해 고안해낸 인간 형상의 (또는 어쩌면 알마를 닮은) 실물 크기 인형을 떠올리지 않을 수 없다. 코코슈카가 알마 말러와 헤어진 후 알마 인형의 제작을 의뢰한 사실은 젠더 담론의 시대에 어떻게 해석해야 하는가? 그가 애무하고 결국에는 목을 베어버린 이 인형은 대리 만족을 위해 사랑의 대상을 물신화한 천박한 사례가 아닌가? 이러한 물음은 자칭 인본주의자인 코코슈카에 대한 평가를 (침울한 마음으로) 유보하게 한다.

미술사가 카를 아인슈타인은 기념비적 입문서 《20세기의 예술Die Kunst des 20. Jahrhunderts》(1926)에서 코코슈카를 "두 얼굴의 재능"[5]이라고 묘사하면서 다음과 같이 썼다.

코코슈카는 독창적인 아이디어와 특별한 정신적 해석과 오래된 조형 유산 사이를 끊임없이 표류한 화가다. 그는 때때로 압도당한 내면을 모방 기법으로 진정시키면서도 위대한 거장들과 거의 의식적인 경쟁을 벌이면서 새로운 종류의 감수성을 통해 풍부한 조형 유산을 되살리고자 노력했다.[6]

아인슈타인은 또한 더욱 분명한 어조로 코코슈카를 가리켜 "방황하는 많은 영혼을 매료시키는 복잡한 인재"이라고 명명하며 "그들의 표면적 혼란과 불안정하고 불충분한 시대성을 담아냈기 때문"이라고도 했다.[7]

우리가 여기에서 살펴보고 고찰하려는 작품은 얼마나 위대한 것인가! 일찌감치 인정받은 천재성이 사실이든 자화자찬이든 아니면 '가식적인 재능'이든 상관없이 코코슈카의 작품은 얼마나 뚜렷한 개성을 드러내며 그의 능력은 얼마나 인상적인가! 코코슈카의 예술적 능력은 다양한 영향을 받았을지언정 뚜렷하게 자기 자신에 기초한 창작 활동으로 받아들여졌다. 찬란한 파도가 넘실대는 바다를 사랑한 보헤미아 출신의 오스트리아인, 인간을 위한 세계 창조를 직관과 이성의 문제로 여겼던 예술가, 근대 예술가 중 유럽의 인본주의자로 불린 오스카 코코슈카의 삶과 작품은 여전히 사람들의 입에 오르내리고 있다.

스스로를 인상 깊게 묘사할 줄 알았고 사진 찍히기에 열심이었던 예술가를 우리는 어떻게 보아야 할까? '사진 찍다photos graphein'라는 말은 '빛으로 쓰다' 또는 '빛으로 쓰이다 또는 그려지다'라는 의미인데, 과연 오스카 코코슈카를 보는 우리의 시각은 그가 남긴 사진보다 더 많은 것을 제시할 수 있을까? 아니면 우리의 시각은 무언가 다른 것을 묘사하는 또 다른 시각이 되어야 할까?

이 책의 부제 가운데 '세기의 예술가'라는 표현을 통해 나는 코코슈카의 활기찬 창작 활동에 담긴 보편적이고 시대를 포괄하는 측면을, 아니 시대성 자체를 드러내고자 했다.

코코슈카의 경우 예술가라는 단어는 많은 것을 의미했다. 코코슈카는 색채와 형태의 창조자이자 조형예술가였을 뿐만 아니라 뛰어난 극작가이자 서사문학가였다. 그는 또한 자신의 삶을 기록할 줄 알았던 사람이자 이에 관한 훌륭한 교육자였는데, (문화) 정책에 관한 글이나 산문, 자서전 등을 남겼다. 이 지점에서 우리는 이런 창작 분야 간의 상호관계나 내용과 양식의 측면에서 존재하는 내적 관계를 묻지 않을 수 없다. 만약 이 책의 부제에 지나친 부담이 되지 않았다면 나는 '유럽'이라는 단어도 기꺼이 넣었을 것이다. 코코슈카의 인본주의적 자기 이해는 철저히 (그리고 본인의 의지와 상관없이) 유럽인 의식에 기초하기 때문이다. 그렇다고 해서 유럽인 의식이 그의 세계적 영향력에 걸림돌이 되지는 않았다. 중유럽의 뿌리를 평생 잊지 않은 것이야말로 코코슈카를 세계시민으로 만든 원동력이었다.

에른스트 바를라흐나 바실리 칸딘스키, 막스 베크만, 루트비히 마이트너, 알프레트 쿠빈, 쿠르트 슈비터스 등과 마찬가지로 코코슈카도 자신의 다양한 재능이 예술 자본이 되었다고 말했다. 예를 들어 "저 멀리 살굿빛 저녁 안개 속에 보랏빛 비가 내리네"[8]라고 노래한 시인 막스 다우텐다이처럼 시와 회화의 공존이 때로 바그너와 바그너 양식에서 영향받은 시와 음악의 공생을 대체했다. 이러한 공존은 언어와 도형 기호의 공존, 색채에 흠뻑 취한 시, 색채 형용사의 범람 등으로 나타났다. 특히 1912년에 베를린 카시러출판사에서 석판화 27점과 함께 출판되었고 7

년 후에 라이프치히에서 초연된 바를라흐의 초기 희곡 작품《죽은 날Der Tote Tag》에서는 비록 강조한 모티브는 다르지만 코코슈카와 겹치는 주제를 찾아볼 수 있다. 이 희곡에서 아들은 너무 지배적인 어머니 때문에 정체를 드러내지 않는 아버지에게 도달하지 못한다. 이와 비슷하게 코코슈카는 아버지와 단절된 관계로 괴로워했다. 코코슈카와 마찬가지로 바를라흐의 희곡에서는 언제 '살인자의 손'에 붙잡힐지 모를 어머니와 아들이 결국 스스로 목숨을 끊음으로써 그 손은 자기 자신을 향한다.[9]

코코슈카는 위에 언급한 동시대인과 달리 정치 이론과 역사에 박식했다. 코코슈카는 제러미 벤담의 공리주의부터 국가 주권 문제에 이르기까지 관심사가 다양했다. 그와 견줄 만한 수준의 예술가 중에서 이렇게 풍부한 전문 지식을 바탕으로 정치 현안을 논할 수 있는 사람은 없었다. 1935년에 정치 관련 저술에서 일찍이 코코슈카는 전체주의 국가는 "인간을 신민으로만 취급하므로 이런 국가의 목표와 생활공간은 전면전으로 이어질 수밖에 없다"[10]라고 주장하기도 했다. 코코슈카는 확고한 인본주의 신념을 바탕으로 정치에 초당파적으로 참여했다(그가 스탈린주의를 과소평가하거나 직시하려 하지 않은 이유는 나중에 다시 살펴보기로 하자). 미학적 측면에서 코코슈카의 인본주의와 총체예술˙은 감각 교육으로 수렴되었다. 코코슈카가 보기에 여러 예술 형식의 상호 연관성은 오감의 활성화와 감성적 지각 훈련을 보장하는 최적의 토대였다.

총체예술이라는 접근 방식은 또한 코코슈카의 표현 의지에서 비롯되었다. 코코슈카는 슈비터스풍의 콜라주에는 관심이 없었다. 비록 두 사람은 1910년에 창간된 표현주의 문예지《슈투름Der Sturm》을 통해 의

• 총체예술Gesamtkunstwerk이란 음악, 시, 무용, 건축, 회화 같은 다양한 예술 장르의 통일을 지향하는 예술이나 예술 작품을 가리키며, 이 개념을 확립한 바그너는 악극을 통해 총체예술을 구현하려 했다.

기투합하긴 했지만, 코코슈카가 원치 않은 것을 이해하려면 슈비터스의 미학 원칙부터 살펴야 한다.

제 목표는 모든 예술 형식을 예술적 통일체로 결합하는 메르츠 총체예술 Merzgesamtkunstwerk* 입니다. 저는 단어와 문장으로 이루어진 시들을 붙여서 리듬 있는 배열이 그림이 되게 했습니다. 또 거꾸로 사진과 그림을 붙여서 문장이 읽히게 했습니다. 저는 사진을 못으로 박아서 회화적 효과뿐만 아니라 조각처럼 입체감이 생기게 했습니다. 이는 예술 형식의 경계를 지우려는 시도였습니다.[11]

물론 코코슈카도 총체예술을 지향했지만 작품의 초현실적 패러디는 원치 않았다. 그는 조각들을 붙이거나 못으로 박는 데 관심이 없었다. 코코슈카에게 슈비터스풍의 콜라주는 조각들을 긁어모은 불완전한 작품으로 보였을 것이다. 코코슈카는 경계 지우기보다 형태와 색채의 상호작용이나 음악적 근원에 관심이 있었다. 다만 그는 그림이 '읽힐' 수도, 희곡이 시각적 사태가 될 수도 있음을 부정하지 않았다.

'세기의 작품을 향하여'란 무엇보다도 관찰자의 시각을 일정하게 조종하기보다는 자극하고 훈련하는 코코슈카의 그림으로 구현된 특정한 시각으로 나아가는 것을 뜻한다. 이러한 시각은 시와 회화의 상호작용, 초상화와 대화의 상호작용뿐만 아니라 색채의 음악화나 비판적 미학·정치 담론에 참여함을 의미한다. 코코슈카라는 세기의 현상을 관찰하기 시작하면 그 시대나 그와 시대의 관계에 관해 많은 것을 알 수 있다.

• 합리주의 문명에 저항한 다다이즘의 다다Dada가 사전에서 우연히 가져다 쓴 용어이듯이 슈비터스는 자신이 콜라주 작품에 사용한 인쇄물에 적힌 코메르츠방크Kommerzbank(상업은행)라는 단어에서 가져온 의미 없는 음절 '메르츠merz'를 이용해 자신만의 다다이즘을 메르츠 예술이라고 불렀다.

코코슈카는 1953년 스위스 빌뇌브에 정착할 때까지 위대한 롤 모델 요한 아모스 코메니우스처럼 떠돌이 생활을 했다. 우리는 코코슈카가 이 17세기 철학자처럼 떠돌이 생활을 하는 동안 예술 양식과 인생관에 어떠한 변화가 있었는지 살펴볼 예정이다. 우리는 푀흘라른을 비롯해 빈, 베를린, 드레스덴, 프라하, 런던, 잘츠부르크, 제네바 호수 등 예술가 오스카 코코슈카의 출생지나 생활 터전, 목적지였던 곳을 방문할 것이다. 우리는 인간의 초상화와 동물의 초상화 사이의 관계나 도시와 풍경의 관계 속에서 코코슈카를 조명하고 이와 결부된 추상에 대한 회의도 살펴볼 것이다.

우리는 전위파 예술가의 여정을 따라갈 것이다. 코코슈카는 망명 중에도 좌익 반항아로 통했지만 제2차 세계대전 중에는 런던에서 자유독일문화연맹 회장 등의 공적 활동을 수행했으며 정치와 사회 분야의 권력자들 얼굴에, 즉 골상학에 (예술적) 관심이 있었다. 코코슈카는 1945년 이후 정말로 문화보수주의자가 되었는가? 아니면 그가 잘츠부르크 국제여름미술아카데미에서 실천에 옮긴 시각 학교 구상은 막스 임달의 순수 시각 또는 '보는 시각'*으로까지 이어지고 근대에는 프란츠 카프카도 칭찬한 알프레트 리히트바르크의 예술교육관으로까지 소급되는[12] 근본적인 급진성을 잃지 않았는가? 과연 그에게 근대라는 말이 적절한가? 아니면 그의 모더니즘은 1945년 이후 복고적 전통주의로 전환되었는가? 코코슈카는 결국 아도르노의 표현대로 '영원이라는 미신'에 굴복했는가? 아니면 그는 평생 분리파로 남았는가?

코코슈카는 끊임없이 길을 나섰다. 그 목적지는 어디였는가? 많은

• 독일 미술사가 임달은 어떤 형태를 보면서 습관적으로 현실 속의 대상을 연상하는 '다시 알아보는 시각 wiedererkennendes Sehen'과 형태 자체를 순수하게 분석하는 '보는 시각sehendes Sehen'을 구분했다.

장소, 다양한 활동 무대가 그를 기다리고 있었다. 동시대인이 경험하듯 생기를 불어넣기 위해 현재 시제를 사용하려고 아무리 노력해도 회고일 수밖에 없는 오스카 코코슈카의 삶과 작품에 대한 이 고찰에서는 온갖 오류와 모순마저도 논리 정연하게 보인다. 그러나 목표 지향성을 가정하고 하나가 다른 하나의 원인일 것이라고 쉽게 단정하는 일이야말로 전기 작가가 빠질 수 있는 위험이다. 다들 알다시피 인생은 그렇게 흘러가지 않는다. 자기 인생의 전환점을 바로 그 자리에서 감지하기란 쉽지 않다. 어떤 결정을 내리기 전이나 내리는 순간에 또는 내린 후에 모든 가능성에 비추어 선택의 기회가 있었다거나 전혀 없었다는 사실을 깨닫기란 더더욱 쉽지 않다. 아무리 창조적인 사람이라도 전기에서 묘사되지 않는 회의와 절망의 시간이 있게 마련인데, 이는 대개 나태한 시기와 이에 대한 극복의 형태로 나타난다. 우리는 삶에서 논리 정연하고 간명한 것들이 아니라 다채롭고 다면적이며 예상치 못한 것들을 마주한다. 특히 오스카 코코슈카는 더더욱 그렇다. 이 예술가의 삶은 여러 면에서 러시아 전통 인형처럼 겹겹이 쌓여 있었다. 하나 안에 다른 하나가 숨어 있었다. 그의 삶에 그의 예술이 숨어 있었고, 그의 모든 그림에는 살아 있는 그의 눈이 붙어 있었다. 실제로 〈맨드릴개코원숭이 Mandrill〉를 포함해 그의 주요 작품들은 관찰자를 관찰하기도 한다. 아니, 이런 작품은 관찰자를 꿰뚫어 보면서 놓아주지 않고 계속 따라다닌다. 이런 그림은 우리가 모든 것을 새롭게 보는 법을 깨달을 때까지 우리를 응시한다. 코코슈카의 작품에 적용되는 것은 그의 삶에 관해 알려진 사실에도 그대로 적용된다. 그의 삶은 단순히 참여예술이 아니라 관찰자를 참여하게 만드는 예술을 낳았다. 부디 이 책이 그런 예술을 향해 가는 길이 되길 바란다. 또한 가는 길이 아무리 구불구불하더라도 부디 길을 잃지 않길 바란다.

차례

들어가며 — 세기의 작품을 향하여 6

1장 **길 위에서** 21

• 장인의 아들 23 • 젊은 야수 36

2장 **바람의 신부** 47

• 단단한 윤곽으로 그린 과대망상의 스케치 49 • "독특한 베를린" 58 • 사랑의 폭풍, 대양의 난파선 70 • 예술의 증인 게오르크 트라클 83 • 끝나지 않은 알마 피날레 89

3장 **전쟁과 예술** 97

• 릴케와의 만남 99 • 베를린, 드레스덴, 스톡홀름의 간주곡 107 • 신비주의자 오르페우스와 에우리디케 122 • 알마 인형 128

4장 **방랑자** 139

• 드레스덴 시절 141 • 떠나고, 그리고, 사랑하고 150 • 낯섦을 향해 172 • 기만의 시대와 정치적 시각 182 • 토마스 만과 오스카 코코슈카 191 • 창밖의 프라하 200 • 변함없이 변화하는 210

5장 **영국 망명**   213

• 런던으로 215 • 풍경의 위안 225 • 행동가의 정치적 관심 233 • 마이스키의 초
상화 235 • 무너진 기대 241 • 어린이를 위하여 246 • 보이지 않는 전망대 249

6장 **표현 형식으로서의 초상화**   253

• 전기로서의 초상화 255 • 얼굴 앞에서 266 • 음악의 초상 276 • 동물의 초상
285 • 권력의 초상 288 • 신화의 초상 293 • 서덜랜드가 처칠을 그렸을 때 301

7장 **만년의 삶과 시각 학교**   307

• 점진적 회복 또는 상실의 한가운데서 310 • 시각 학교, "자신의 눈을 떠라" 322
• 다시 쓰는 그림, 덧칠하는 언어 339 • 오스트리아, 상처와 영광의 땅 352

나가며 — 코메니우스, 영원한 스승 367
되돌아보며 384

주 390   **참고문헌** 412
감사의 말 425   **옮긴이의 말** 427
연보 431   **찾아보기** 435

1장

길 위에서

장인의 아들

도나우강 남쪽 강변에 있는 모스트피르텔 지구의 소도시 푀흘라른에서 시작되었다. 오스카 코코슈카는 이곳에서 1886년 3월 1일에 태어났다. 푀흘라른은 그에게 중요한 장소로 남았다. 이에 관해 코코슈카는 1936년에 다음과 같이 썼다. "내 요람은 (…) 라인강의 황금 보물을 지킨 유명한 니벨룽족의 베헬라렌*에 있었다. 그러나 내가 태어났을 때는 국고에 평가절하된 굴덴** 지폐만 있어서 나는 일찍부터 독립해서 생계를 위해 일하는 법을 배웠다."(DSW Ⅲ, 251) 코코슈카의 전형적인 문장이다. 글에서 그는 역사와 신화를 언급하며 이를 살짝 희화화해 당시 문제(1870년대 금융 위기로 화폐는 상대적으로 평가절하되고 국가의 금 보유고는 줄어들었다)와 결부한 후 자신의 문제로 돌아온다. 이 글은《니벨룽겐의 노래》제26장과 제27장의 모험담과 관련 있다. 보름스에서 온 니벨룽족의 왕과 수행원은 뤼디거 후작의 궁정에서 손님으로 접대를 받는다. 뤼디거 후작은 니벨룽족 일행과 함께 크림힐트와 훈족 왕 에첼의 결혼식이 열리는 빈으로 간 후 다시 그란(오늘날 헝가리 북부에 있는 에스테르곰)으로 이동해 그곳에서 니벨룽족 일행과 함께 파국을 맞는다. 이 기사 신화에서 비참한 결말이 닥치기 전에 푀흘라른은 소박하고 평화로운 분위기를 머금은 작은 마을이었다. 여담으로 덧붙이자면 마을 인근에는 사라예보사건***의 피해자인 프란츠 페르디난트 대공과 부인의 무덤이 있는 아르

● 베헬라렌은 푀흘라른의 옛 이름으로, 니벨룽족의 활동 무대였다. 니벨룽족은 게르만 신화에 나오는 난쟁이족이다.
●● 굴덴 Gulden은 14~19세기 독일에서 사용된 금화나 은화 또는 화폐 단위의 이름이다.
●●● 제1차 세계대전의 도화선이 된 사라예보사건은 1914년에 사라예보에서 오스트리아-헝가리 제국의 황위 계승자인 페르디난트 대공과 부인이 세르비아 민족주의 단체 소속 청년에게 암살당한 사건을 말한다.

츠테텐성이 있다. 예술에 무지한 대공 때문에 젊은 시절 코코슈카도 큰 피해를 볼 뻔했는데, 이에 관해서는 나중에 다시 언급하겠다.

오스카는 첫돌 때까지만 푀흘라른의 레겐스부르거 슈트라세 29번지에서 살았다. 이 짧은 시간은 나중에 특히 여러 차례에 걸친 텔레비전 인터뷰에서 그가 고향의 매우 촌스러운 말투를 정확히 구사하며 출생지를 신화화하기에 충분한 시간이었다. 아버지 구스타프 요제프 코코슈카(1840~1923)는 금세공업의 오랜 전통을 지닌 프라하 가문 출신으로서 지역 보석상에서 시계 외판원으로 일했다. 구스타프는 프라하를 떠난 후 푀흘라른이라는 촌구석에서 고전을 면치 못한 듯하다. 구스타프의 가족은 가문의 전통에 비해 사회적으로 몰락한 처지였으므로 가장에게 빈에서 더 나은 일자리가 생길 때까지 푀흘라른에서 대기 중이었을 것이다. 더 자세한 것은 알 수 없다. 다만 코코슈카가 이에 관해 자서전에서 언급한 내용이 있을 뿐이다.(ML, 39~40) 오스카가 훗날 아버지에 관해 남긴 가장 유쾌한 이야기는 드레스덴에서 요양 중이던 아들을 아버지가 방문했을 때 어머니에게 쓴 1918년 7월 27일 자 편지에서다. "놀랍게도 [아버지는] 정신이 말짱하고 매사에 활기찬 관심과 기억력을 가지고 있었어요. 아버지는 매우 인간적이기 때문에 제게는 여기에 있는 지인들보다 아버지가 더 편안한 친구 같아요."[1]

오스카가 보헤미아의 수도 프라하에 있는 브렌테가세를 처음으로 방문했을 때 찾은 듯한 "작업장과 상점이 딸린" 아버지의 집은 원래 어느 부유한 귀족의 집이었다. 오스카의 할아버지 바츨라프 코코슈카는 프라하에서 북서쪽으로 약 65킬로미터 떨어진 라치네베스 마을에서 1810년에 태어나 스물여섯 살에 금세공인으로 프라하에 정착했다. 프라하에서 바츨라프는 지역 금세공인의 딸인 테레제 요제파 쉬츠와 결혼했다. 코코슈카의 아버지 구스타프 요제프는 1840년에 태어났다. 그는 꽤 일찌감치 금세공인이라는 가업을 이어받기로 했을 것이다. 오스카 코코슈카의 장인 카렐 B. 팔코프스키는 계보 연구에 능했다. 팔코프스키는 코코슈카의 족보를 추적했다. 아마도 자신의 어린 딸을 맡길 사람이 어떤 인물인지 자세히 알고 싶었기 때문일 것이다.

코코슈카는 프라하국립미술관에서 크비도 마네스(1828~1880)의 〈금세공인Goldsmith〉(1861)을 발견하고 자신의 할아버지를 떠올렸다. 낭만파 화가 슈피츠베크풍으로 금세공인을 묘사한 그림을 코코슈카는 할아버지 바츨라프의 초상일 것이라고 생각했다. 코코슈카 가문은 의심할 여지 없이 명망이 있었으므로 초상화를 남길 만했기 때문이다. 안토닌 드보르자크와 프란티셰크 스메타나와 같은 체코 음악가들도 브렌테가세에 있던 코코슈카 가문의 저택에서 교류를 나눌 정도였다. 오스카의 아버지와 할아버지는 흐라트차니 구역에 있는 고딕 양식의 성벤체슬라스예배당을 복구하는 데도 참여했는데, 이는 두 사람이 장인으로서 어느 정도 위치였는지 잘 보여준다. 1873년 빈 주식시장의 붕괴와 1878년 이후 보스니아 위기로 경제가 어려움에 처하자 구스타프 코코슈카는 프라하에 있던 아버지의 집을 팔고 사업을 접을 수밖에 없었다. 그러나 곧 둘째 아들에게서 발현될 장인의 솜씨는 아버지의 영원한 유산으로 남았다. 1898년 8월 28일 자《노이에프라이에프레세Neue Freie Presse》기고문에서 건축가 아돌프 로스는 다음과 같이 냉정하게 잘라 말했다. "대중은 콧대 높은 장인을 원치 않는다." 아돌프 로스에 따르면 진정한 것, 왜곡되지 않은 것은 장인의 솜씨에서만 찾을 수 있었다. 하지만 로스가 대안으로 제시한 이상은 다음과 같았다. "영국인은 우리에게 벽지를 가져왔다. (…) 이는 뻔뻔하게도 종이로 된 벽지다." 물론 영국인도 교양 없는 졸부는 아니라고 한다. "영국인은 양복도 모직으로 해 입는데 이를 기꺼이 과시한다. 만약 의류 산업을 빈이 주도한다면 우리는 양모를 벨벳과 새틴처럼 짤 것이다." 결국 겉모습으로 졸부가 결정된다. 이런 망상을 깨기 위해 조만간 청년 오스카 코코슈카가 나설 것이다. 참고로 시인이자 극작가인 후고 폰 호프만스탈의 이야기를 덧붙여보자. 빈 모더니스트 중에서 대표적 영국 예찬가로 꼽히는 호프만스탈은 제1차 세계대전 직후 오스트리아 장인협회 회원을 대상으로 한 강연에서 '재건을 위한 우리 공예의 중요성Die Bedeutung unseres Kunstgewerbes für den Wiederaufbau'(1919)을 강조하면서 건축가 오토 바그너도 배척한 '장식'에 적절히 초점을 맞춘 공예가 오스트리아인의 정체성 형성에 이바지할 것이라고 주장하기까지 했다.[2]

코코슈카의 어머니 마리아 로마나(1861~1934. 결혼 전 성은 로이들이다)는 니더외스터라이히주 알프스산맥 깊은 골짜기에 있는 홀렌슈타인 출신이다. 마리아는 아들에게 향토적인 것에 관한 관심을 비롯해 소박함과 단순함, 검소함에 대한 감각을 심어준 듯하다. 마리아는 실용적인 것을 좋아했다. 그녀는 홀렌슈타인보다 약간 큰 마을인 푀흘라른에 잘 적응한 것으로 보인다. 다만 1934년 7월에 빈에서 사망한 마리아가 홀렌슈타인에 묻혔다는 사실은 시사하는 바가 크다. 빈은 그녀에게는 평생 낯선 도시였다. 오스카와 보후슬라프(1892~1976)•는 상당한 비용을 들여 홀렌슈타인에 특별히 예배당을 짓고 그 언덕에 어머니를 안장했다. 마리아가 사망한 해에 오스트리아는 거의 내전 상태나 다름없었다. 코코슈카에 따르면 어머니는 엥겔베르트 돌푸스 정권의 정부군이 빈 노동자 거주 지역에 발포한 데 특히 경악했다. 또한 어머니의 장례식이 있던 달에는 오스트리아의 나치 세력이 쿠데타를 일으켰으나 실패했는데, 이 쿠데타로 돌푸스는 1934년 7월 25일에 연방 총리실에서 살해당

• 오스카는 3남 1녀 중 둘째였으며 장남은 오스카가 한 살 때 사망했다.

했다. 이제 제1공화국은 니벨룽족처럼 몰락을 앞두고 있었다.

구스타프 코코슈카와 마리아 로이들이 어디서 어떻게 만났는지는 알 수 없다. 이 두 사람에게도 오스카의 엄청난 재능은 수수께끼와 같았을 것이다. 하지만 적어도 마리아는 오스카를 신의 선물로 여기며 지원을 아끼지 않은 듯 보인다. 당시 소시민들은 자신이 직면한 현실을 운명처럼 있는 그대로 받아들이는 데 익숙했다. 부부가 함께 찍은 사진에서는 너무나도 다른 둘의 모습을 확인할 수 있다. 위풍당당한 턱수염과 꽤 고상한 풍채를 뽐내는 아버지 곁에 내성적이고 수줍은 듯하며 촌스럽고 둥근 얼굴로, 당시 이상적인 여성상과는 거리가 먼 어머니가 있었다. 부부는 첫 아이를 일찍 보내고 그 슬픔을 함께 짊어진 것 같다. 어린 오스카의 눈에는 시간 장사꾼처럼 보였을 아버지는 시계를 팔러 각지를 돌아다니며 자주 집을 비웠다. 그런데도 부부는 세 자식을 각자의 특성에 맞게 뒷바라지했으며 아이들에게 안정감을 주었다.

코코슈카Kokoschka라는 성은 슬라브어로만 들리는 게 아니다. 러시아어로 숨을 강하게 내쉬며 발음하는 кукушк(쿠쿠시카)는 '뻐꾸기'를 뜻한다. 뻐꾸기는 다른 새의 둥지에 알을 낳아 대신 품어 기르게 하는 새로 잘 알려져 있다. 뻐꾸기의 지저귐에는 규칙이 있는데,《소년의 이상한 뿔피리Des Knaben Wunderhorn》에 실린 뻐꾸기와 밤꾀꼬리의 경쟁을 노래한 민요에는 다음과 같은 가사가 있다. "그러자 뻐꾸기가 잽싸게 이어받네/노래는 3화음, 4화음, 5화음으로 이어지네." 그런가 하면 코코슈카는 자신의 출생연도를 1887년으로 (어쩌면 일부러) 잘못 적은 편지에서 말 많은 "러시아 조상"을 언급하기도 했다.(Br I, 10)

푀흘라른 근처에는 마리아 로마나의 형제가 운영하는 제재소가 있었다. 오스카가 태어난 다음 날 밤에 이 작은 마을에 큰 화재가 발생했다. 어린 시절 오스카는 상상 속에서 이 화재를 트로이의 화재와 연관

짓기도 했다. 당시 불꽃이 튀어 오른손에 흉터가 생겼다고 한다. 코코
슈카는 뜻밖에도 다음과 같이 고백하기도 했다. "나는 무엇보다도 불을
사랑한다."(ML. 41) 아마도 소크라테스 이전 사람들이 믿었던 4원소 중
하나인 프로메테우스의 불이 요람에 옮겨붙었고 이로 인해 "위험하게
살라"는 니체의 좌우명이 그의 가슴에 와닿은 듯하다. 1886년 3월 1일
에서 2일로 넘어가는 밤에 니벨룽족의 운명과 같은 파국을 몰고 온 푀
흘라른 대화재 속에서 기이하게도 누군가는 태어나고 누군가는 사망했
다. 당시 니체는 외진 질스마리아에서 다음과 같이 읊었다. "그렇다! 나
는 안다, 내가 어디서 왔는지를!/불꽃처럼 굶주린 채/나는 불타오르면
서 나를 집어삼킨다./내가 잡으면 모든 것이 빛이 되고,/내가 놓으면
모든 것이 숯이 되니,/틀림없이 나는 불꽃이다."* 이 모티브는《디오니
소스 찬가》에서 '불의 징표'로서 다시 한번 등장한다. "내 영혼 자체가
이 불꽃이네, /새로운 먼 곳을 끊임없이 갈망하면서/위로, 위로 은은한
불빛이 타오른다." 그사이 증명된 바에 따르면 푀흘라른 대화재 이야기
는 비록 시사하는 바가 적지 않지만 코코슈카가 빨간색을 가장 좋아하
게 된 연유를 밝히기 위해 지어낸 설화다.[3]

　　오스카가 한 살일 때 가족은 푀흘라른에서 160킬로미터 떨어진 군
주국의 중심부 빈으로 이사했는데, 이때 두 살 반이던 장남 구스타프가
죽는 비극이 발생했다. 이 사건을 제외하면 빈의 외곽에 자리를 잡은
코코슈카 가족은 몇 년간 비교적 평화롭게 지냈다. 적어도 오스카에게
는 미로 같은 정원과 초원과 들판만이 소년들을 기다리던 이곳이 싫을
이유가 없었다. 오스카는 베링에 있는 국립실업학교에서 지적으로 상
당히 영향을 받은 최초의 경험을 했다. 이 학교는 현대 외국어를 가르

• 니체가 '이 사람을 보라Ecce homo'라는 제목으로 쓴 짧은 시다.

쳤는데 당시로서는 드문 일이었다. 현대 외국어 수업은 오스카에게 평생 큰 도움이 되었다. 학교에서 특히 두 교사가 그를 지원해주었다. 미술 교사 요한 쇼버는 제자의 예술가 소질을 일찌감치 알아보았다. 체르니우치의 랍비 집안 출신으로 당시 오스트리아 셰익스피어학회장이던 레온 켈너 박사는 코코슈카에게 "영국에 대한 호감"을 심어주었다.(ML, 43) 수업 교재 중 하나였던 《일러스트레이티드런던뉴스》라는 주간지에는 무엇보다도 고고학의 최근 발굴에 관한 기고문과 함께 밀라의 아프로디테 조각상 사진이 실려 있었다. 이를 회고하면서 코코슈카는 다음과 같이 말했다. "그리스인이 여신을 숭배한 사실을 내가 어렸을 때 알았더라면 틀림없이 나는 미적지근한 기독교도가 아니라 독실한 이교도가 되었을 것이다. 이렇게 고대 예술에 대한 사랑이 관능적인 체험으로 싹트기 시작했다."(ML, 44) 켈너는 오스카를 매우 높이 평가한 듯하다. 1905년 12월에 이 학생이 켈너 선생에게 보낸 편지에는 흥미롭게도 학생의 다음과 같은 자기 평가도 담겨 있었다. "그러나 빈의 비평가들에게 저를 소개하겠다는 선생님의 친절한 제안은 아직 받아들일 수 없습니다. 저는 아직 미숙하고 공개적으로 나서기에는 제가 정말로 원하는 것이 무엇인지 아직 불분명합니다."(Br I, 5) 1년 후에 두 사람의 관계는 더욱 막역해졌는지 오스카는 이 선생에게 거리낌 없이 이렇게 썼다. "저는 현재 학교에 썩 만족하지 못하고 있습니다. 특별 학생으로서 제가 원하는 대로 특별한 자질에 맞게 재능을 키울 수 있으리라 믿었습니다. 그러나 이제는 학교가 학생의 개성을 장려하고 성장시키기보다 학교 성적과 시스템 관리만 중요시하고 있다는 느낌을 받습니다."(Br I, 6)

코코슈카에 따르면 1898~1899년 무렵 소년합창단원으로 활동할 때 그는 처음으로 심오하고 실존적인 예술 체험을 했다. 그가 나중에 여러 예술의 상호작용과 이것이 감각 교육에 미치는 영향을 그토록 강조한 까닭도 이와 어느 정도 관련이 있을 것이다. 사춘기에 들어선 오스카는 빈의 요제프슈타트에 있는 마리아트로이피아리스트교회에서 천장화를 바라보면서 말 그대로 압도당하고 말았다. 교회에는 1861년에 안톤 브루크너가 작곡 실기 시험을 탁월한 점수로 통과했을 때 연주한 오르간이 그대로 놓여 있었다. 교회 천장화는 오스트리아 바로크미술의 거장 프란츠 안톤 마울베르치가 그렸다. 이 18세기 화가가 마리아의 승천을 묘사한 그림을 보면서 어린 코코슈카는 뒤얽힌 형체들과 물 흐르듯 유려한 묘사, 형태보다 더 강조된 색채 등에 충격을 받았다.

코코슈카는 격렬한 자기 극화의 하나로 기억 속 이 강렬한 순간을 "모차르트 미사곡의 독창 부분을 부르던 중에" 깨달은 변성기와 연결 지었다.(ML, 46)

변성기에 접어든 코코슈카는 한동안 노래에 흥미를 잃게 되었지만 여전히 음악은 즐겨 들었다. 노래 대신에 이제 그에게는 색채 유희와 시각 학교가 시작되었다. 코코슈카는 또한 물질과 화학에도 관심을 보였다. "원래는 화학을 전공하려고 했다. 세포, 분자, 유기물과 무기물의 세계, 자연의 신비를 파우스트처럼 맹렬하게 파헤치고 싶은 충동이 들었다."(ML, 45) 그러나 과학 교사는 파우스트의 길을 따르려는 제자를 말렸다. 제자의 '특별한 소질', 즉 비범한 재능을 알아챈 미술 교사 쇼버 덕분에 오스카는 국가 장학금을 받고 공예학교*에 입학할 수 있었다. 당시 낙방생 중에 아돌프 히틀러도 있었다고 한다. 코코슈카는 검증 불가능한 이런 사정 때문에 특히 런던에서 망명 생활을 하던 시기에 (실제로 또는 환상 속) 죄책감에 시달렸다고 하는데, 이에 관해 작가 엘리아스 카네티는 다음과 같이 전한다.

• 공예학교Kunstgewerbeschule는 독일어권 국가에 있었던 고등 직업 예술 학교였다.

(…) 그는 나와 있은 지 30분도 안 돼서 황당한 죄책감을 털어놓았다. 원래 화가가 되려던 히틀러가 정치가가 된 게 자기 탓이니 전쟁도 자기 탓이라는 얘기였다. 오스카 코코슈카와 히틀러는 빈 아카데미에 똑같이 장학금을 신청했다. 코코슈카는 장학금을 받았지만 히틀러는 받지 못했다. 만약 히틀러가 코코슈카 대신에 입학했다면 히틀러는 정치에 입문하지도 않았을 것이고 나치당도 없었을 것이며 전쟁도 일어나지 않았을 것이다. 그래서 코코슈카는 전쟁에 죄책감을 느꼈다. 코코슈카는 평소보다 훨씬 강한 어조로 마치 주문을 외우듯이 수차례에 걸쳐 같은 말을 되풀이했다. 전혀 다른 주제에 관해 이야기하다가도 다시 이를 언급했는데, 나는 코코슈카가 히틀러의 관점에서 말하는 듯한 기괴한 인상을 받았다.[4]

이는 매우 이상한 장면이다. 설령 카네티의 평가를 전적으로 따르지 않더라도 여기서 우리는 일부 피해자가 이데올로기적 성격을 띤 이 전례 없는 문명 파괴의 주범과 심리적으로 매우 강력하게 얽혀 있다는 사실을 재차 확인할 수 있다. 토마스 만도 이와 비슷한 사례다. 특히 1939년 초에 발표해 망명자들 사이에서 격렬한 논쟁을 불러일으킨 에세이 '형제 히틀러'가 그렇다. 예술과 정치의 '조작 원리'를 비교한 이 에세이에서 토마스 만은 예술가와 권력 미학의 수단을 사용하는 정치가 사이에 매우 난감하게도 유사성이 존재한다고 결론짓는다. 어쨌든 일부 지적에 따르면 젊은 시절 히틀러는 빈에서 발행된 신문 문예란에 실린 냉혹한 만의 예술비평을 읽었을 것이며 그 어휘가 25년 후에 "모더니즘을 박해하는" 표어로 둔갑했다고 한다.[5]

다섯 살 위인 소설가 슈테판 츠바이크와 달리 코코슈카는 19세기 말부터 제1차 세계대전까지를 '안전의 세계'로 보지 않았다.[6] 코코슈카는 산업화로 인한 동요, 생산공정 가속화로 인한 수공업이나 공예의 종말, 당시 재정 정책의 건전성 부족에 주목했다. 그러나 코코슈카도 츠바이크와 마찬가지로 전쟁 전 오스트리아는 학교에서 학생과 교사의 인종 구성이 매우 다양할 정도로 일종의 '문화 공동체'였다고 주장했다. "빈의 베링에 있는 자그마한 실업학교에서 내가 세계에 관해 알게 된 것은 같은 시기 식민지를 관리하는 부모를 둔 영국 학생이 낯선 대륙에 관해 알게 된 것과 사실상 크게 다르지 않았다."(ML, 46)

1906년 스무 살이 된 오스카 코코슈카는 일본 목판화에 관심을 두었다.[7] 니더외스터라이히주 라싱에 살던 외삼촌 안톤 로이들의 가족은 초상 그리기에 눈을 뜬 오스카에게 좋은 모델이었다. 1906년 6월경 실내악을 연주하는 가족을 그린 초상 스케치에는 악기와 음표가 추상적으로만 표시되어 있는데, 이러한 미묘한 암시가 스케치에 은은한 울림을 더한다. 이 같은 기법은 베이스 플뤼겔호른 연주자를 그린 〈쿠퍼, 일명 블라클 농부Bauer Kupfer, vulgo Blachl〉라는 습작에서 가장 인상적으로 드러난다. 〈쿠퍼, 일명 블라클 농부〉를 보고 있으면 연주 장면이 말 그대로 눈과 귀로 전달되는 듯하다. 이러한 습작들은 코코슈카가 어린 시절 마울베르치에게서 받은 인상과 함께 〈음악의 힘Die Macht der Musik〉(1920)을 예비하고 있었다.

전조와 여파는 주장하기는 쉬워도 설득력 있게 증명하기는 쉽지 않다. 예술가의 잠재의식에 남아 있는 여파나 예술가에게 각인된 인상 등은 오직 창작 활동을 할 때마다 특정 측면에서만 작품으로 구현된다. 가령 코코슈카는 공예학교에 다녔으며 그 영향을 받아 (19세기 말 영국에서 윌리엄 모리스를 중심으로 일어난 미술공예운동과 유사한) 빈공방 모임에 참여했다는 주장은 무슨 의미가 있는가? 코코슈카의 스승 카를 오토 체슈카는 제자의 비범한 재능을 알아보고 그를 빈공방의 요제프 호프만에게 추천했다. 빈공방 모임은 예술지상주의에 반대하며 예술의 실용적 중요성과 사용가치, 특히 예술의 수공업적 토대를 중시한 작업을 했다. 1908~1909년 코코슈카는 그림엽서를 비롯해 이와 비슷한 장식 그림, 부채, 포스터 등을 제작했다. 게다가 코코슈카는 책의 표지나 삽화, 장서표까지 디자인했다. 이를 통해 젊은 코코슈카는 재료와 공정에 대한 세부 지식을 터득했으나 영감을 받은 중요한 순간에는 이런 수작업 기술과 거리를 둘 수 있었다. 그는 빈공방의 동료들처럼 재료에 얽매이지 않았다. 빈 분리파 화가 구스타프 클림트에게 '경의를 표하며 헌정한' 그림책《꿈꾸는 소년들Die träumenden Knaben》(1907/1908)의 삽화에서는 라싱의 연주자와 같은 코코슈카의 초기 초상화 작품과 달리 빈공방의 영향을 확인할 수 있다.《꿈꾸는 소년들》은 목화 재벌이자 예술 후원자인 프리츠 베른도르퍼(1868~1939)가 주문한 책이다. 작가 헤르만 바르를 통해 빈 분리파인 요제프 호프만, 구스타프 클림트, 콜로만 모저를 소개받은 프리츠 베른도르퍼는 빈공방을 설립하는 데 자금을 지원했다. 나중에 코코슈카는《꿈꾸는 소년들》이 학우 릴리트 랑(1891~1952)에게 보내는 연애편지를 간접적으로 표현한 것이라고 했다.《꿈꾸는 소년들》은 코코슈카가 처음으로 정식 발표한 도판 작품이자 연애사가 처음 등장한 작품이기도 하다. 그러나 1908년에《꿈꾸는 소년들》을 발표할 당시 릴리트 랑과의 연애는 이미 끝난 상태였다. 코코슈카가 훗날 "자유로운 회화 시"(ML, 52)라고 불렀던 이 꿈에 관해 조금 더 이야기해보자.

누가 무엇을 꿈꾸는가? 소년이라기보다는 스물한 살 청년이 사랑의 유혹을, 더 정확하게는 '리Li'와의 사랑을 꿈꾼다. 적어도 그는 자신과 자신의 신체를 '깨달은' 자다. "그리고 쓰러져 사랑의 꿈을 꾸었다." (DSW I, 11) 이 시적 환상에는 과장법도 동원된다. "처음에 나는 왕들의 무용수였네/천 개의 계단이 있는 정원에서 나는 남녀의 소망을 춤추었네."(같은 곳) 코코슈카는 아직 시인 엘제 라스커 쉴러를 알지 못했지만 라스커 쉴러가 쓴 산문집《바그다드의 공주 티노의 밤들Nächte der Tino von Bagdad》에는 '춤'과 관련해 이와 유사한 글이 나온다. 점점 더 황홀경에 빠지는 코코슈카의 시를 더 읽어보자.

> 나는 가느다란 봄 덤불 앞에서 춤을 추었네
> 네가, 은박처럼 영롱한 이름의 소녀 리가
> 주홍색 꽃과 노란색 유황 별의 현등을 벗어나기 전부터
> 향료 정원에서 나는 너를 이미 알았고
> 푸른 저녁에 내 은색 담요 위에서 너를 기다렸네
> 북쪽의 울창한 새 숲에서
> 그리고 남쪽의 붉은 물고기 호수에서
> 나는 네가 오는 것을 느꼈네
> 네 어린 몸의 각진 몸 돌림을 느꼈고 네 피부의 어두운 말을 이해했네(DSW I, 12)

시의 분위기는 아르놀트 쇤베르크가 세기 전환기 분위기를 음악으로 표현(1902)해 걸출한 작품으로 거듭난 리하르트 데멜의 시 '정화된 밤 Verklärte Nacht'과 비슷하다. 그러나 데멜은 단어 실험을 훨씬 더 삼갔다. 게다가 '정화된 밤'에는 젊은 코코슈카가 감행한 대담한 은유도 없다. 시 속의 나는 '소녀 리'에게 다가가는 꿈을 꾸다가 다시 소녀를 피해 '정원으로' 달아난다. '[나는] 네 어린 몸의 각진 몸 돌림을 느꼈고'라는 행에서는 회화와 시가 교차한다. 여기에서 시인 코코슈카는 장래 조형예술가로서 자신의 미학 원리를 텍스트와 엮어낸다. 소년 같은 소녀의 '각진' 몸은 젊은 코코슈카가 높이 평가한 벨기에 예술가 조지 미네가 이

상으로 추구한 미美다.[8] 코코슈카는 당시 열다섯 살이었던 릴리트를 모델로 삼아 나체화를 습작했다. 그는 릴리트에게 종종 베일 아래에서 잠자는 포즈를 취하게 했다. 이 시는 사랑을 향한 청춘의 갈망을 열병 속 꿈의 이미지와 찬가와 같은 시적 언어로 표현하고 있다.《꿈꾸는 소년들》에 실린 코코슈카의 석판화는 바로 이 시를 아르누보 양식으로 표현한 작품이다. 이에 대해 미술사가 한스 마리아 빙글러는 다음과 같이 적확하게 평했다. "수많은 색채 섬을 둘러싼 넓은 윤곽선이 선율에 따라 흔들리는 낙원 같은 풍경 속에서 소년과 소녀가 꽃처럼 부드러운 형체를 드러낸다."[9]

시의 자아가 연인들의 춤을 추는 것도 흥미롭다. 활동적이고 성모 마리아처럼 가냘픈 얼굴을 한 릴리트는 창작무용에 열중했는데, 이는 당시 오빠와 사귀고 있던 무용가 그레테 비젠탈의 영향을 받은 듯하다 (두 사람은 1910년에 결혼했다). 게다가 코코슈카는 릴리트가 공예과 학생 모임에서 입을 흑백 무늬 치마를 디자인하기도 했다. 어쨌든 릴리트와 많은 일이 있었다. 코코슈카의 회상에 따르면 릴리트는 "농부의 손으로 짠 빨간색 치마"를 즐겨 입었다. "이는 빈에서 흔치 않은 것이었다. 빨간색은 내가 가장 좋아하는 색이다. 나는 그 소녀와 사랑에 빠졌었다." (ML, 52) 코코슈카는 무엇을 사랑했을까? 그 소녀였을까? 아니면 치마였을까? 아니면 치마의 빨간색이었을까? 작가이자 소아성애자인 페터 알텐베르크가 릴리트 랑을 흠모했다. 알텐베르크는 코코슈카를 'K 씨'라 부르며 K 씨는 '최고 야수*'이니 조심하라고 릴리트에게 경고했다. 이 경고가 코코슈카와 릴리트의 연애 관계를 끝내는 데 영향을 미쳤는

• '최고 야수Oberwildling'는《꿈꾸는 소년들》과 같은 작품으로 빈 예술계에 큰 충격을 안긴 코코슈카에게 평론가 루트비히 헤베지가 붙인 별명이다.

지는 확인할 길이 없다. 어쨌든 릴리트 랑은 얼마 지나지 않아 에밀 폰 퓌르스터(링스트라세*를 설계한 건축가의 막내아들)와 결혼했고 코코슈카는 빈 모더니즘 건축가이자 링스트라세 건축의 대표적 비판자인 아돌프 로스와 가장 친한 친구가 되었다. 거의 모든 분야에서 세계 문화에 상당한 영향력을 행사하던 1910년경 빈은 인간관계가 근친상간에 가깝게 얽히고설킨 도시였다.

젊은 야수

코코슈카는 빈을 일찌감치 갑갑해했다. 1907년에서 1908년으로 넘어가는 겨울 그는 한 편지에 다음과 같이 썼다. "나는 빈에서 더는 버틸 수가 없어. 마치 비명이 전혀 들리지 않는다는 듯이 모든 게 경직되어 있어. 모든 관계는 처음에 계산된 대로 흘러가는 죽은 관계이며 사람들은 모두 꼭두각시처럼 기괴한 유형의 결과물일 뿐이야."(Br I, 7) 편지는 다음과 같이 이어진다. "이제 나는 이 갑갑하고 경직된 긴장 관계에서 벗어날 수 없어. 나는 너무 숨이 막혀서 오직 진실된 무언가를 하겠다는 일념으로 이불 속에서 소리를 지르고는 해".(같은 곳) 시인 야코프 판 호디스가 '세계의 종말'에서 "신사의 뾰족한 머리에서 모자가 날아가는" 광경을 노래하기 3년 전 젊은 코코슈카는 부르주아 사회의 초현실적 비율을 다음과 같이 더 자세히 묘사했다. "바닥에서 175~186센티미터 떨어진 높이에서는 신사모들이, 그 아래로 15센티미터 높이

• 빈의 역사적 중심부를 둘러싼 링스트라세와 이에 딸린 많은 건축물은 1860년대에서 1890년대를 풍미한 역사주의 건축양식을 대표한다.

에서는 원피스들이 산책하면서 생물처럼 주름을 만들어. 그리고 평지에서 모든 주름은 단조롭고 똑같은 연극 법칙을 따르지. 나는 신사모와 원피스 사이에서 이 가식적인 주름 연극을 방해하려고 붉은 가짜 수염을 샀어."(같은 곳)

때때로 숨 막힐 듯 갑갑한 빈에서 코코슈카는 뛰어난 공예 실력과 예술 기법 덕분에 사람들의 주목을 받는다. 코코슈카는 문양 디자인과 목판 조각부터 부채 제작까지 다양하게 역량을 발휘했다. 그는 공예와 예술에서 거장의 경지에 이른다. 코코슈카는 또한 빈의 풍경이 담긴 유리투명양화에 맨손으로 채색하는 솜씨도 수준급이었다. 이 원본은 제1차 세계대전이 발발하기 전 10년 동안 빈의 모습을 '컬러로 보는 어제의 세계'로 여실히 보여주어서 오늘날 귀중품으로 거래된다.[10]

이 중 특히 눈에 띄는 것은 1913년에 우라니아시민대학 건물에서 내려다본 프란츠요제프스카이 거리의 모습을 담은 유리투명양화다. 여기에는 도나우운하를 따라 폐기된 교량 건설 역사의 일부인 아스페른 다리도 보이며 전경에는 신축한 프란첸 다리의 철제 교량 아치 두 개가 현대 기술의 상징처럼 시선을 사로잡는다.[11]

젊은 오스카는 종종 이 다리를 건너 부두를 따라 걸으면서 빈의 미로 같은 골목을 성큼성큼 지나갔을 것이다. 그는 호리호리한 멋쟁이처럼 보이지는 않았을 것이다. 키가 큰 오스카는 대개 잘 차려입고 다녔다. 빳빳하게 세운 칼라 사이로 자신에 찬 표정을 지으면서 꽤 기운찬 인상을 풍겼을 것이다. 1909년 여름에 찍은 오스카의 사진은 많은 것을 말해준다. 사진 속 오스카는 단호하면서도 왼쪽 눈꺼풀이 처져서 반쯤 감은 듯한 시선과 거의 빡빡 깎은 머리(혹자는 이 머리 때문에 빈 상류사회에서 그를 '범죄자' 취급했다고 한다), 이로 인해 더욱 두드러져 보이는 넓고 높은 이마를 하고 있다. 사진에서 우리는 단호하면서도 꿈꾸는 듯하고 자신감에 차 있으면서도 사려 깊은 듯하며 가면에 불과한 이 얼굴 뒤에 마치 어두운 무언가가 숨어 있을 것처럼 약간 스산한 분위기도 자아내는 강한 인상의 23세 청년을 보게 된다. 그는 "특별한 사람으로 보이기를" (ML, 85) 원하면서도 얼마 후 빈 최고 신사복 재단사인 에벤슈타인에게 맞춤 양복을 주문하기도 했다.

이 말쑥한 얼굴 뒤에는 어떤 동요가 있었을까? 젊은 코코슈카의 내면에는 한편으로 재료 예술가이자 재현 기술이 상당한 대가가 있었고, 다른 한편으로는 반 고흐 체험을 토대로 1909년에 〈파인애플이 있는 정물화Stilleben mit Ananas〉에서 처음으로 구현한 색채와 형태의 자체 동력과 극적인 것에 관한 관심을 깨닫고 격정에 휩싸인 예술가가 있었다. 이 시기에 코코슈카는 최고 귀족 가문의 무정부주의자 표트르 A. 크로폿킨(1842~1921) 공작의 글들을 읽은 듯한데, 특히《현대 과학과 무정부주의Moderne Wissenschaft und Anarchismus》(1904)는 읽었을 가능성이 크다.[12] 이 책에서 크로폿킨은 지식이 관습을 약화한다는 명백한 사실을 지적했다. 이 책을 통해 코코슈카는 무엇보다도 '상호 원조의 법칙'이 인간이나 동물의 '발달 지속'을 위해 중요하다는 사실을 깨달았다. 이 책에는 코코슈카가 책을 읽은 흔적이 고스란히 남아 있는데, 위의 내용 외에도 교육제도를 도구화하는 국가를 비판한 구절에도 밑줄이 그어져 있다. 크로폿킨을 통해 코코슈카는 철학자 루트비히 뷔히너(극작가 게오르크 뷔히너의 동생)의《동물의 정신생활Geistesleben der Thiere》(1877)과《동물계의 사랑과 성생활Liebe und Liebesleben in der Tierwelt》(1885)에 대한 고찰을 알게 되었다. 우리는 앞으로 코코슈카의 그림에서 동물이 얼마나 중요한 비중을 차지하는지를 확인할 수 있다. 코코슈카가 밑줄을 그어 강조한 구절에서 크로폿킨은 한 걸음 더 나아가 다음과 같이 주장했다. 비교해부학자 "[T. H.] 헉슬리는 인간이 생겨나기 오래전부터 이미 동물 사회가 존재했다는 사실을 전혀 몰랐다".[13] 이와 같은 지적은 젊은 코코슈카에게 특히 강력한 영향을 미쳤을 것이다. 당시 코코슈카는 지나친 정교화에 맞서며 소박한 형태에 초점을 맞춰 원시성을 드러내려 했기 때문이다. '최고 야수'라는 모욕적인 별명은 적절했다. 그는 거칠고 사나운 야생성을 무정부적인 힘으로 이해한 젊은 야수 가운데 최고가 되고자 했다. 물론 그는 처음에는 관찰자에게 매우 원시적 인상을 풍겼을지 몰라도 이내 형태에 대한 감각을 통해 길들 운명이었다.

1908년 빈예술전과 1909년 제1회 국제예술전에서 코코슈카는 대중과 전문가 집단에 자신을 알릴 기회를 얻었다. 이때 에밀 오를리크와 프리츠 베른도르퍼, 콜로만 모저, 아돌프 로스 등은 코코슈카에게서 근대 미술의 희망을 보았다. 코코슈카가 두 예술전에 출품한 작품들은 빠르게 성숙하던 예술적 개성의 두 측면을 잘 보여준다. 1908년 작품인 〈꿈을 간직한 사람들Die Traumtragenden〉과 〈목화 따는 여자Die Baumwollpflückerin〉(1908년 빈 슈바르첸베르크플라츠에서 개최한 미술 전시회의 공식 포스터이기도 했다)와 같은 소묘와 판화는 모든 면에서 목판화와 같은 특징을 보여준다. 1909년 작품에는《하얀 동물 살해자Der weiße Tiertöter》라는 산문에 포함된 잉크 드로잉과 수채화를 비롯해 나체 드로잉, 채색된 테라코타 조각 형태의 자화상, 오일 초상화 등이 있다. 특히 오일 초상화 〈최면술사Der Trancespieler〉(셰익스피어 극에서 비중 있는 역할을 하는 연기자이자 낭송가가 된 〈배우 에른스트 라인홀트의 초상Porträt des Schauspielers Ernst Reinhold〉)에서는 최면에 걸릴 듯한 푸른빛의 강렬한 눈동자가 특히 눈에 띈다. 거칠게 묘사된 왼손이 얼굴과 푸른 눈에 집중되는 주의를 살짝 분산시키며 오른손은 그저 대충 그려져 있다. 중심에서 약간 벗어난 입과 삐딱하게 살짝 튀어나온 귀를 포함한 얼굴 전체는 이 배우의 성격을 드러내기보다 오히려 더 아리송하게 만든다. 푸른 눈과 담청색 넥타이의 색을 닮은 푸른색이 어깨와 머리 주위를 넌지시 감싸고 있다. 여기서는 형태가 색의 윤곽을 좌우하는 것이 아니라 색의 윤곽이 형태를 좌우한다. 작가의 서명은 그림 왼쪽 상단에 또렷이 표시되어 있다. 서명이 마치 '예술의 새로운 희망이 여기에 있습니다!'라고 신호를 보내는 듯하다.

코코슈카는 이미 능숙하게 다룰 줄 알았던 또 다른 매체를 통해 아주 다른 '희망'을 선보였다. 코코슈카는 자신의 희곡《살인자, 여자들의 희망Mörder, Hoffnung der Frauen》과《스핑크스와 밀짚 인형Sphinx und Strohmann》을 국제예술전의 부대 행사로 기획된 야외 공연에서 선보였다. 공예학교 친구들과 학생들이 개최한 이 공연을 통해 코코슈카는 극작가로서 충격적인 스캔들의 주인공이 된다. 공연 포스터부터 이 스캔들을 역설적으로 소개한다. "남자는 핏빛 빨간색이고 이는 생명의 색이다. 그러나 그는 죽은 채로 여자의 품속에 누워 있다. 여자는 흰색이고 이는 죽음의 색이다."(ML, 64)

이 희곡들은 우연의 산물이 아니었다. 두 희곡은《꿈꾸는 소년들》과《하얀 동물 살해자》에서 예비되거나 적어도 이 그림책과 산문과 비슷한 맥락에서 제작되었다.《꿈꾸는 소년들》속 랩소디를 닮은 시는《하얀 동물 살해자》에서 대화 형식을 띤 산문으로 바뀌었다. 이 산문은 제목을 '나와 소녀'로 해도 좋았을 것이다. 작품 속 나는 꿈속에서나마 매혹적인 '달의 여인'을 통해 소녀에 다가간다. 이 작품의 이상은 꿈에서 깨어나지 않는 것이다. 꿈속에서는 젖이 피처럼 흐르고 부드러운 헌신과 동물적 욕망이 뒤섞이며 여인을 닮은 아이들이 나타난다. 그래서 작품 속 나는 '악몽'과 사랑에 빠지고 달의 여인과 하나가 되는 꿈에서 깨어나고 싶지 않다. 소녀와 꿈 같은 사랑을 통해 정체성의 교류가 일어난다. '뛰노는 소녀'가 작품 속 꿈꾸는 내게 말한다. "네 곁에 누워서 네가 내가 될 때까지 함께하고 싶어."(DSW I, 23)

조형예술가의 관점에서 육체의 변형은 특히나 흥미롭다. 예를 들어 달의 여인이 다시 나타났을 때 "그때 그녀가 나를 팔에 안고 나타나 나를 강가에 눕히고 손가락으로 내 눈을 감기자 검은 흙 위로 내 얼굴이 새겨졌다. 척박한 땅에서 사랑을 움직여 육신 옆에 놓으니 육신이 사랑을 기꺼이 받아들인다".(같은 곳) 이것은 달의 여인이 나를 묻는 장례 절차라고 부를 만한 과정을 기묘한 방식으로 표현하고 있다. 이렇게 땅에 묻힌 내가 꿈속에서 내 죽음과 나를 묻는 여인을 지켜본다. 어쩌면 그녀가 나를 죽인 게 아닐까? "내게는 아주 낯선 내 육신 위로 지상의 망토에 더는 얽매이지 않은 내 사랑의 영혼이 기대감에 들떠 떠올랐다." (같은 곳)

이러한 시적 표현은 어디에서 왔을까? 이 신비롭고 몽상적인 사랑의 환상은 알프레트 몸베르트의 '창조Die Schöpfung'(1897)나 '사상가Der Denker'(1901)와 같은 시를 읽고 떠올랐을지 모른다. 몸베르트는 작가이자 번역가인 에마누엘 레셰흐라트를 비롯한 프라하 작가들과 친분이 있었다. 1908년에 작곡가 알반 베르크는 몸베르트의 시에 곡을 붙였다 (4 Gesange, op. 2, II~IV). 같은 해 극작가 프랑크 베데킨트의 《눈 뜨는 봄Frühlings Erwachen》을 독일국민극장에서 그리고 폴 뒤카의 에로틱한 오페라 《아리안느와 푸른 수염Ariane et Barbe-Bleue》을 빈국민오페라극장에서 상연했는데, 이 두 작품은 젊은 알반 베르크에게 큰 영향을 미쳤다.[14] 알프레트 몸베르트가 아니라면 당시 코코슈카는 리하르트 데멜의 시집 《루시퍼Lucifer》(1899)나 《여인과 세계Weib und Welt》(1901), 랩소디 《비너스의 변신Die Verwandlungen der Venus》(1907) 등을 읽었을지도 모른다.

《하얀 동물 살해자》를 개인의 성격이 반영된 작품으로 취급해 정신분석을 목적으로 이왕이면 잠재적 피분석자인 저자와 함께 텍스트를 상담실 소파에 누이는 편이 자연스러워 보일 수도 있겠지만 이런 시도는 성공하지 못할 것이다. (그러나 코코슈카의 악명 높은 알마 인형은 정말로 소파가 필요할 것이다.) 《하얀 동물 살해자》에 저자의 실제 꿈이 반영되었는지 묻는 일도 무의미해 보인다. 《하얀 동물 살해자》에서 저자는 표현주의 이전 단계의 소품을 가지고 일종의 언어 목록을 연습하고 있을 뿐이며, 그 유일한 목표는 강렬한 표현과 어휘를 구사하고 전례 없이 엄청난 것을 표명하면서 언어적 비유를 시험하는 데 있다. 제목조차도 모호하다. 이 작품 속 나는 동물을 죽이지 않으며 기껏해야 주의 집중에 방해가 되는 '하얀 새'에게 돌을 던져 새를 쫓아낼 뿐이다. 이 제목은 오히려 내가 내 안의 동물을 죽인다는 의미로 이해해야 한다.

제2판을 "충실한 친구 아돌프 로스"에게 헌정한 코코슈카의 희곡 《살인자, 여자들의 희망》(1907/1916)은 사정이 달랐다. 당시 풍조에 대한 이 텍스트의 도발은 철저히 계산된 것이었다. 이 희곡에는 사납게 날뛰며 반항하는 야수는 없다. 그 대신에 작가는 자신이 시의 상징체계와 언어의 충격 효과를 얼마나 잘 이해하는지를 여실히 보여주는데, 희곡에 포함된 세밀한 지문은 이런 효과를 더욱 극대화한다. 《살인자, 여자들의 희망》은 헨리크 입센이나 게르하르트 하우프트만의 작품처럼 서사가 길지는 않지만 열쇠를 잃어버린 "커다란 빨간색 쇠창살 문이 달린 탑"(DSW I, 35)에 이르기까지 모든 장면을 매우 세밀하게 묘사한다.

《살인자, 여자들의 희망》의 주제는 남녀의 싸움이 아니라 성性 자체의 운명이다. 첫 장면에서 "여자가 큰 소리로" 선포한다. "내 눈이 남자들의 환호를 부른다. 그들의 중얼대는 욕망이 내 주위를 짐승처럼 기어 다닌다."(같은 곳) 여자가 도발하며 등장하자 뒤이어 '남자'가 등장한다. 동물 학대자로 유명하고 '여자를 만지지 않아' 한 처녀를 자살하게 한 남자는 눈빛으로 앞서 등장한 여자를 사로잡으려 한다. 숨 가쁘게 달아오른 정욕은 이중으로 분출된다. 남자는 뜨거운 인두로 여자에게 낙인을 찍고 여자는 남자를 칼로 찔러 상처를 입힌다. 이로 인해 말하자면 암포르타스 증후군*과 비슷한 상황이 발생한다. 이제 남자는 살 수도 죽을 수도 없다. 여자가 남자의 피를 빨아먹는 것처럼 보여도 남자는 구원을 기대하기 어렵다. 그러다 마침내 구원의 필요성이 역전된다. 여자는 남자에게 중상을 입혔지만 이 악마 같은 남자의 사랑에 '붙잡혀' 있다고 느낀다.(같은 곳, 40) 그러다 마침내 힘들게 몸을 일으킨 남자는 여자를 만지고 죽인 다음 무차별 살인을 이어나간다.

《살인자, 여자들의 희망》을 통해 젊은 코코슈카는 자신이 얼마나 멀리 갈 수 있는지 그리고 상상력을 어디까지 펼칠 수 있는지 알아내려 한듯 보인다. 가끔 삽입한 시적 표현은 이 끔찍한 사태를 완화하기보다 대조를 통해 오히려 강화한다. 예를 들어 "두 번째 소녀"가 "노래하는 시간, 한 번도 본 적 없는 꽃"(같은 곳, 36)에 관해 갑자기 노래하기 시작하는 장면이 그렇다.

제2판에서는 불안감과 불확실성이 이 끔찍한 사태를 예비한다("나를 본 낯선 남자는 누구인가?"). 남자가 '상처의 경련'으로 괴로워하며 부르는 노래는 1916년에 '전사들'이 등장인물로 추가된 상황에서 뻔뻔하고 가식 없는 사실처럼 들린다. "무의미한 욕망이 공포에서 공포로, 끝없이 허공을 맴도네. 탄생 없는 출산, 태양의 낙하, 흔들리는 우주."(같은 곳, 48) '탄생 없는 출산'이라는 표현은 당시 코코슈카에게 실존적 의미를 지녔는데, 이에 관해서는 나중에 다시 언급하겠다.

● 암포르타스는 볼프람 폰 에셴바흐가 1200~1210년경에 쓴 대서사시 《파르치팔Parzival》에서 성석聖石을 지키는 왕이다. 왕은 저주로 인한 상처로 극심한 고통에 시달리지만 죽고 싶어도 성석의 힘 때문에 죽지도 못한다. 상처를 치료하는 유일한 방법은 동정심을 가지고 왕의 고통에 관해 묻는 순수한 영혼을 만나는 것인데 결국에는 기사 파르치팔이 이런 질문을 해서 왕을 구원한다. 심리학계에서는 환자의 아픔을 공감하는 것이 치료의 첫걸음인 증상을 가리켜 암포르타스 증후군Amfortas syndrome이라고 부른다.

1909년 7월 4일에는 코코슈카의 《스핑크스와 밀짚 인형》이 '호기심'이라는 부제를 달고 노천극장에서 공연되었다. 실제로 등장인물 소개만으로도 이 공연에 대한 호기심을 자극하기에 충분했다. "피르두지 씨: 거대한 회전식 밀짚 머리에 팔과 다리가 달렸고 끈에 돼지 방광을 차고 있다. 남자 곡예사: 몸을 자유자재로 구부리는 전문 곡예사. 아니마: 여성의 영혼. 죽음: 살아 있는 보통 사람."(DSW I, 54) 이때 '여성의 영혼'은 앵무새로도 나타난다. 《살인자, 여자들의 희망》에 비해 《스핑크스와 밀짚 인형》은 무난하며 1917년 개정판에서야 비로소 정교해진다. 이 작품은 《살인자, 여자들의 희망》에 딸린 익살극이었는데, 선행하는 비극보다 두 배나 길고 대화 분량도 더 많다. 게다가 이 작품에는 부조리극théâtre de l'absurde이라는 용어가 생기기 전에 그 영역에 속하는 조형예술적 명제도 포함되어 있었다. 곡예사에 따르면 "원근법의 발명은 예술학자들의 시각적인 속임수다!" 곡예사는 또한 "정욕이 지배하고 양심은 죽었다"라고 지적한다.(DSW I, 63) 다만 코코슈카에게 이것이 무엇을 의미하는지는 아직 분명하지 않았다. 문화평론가 에곤 프리델은 스핑크스를 신화적이고 우화적인 인물로 보는 다소 섬세한 해석을 내놓았다. "친애하는 오스카 코코슈카"에게 헌정한 《시인을 보라Ecce Poeta》(1912)에는 '시인과 스핑크스Der Dichter und die Sphinx'라는 제목 아래 다음과 같은 구절이 있다.

이 시인에게서 우리는 스핑크스를 알아보는, 즉 그것이 스핑크스이고 앞으로도 스핑크스일 것이라는 점을 꿰뚫어 보는 현인을 본다. (…) 그는 이제 아무것도 폭로하려 들지 않을 것이다. 베일이 있는 곳이면 그는 베일을 알아볼 것이다. 그리고 베일이 어디에 왜 있는지를 정확히 가리킬 것이다. 시간과 함께 더 많은 수수께끼를 발견할수록 우리는 그만큼 더 깨달을 것이다. 그러나 수수께끼는 더듬더듬, 우연히 또는 불안한 상태에서가 아니라 앎을 통해 발견해야 한다. 이것이 진보의 과정이다.[15]

상징은 상징일 뿐 그 이상도 이하도 아니며 앞으로도 그럴 것이다. 여기서 프리델은 코코슈카와 달리 확대 해석과 성급한 판독을 경고한다. 프리델은 무엇이 사실인지를 보자고 말한다. 하지만 1909년의 그 여름 저녁에 빈 사람들을 더욱 흥분시킨 것은《스핑크스와 밀짚 인형》보다 《살인자, 여자들의 희망》이었을 것이다. 이때부터 코코슈카는 악동enfant terrible으로 통했다. 코코슈카는 희곡《살인자, 여자들의 희망》을 광고하기 위해 시내 곳곳에 붙은 피에타 포스터나 주간 문예지《슈투름》의 표지에 실린 이 희곡의 삽화 등을 통해 극작가이자 무시무시한 포스터와 삽화를 그리는 디자이너로 이름을 알렸다. 삽화에서 한 손에 단검을 쥔 채 여성의 가슴 아래를 발로 밟고 있는 살인자의 모습은 영락없이 이 작가의 특징을 띠고 있으며, 오해를 피하고자 왼쪽 팔뚝에는 OK*라는 문신까지 새겼다.

• Oskar Kokoschka의 이니셜.

2장

바람의 신부

단단한 윤곽으로 그린 과대망상의 스케치

목판화처럼 각지고 난폭하기까지 하며 '부르주아에게 충격을!'Épater la bourgeoisie!'이라는 퇴폐주의 구호를 입에 달고 살다시피 하는 청년. 예술에 헌신하면서도 무절제하게 삶을 탐닉했고 여성들의 열광적인 숭배를 받았으며 특히 빈의 한 팜파탈에게 거의 빈사 상태에 이른 청년. 사람들이 떠올리는 젊은 오스카 코코슈카의 모습이다. 그는 거칠고 사나운 태도와 천진난만한 젊음을 나이가 들어서까지 유지하면서 '부르주아에게 충격을!'이라는 구호를 기꺼이 인용하거나 풍자하고는 했다. 그러나 두 차례의 세계대전을 겪으면서 부르주아계급과 그들의 가치관이 무너지자 더는 그들을 충격에 빠뜨릴 일도 없어졌다. 그토록 찬양받던 부르주아 교육은 이데올로기를 비판하는 도구로써 더는 작동하지 않았다.

괴테의《빌헬름 마이스터의 편력시대》에 나오는 인물처럼 '쉰 살의 남자'가 된 1936년에 코코슈카는 잠시 일손을 멈추고 자신을 되돌아보았다. 코코슈카는 고국 오스트리아의 상황이 미덥지 않았다. 1934년 가을에 어머니가 돌아가신 후 그는 프라하에서 살았다. 프라하에는 1918년부터 여동생 베르타(1889~1960. 결혼 후 성은 파토코바)가 살고 있었다. 잘 알려진 대로 프라하는 아버지가 살던 도시였다. 지식이 풍부했던 아버지는 그림물감 상자 외에도 어린 오스카에게 가장 큰 영향을 미친 선물을 했는데, 바로《세계도해》4개국어판이다.《세계도해》는 모라비아의 신학자이자 교육자인 요한 아모스 코메니우스(1592~1670)가 1658년 발표한 아동용 도서다. 아버지가 어린 아들에게 선물한 책은 1835년 판이었다. 이 책과 저자는 나중에 코코슈카의 삶과 작품을 좌우하는 모티브가 되었다. 코메니우스의 이 책은 시각 자료를 통해 세상 경험을 전달했다.《세계도해》의 독일어 제목은《눈에 보이는 세계/즉/세계의 가장 중요한 모든 사물과 삶의 용무, 예비교육 및 품행》이었다. 책에서 소개한 이 교육 프로그램의 목적은 마지막에 서술되었다. 이 독특한 교과서의 마지막 항목은 '인간성humanitas'이었는데, 이는 독일어로 '붙임성Leutseeligkeit'으로 옮겨졌고 "우정을 나누는 상냥하고 호의적인" 이상, 즉 대인 관계에 대한 이해라는 의미로 설명되었다.[1]

그렇다면 코코슈카는 자신을 어떻게 이해했을까? 그는 자신이 시대의 희생자라고 생각했을까? 아니면 그래도 결국에는 자신의 예술을 통해 혜택을 입은 자라고 보았을까? "나는《살인자, 여자들의 희망》에 대한 공연 금지령을 받은 동시에 세계대전에 징집되었다."(DSW III, 251) 이는 사실과 다르지만 당시 그가 느낀 심정을 잘 반영하는 듯하다. 이전에 프란츠 페르디난트 대공은 코코슈카의 그림에 분노한 바 있었다. (대공의 예술 취향은 독일 황제와 비슷했으며, 오스트리아 황제는 예술 취향이라고 부를 만한 것도 없었다!) 전시장은 대공의 명령에 따라 "징벌이 내려져 채소 창고로 변했다".

자신이 "쉰 살이 되어서도 여전히 '문제아'"임을 시인해야만 했을 때 과연 코코슈카는 어떤 심정이었을까? 세계대전 중에 그는 "개인적으로 알지도 못하는 이른바 적군을 쏘아 죽일 마음이 없었다. 그래서 몇몇 러시아군을 생포해 목숨을 구했는데, 그 공로로 훈장을 받았다"라고 말했다. "나도 머리와 폐에 총상을 입었다. 그래도 나는 아직 문화를 위해 할 일이 있다고 느껴 이전 직업으로 돌아가기로 결심했다. 나는 그림을 그렸다."(DSW III, 251~252) 전쟁 직후에 코코슈카는 주로 드레스덴에서 '환상의 집'을 지으며 잠시 독일에 머물렀다.

전쟁의 경험은 통절했고 상처는 거의 치명적이었다. 이에 관해서는 나중에 자연주의적 묘사의 측면에서 제1차 세계대전 시기에 알려진 많은 문학을 능가하는 텍스트에 관해 이야기할 때 다시 언급하겠다. 따로 할 이야기가 많기 때문이다.

    독일에서 악명 높은 국가 위원이자 '제국문화담당관'이었던 한스 힝켈은 쉰 살이 된 코코슈카를 "문화 볼셰비스트^{Kulturbolschewist}"라고 비난했다.[2] 이에 코코슈카는 코메니우스 스타일의 평화 교육을 외치며 대응했다. 이때부터 코코슈카는 이 위대한 사상가에 관한 작품을 쓰기 시작했는데, 이 작업은 70대가 될 때까지 이어졌다. 코코슈카는 프라하의 몰다우강과 카를교, 흐라트차니 지역이 내려다보이는 전망 좋은 망루 건물에 있는 스튜디오로 이사했다. 19세기 네덜란드 르네상스 양식으로 지어진 건물은 시민 회관으로 사용하고 있었다.

    쉰 살이 된 코코슈카는 전설적인 정치가이자 철학자인 토마시 마사리크가 체코슬로바키아 대통령으로서 퇴임을 몇 달 앞둔 시기에 그의 초상을 그렸다. 라니에 있는 마사리크의 저택에서 코코슈카는 코메니우스에 관해 마사리크와 대화를 나눴다. 두 사람은 특히 코메니우스가 주장한 아래로부터의 교육, 즉 민중교육을 통해 인간적인 사회를 만들자는 이념에 관해 이야기를 나누었다. 마사리크는 하인리히 만이나 나중에는 그의 동생 토마스 만에게 그랬던 것처럼 코코슈카의 체코 국적 취득(1935)을 도왔다. 마사리크 덕분에 코코슈카는 체코슬로바키아에서 다시 정치 활동을 할 수 있었다. 당시 체코슬로바키아는 1935년 6월 의회에서 통과된 외국인법에 따라 이주민의 정치 활동을 금하고 있었다. 참고로 코코슈카의 마사리크 초상화는 1936년 10월에 미국 피츠버그에 있는 카네기공과대학에서 최초로 공개되었으며 인본주의 선언의 시각적 표현이라는 평가를 받았다.

    코코슈카는 쉰 살이 된 해부터 일간신문 《프라거타크블라트^{Prager Tagblatt}》를 공론의 장으로 이용할 수 있었다. 그는 또한 1936년 3월에 브뤼셀에서 열린 평화회의에 체코슬로바키아 대표단의 일원으로 참석해 연설하고 큰 주목을 받았다. 코코슈카는 국제연맹의 보호를 받는 민주 연대와 평화 공존을 위한 학교 연맹인 '국제초등학교연맹'의 창설을 촉구했다. 이는 코메니우스를 20세기 언어로 번역해 당시 전체주의에 맞서는 해방적 평화 교육을 설계하려는 시도였다.(DSW IV, 171~189) 놀랍게도 코코슈카는 이때 예술에 어떤 특별한 역할도 부여하지 않았다. 그러나 스스로는 예술 작품의 의미를 단 한 번도 의심한 적이 없었다. 코코슈카에게 예술 작품이란 "민중의 어린 소녀도 언제든지 할 수 있는 경이로운 모방, 즉 무無에서 생명을 창조하는 일"이었다. 그는 이어서 다음과 같이 말했다. "그래서 여성과 예술가만이 생명을 존중한다." 그 반면에 "이른바 사회는 인간성을 억압하고 (…) 직간접적으로 전쟁을 벌이는 데 관심을 가진다".(DSW III, 255) 틀림없이 코코슈카는 《파우스트》 제2부에서 여자 정원사들이 "객실이 딸린 넓은 홀"에서 만돌린 반주에 맞추어 "여성의 천성은/예술과 매우 닮았으므로"라고 노래하는 장면을 알고 있었을 것이다.(HA• III, 159, V.5106~5107)

쉰 살이 되기 전에 코코슈카는 자신보다 스물아홉 살 어린 올드리스카 팔코프스카(이하 올다)를 만났다. 올다는 프라하 상류층 집안의 딸이었다. 코코슈카는 여자 친구 안나 칼린에게 올다에 관해 다음과 같이 썼다. "올다는 키가 2미터고 스무 살인 착한 아이야."[3] 코코슈카는 프라하에서 여섯 살 때 처음 본 올다를 1934년 늦가을에 다시 만났을 때 한눈에 알아보았다. 엘리아스 카네티에 따르면 당시 코코슈카는 올다에게 "너는 내 신부야. 우리는 결혼할 거야"라고 말했으며, "아이는 이 말을 결코 잊지 않았다"고 한다.[4] 카네티의 냉소적이면서도 상냥한 논평에 따르면 올다의 얼굴은 "미켈란젤로의 여러 얼굴을 연상시키는 아름

• 괴테 전집 함부르크 판본Goethes Werke. Hamburger Ausgabe.

다운 말상"이었다.[5]

올다는 코코슈카에게 평생 존칭을 썼으며 그를 부를 때도 늘 OK 라는 약칭을 사용했다. "1941년에 올다는 저와 결혼했습니다"라고 오스카 코코슈카는 관청에서 매우 차분하게 진술했다.[6] 당시는 두 사람이 영국에 이민한 후 3년이 지난 때였다. 나치가 "체코슬로바키아의 나머지 지역을 파괴"한 직후 올다가 코코슈카에게 이민을 제안한 것으로 보인다. 영향력 있는 올다의 부모가 1938년 가을에 그녀에게 추방당할 위험에 직면한 인물들의 이름이 적힌 몰수 대상자 명단을 보여주었기 때문이다. 올다는 코코슈카의 인생 후반기에 큰 버팀목이 되어주었다. 이에 관해 카네티는 다음과 같이 썼다. "날씬한 거인인 그녀는 자신을 전혀 드러내지 않은 채 항상 그를 돌봤다. 그가 손님과 대화할 때면 공손하면서도 아첨하지 않는 태도로 그의 말을 경청했다. 그는 생략과 비약이 가득하면서도 매우 기발한 논평과 의견을 무질서하게 늘어놓고는 했는데, 이런 혼란스러운 이야기 방식에 그녀는 익숙해져 있었다."[7]

코코슈카의 인생 초기로 돌아가보자. 우리를 다시 맞이하는 것은 빨간색이다. 1907~1908년 겨울 코코슈카는 무슨 글을 썼을까? 그는 무의미한 유행에 따라 "모자와 옷 사이에 들어가는 가식적인 주름 장식"에 훼방을 놓기 위해 "가짜 붉은 수염"을 달았다. 빨간색은 욕망과 열정, 위험과 죽음을 상징한다. 희곡《살인자, 여자들의 희망》의 피에타 포스터(1909)에서 죽은 아들을 색칠했을 때처럼 코코슈카는 온몸을 무지막지하게 붉은색으로 칠하곤 했다. 코코슈카는 대학 친구이자 릴리트의 오빠인 에르빈 랑에게 어린 시절의 체험을 언급해 에르빈을 당혹스럽게 만들기도 했다. "내가 매우 어렸을 때 어머니는 끔찍하게도 우연히 바로 내 옆에서 출산했는데 나는 피 때문에 거의 기절할 뻔했어. 그

후로 나는 사람들과 제대로 어울리질 못해." 더욱 충격적인 것은 비밀
스러우면서도 거침없이 덧붙인 다음과 같은 말이다. "그 후로 나는 부
모님을 때려죽이거나 몸값을 치르고서라도 부모님 곁을 떠나고 싶었
어."(Br I, 9) 이는 아마도 동생의 출생에 관한 이야기였을 것이다. 적어
도 이 일은 코코슈카에게 많은 공상의 재료가 된 원초적 체험이었던 모
양이다(다만 전기에서는 이를 언급하지 않는다). 동생이 태어난 날의 핏빛을 자
신이 태어난 날 밤의 불의 신화와 동일시했다. 이렇게 볼 때 코코슈카
가 알미 또는 알밀리라는 애칭으로 불렸던 알마 말러의 새빨간 잠옷을
걸치고 다닌 행동은 매우 자연스러워 보인다. 알마에 따르면 코코슈카
는 자신이 선물한 새빨간 잠옷을 알마가 탐탁지 않게 여기자 그것을 가
져다가 "그때부터는 그것만 걸친 채 아틀리에를 돌아다녔다"고 한다.
"그는 그런 차림으로 깜짝 놀란 방문객을 맞이했고 이젤보다 거울 앞에
서기를 더 좋아했죠."[8]

　거울에 비친 자기 모습을 바라보면서 한가롭게 지내기 전에 코코슈
카는 떠돌이 생활을 했다. 알마와 만나기 전의 일이다. 알마 말러와는
1912년 4월에 처음 만났다. 빈에서 안정을 찾지 못한 그는 계획을 세
워 친구 랑에게 물었다. "3년 후에 나와 함께 자바나 페르시아나 노르
웨이로 가지 않을래?"(Br I, 9) 그러다 코코슈카는 우선 베를린으로, 그
다음에는 몽트뢰시와 브베시가 있는 스위스 보주州로 이주(1909/1910)
했다. 나중에 코코슈카는 영국으로 망명 후 이곳에 정착한다. 코코슈카
는 아돌프 로스의 초청을 받아 보주 프레알프스에 속하는 겨울 스포츠
휴양지 레자방의 그랜드호텔에서 초상화를 그렸다. 초상화의 주인공은
로스의 연인이자 영국 레뷰* 무용수였던 베시 브루스다. 그녀는 원래

─────────
• 레뷰revue란 무용과 음악을 중심으로 한 연극이다.

빈 최초의 나이트클럽 카지노드파리에서 1905년부터 공연한 배리슨 시스터즈의 일원이었다. 베시를 제외한 나머지는 모두 벼락 귀족이나 진짜 귀족과 결혼했다. 로스는 베시를 측은히 여겼고 위험한 폐병 치료를 위해 스위스에 머물게 했다. 로스는 젊은 예술가 친구를 위해 현지에 있는 부유층의 초상화 의뢰를 알선해주려고 노력했다. 그는 종종 몸이 좋지 않은 고객들의 초상화 의뢰도 받아왔다. 로스는 평소 알고 지내던 스위스 과학자이자 개미 전문가인 오귀스트 포렐를 설득해 빈 출신의 젊은 천재 앞에 앉힐 수 있었다. 그러나 포렐은 결과에 만족하지 않았고 대가 지급을 거부했다. 로스가 결국 친구의 그림을 인수했는데, 비슷한 일이 반복해서 일어났다. 이런 식으로 위기에 처한 작품을 하나 둘 사들인 로스는 얼마 지나지 않아 당시 최대 규모로 코코슈카 컬렉션을 보유하게 되었다. 코코슈카는 자신이 그리는 사람들의 모습에서 질병과 상류사회 특유의 겉치레를 꿰뚫어 보았고 이런 통찰을 그대로 초상화에 표현했다. 예를 들어 베로나 백작의 초상화에는 죽은 자의 두개골이 그려져 있으며, 빅트아르 드 몽테스큐 프장삭의 그림은 유령과 같은 모습을 하고 있어 얼굴과 가슴 부위가 밀랍처럼 창백하다. 브베시 인근에 있는 상가타 저택에 살던 베르타 엑슈타인 디너의 초상은 완전히 유령처럼 보인다. 상가타 저택을 건축한 로스는 엑슈타인 디너의 애인이자 빈의 의사인 테오도어 베어와 친구였다. 이는 일종의 패턴이 되었다. 로스가 설계 또는 건축한 저택의 주인들이 로스의 친구인 코코슈카에게 잠시 머물 장소를 제공하며 초상화를 의뢰했다. 의뢰인이 특히 패션업과 관련된 사업을 하면 코코슈카도 분위기에 맞게 차려입어야 했다. 그런 탓에 수배 전단지에 실린 인물처럼 머리를 빡빡 밀었던 때를 제외하고 1911년경에 찍힌 코코슈카의 사진들에서는 옹색한 생활 형편과 비교하면 유행에 맞게 차려입은 멋쟁이 스타일의 예술가를 볼 수 있다.

베르타 엑슈타인 디너의 이야기로 돌아가자. 이에 관해 코코슈카는 런던 망명 시절에 쓴 에세이 '첫 번째 스위스 여행Erste Reise durch die Schweiz' 에서 다음과 같이 묘사하고 있는데, 이는《나의 인생》에서보다 훨씬 생생하게 느껴진다.

내가 그릴 부인은 루돌프 슈타이너 종파의 추종자였다. 그곳에 도착하자마자 그녀에게서 뭔가 섬뜩한 느낌을 받았다. 나는 돈과 운명의 횡포에 휘둘릴지 모를 내 처지를 계속 걱정해야만 했다. 부인은 깃털이 달린 모자에 승마복 차림으로 승마용 채찍을 손에 쥔 채 이리저리 돌아다녔다. (…) 집에는 침실이 많았는데, 모두 다채로운 색상으로 조화롭게 꾸며져 있었다. 내 침실은 은색과 금색으로 칠해져 있었다. 이는 해와 달의 세계를 표현한 듯했지만 실제로는 사탕통 같은 인상을 풍겼다. (…) 어느 날 밤 정원과 집이 소란스러워졌다. 사람들의 목소리가 들렸고 밖에서는 불빛들이 움직였다. 평소에 나는 방에 처박혀 지내는 편이었는데, 내가 방에서 나오자 흥분한 부인은 [이혼한] 남편이 아이를 훔치려 했는데 경찰이 이를 막았다고 내게 말했다. 그녀는 내게 자신의 불안과 괴로운 심정을 짧게 털어놓았는데 이내 자신이 보디발 부인의 후계자라고 했다. 나는 그녀가 두려웠다. 어떻게 해야 할까? 나는 그녀의 그림을 그리기 시작했다. 그녀가 너무 가까이 다가오면 나는 손가락에 일부러 감청색 물감을 묻혀 거리를 두려고 애썼다.(DSW II, 87)

• 성경에서 이집트 고관 보디발Potiphar의 아내는 자신의 유혹을 거부한 요셉이 거꾸로 자신을 범하려 했다고 모함한다. 코코슈카가 살았던 시대에 이는 널리 알려진 이야기였다.

부재가 잦았던 베르타의 애인 테오도어 베어가 찍은 사진에서 그녀는 기이하게도 매우 섬세하고 내성적이며 그림처럼 자태가 아름다웠다. 사진 속 그녀에게는 뭔가 비밀스러운 분위기가 감돌았다. 그러나 코코슈카가 사정상 완성하지 못한 '보디발 부인'의 초상화는 전혀 딴판이었다. 초상화에서 탐욕스럽게 이글거리는 눈빛을 한 그녀는 마녀 같은 인상을 풍기며, 갈망하는 신체는 살짝 암시만 되어 있다. 두 팔을 벌린 자세는 남자를 받아들일 준비가 되었음을 시사한다. 베르타가 정말로 그랬을까? 아니면 코코슈카가 그렇게 보고자 한 것일까? 아니면 그녀는 매혹적인 베시의 대립상이었을까? 초상화를 그린 지 1년 만에 결핵으로 사망한 베시에 관해 코코슈카는 나중에 다음과 같이 썼다. "결핵을 앓던 그녀는 너무나 아름다워서 나는 즉시 깊은 사랑에 빠졌다."(DSW II, 85) "그녀는 오늘날에는 찾아볼 수 없는 영국스러움의 화신이었다."(ML, 96)

코코슈카에게 영국스러움은 당연히 병약하고 평온하지만은 않았다. 당시에(1910년 1월) 보주의 클라랑스에서는 유럽 최초의 아이스하키 대회가 열렸다. 코코슈카는 빈의 로테 프란초스에게 다음과 같이 썼다. "시끄러운 영국인들은 늘 소리를 지르고 힘을 과시하기 때문에 때려죽이고 싶을 정도입니다."(Br I, 10). "곳곳에서 빛이 신경을 자극합니다. (…) 벌써 저는 이곳을 떠나고 싶습니다. 어디에도 머물고 싶지 않습니다. 저는 아직도 비평가들과 가족을 떨쳐 내지 못했습니다."(Br I, 11) 부모와 비평가를 동일시하는 방식으로 여기서도 부모와의 긴장 관계를 엿볼 수 있다(에르빈 랑에게 보낸 편지에서 부모를 '때려죽이고' 싶다던 그의 말을 떠올려 보라).

훗날 충실한 친구가 된 로테 프란초스(1881~1957)도 사적인 비평가 역할을 했다. 부유한 변호사와 결혼한 프란초스는 빈 1구 타인팔트슈트라세 3번지에서 유명한 살롱을 운영했다. 코코슈카는 1909년에 처

음으로 그녀의 초상을 그렸다. 프란츠스는 "피부가 얼룩덜룩하고" 손
가짐이 어색하게 묘사된 자신의 초상화에 실망했다. 하지만 친구를 효
과적으로 돕는 법을 안 그녀는 코코슈카의 초기 지지자가 되었다. 1912
년에 목탄으로 그린 초상화에는 프란츠스의 우울한 성격이 표현되어
있다. 그게 아니라면 코코슈카가 자신의 우울함을 이 인상적인 얼굴
에 투영했을지도 모르겠다. 1911년 3월에 프란츠스는 이 예술가가 직
접 만든 부채를 특별 선물로 받았다. 이는 어찌 보면 그가 알마 말러에
게 바친 여섯 개 부채의 전주곡쯤에 해당한다. 로테 프란츠스에게 그
는 1911년 3월에 뮌헨에서 극작가 프랑크 베데킨트와 충돌한 일도 이
야기할 정도로 친근감을 느꼈다. 양쪽 모두 조금도 물러서지 않았던 이
충돌을 코코슈카는 이렇게 말했다. "베데킨트는 과대망상에 사로잡혀
있었고 저는 무례했지요."(Br I, 16) 어쨌든 과대망상은 베를린에 있던
'카페 그뢰센반*'의 이름이 시사하는 것처럼 전쟁 전 시대정신에 속했
으며 예술가와 정치가의 과대망상은 끝이 없었다. 연애에서도 이런 망
상 때문에 이상한 꽃이 피고는 했다.

"독특한 베를린"

코코슈카는 빈에서 유난히 오해를 많이 받았다고 느꼈다. 코코슈카
가 "파이아케스**의 도시"라고 부른 빈 언론계의 예술비평은 그를 한없
이 몰아부쳤다.(DSW II, 93) 그리고 이는 쉽게 변할 일이 아니었다. 사람

• Café Größenwahn. 그뢰센반Größenwahn은 과대망상이라는 뜻이다.
•• 그리스신화에서 오디세우스가 들른 파이아케스섬 주민들은 향락 생활을 즐겼다.

들에게 그는 기껏해야 음악계의 아르놀트 쇤베르크처럼 조롱거리에 지나지 않았다. 5년 후인 1915년 3월에 코코슈카는 쇤베르크를 다음과 같이 다의적인 의미에서 인정했다. "오늘날 막다른 골목에서 적어도 불편해하지 않는 사람은 쇤베르크밖에 없습니다."(Br I, 210) 당시는 도나우강의 예술비평계가, 특히《노이에프라이에프레세》의 아달베르트 프란츠 젤리크만이 막스 노르다우의 '퇴폐' 개념을 억지로 끌어와 코코슈카의 예술에 적용하기 전이었고 심지어 국가의 정치적 사명을 이유로 그의 예술이 매장되기 25년 전이었다. 코코슈카는 다음과 같이 적었다. "빈의 자유주의 언론은 큰 권력이었다. 언론은 아첨꾼처럼 대중의 가장 비열한 본능에 영합한다는 점에서 현대의 독재자를 닮았다."(DSW II, 92) 그래도 젤리크만은 여성 예술을 옹호했다는 점에서 적어도 한 가지 공적을 세웠다. 보수적인 역사화가였던 젤리크만은 빈여성예술학교의 공동 설립자로서 항상 티나 블라우의 작품을 여성 예술의 표준으로 삼았다. 그러나 젤리크만은 1910년 11월 11일에 열린 '분리파 여성' 전시회에 관한 기고문에서 "테레즈 슈바르체의 화려한 초상과 케테 콜비츠의 대단한 판화, 엠마 차르디의 〈로톤다Rotonda〉"에 대해 놀라울 정도로 열린 태도를 보이기도 했다.

어쨌든 카를 크라우스와 아돌프 로스를 비롯한 코코슈카의 친구와 후원자들은 이 거칠고 사나운 천재의 예술이 평가받으려면 베를린이 더 나으리라고 생각했다. 이들은 파리와 더불어 모더니즘의 가장 중요한 도시인 베를린으로 이주할 것을 권했고, 마침내 코코슈카는 1910년 3월 또는 4월 초쯤에 파울 카시러와 헤르바르트 발덴에게 전달할 추천장을 들고 베를린으로 향했다. 베를린은 달랐다. 코코슈카가 나중에 회상한 것처럼 베를린은 '독특한' 곳이었다.(ML, 117) 그는 특히 움직임과 역동성에 감동했다. 코코슈카는 분주한 "행인들의 발밑에서 도시가 정말로 찢어지는" 듯했다면서 다음과 같이 말을 이었다.

> 내 기억에 베를린은 지하철, 고가철도, 열차, 노면전차, 마차, 자동차, 오토바이, 자전거 등의 네트워크처럼 보였다. 거기다 회전하는 네온사인과 번쩍번쩍 빛나는 거대한 영화관, 확성기, 카페 악단, 6일간의 사이클 대회 (…) 등도 있었다. 그리고 거리를 날아다니는 신문 조각들! 이 모든 것 때문에 감각이 밤낮으로 깨어 있었다. 인상파 회화에서 흩어진 색점들은 거리를 두고 봐야 비로소 완성된 그림으로 다가오듯 말 그대로 하룻밤 사이에 세계시민이 된 사실에 주민들도 깜짝 놀란 이 프로이센 도시에서 받은 인상을 다른 사람들에게 제대로 전달하기까지는 내가 목격한 사태를 묘사하기 위한 시간적 거리와 적절한 태도가 필요했다.(ML, 117)

거리를 두려는 노력은 도시에 대한 강력한 인식을 불러일으켰지만 이는 그림으로까지 이어지지는 않았다. 이 시기에 코코슈카는 베를린 풍경화를 남기지 않았다. 어쨌든 그는 20세기 베를린에서 안정감을 느낄 수 있었다. 그 반면에 "목가적인 오스트리아"에서는 사람들이 기술혁명의 문명화 과정을 거의 잊고 살았다.(같은 곳)

카르마 저택이라고도 불린 스위스의 상가타 저택에서 여성과 거리를 두기 위해 프로이센블루 물감°을 손에 묻혔던 코코슈카도 이 '프로이센 도시'의 집요한 접근에는 저항할 수 없었으며 냉혹한 사회 조건 속에서 생존 기술을 익혀야만 했다. 베를린은 개방적이고 동서양이 만나는 근대의 메카인 동시에 살기 힘든 곳이기도 했다.

• 앞에서 '감청색'으로 번역한 'Preußischblau'는 '프로이센블루', '프러시안블루' 등으로도 번역한다. '베를린블루Berliner Blau'로도 불리는 이 안료는 18세기 초에 개발된 최초의 현대식 합성 안료로서 유럽 화가들이 즐겨 사용했다.

베를린으로 이주하기 직전에 코코슈카는 두 가지 기이한 경험을 했었는데, 하나는 제네바 호수 근처에서 영위하는 목가적 삶에 관한 경험이었고(이는 어쩌면 슈테판 츠바이크의 소설에서 가져온 것일 수 있다) 다른 하나는 빈 요하네스가세의 옛 성안나수도원 건물에 들어선 타바랭 카바레에서 에로틱한 공연을 펼친 캐나다 출신 뱀 무용수와 관련된 섬뜩한 경험이었다. 먼저 목가적 삶에 관해 그는 다음과 같이 썼다.

수북이 쌓인 눈 위로 햇볕이 따갑게 내리쬐어 찬란하게 반사되던 초봄의 어느 화창한 날 나는 성벽 위에 있는 어린 소녀를 보았다. 소녀는 열네 살쯤 되어 보였다. 그녀는 꼼짝하지 않고 누운 채로 따스함을 즐기고 있었다. 그녀의 속눈썹 아래에 있는 눈이 나를 오랫동안 기이하게 응시했다. 근처에는 동화에나 나올 법한 무화과나무 한 그루가 있었다. 나는 여린 모습의 그녀에게 다가가 이름이 무엇인지 묻는다. 그녀는 '버지니아'라고 답한다. 그녀는 나중에 내가 베를린에서 굶주렸을 때 내 환상 속의 딸이 되었다.(DSW II, 87)

때 묻지 않은 순결함이 아직은 미숙한 듯한 젊은 예술가를 끌어당긴다. 그가 (소아성애자인) 페터 알텐베르크와 친구가 된 데는 다 이유가 있었다.《이상한 나라의 앨리스》도 그리 동떨어진 이야기는 아닌 듯하다. 당시 그에게 토끼는 이야기의 소재가 아니라 정물화의 소품으로 등장하기 때문이다. 그의 마음속에 남아 환상의 일부가 된 것은 소녀의 시선이었다.

이와 정반대의 일은 코코슈카가 스위스에서 빈으로 돌아온 직후에 벌어졌다. 코코슈카가 방문한 타바랭은 황제 요제프 2세 시대에는 빈조형예술대학 건물이었고 (1840년 이후) 1848년 혁명 이전 시대에는 '지하

세계 탐험'이 핵심 프로그램인 일종의 체험관으로 이용되다가 다시 여러 층의 카바레로 변신한 곳이었다. 그곳에서 "비단구렁이와 사랑의 전투를 벌이는 원기 왕성한" 캐나다 무용수를 본 코코슈카는 다음과 같이 평했다. "구렁이가 진짜 악마였다면 이 유혹자는 첫 창조 때부터 끊임없이 재창조되어야 했을 것이다. 그녀는 공연 때마다 자신을 휘감은 구렁이를 벗어날 수 있었기 때문이다."(ML, 101) 다음 날 오스카는 용기를 내어 합스부르크 왕궁 근처에 있던 이 암사자의 우아한 거처를 찾아갔다. 그는 유혹을 경험하고 싶었지만 유혹에 넘어가고 싶지는 않았다. 스스로 뱀을 닮았던 무용수는 소파에 길게 누운 채로 다음번 손님인 코코슈카를 기다리고 있었다. 그는 자신이 처한 상황을 바그너의 오페라 《트리스탄과 이졸데》에서 이졸데가 아리아 '사랑의 죽음Liebestod'을 부르는 장면과 비교한 후 다음과 같이 끝맺는다. "그녀는 가만히 누워 있었고 나는 그녀의 손에 입을 맞추면서 그녀의 목을 비틀고 싶은 충동을 느꼈다. 나는 작별 인사를 하고 나와 곧바로 손을 씻었다."(ML, 102)

이 예술가의 말에서 우리는 다시 잠재한 폭력성을 접한다. 이는 좌절감이 반영된 글이기도 하지만 희곡《살인자, 여자들의 희망》이나 연필과 잉크로 그린 수채화 〈여자 살해Frauenmord〉(1909)에 감춰진 사실성을 뚜렷이 시사하는 글이기도 하다. 그의 내면에는 도대체 무엇이 꿈틀거리고 있었을까? 이는 그저 예술적 제스처와 모티브에 불과했을까? 자꾸 등장하는 이졸데는 또 무엇인가? 코코슈카는 1909년에 그린 한 크레용 드로잉에 다음과 같은 제목을 붙였다. "나는 유럽 이졸데의 임시 침대 곁에 선 관음증 환자다." 이 문구만으로도 많은 것을 생각하게 한다. 이 드로잉의 주변에는 초승달과 모호하게 암시된 풍경 외에 동물 모티브들이 보인다. 그림 속 '나'는 맹세하듯 손을 들고 있다. 검은 베일을 쓴 채 죽어가는 이졸데 앞에서 벌거벗은 몸으로 서 있는 '나'는 마치 그녀를 보호하려는 듯한 인상을 풍긴다.

크라우스와 로스는 빈과 일종의 작별을 고한 이 미숙한 젊은 친구를 데리고 매춘부들이 최고 입찰자에게 낙찰되던 "로자 마담의 유명한 살롱"을 찾아갔다. "나는 경매가 끝날 때까지 기다리지 않았다. 어쨌든 나는 결핵에 걸린 어느 소녀 재봉사나 매독에 걸린 어느 매춘부의 종말로 이어질 운명을 목격하고 싶지 않았다. 도대체 나는 왜 따라갔을까?" (ML, 102) 정말로 코코슈카는 왜 따라갔을까? 그곳에는 볼 만한 그림도 없었고 감염만이 있었다. 그는 앙리 드 툴루즈 로트레크*를 따라 하고 싶었을까? 그는 에곤 실레의 혹사당한 신체에 얼마나 가까이 있었나?** 그는 충격적인 습작을 남기기도 했는데, 예를 들어 작품 〈광란의 살인자 Amokläufer〉(1908/1909)나 자작시에 곁들인 삽화, 자해 묘사 등에서 이를 엿볼 수 있다. 아마도 코코슈카는 로자 마담의 살롱에서도 유혹에 대한 저항력을 시험했고 아주 가까이 갔으나 '신체 항복'은 거부한 듯하다. 그러나 이때 경험과 인상은 "과거에서 미래로 건너가는 분수령"이었던 베를린으로 코코슈카와 함께 건너갔다.(ML, 107)

베를린에서 코코슈카는 또다시 초상을 그릴 수많은 개성 있는 얼굴을 접한다. 그중 한 명인 헤르바르트 발덴은 1910년에 이런 작품들을 모아 《슈투름》에 발표했다. 리하르트 데멜와 파울 셰르바르트, 이베트 길베르의 얼굴도 그 가운데 있었다. 초상화 외에도 간단한 소묘 작품도 몇 점 포함되었다. 이렇게 코코슈카는 초상화가가 되었다. 물론 그는 당시에 고양이의 초상을 그리기도 했다. 그런가 하면 발덴이 1920년 성탄절에 〈그리스도의 탄생Geburt Christi〉이라는 제목으로 《슈투름》에 발표

• 무용수와 매춘부를 즐겨 그렸던 이 프랑스 화가는 알코올의존증과 매독에 시달리다 서른여섯에 사망했다.
•• 실레는 코코슈카와 함께 빈 모더니즘을 대표하는 표현주의 화가로 꼽히며 삶의 극한 경험으로 심하게 뒤틀린 신체를 자주 묘사했다.

한 코코슈카의 연필·잉크 드로잉은 코코슈카가 베를린에서 거의 잊고 지냈던 떠들썩한 풍경을 보여준다. 이 작품에서 코코슈카는 말 그대로 모든 것이 뒤죽박죽인 난장판의 인상을 중첩되는 모티브와 강렬한 빗금으로 능숙하게 묘사하고 있다. 그가 데멜의 초상을 그리기로 했을 때 원래는 이 시인의 낭독회에서 그리기로 약속했던 듯하다. 그러나 코코슈카는 데멜에게 다음과 같이 썼다. "저는 근시인 데다 사교성이 부족해 강당에서 그리기는 어려울 것 같습니다. (…) 1월에 카시러출판사에서 다시 전시회를 여는데, 선생님의 초상화는 그때까지 그렸으면 합니다. 제가 리베르만만큼 더 잘 그리니까요."(Br I, 14) '사교성이 부족한' 성격에도 자신감은 더 커진 듯했다. 카를 크라우스였다면 '리베르만만큼 더 잘'이라는 표현을 즉시 수정했겠지만 데멜은 이 '만큼'을 너그럽게 비교급으로 이해했다!

시인이자 비평가인 카를 크라우스를 그린 코코슈카의 작품에 대해서는 뒤에서 다시 다룰 예정인데, 여기서는 한 가지만 미리 이야기하겠다. 코코슈카는 나중에 크라우스에게서 기이하기 짝이 없는 헌사를 받는다. 날짜가 "1916년 4월"로 표시된 헌사에서 크라우스는 자신의 시집《운문 속의 단어Worte in Versen》를 코코슈카에게 바치면서 다음과 같이 빈정대는 운문을 달았다.

"이 윤색가에게//최고는 그래도 내장이다./코코슈카는 많은 악당을 얼마나 멋지게 그리는가!/그러나 악당의 가면을 벗기지는 못한다./샤텐슈타인은 얼마나 다른가? 그는 드레스에 그린다!"[9] 여기서 샤텐슈타인은 러시아 출신 초상화가 니콜라우스 샤텐슈타인(1877~1954)을 가리킨다. 샤텐슈타인은 1911년에 빈의 퀸스틀러하우스에서 〈책 읽는 소년Lesender Knabe〉 등을 전시했다. 샤텐슈타인은 러시아 농민이나 귀부인, 선술집 장면 등을 그렸는데, 그의 풍속화는 특히 직물과 의상에 초점을 맞추었으므로 크라우스는 그가 '드레스에' 그림을 그렸다고 했다. 하지만 이런 전통 예술을 젊은 코코슈카의 야망과 비교한 헌사는 코코슈카에게 악의적인 조롱으로 여겨질 수밖에 없었다. 그래도 두 사람은 적어도 작가와 독자로서 관계를 유지했는데, 다만 코코슈카가 크라우스의 주요 저서인《인류 최후의 날Die letzten Tage der Menschheit》을 알기나 했는지 확실치 않다.[10]

비록 코코슈카는 빈에서처럼 베를린의 슈프레강과 하펠강 기슭에서 예술에 대한 증오 섞인 표현을 듣지는 않았지만 상황이 그리 좋지 않았다. 1910년 가을에 그는 앙리 반 데 벨데의 초상을 그리기 위해 바이마르까지 찾아갔지만 작품을 완성하지 못했다. 이런 사고는 그에게 큰 재정적 부담이 되었다. 성탄절 직전에 코코슈카는 로스에게 다음과 같이 썼다. "안타깝게도 저는 베를린을 떠날 수 없어요. [또 다른 초상화 주문인] 슐리퍼로는 한 달 치 세밖에 되지 않습니다. 그리고 두 번째 초상화가 마음에 들지 않는다고 해서 한 주 동안 대금을 받지 못했습니다. 저는 지난 며칠 동안 그림을 네 점이나 그려서 이제는 웃는 얼굴만 봐도 질릴 정도입니다."(Br I, 14~15)

여기서 언급한 '두 번째 초상화'란 유명 여배우이자 나중에 파울 카시러의 아내가 되는 틸라 두리외의 초상화를 가리킨다. 틸라 두리외는 분명 자신이 키르케*처럼 불멸의 유혹자로 보이길 원했을 테지만 코코슈카에게는 고양이상으로 보였다. 코코슈카는 두리외를 그리기 전에 약혼자 카시러와 함께 그녀가 코르셋을 입는 것을 도와야 했다.(ML, 115) 이때 코코슈카에게는 마네의 "유명한 그림〈나나Nana〉가 머릿속에 떠올랐다. 하지만 마네가 이미 너무 잘 그렸기 때문에 나는 그렇게 그

• 그리스신화에서 오디세우스의 부하들을 돼지로 둔갑시킨 마녀.

릴 수 없었다".(ML, 166) 그래서 초상화는 결국 더 정숙하고 주문자에게 는 불만족스러운 모습이 되었는데, 이는 전통을 다루는 데서 드러나는 자기 검열을 보여주는 증거인 듯하다.

1910년 성탄절 전야에 이제는 본인의 의지와 상관없이 굶주린 예술가가 된 코코슈카는 빈에 있는 로테 프란초스에게 편지로 다음과 같이 고백했다.

저는 이제 너무 약해져서 허세를 떨 힘도 없습니다. (…) 빈이 매우 그립습니다. 물론 며칠간 그곳으로 돌아가더라도 그사이 관계가 많이 끊겨서 거의 이방인처럼 느껴질 것이며 그만큼 더 목마르고 만족스럽지 못한 날들이 되겠지요. (…) 저의 인생은 전체가 다 지옥입니다. 저는 원래 개방적이고 착한 청년이었는데 이제는 어쩌다 접하는 동정에 의지하는 나약하고 음흉한 사람이 되었습니다.(Br I, 15)

이제 코코슈카는 양친과 두 동생에 대한 걱정 때문에라도 잠시 빈을 방문할 생각을 품었다. 물론 그에게 생활의 중심지는 여전히 베를린이었다. 발덴이 발행하는 문예지 《슈투름》을 중심으로 한 비평계는 너무 매력적이었으며 빈의 카페 모더니즘에 비할 바가 아니었다. 1911년 1월경에 베를린을 방문한 사람은 로테 프란초스가 아니라 오이게니(게니아) 슈바르츠발트였다. 슈바르츠발트는 자신이 교장으로 있던 여학교의 미술 교사였던 코코슈카의 안부를 궁금해했는데, 누가 그녀에게 코코슈카의 처지에 관해 이야기했는지는 분명치 않다. 빈 교육 당국은 코코슈카가 '스캔들'을 일으키자 해임을 요구했다. 당시 조사에 따르면 코코슈카는 지나치게 자유롭게 교육해 여학생들에게 원하는 것을 마음대로 그리게 했다. 게니아 슈바르츠발트가 코코슈카는 천재라서 일반 기준으로 평가하면 안 된다고 항의하자 당국은 교과 과정에 천재는 포함되지 않는다고 반박했다고 한다.

어쨌든 게니아는 코코슈카에게 자신의 개방된 집으로 오라고 제안한 듯하다. 요제프슈테터슈트라세에 있던 이 집은 로스와 쇤베르크 외에도 에곤 벨레스와 루돌프 제르킨, 헤르만 브로흐와 게오르크 루카치, 라이너 마리아 릴케와 에곤 프리델 같은 당시 빈 예술계와 지성계에서 지위와 명성을 누리거나 누리기 직전인 인사들이 교류하던 곳이었다. 결국 코코슈카는 내키지 않아도 다시 빈에 정착하기로 했는데, 여기에는 하겐분트*에서 그림을 전시할 수 있으리라는 기대도 영향을 미친 듯하다. 빈으로 돌아온 코코슈카는 기존의 작품 외에도 다양한 활동을 통해 대중에게 이름을 알렸다. 그는 에곤 벨레스 등의 초상을 그렸을 뿐만 아니라 엘 그레코의 영향을 받은 성 세바스티아누스의 자화상과 십자가상 같은 종교적인 모티브도 다루었으며 특히 그가 강연한 '얼굴의 의식에 관하여Vom Bewußtsein der Gesichte'와 희곡《불타는 가시덤불Der brennende Dornbusch》은 주목할 만했다.

'얼굴의 의식에 관하여'라는 강연회가 1912년 1월 26일에 빈 1구 에셴바흐가세의 기술자·건축가협회 건물에서 열렸다. 자신감이 넘쳤던 코코슈카는 강연회를 홍보하는 빈 문학음악학술협회 포스터에서 빈 공예학교 출신인 자신을 군이 소개하려 들지도 않았다. 이 포스터에는 강연 제목도 없었으며 그저 뚜렷한 선과 주변의 넓은 그림자에 둘러싸인 이 예술가의 각진 얼굴과 자신을 가리키는 손과 상반신을 가로질러 대문자로 강조해서 적힌 '강연회VORTRAG/오코코슈카OKOKOSCHKA'라는 글자만 있었다.

• Hagenbund. 1900~1938년에 빈에서 활동한 조형예술가연맹.

이 글자를 보는 청중이 '오, 코코슈카'라고 잘못 읽게 되듯이 그는 스스로를 이렇게 불렀다. 스물여섯 살의 예술가가 어떻게 이런 자기 과시를 할 수 있었을까? 그에게 이 강연은 어떤 의미였을까? 강연 '얼굴의 의식에 관하여'는 이 예술가의 작품에 대한 기본 텍스트로 간주할 만하다. 따라서 우리는 '얼굴의 의식에 관하여'에 특별히 주목해야 한다.

코코슈카에게 얼굴은 역설적 의미가 있다. 얼굴은 한편으로 자기 자신을 체험하는 의식이다. '태어나지 않은 것'을 포함해 삶의 요소들이 의식을 향해 흐르는 가운데 자기 자신과 조화를 이루고 이를 시각화하려는 목표를 가진 의식을 의미했다. 다른 한편으로 그에게 중요한 것은 발터 무슈크의 논평처럼 "무의식으로의 선지적 침잠"이었다.[11] 코코슈카에게 의식은 "사물의 무덤"이자 모든 지각의 조건이었다. "얼굴의 의식"은 "파도 속에 잠기기 또는 공중을 나는 느낌"과 비슷하다고 그는 말한다.(DSW Ⅲ, 12) 이때 이런 '의식'은 '나' 또는 '너'라고 부를 수도 있으며 '상상'이 될 수도 있다. 코코슈카에 따르면 이런 '상상'은 "모든 사물에 있는 자연스러운 것"이며 "자연, 얼굴, 생명" 자체다. 그에게 세계와 자아는 쇼펜하우어와 마찬가지로 실재와 상상을 향한 의지의 결과였다. 종교적 색채도 빠지지 않았다. 코코슈카는 자신이 예술가 그리스도라도 되는 양 다음과 같이 말했다. "여러분이 둘이든 셋이든 제 이름으로 함께 있는 곳에 저도 여러분과 함께 있을 것입니다." 나아가 그는 이미 사물이 스스로를 지지하면서 '고백'하는 것을 보았다. 뭐라고 하는가? "저는 여러분의 겉모습이 아니라 여러분의 내면에 있는 제 얼굴과 이야기한 것입니다"라고 그는 청중에게 설파했다.(DSW Ⅲ, 12) 과연 청중 안의 누가 이 말을 이해했을까? 과연 누가 그를 따르려 했을까? 과연 누가 말년에 시각 학교를 설립하고 이끌었던 그를 끝까지 따를 수 있었을까?

만약 코코슈카가 수많은 초상화를 그리면서 정말로 인물의 운명을 예감하고 그 내면을 드러낸 게 맞다면 5막으로 구성된 희곡《불타는 가시덤불》(1911)도 이에 해당할 것이다. 이 희곡은 그에게 조만간 닥칠 특별한 사랑을 스스로 예견한 듯한 인상을 주기 때문이다. 희곡에서는 여성적 관점과 비극을 통해 그 위대함이 드러나는 사랑을 경험한다. 무명의 두 주인공 중 한 명인 남자는 여자의 힘에 의지해 생활하면서 여자를 쇠약하게 하지만 그녀는 그를 끝까지 사랑한다. 4막에서 두 사람은 "두 개의 바위 연단" 위에 앉아 마주 보고 대화를 나눈다. 두 사람 사이에 놓인 "골짜기의 어둠 속", 즉 심연의 어둠 속에는 마지막 무대를 장악할 합창단이 있다. 남자가 말할 때는 흰색이 무대를 장식하고 여자가 답할 때는 빨간 불빛이 흰색을 '방해한다'.(DSW I, 104)

《불타는 가시덤불》의 주요 모티브를 시사하는 여자의 한 가지 특징은 "고리 모양으로 바닥까지 질질 끌리는" 지나치게 긴 머리카락이다. 밤이 되면 그녀는 얼어붙은 몸에 머리카락만 두른 채 의자에 앉아 머리카락 속에서 잠을 자고("내 여자 머리가 이불이다", DSW I, 97) 머리카락이 축축해져 눈을 가릴 때까지 머리카락에 눈물을 쏟아부으며 밤을 지새운다. 이 머리카락은 여자의 매혹적인 힘과 성적 능력을 상징하며 이를 느끼는 남자는 자신이 여자의 이런 능력 때문에 파멸하리라 예감한다. 그래서 남자는 그녀를 "긴 머리 여자"라고 깎아내리듯 부른다. 남자는 여자를 제대로 대우하지는 않았지만 그래도 여자는 남자를 그리워한다. 아무리 붙어 있어도 그리움은 사그라지지 않는다. 그녀는 혼자인 듯한 느낌을 피할 수 없다. 그녀는 그를 너무 사랑하기에 그는 "때 묻지 말아야" 한다. 그래서 여자는 남자와 함께 덩달아 고통을 겪는다.(DSW I, 107) 결국 그녀는 자신을 땔감으로 내던지는 불타는 가시덤불이 된다.

"내 몸은 불타는 덤불이고/당신은 내 남편, 내게 활력을 주는 바람이다!/내 가슴은 두 개의 불꽃이고/당신은 고집 센 목소리다!/내 손은 뜨거운 날개고/내 다리는 불타는 숯이다."(DSW I, 104) 남자는 여자를 가리켜 "절망적으로 진통하는 산모!/나약해서 낳을 용기가 없는 여자!"라고 한다.(DSW I, 105) 그녀는 그가 마침내 자신에게 '들어와' 자신을 꺼서 '구원'해주기를 원한다. 뜻밖에도 이를 시도한 남자는 여자에게 자신을 바치고 스스로 망각에 빠져 '조용히' 죽는다. 그녀는 까탈스러운 애인의 죽음을 지켜보면서 슬픈 내색 없이 "그의 얼굴이 소리 없이 녹아내린다"고 말한다.(DSW I, 109) 남자의 얼굴은 녹아내리는가, 아니면 녹아서 (하늘로) 올라가는가? 이 물음에 대한 답은 찾아볼 수 없지만 얼굴의 모티브는 마지막 합창에서 다시 등장한다. "강제로 얼굴이 나타나고/세계가 의식에 나타난다."(DSW I, 109) 이렇게 볼 때 코코슈카는 합창의 마지막 말을 통해 '얼굴의 의식'에 관해 그가 행할 강연의 표어를 내뱉은 셈이다. 《불타는 가시덤불》은 또한 코코슈카가 곧 겪을 빗나간 사랑의 대본이 된다. 이 사랑에서는 그가 내적으로 '불타는 가시덤불'이 되는데, 그는 이 같은 상황을 기적적으로 이겨낸다.

사랑의 폭풍, 대양의 난파선

여자가 있는 원초적 장면. 하지만 이번에는 오스카가 태어난 날 밤에 있었다는 화재 사고나 동생이 태어났을 때 피바다와 달리 모든 것이 걸린 사랑의 장면이다. 아담은 빈에 있고 뱀 같은 이브는 뒤뜰 작업실의 지옥 같은 낙원에 있다. 서른세 살이 된 팜파탈이자 빈의 모든 남성이 갈망하는 미망인 알마 말러가 스물여섯 살 난 예술가의 삶에 등장한다. 더 정확히 말하자면 알마와 오스카가 서로의 삶 속으로 들어왔다. 알마 말러는 유명한 풍경화가 에밀 야코프 쉰들러의 딸이다. 그녀는 또한 아버지의 제자이자 구스타프 클림트와 친구인 분리파 빈 아르누보의 대표 화가 카를 몰의 의붓딸이기도 했다. 소설과 영화로 수차례 묘사될[12] 정도로 유명한 그녀의 스캔들을 여기서 반복해서 이야기할 필요는 없겠다.

몰은 빈의 호에바르테에서 마카르트 시대 가구가 있는 귀족 저택에서 호화로운 생활을 했다. 모두가 몰을 알았고 그도 모르는 사람이 없었다. 이런 분위기 덕분에 음악적 재능이 뛰어난 의붓딸 알마는 상류사회에서 내밀한 관계에 빠져들었다.

구스타프 말러와 결혼 생활을 하는 8년 동안 알마는 음악적 재능을 썩혀야 했다. 말러가 음악 활동을 허락하지 않았기 때문이다. 게다가 친정은 추문으로 마구 엉클어져 있었다[13] (어머니 안나 소피 쉰들러는 불륜이 무엇인지를 딸에게 몸소 보여주었다. 아버지 에밀 야코프 쉰들러는 아내 때문에 괴로워했고 나중에 구스타프 말러도 이 딸 때문에 똑같은 고통을 겪어야 했다). 알마는 음악 활동을 금지한 말러의 명령과 가정사로 영혼에 아주 깊은 상처를 입었다. 알마의 초기 곡들은 후기 낭만파 색채를 띠었지만 음악적으로 훌륭하게 구현된 매우 미묘한 텍스트 감각도 엿볼 수 있다. 그녀는 하인리히 하이네나 라이너 마리아 릴케, 오토 율리우스 비어바움, 리하르트 데멜 등의 시에 곡을 붙였으며 특히 데멜의 '고요한 도시Die stille Stadt'에 곡을 붙인 작품은 인상적인 곡 중 하나다.

그런가 하면 의붓아버지 몰은 자신의 그림과 너무 다른 '젊은 야수' 오스카의 작품을 하겐분트 전시회에서 본 후 이 추방자에게 자신의 초상화를 맡길 정도로 큰 감동을 받았다. 그리고 이제 의붓딸 알마에게도 똑같은 일이 일어났다. 꽤 확실한 근거에 따르면 알마는 자신이 돌본

이 불쌍한 예술가 후배의 기분을 맞춰주려고 딱 한 번 '이졸데의 사랑의 죽음Isoldes Liebestod'을 '감동적으로' 연주하며 불렀다고 한다.(ML, 129) 1914년 9월에 코코슈카는 그녀에게 쓴 편지에서 다음과 같이 말했다. "바그너는 가장 훌륭한 작곡가입니다. 그러나 당신은 (영원히 나를 위해서만) 바그너를 연주해야 합니다."(Br I, 180)

오스카에게 알마는 예전의 릴리트 랑보다 훨씬 더 릴리트 같은 존재였다. 그에게 그녀는 악마의 어머니이자 여성의 이상이었다. 알마는 앞서 언급한 여성 중에서 아마도 《살인자, 여자들의 희망》에 출연한 헬레네 리처의 야성미에 가장 가까운 여성이면서도 미쳐 날뛰는 이 여배우와는 비교가 안 될 정도로 교양 있는 여성이었다. 거의 파멸한 사람처럼 "야만스럽게 변질"(Br I, 30)되기 직전의 오스카가 그녀에게 봉함엽서와 편지를 수차례 썼던 1912년 4월에 이 두 사람 사이에, 말 그대로 둘의 심장 사이로 '당신'이 끼어들었다. 오스카의 고백에 따르면 "삶의 불확실성"이 그를 "이 천사 같은 여자"의 품속으로 몰아넣었다.(Br I, 34) 그곳에서 그를 맞이한 것은 그동안 갈망했던 강렬한 육체적 쾌락과 에로틱한 마력이 성적 만족감으로 전환되는 경험이었다. 아마도 이는 그에게 최초의 경험이었을 것이다. 그러나 이와 정반대로 거부와 박탈, 매번 다음을 기약해야만 했던 처지, 알마의 삶에 얼씬거리는 다른 존재들이 그를 괴롭혔다. 코코슈카가 처음부터 고통스럽게 감지했던 커다란 존재는 쳄린스키나 그로피우스가 아니라 고인, 즉 초인이라 부를 만한 구스타프 말러였다. 어쩌면 알마와 오스카는 "왜 그대는 그 깊은 시선으로/우리의 미래를 불길하게 바라보았나요"라는 괴테의 시를 서로에게 읊어주었을지도 모르겠다. "(…) 왜 그대는 우리의 사랑과 지상의 행복이/축복받는 망상을 결코 믿지 않았나요?/왜 그대는 우리에게 서로의 가슴 속을 들여다보는/운명과 감정을 주어서/진기한 그 모든 혼란을 뚫고/우리의 진정한 관계를 엿보게 하였나요?"[14] 그리고 조금 뒤에 이어서 "그대는 내 존재의 모든 움직임을 알았고,/가장 순수한 현弦의 울림을 엿들었으며,/인간의 눈이 간파하기 어려운 시선으로/나를 읽을 수 있었습니다." 물론 코코슈카는 이렇게 현실을 직시하는 시구를 읽을 기분이 아니었겠지만 알마는 아마도 점점 더 이런 기분에 휩싸였을 것이다.

호에바르테에서 별이 빛나는 만남이 있은 지 겨우 두 달 반이 지난 1912년 6월 26일 이후로 코코슈카의 '현弦'은 더는 악기 소리를 내지 않았으며 오히려 매우 신경질적으로 반응했다. 그날 빈 음악협회 대강당에서 알마가 최근에 발굴한 새파랗게 젊은 브루노 발터의 지휘 아래 말러의 마지막 교향곡인 제9번 교향곡(쇤베르크와 베르크는 고인이 된 거장이 현대 음악으로 넘어가는 과정을 보여주는 작품이라며 이 곡에 찬사를 아끼지 않았다)의 초연이 거의 끝나기도 전에 알마는 달아오른 애인에게서 다음과 같은 편지를 받았다.(Br I, 42)

[빈, 1912년 6월]

알마,

죽은 자든 산 자든 타인이 당신 안에 있는 것을 보고 있는 나로서는 당신 안에서 평화를 찾을 수가 없습니다. 어째서 당신은 나를 죽음의 무도회에 초대했나요? 내게는 물론이고 당신에게도 낯선 사람이었고 앞으로도 그럴 수밖에 없는 남편의 리듬에 당신이 정신적 노예처럼 장단을 맞추고 이 작품의 음절마다 당신의 정신과 육체가 파여 들어가는 모습을 내가 말없이 몇 시간 동안이나 지켜보길 원하나요? 그의 명성과 구제는 결코 그에게서 벗어나는 구원이 아닙니다.

나는 당신이 남편에 대한 추억에 빠져 지내는 나날을 지켜볼 수 없습니다.

당신 안에 있는 이 강박적이고 복합적인 감정을 나는 결코 받아들일 수 없기 때문입니다. 이는 내게 너무나도 낯선 것이어서 아주 미세한 동요만으로도 나는 이를 아주 정확히 느낄 수 있습니다. 내가 당신 안에서 물리치려 했던 모든 것은 이름이 무엇이든 거기에서 유래한 것입니다. 알마, 우리가 행복하게 영원히 하나가 되려면 당신은 나와 함께 아주 새로운 삶을, 소녀의 삶을 시작해야 합니다.

오스카 코코슈카

곧이어 코코슈카는 최악의 상황을 막으려고 두 번째 편지를 보냈다. "알마, 나의 착한 천사인 당신에게 다시 한번 편지를 씁니다. 앞선 편지의 격한 표현이 혹시라도 당신에게 상처를 입혔다면 그것은 죄가 될 것이기 때문입니다."(Br I, 43) 하지만 이제 알마는 오스카를 그토록 불안하고 심란하게 한 게 무엇인지 문서로 확인할 수 있었다. 그것은 바로 그녀가 살아온 과거, 특히 그녀가 위대한 말러의 예술과 맺고 있는 관계였다.

옛 남편은 그녀가 작곡하고 가창법을 익히는 것을 금지했는데 최근에 생긴 애인은 그녀가 과거의 삶을 지우고 새롭게 그를 위해 소녀가 되길 원했다. 거룩한 동정녀처럼, 순결한 학예의 신 뮤즈처럼 그만을 기다리는 알마, "연회복도 매너도 없는"(Br I, 6. 언젠가 코코슈카가 에른스트 랑에게 자신을 묘사하며 한 말이다) 예술가만을 기다리는 알마가 되기를 원했다. 이전 편지에서도 코코슈카는 자신을 위해 알마의 원초적 여성성을 살려내려고 거창한 표현들을 동원했다. 예를 들어 그는 자신이라는 '존재' 안에서 그녀가 "몸의 평화"를 찾기 원한다고 말했다.(Br I, 42) 위에 인용한 말러에 관한 편지를 보낸 지 한 달 후에 코코슈카는 네덜란드 스헤베닝언에 머물던 알마에게 다음과 같이 노골적으로 경고하는 편지를 보냈다. "당신을 상속녀로 추켜세우는 온갖 불량배와 어울리는 옛 실수를 반복하지 마십시오."(Br I, 59) 알마는 돌진해오는 그를 피해 스헤베닝언에서 휴식 중이었다. 이후에도 알마는 요양지에서 체류하는 일을 반복했는데, 이러한 행동이 그에게는 이미 '문란한 본성'의 징표였다. 힘든 시기를 보내던 그녀에게 중요한 버팀목이 되어준 동성애자 친구 헨리에테 아말리에(릴리) 리저와의 관계도 문란한 본성을 드러내는 행동에 속했다. 쇤베르크의 재정적 후원자였던 릴리는 알마의 정신적 후원자가 되었다. 릴리는 유대인이었지만 점점 더 노골적인 반유대주의자로 변해갔던 알마에게는 문제가 되지 않은 듯했다. 릴리 리저는 빈에서 추방당한 후 1943년 12월에 리가의 유대인 거주 지역에서 사망했다.

1912년 7월 말이 되자 오스카는 알마와 궁극적 결속을 맺기 위해 거의 주문을 외우다시피 다그쳤다. "당신이 사랑스러운 내 아이를 가진다면 위대하고 선한 본성이 자비로워지고 끔찍한 모든 게 사라질 것이며 우리가 서로 의지하고 지지하므로 다시는 서로 갈라지지 않을 것입니다. 당신은 이제 내 안에서 건강해지고 있고, 나는 사랑스런 당신 안에서 평화를 찾았습니다. 우리는 가족의 신성함을 발견하고 당신은 어머니가 될 것입니다."(Br I, 59)

코코슈카가 (때로는 '천상의') 알밀리 또는 모차르트풍의 과장법으로 알밀리차라고 불렀고 때로는 '나의 멧새', 심지어 '나의 사랑스러운 늙은 아이'라고도 불렀던 알마는 당시에 이미 아이가 있었다. 다만 알마와 말러의 딸이자 '구키'라는 애칭으로도 불린 안나를 때로는 생모보다 코코슈카가 더 사랑스럽게 돌보는 듯한 인상을 풍기고는 했다. 알마의 '과거'를 증명하는 이 살아 있는 증거는 코코슈카에게 말러의 음악이나 데스마스크와 달리 거의 문제가 되지 않은 듯했다.

강렬한 사랑과 거의 병적인 질투심에 내몰린 코코슈카는 알마와 관련한 450여 점의 예술 작품을 낳는 광란의 창작 활동을 벌였다. 하지만 광적인 감정의 소용돌이 속에서 이들 연인이 혼자서든 둘이서든 평온하게 무엇에 집중하기란 거의 불가능했다. 1913년 4월에 코코슈카는 알마에게 다음과 같이 고백했다. "나는 모든 것이 외적 평온 속에서 숨 쉬는 삶이 너무나도 그립습니다."(Br I, 96) 그는 이러한 '평온'을 얻기까지 40년을 더 기다려야 했다.

코코슈카는 처음부터 알마와의 관계를 성스럽고 초월적인 무언가로 만들고자 했는데, 물론 그렇다고 해서 이런 사랑의 형이상학 때문에 쾌락의 경험을 희생하지는 않았다. 그에게 이 사랑은 생사가 걸린 문제였던 데 반해 알마는 오히려 마음 설레는 사랑놀이를 계속하길 원했다. 코코슈카는 둘의 관계를 위해 모두 걸 준비가 된 듯했으며 망상에 가까운 질투심은 그를 더욱 부추겼다. 그는 자신보다 훨씬 더 경험이 많은 '알밀리치'(이런 중성적 애칭은 알마를 물건처럼 소유하고 싶어 한 코코슈카의 욕망을 보여준다!)에게 늘 다음과 같이 훈계했다.

나의 알밀리, 제발 누구도 쳐다보지 마세요. 그곳에 있는 남자들이 당신을 계속 응시하는 까닭은 그들이 성적 동물이기 때문입니다. 물론 나는 당신이 그런 시선에 넘어가지 않으리라는 것을 잘 알고 있습니다. 당신의 지인을 포함해서 지휘자든 누구든 당신에게 접근하려 하면 당신은 말러 부인이 아니라 나의 사랑하는 아내라는 점을 생각해야 합니다. 당신은 아름다움과 영혼으로 나를 구속하고 내가 질투심으로 괴로워하고 낙담하지 않게 해야 합니다.(Br I, 119)

코코슈카가 긍정적인 남성상을 가지고 있었다고 주장하기는 어려울 것이다. 예를 들어《불타는 가시덤불》에 등장하는 무명의 '남자'는 아르놀트 쇤베르크에게 보낸 쪽지 편지에서 언급한 바에 따르면 "허약함과 잔인함 사이 어딘가에" 있었다. 여러 정황에 비추어 볼 때 코코슈카는 처음에 알마와의 관계에서 그저 공허할 뿐인 욕망의 영역을 벗어날 수 있다고 생각했던 것 같다. 코코슈카는 또한 알마를 자신에게 묶어두기 위해 그녀가 없으면 자신의 예술도 끝장날 수밖에 없다고 했다.

흔히들 하인리히 폰 클라이스트가 비극《펜테질레아》(1808)에서 묘사한 치명적이고 비극적인 남녀 관계가 코코슈카에게 중요한 모범이 되었다고 지적한다. 이 같은 견해는 코코슈카가 클라이스트의 작품에 일찌감치 관심을 보였다는 사실에 기초한다. 실제로 코코슈카는 망명 중에도 클라이스트의 희극《암피트리온》(1944)을 성찰하면서 관심을 드러낸 바 있다. 이 작품에서 아마존 여왕 펜테질레아는 파괴적인 사랑의 광기에 사로잡혀 애인 아킬레스를 이빨로 갈기갈기 찢는다. 여기서 '키스'와 '깨물기'는 하나가 되는데, 이런 모티브는 코코슈카의 희곡《살인자, 여자들의 희망》에서도 확인된다.

이 외에 프란츠 그릴파르처가 비극《바다의 물결, 사랑의 물결Des Meeres und der Liebe Wellen》(1831)에서 묘사한 감정 구도도 언급할 만하다. 이 비극은 무사이오스의 고대 서사시《헤로와 레안더Hero and Leander》를 각색한 작품으로, 아프로디테 여신을 모시는 사제가 되려는 헤로와 갑자기 나타난 이방인 레안더 사이의 사랑 이야기다. 헤로는 여사제로서 순결 서약을 했으므로 둘은 헤어져야 할 운명이다. 그런데도 레안더는 밤의 어둠을 타고 바다를 헤엄쳐 신전의 탑에 사는 헤로에게 돌아온다. 탑에서 헤로는 레안더에게 길을 안내해줄 촛불을 켠다. 그러나 두 사람의 관계를 알게 된 신전 경비병의 명령으로 불빛이 꺼지고 레안더는 죽음을 맞는다. 앞에서 살펴보았듯이 코코슈카의《살인자, 여자들의 희망》

은 탑과 빛의 구성이 반전된 상태에서 시작한다.《살인자, 여자들의 희망》에서는 탑에 '남자'가 살고 있다. "밤하늘, 커다란 빨간색 쇠창살 문이 달린 탑. 유일한 불빛이 검은 바닥부터 탑으로 올라가면서 빛을 비추면 모든 형상이 부조浮彫처럼 어른거린다."(DSW I, 35) 얼마 후면 우리는 코코슈카의 탑, 즉 바닥뿐만 아니라 벽까지 검게 칠한 작업실을 보게 될 것이다.

같은 소재를 다시 한번 각색해 불법 해상무역을 배경으로 한 무성영화 '바다의 물결, 사랑의 물결'(주연은 당시 독일의 아스타 닐센이라 불리던 드레스덴 출신 리시 네부슈카가 맡았다)이 1912년에 개봉되었는데, 이는 우연히도 많은 것을 시사했다. 무엇보다 핵심은 사랑의 드라마를 촉발하는 첫 만남에서 성적 매력과 정신적 결속이 첫눈에 분명해지는 순간이다. 이 최초의 "시선 접촉"(크리스티나 폰 브라운)은 이후의 어떤 신체 접촉보다도 결정적이다.

흥미롭게도 알마 말러 베르펠의 회고록《나의 인생》(1960)에서 코코슈카와의 관계는 11년 후 같은 제목으로 출판된 코코슈카의 회고록에서보다 훨씬 더 많은 지면을 차지한다. 코코슈카는 자신의 회고록에서 어머니가 알마와의 관계를 얼마나 불신했는지를 보여주는 일화를 소개했다. 어느 날 알마가 내뱉은 섬뜩한 농담에 따르면 "어머니가 외투 주머니에서 손을 수상쩍게 꿈틀거리며 몇 시간 동안 알마 말러의 집 앞을 서성였다"고 한다. "어머니가 조금 열린 창문으로 밖을 내다보던 요부(어머니는 알마를 이렇게 불렀다)를 쳐다보았는데, 알마는 그때 너무 무서웠다고 나중에 내게 털어놓았다."(ML, 132) 알마는 코코슈카의 어머니가 편지에서 내뱉은 대로 '빈의 요부'를 쏘아 죽일 것이라고 믿었던 모양이다. 회고록에서 코코슈카는 상상을 크게 자극한 한 가지에 관해 이야기했는데, 그것은 알마가 아니라 그녀의 의붓아버지 카를 몰이 이탈리아에서 가져온 티치아노의 그림 〈비너스와 오르간 연주자Venus with the Organ Player〉였다. 몰은 이 그림을 (제1차 세계대전 중) 몇 달간 코코슈카에게 맡겨 두었다. 덕분에 코코슈카는 〈바람의 신부Windsbraut〉를 작업할 때 이 그림을 참고할 수 있었다. 티치아노의 그림은 시인 게오르크 트라클*뿐만 아니라 알마도 코코슈카의 작업실에서 보았을 것이다.

코코슈카는 〈비너스와 오르간 연주자〉의 특별한 점을 "빛의 승리, 공간의 부피에 대한 광채의 승리", 즉 그림의 '광휘'라고 표현했다. 여기서는 빛이 공간을 창조한다고 코코슈카는 말했는데, 이는 그가 티치아노부터 푸생을 거쳐 앵그르와 세잔에서도 관찰했고 마침내 그 자신도 좇던 빛의 발전 과정이었다. "빛의 움직임이 없는 입체파"와 달리 코코슈카는 정물의 "정적인 시각"에 도달할 때까지 추상 작업을 더욱 밀어붙였다.(ML, 133) 그러나 코코슈카도 당시에 〈고양이, 양고기, 생선Katze, Hammel und Fisch〉이나 〈양고기와 히아신스가 있는 정물화Stillleben mit Hammel und Hyazinthe〉와 같이 모티브가 있는 정물화를 두 점 그렸다. 정물화에서 생명은 정지해 있다. 코코슈카에게 정물화는 세상이 생명을 거부하고 심지어 불가능하게 만들지 모른다는 두려움의 표현이었다.[15] 정물화에서는 작가 헤닝 만켈의 다음과 같은 관찰이 실현된다. "대다수 예술 작품은 보거나 듣는다. 그러나 가끔 나는 기분 좋은 향기가 나는 듯한 느낌을 받기도 한다. 몇몇 예술 작품 앞에서는 뜻밖에도 맛을 느껴본 적도 있다."[16] 그런데 코코슈카의 〈고양이, 양고기, 생선〉과 〈양고기와 히아신스가 있는 정물화〉가 바로 이런 느낌을 준다.

코코슈카에 따르면 그와 알마 사이에는 결정적인 장애물이 두 개

• 코코슈카와 알마의 사랑을 형상화한 〈바람의 신부〉의 작업 과정을 곁에서 지켜보던 트라클의 즉흥시에 나오는 "바람의 신부"라는 표현이 작품의 제목이 되었다.

있었다. 하나는 구스타프 말러의 데스마스크였고 다른 하나는 그녀가 낙태한 아이였다. 이 아이는 좀더 정확히 말하면 자신이 아니라 말러를 닮았을까 봐 걱정하면서도 코코슈카가 늘 강조해 말했던 "내 아이"였다.(ML, 135) 하지만 낙태 수술 후에 알마는 코코슈카의 예술을 새로운 시각으로 보게 되었는데, 예를 들어 석판화 연작 '사슬에 묶인 콜럼버스Der gefesselte Kolumbus'와 바흐 칸타타(BWV 60)를 모티브로 한 '오 영원이여, 그대 우레 같은 말씀이여O Ewigkeit, du Donnerwort' 등이 이에 해당했다. '사슬에 묶인 콜럼버스'에서 알마는 바닥에 놓인 데스마스크와 자식을 빼앗긴 채 "자신의 질투에 못 이겨 사망한" 예술가가 자신의 무덤에서 바라보는 모습을 보았다.(ML, 136) 그녀는 이 석판화에서 두 사람의 〈2인 초상〉을 보았으며 이런 그녀에게 그는 세 부분으로 나뉜 시 '행복은 다르게 찾아오네Αλλως Μακαρ•'를 주었을 것이다. "나는 사라져버린/땅의 틈새에서 울고 있는/불쌍한 여름밤이다." 흰 새와 새 사냥꾼이 만난다. 다가오는 '위험'을 피해 사랑의 보금자리를 "더 은밀하게 감싸야" 한다. 그러나 무엇을 위해서? "세상을 뜨겁고 강하게 감싸는/청명한 햇살에 환호하면서/품속의 형태들, 밤의 것들을 벗어나/번갈아 달아나는 것들을 품는 그대의 그물은 마법처럼 그대로 있다."(DSW I, 26) 움직임이 (감정의) 작동을 시작한다. "이유 없이 우울한 겨울이 가고/날개를 다친 그리움이 온다." 바람이 불고 행복감이 차오른다. 그러나 이 시에서도 폭력의 모티브는 빠지지 않는다. 둘 다 새를 닮은 남자와 여자가 "뱀을 목졸라 죽인다". 하지만 그녀가 "떨어뜨린 쪽지"를 집어 든 이 시의 '나'는 "행복은 다르게 찾아오네"라는 글귀를 읽는다.(DSW I, 28) 그사이 두 사

• 그리스어 'Αλλως Μακαρ'(알로스 마카르Allos Makar)는 두 연인 오스카Oskar와 알마Alma의 이름을 재배열한 것이다.

람은 모두 행복이 육체적 만족 너머에 있다고 깨달았기에 유혹하는 뱀도 유혹도 사라진다.

"떠다니는 유령선/돛대와 닻이 그대를 바로잡네."(DSW I, 27) 유령선은 "대양의 난파선"(ML, 137)이 되고, 그 안에서 예술가는 서로 사랑하는 최고의 한 쌍이자 결코 절망하지 않는 조난자가 된 자신과 알마를 바라본다. 이 시를 쓸 무렵에 코코슈카는 이미 〈바람의 신부〉를 작업하고 있었다. 알마와 오스카, 이 두 이름은 사랑과 그 예술적 표현의 알파와 오메가가 되어야 했다. 니체와 비슷하게 그는 자신을 새로운 콜럼버스, 즉 예술에서 사랑과 삶을 발견한 사람으로 여겼다.

1912년 7월 말에 코코슈카와 알마는 스위스 뮈렌에서 만났다. 알마는 스헤베닝언에서 돌아왔다. 오스카는 알마와 재회를 기념하는 의미에서 레오나르도 다 빈치의 〈모나리자〉를 본떠 애인의 대형 초상화를 그렸다. 예술적 영원성을 부여하는 작업은 이렇게 이루어진다. 미술사가 하인츠 슈필만이 적절히 지적한 바와 같이 알마의 초상화는 그가 "아주 사적인 일에서는 전통에 충실한 혁명가"였음을 보여준다.[17] 뮈렌은 또한 〈방문Heimsuchung〉의 배경에 있는 마을이기도 하다. 코코슈카는 〈방문〉에서 무언가를 기다리는 듯한 매우 남성적인 모습의 여성을 묘사했다. 이 시기(1912~1913) 작품에 주로 여성이 등장하는데, 이는 코코슈카가 새 생명을 낳는 여성이 남성보다 절대적으로 우월하다고 깨달은 데서 비롯한다. 뮈렌은 그에게 풍경에 대한 또 다른 표상을 제공한 곳이기도 하다. 코코슈카의 〈뮈렌 근처의 알프스 풍경Alpenlandschaft bei Mürren〉(1912)은 소용돌이치는 듯한 태양 아래 급격히 파인 골짜기들을 보여준다. 이렇게 파인 무늬는 〈2인 나체화: 두 여인Doppelakt: Zwei Frauen〉의 둘레에서도 볼 수 있는데, 이 그림에는 친구 사이인 릴리 리저와 알마 말러의 은밀한 관계에 대한 코코슈카의 상상이 깔렸다. 뮈렌에서 알마와 코코슈카는 콜린 캠벨의 무성영화 '콜럼버스의 도래'The Coming of Columbus'(1912)를 관람했다. '콜럼버스의 도래'는 시인 횔덜린의 표현처럼 "안전하게 지어진 알프스산맥" 한가운데 있는 뮈렌의 아늑한 분위기와 달리 새로운 것 또는 다른 것을 탐험하는 불확실성과 대담함을 강조한 영화다. 코코슈카는 이 영화를 보면서 이미 '대양의 난파선'을 상상하지 않았을까? 이 무렵 알마에게는 새로운 것이 보였다기보다 들렸다. 그녀는 스트라빈스키의 발레곡 《페트루슈카Petruschka》와 《봄의 제전Le Sacre du Printemps》을 가리켜 "음악의 신대륙"이라고 불렀다.[18] 그러나 이때도 코코슈카에게는 하나만 보였는데, 이에 관해 그녀는 다음과 같이 썼다. "[무용수] 니진스키의 우아하고 아름다운 동작에 감동한 그의 눈에서 눈물이 흘렀다."[19]

알마는 오스카를 괴롭힌 빈 예술계의 눈에 띄지 않게 둘의 관계를 은밀하게 유지했다. 그래서 둘은 달의 연인이 되었고 밤이 둘을 이어주었다. 알마가 요구한 은밀하고 야심한 만남은 원래 빛나는 것들을 훨씬 더 좋아했던 오스카에게 숨 막히는 경험이었다. 뮈렌에서 돌아온 두 사람은 7개월 후 다시 함께 여행에 나섰다. 1913년 봄에 이탈리아로 떠난 두 사람은 베네치아와 파도바를 거쳐 나폴리까지 갔다. 둘은 나폴리만과 베수비오산이 한눈에 내려다보이는 여관에 머물렀다. 그곳에 머무는 동안 둘은 발코니에서 높은 파도가 넘실거리는 폭풍우를 목격했다. 이는 코코슈카에게 화산 폭발과 동시에 거친 바다에 배 한 척이 떠 있는 것처럼 보였다. 이 이미지는 그가 알마에게 선사한 세 번째 부채에 담겼다. 코코슈카는 쥘부채 중앙 일곱 개 칸에 화산이 터지는 가운데 배를 타고 있는 두 사람을 그려 넣었다. 이러한 이미지는 부채 외에도 발코니에서 쉬고 있는 알마를 스케치한 작품과 두 사람이 함께 쉬고 있는 모습을 스케치한 작품에도 담겨 있다. 이 그림들은 모두 20세기 걸작 중 하나로 꼽히는 〈바람의 신부〉를 위한 습작이었다.

알마를 위한 이 부채들은 둘의 사랑을 말 그대로 펼쳐 보였다. 애인이 이 작품들로 부채질을 할 때마다 이 사적인 예술품의 구조 덕분에 두 사람의 이야기가 거울처럼 눈앞에 펼쳐졌다. 코코슈카는 부채에 사랑과 기대와 예감을 담아 알마에게 선사했다. 부채에는 알마가 행복했던 순간과 코코슈카의 숭배(그는 주로 그녀 앞에 무릎을 꿇은 모습으로 나타난다), 서로를 향해 불타오르는 감정(불꽃은 부채의 기본 모티브이며 스스로 불에 타서 불꽃 속에 사라지는 모습도 부채에 암시되어 있다)뿐만 아니라 이별과 더는 서로에게 닿을 수 없는 아쉬움 등에 관한 이야기가 담겨 있었다. 코코슈카의 부채는 다층적 상징으로 가득한 순수한 시다. 이에 비하면 부채에 적힌 스테판 말라르메의 시는 릴케의 번역본인데도 창백하고 하찮아 보인다("이 부채가 (…) 분주하게 움직이는 그대의 손에서 모습을 드러낼 때"). 평론가들은 "자신이 직접 경험한 것만 상징으로 쓸 수 있었던" 코코슈카의 부채를 가장 개인적인 것의 보편타당성을 보여주는 비유로 해석했다.[20]

예술의 증인 게오르크 트라클

1913년 4월에 코코슈카는 "진지하고 달콤한 기분으로" 결혼식을 준비하면서 신부에게 편지를 쓰는 신랑의 마음으로 그가 처음에는 '트리스탄과 이졸데'라고 이름 붙였던 작품이 점차 완성되고 있다는 사실을 '아내'에게 알렸다. 코코슈카는 이 걸작을 최초로 다음과 같이 묘사했다.

매우 평온한 표정으로 손깍지를 낀 우리 둘을 벵골 불꽃이 빛나는 바다와 물기둥과 산맥과 번개와 달이 반원을 이루며 둘러싸고 있습니다. 내가 처음에 원했던 분위기를 표현하기 위해 찾았던 아이디어가 세세한 특징들을 통해 구체화하면서 이제 나는 다시 맹세가 무엇인지를 체험합니다! 맹세란 자연의 혼란 속에서 한 사람이 다른 사람을 영원히 신뢰하고 자신과 다른 사람이 믿음으로 묶이는 것입니다. 불확실하게 이리저리 더듬지 않아도 될 만큼 기본 분위기와 표현 규모를 정했습니다. 이제 구석구석에 활기를 불어 넣는 순전히 시적인 작업만 남았습니다.(Br I, 94)

세상의 폭풍과 불꽃 속에서 평화로운 사랑을 묘사한 이 그림은 나중에 전체적으로 어둡게 채색되는 과정을 거쳤다. 모더니즘에서 가장 중요한 이 사랑의 그림이 그려지는 과정을 지켜본 사람이 게오르크 트라클이다. 로스가 소개해주었다고 알려진 게오르크 트라클에 관해 코코슈카는 다음과 같이 회상했다.

한때 그렇게 사랑했던 여자와 내가 대양의 난파선에 있는 모습을 그린 대작을 완성했다. 갑자기 침묵을 깨고 트라클의 목소리가 들려왔다. 이는 또 다른 나, '형제 같은 너'의 목소리였다. 내 물감은 거짓말을 하지 않았다. 내 세계의 폭풍이 몰아치는 난파선에서 내 손으로 구조한 것은 포옹이었다. (…) 게오르크 트라클은 남매 이상의 애착을 느꼈던 쌍둥이 여동생을 잃고 슬퍼했다.
그의 슬픔은 해 앞으로 다가와 해를 가리는 달과 같았다. 그러다 갑자기 그는 시를 읊기 시작했다. 한 단어 한 단어를 운율에 맞춰 천천히 혼자서 말하듯이 읊었다. 트라클은 내 그림 앞에서 '밤Die Nacht'이라는 기묘한 시를 지어서 술술 읊기 시작했다.

• 선명한 청백색이 오래가는 불꽃을 말하며 주로 해난 신호용으로 쓰인다.

(…) 거무스름한 낭떠러지에서
죽음에 취해 뛰어내리네
불타오르는 바람의 신부가 (…)

트라클은 창백한 손으로 그림을 가리키며 "바람의 신부"라고 불렀다.(ML, 137)

코코슈카의 이 묘사를 의심할 이유는 거의 없다. 실제로 시구를 한꺼번에 내뱉듯이 읊는 것은 트라클의 특징이었던 듯하다. 코코슈카의 이야기를 통해 우리는 그림을 감상하면서 한 편의 시를 서서히 완성하는 과정의 목격자가 된다. 이런 과정의 결과는 트라클에게 단순히 시구로 표현하는 그림 묘사가 아니었다. 흥미롭게도 시인은 이 경험을 바탕으로 나중에 인스브루크에 있는 친구의 작업실에서 코코슈카 스타일로 직접 그림을 그린다.[21] 1950년 10월 한 인터뷰에서 코코슈카는《나의 인생》에서 언급한 이 장면에 관해 더 자세히 설명한 바 있다.

우리는 결국 〈바람의 신부〉를 함께 그린 셈이에요. 실제로 트라클도 그림을 그렸어요. 저도 그가 그린 초상화를 본 적이 있어요. 〈바람의 신부〉는 '퇴폐미술' 순회 전시회를 거쳐 바젤박물관에 자리를 잡았습니다. 〈바람의 신부〉를 그리던 시절에 트라클은 매일 제 곁에 있었어요. 아주 허름한 내 작업실에서 그는 제 뒤에 있는 맥주통에 말없이 앉아 있었지요.[22]

설령 이 말을 곧이곧대로 받아들이지 않더라도 둘의 강렬한 만남은 잊히지 않는 인상으로 남았다. 자료에 따르면 코코슈카와 트라클의 관계는 1909년 봄까지 거슬러 올라간다. 친구 사이인 게오르크 트라클과 카를 미니히, 프란츠 슈바프는 1909년 6월에 빈에서 열린 국제예술전에 참석했다. 이곳에서 잘츠부르크에 남은 연극평론가 에르하르트 부쉬베크에게 엽서를 보냈는데, 엽서에는 이들 외에 오스카 코코슈카의 서명도 있었다. 잘 알려진 바와 같이 코코슈카는 이 전시회에 여러 작품을 출품해 큰 주목을 받았다. 출품작 중에는《하얀 동물 살해자》를 비롯해 누드 드로잉 몇 점과 그림이 있는 부채 한 점, 자신을 묘사한 채색 조각 한 점 등이 포함되었다. 당시에 영향력 있는 비평가 루트비히 에리크 테자어는 빈공방 아르누보의 영향이 여전히 뚜렷했던 코코슈카의 예술에 관한 장문의 기고문을《쿤스트레뷔Kunstrevue》지에 싣기도 했다. 부쉬베크에게 보낸 엽서에는 마치 앞날을 예견한듯 다음과 같은 문구가 있었다. "예술전의 최고 출품작을 함께 보낼게! 오, 영광이여! 오, 위대하도다! 오, 영원한 코코슈카여!(코숑cochon! 코숑!)" 여기서 프랑스어로 '외설물'을 뜻하는 코숑은 엽서에 있는 (아마도 코코슈카가 그렸을) 음란한 그림을 가리킨다. '예술전의 최고 출품작'이란 결국 반어적인 또는 코코슈카의 입장에서는 자기 반어적인 표현인 셈이다.

이어서 이 '젊은 야수들'은 괴테의《파우스트》제2부에 나오는 고전적 구절, 즉 '황제 궁정'에 있던 메피스토펠레스의 말을 늘 그렇듯이 아주 반어적 의미로 다음과 같이 인용했다. "업적과 행복이 서로 붙어 다닌다는 것을/바보들은 결코 알지 못하지./바보들이 현자의 돌을 갖는다면,/그 돌은 현자 없는 돌이 되리라!"(V.5061~5064)[23] 그런가 하면 트라클은 한 달 후에 예술전의 하나로 야외에서 공연된 코코슈카의 화제작《살인자, 여자들의 희망》도 보았을지 모른다. 이 시기에 트라클은 여전히 빈에 머물고 있었기 때문이다. 적어도 이 전대미문의 스캔들에 사람들이 보인 반응을 트라클도 알고 있었을 것이다.

트라클과 코코슈카의 관계에는 훨씬 덜 반어적인, 어쩌면 실존적이라고까지 할 만한 또 다른 면이 있었다. 1913년 초에 트라클은 다시 친구 부쉬베크에게 자주 인용되는 다음과 같은 편지를 썼다. "나는 마치 죽은 사람처럼 할Hall을 스치고 지나갔어. 지옥이 저주받은 자를 관통하듯이 이 검은 도시가 나를 관통하는 것 같았지." 이어지는 문단은 다음과 같았다. "아름다운 햇살이 내리쬐는 밀라우를 걸을 때도 여전히 현기증이 심했어. 베로날 수면제 덕분에 코코슈카의 프란치스카 아래에서 잠깐 잠을 청할 수 있었지."[24] 코코슈카 작품 가운데 '프란치스카'라는 제목의 작품은 없다. 그러나 코코슈카의 이른바 프란치스카 초상화를 둘러싼 수수께끼를 풀 만한 실마리는 있다.[25] 이는 앞에서 언급한 여배우 헬레네(일로나) 리처(1888~1964)의 크레용 석판 초상화로 빈 문학음악학술협회가 프랑크 베데킨트 주간을 홍보할 때 사용한 그림이다. 이때 베데킨트의 희곡《프란치스카. 5막으로 된 현대의 불가사의 Franziska. Ein modernes Mysterium in fünf Akten》도 공연되었다. 트라클의 눈에서 이 여성 포스터와 '현대의 불가사의'라는 제목이 하나로 합쳐졌다. 트라클는 이 포스터를 인스부르크에 있는 자신의 집에 붙였을 정도로 매료되었다. 결국 트라클의 글은 정신착란까지는 아니어도 연상 작용으로 인한 착각으로 볼 수 있다. 코코슈카와 베데킨트가 뒤섞인 이 합성 이미지는 트라클이 잠시 일을 쉬었던 사정과 관련이 있어 보인다. 게다가 이 이미지가 트라클에게 미친 진정 효과도 다분히 역설적이었다. 희곡 속 '프란치스카'는 베데킨트가 창작한 가장 불안정한 인물이기 때문이다. 성충동이 강하고 지식과 삶에 굶주린 프란치스카는 빌헬름 시대 전통적 성역할을 파괴한 여성으로 희곡에 등장한다.

트라클은《살인자, 여자들의 희망》에서 '여자' 역을 맡은 헬레네 리처를 연상하게 하는 코코슈카의 묘사에 곧바로 마음을 사로잡혔다. 상대를 꿰뚫어 보는 그녀의 시선, 악마 같은 존재감을 뽐내는 그녀의 머리, 관능적 묘사를 더욱 두드러지게 하는 "다채롭고 장황한 묘사 기법" (클라우스 망거) 등을 통해 전달된 이 이미지는 의심할 여지 없이 베데킨트 희곡에 꼭 들어맞는 배우였으며 트라클의 마음속 깊은 곳에서 상상력을 촉발하는 이상적인 사례였다.

〈바람의 신부〉 모티브는 마리 루이제 카슈니츠의 작품에도 문학적으로 반영되었다. 전쟁 후 스위스를 처음으로 여행한 1946년에 바젤에서 카슈니츠는 〈바람의 신부〉를 전시 중인 미술관을 두 번이나 찾았으며 6년 후에는 이 작품의 엽서 복제품을 구입했다. 그녀의 연작시 '투칭의 시 동아리Tutzinger Gedichtkreis'에는 다음과 같은 구절이 있다. "지구에 딸린 모든 것. 그러나 새로운 것,/반짝이는 빛과 바람의 신부가 낳은/이미 낡아버린 지도책처럼 덧없고/정처 없이 구름 사이를 떠돌면서/마법의 신을 신고 춤추는."[26] 카슈니츠 '오늘날의 연애시Liebeslyrik heute'(1962)라는 제목의 강연에서 코코슈카의 그림에 관해 좀더 분명히 언급한다. 강연에서 그녀는 서정시의 "황홀경, 유체 이탈을 조형예술과" 비교하면서 다음과 같이 말했다. "여기서 제가 말하는 그림이 무엇인지 여러분도 잘 아실 것입니다. 조가비를 타고 구름 사이를 떠돌면서 진지하고 애처로운 애인에게 몸을 기대는 〈바람의 신부〉는 코코슈카의 작품입니다. 그림에서 악마는 여전히 여자의 모습을 하고 여전히 세속적인 몸과 도톰한 입술을 가지고 탐욕스러운 갈망을 품은 채 눈을 감고 있습니다."[27] 흥미롭게도 카슈니츠는 이 그림이 추상화로 나아가는 경계에 있다고 보았는데, 이는 코코슈카의 예술관에서 큰 골칫거리이기도 했다. 카슈니츠에게는 코코슈카가 이다음 단계를 거부했다는 점이 중요했다. 그리고 그녀는 이러한 사실을 코코슈카와 마찬가지로 인도적 성과로 평가했다.

끝나지 않은 알마 피날레

알마가 회고한 오스카는 어떤 인물이었을까? 어쨌든 그는 그녀가 평생 정복한 모든 남자와 마찬가지로 천재였다. 알마는 자신보다 못한 남자와는 결코 사랑에 빠지지 않았다. 이는 알마에게 당연한 일이었다. 그녀는 "그 안에 있는 버릇 없고 고집 센 아이"를 사랑했다. 하지만 스스로 다음과 같이 묻기도 했다. "우리가 너무 닮았었나? 우리의 가톨릭 신앙은 뿌리가 같았지만, 그는 확신을 가지고 기꺼이 믿었고 내게는 불신의 구름이 껴 있었다." 교회 축제에서 벌어진 "신비로운 사건" 때문에 둘이 즐거워했던 일을 떠올린 알마는 이 젊은 예술가의 외모가 여러모로 자신보다 나이 들어 보인다면서 다음과 같이 노골적으로 평했다.

남성 또는 인간으로서 오스카 코코슈카는 아주 특이한 혼종이다. 허우대는 좋은데 꾸밈새는 좀 거슬린다. 그는 키가 크고 날씬하지만 손이 붉고 자주 붓는다. 손끝에 핏줄이 선명하고 손톱을 자르거나 어디에 긁히면 금세 피가 철철 흐른다. 귀는 작고 섬세하지만 얼굴 옆으로 튀어나와 있다. 코는 약간 퍼져 있고 자주 벌렁거린다. 입은 크고 아랫부분과 턱이 튀어나와 있다. 눈은 약간 삐딱해서 뭔가 숨기는 듯한 인상을 준다. 그러나 눈 자체는 예쁘다. 그는 고개를 빳빳이 쳐들고 다닌다. 걸음걸이가 점잖지 못하고 걸을 때 말 그대로 몸이 다리보다 먼저 나간다.
옷, 특히 정장은 문제가 많다.[28]

다음과 같은 알마의 평가도 그리 틀려 보이지 않는다. "우리는 서로에게 큰 상처를 입혔다."[29] 어찌 보면 둘은 '아프게 사랑했다'. 예를 들어 코코슈카가 1913년 6월에 아무 상의도 없이 되블링 구청에서 결혼식을 올리기로 날짜를 잡았을 때 알마는 어떤 심정이었을까? 이때 알마는 프란첸스바트로 도망쳤지만 얼마 후 다시 그에게 돌아왔다. 1913년 8월 31일에 알마의 생일을 맞아 두 사람은 트레크로치의 코르티나 근처 돌로미티산맥에 머물면서 마치 해방된 듯 활기를 되찾았다. 알마의 회고록에는 1913년 8월의 기록에 오토 클렘퍼러와 프란츠 슈레커에 대한 언급과 함께 아주 뜬금없이 구스타프 말러의 이름이 등장한다. 그러면서 알마는 "오스카 코코슈카는 삶을 실현한 동시에 파괴했다"[30]라고 주장한다. 이는 당연히 그녀에게도 해당하는 주장이다. 배타적 관계를 원했던 코코슈카와 달리 알마는 다양한 동시적 관계 속에서 살고자 했다.

1.75×2.25미터 크기의 〈바람의 신부〉를 계기로 코코슈카는 대형 작품으로 눈을 돌렸다. 그가 먼저 관심을 가진 것은 벽면 장식, 프레스코 기법의 벽화였다. 흥미롭게도 알마와 처음 만났던 1912년 4월에 코코슈카는 폴란드 브로츠와프시에서 화장터로 사용할 돔형 건물의 실내 장식 작업에 참여할지 묻는 연락을 받은 적이 있었다. 당시 상세한 설계도가 남아 있는데, 이를 보면 코코슈카가 일종의 바벨탑에 대한 환상을 건축으로 구현하고자 제안한 사실도 알 수 있다. 그러나 이 작업은 제1차 세계대전이 발발하면서 수포가 되었다. 이 대규모 의뢰가 성사되었다면 코코슈카는 재정적으로 독립할 수 있었을 것이다. 재정적 독립은 알마를 위해서도 그에게 특히 중요했다. 그러나 "불의 사원"(하인츠 슈필만)이라는 돈이 되는 작업을 토대로 둘의 삶을 꾸려가려는 계획은 기이한 상상일 뿐이었다. 그런가 하면 불꽃은 사방에 있었다. 제메링에 있는 알마의 여름 별장 벽난로 위에는 두 사람이 불길을 빠져나오는 모습을 그린 코코슈카의 벽화가 있었다. 1914년 4월에 코코슈카는 헤르

바르트 발덴에게 미국에서 "프레스코화 의뢰"를 받아달라고 부탁했다. "이제 저는 대형 작업을 할 만반의 준비가 되어 있습니다. 허구한 날 작은 그림에 색칠하는 일로는 도저히 만족할 수 없습니다."(Br I, 158) 당시 그는 모더니즘의 조토 디 본도네나 마울베르치*가 되기를 꿈꿨다. 그런데 무엇보다 '준비'가 된 것은 알마와의 이별이었다. '사랑의 폭풍'에서 그를 구출할 고요함이 다가오고 있었다. 그러나 1914년 봄에 코코슈카는 이를 볼 수 있는 처지가 아니었다.

제1차 세계대전 기간까지 이어진 그 후의 시기에 '사랑의 모험'은 점점 더 기이한 형태를 띠었다. 코코슈카는 자신이 사랑의 전투에서 패배한 기사나 실패한 음유시인과 같다고 생각했다. 1914년 5월 10일에 알마에게 쓴 편지에서 그는 "사랑하는 당신은 어디에 있나요?"라고 물었다. 그러면서 그는 자신을 다음과 같이 신비스럽게 묘사했다. "나에게는 아무도 가지고 있지 않고 아무도 제대로 알지 못하는 세 가지 특성이 있습니다. 나는 피에 굶주린 이 세 악마를 감수할 수밖에 없습니다. 완전한 고독과 (당신을 내게서 떠나게 한 모든 것에 대한) 고통스러운 질투와 자발적인 극심한 가난이 바로 그 악마입니다."(Br I, 159) 이 '특성'이 무엇인지는 같은 편지에 적힌 다음과 같은 구절과 마찬가지로 좀처럼 헤아리기 어렵다. "나에게는 기원이 없기 때문입니다." 코코슈카는 알마의 세계를 가리켜 자신과 공동의 자식을 위한 자리가 없는 "완성된 세계"라고 불렀다. 그 반면에 "지금 내 삶은 못생긴 인형의 삶처럼 땅속에 있습니다"라고 주장했다.(Br I, 164) 그는 탈출구를 찾고 있었다. 아니, 좀 더 정확히 말하자면 탈출을 꿈꿨다. 인도에 관한 러디어드 키플링의 책을 다 읽기도 전에 코코슈카는 인도로 향했다. 하지만 그는 1914년 6월

• 각각 14세기와 18세기에 활동한 화가다. 이 두 화가는 특히 프레스코화의 대가로 꼽힌다.

에 알프레트 쿠빈에게 다음과 같이 썼다. "아쉽게도 저는 오늘 죽어서 내일은 세상에 없을 것입니다."(Br I, 168)

헤르바르트 발덴의 슈투름출판사에서 출간한 아우구스트 슈트람의 《그대. 연애시Du. Liebesgedichte》가 코코슈카에게 우연히 전해졌다. 이 책의 첫머리에 실린 슈트람의 시 '사랑의 전투Liebeskampf'에 깊은 인상을 받은 코코슈카는 이 시에 오타가 있다고 믿었다. "둥글고 둥글게 분주한 이 세계!"는 코코슈카의 해석에 따르면 쫓기는 삶을 더욱 강조해 "분주한 세계!"가 되어야 했다. 이 시는 다음과 같이 경련을 일으키는 행들로 끝난다. "똑같은 경련 속에서/우리의 손과/우리의 눈물을 눌러/물결을 일으키네/똑같은 물줄기를!/의지가 있네!/그대가 아니라!/그대에게가 아니라!/의지가 있네!/내가 아니라!"[31] 코코슈카는 《그대. 연애시》에 간결하게 또는 불길하게 다음과 같은 메모를 남겼다. "세계대전 중에 프랑스에서 전사해 철십자 훈장을 받음."[32]

1915년 2월에 코코슈카는 '애인', '그대', '자기'에게 다시 편지를 썼다. 당시는 알마와 발터 그로피우스의 관계가 예전의 열정을 되찾아가던 시기다. 베를린에 있던 '부르주아 남자'를 다시 자기 쪽으로 돌리기 위해 알마는 늘 붙어 다니던 릴리 리저와 함께 그로피우스를 방문했다. 처음에 코코슈카는 알마가 편지에서 거리를 두는 데 당황했다. 전화 통화도 했지만 그리 유쾌한 대화가 아니었다. 그는 그녀가 또다시 "바그너에 미쳤다"고 믿었고 작곡가 한스 피츠너가 그녀에게 추근대는 것이리라 생각했다.(Br I, 208) 코코슈카가 알마에게 마지막으로 늘어놓은 자기 자랑은 다음과 같았다. "그러나 나는 당신의 바흐주의자나 브람스주의자나 바그너주의자들과는 완전히 다른 사람입니다."(Br I, 210). 그때는 1915년 3월 5일이었다. 그는 일단 사관학교에 가기로 했다. "어쨌든 나는 광기에 사로잡힌 유럽에서 벌어지고 있는 이 말도 안 되는 일들을 빨리 끝내고 사랑하는 내 작업실로 돌아가고 싶습니다."(Br I, 220) 그사이 이 작업실의 열쇠는 "바보 누나" 알마가 가지고 있었다. 알마가 그로피우스와 결혼하기 한 달 전에(둘은 1915년 8월 18일에 결혼했고 5년 후에 이혼했다) 코코슈카는 알마를 영원히 잃어버렸다는 사실을 깨달았다. "이제 당신은 마법의 다리를 건넜고 나는 자기기만의 가장 어두운 절망 속에 빠져 있습니다."(Br I, 224) 그전에 그는 자신이 "어리석게 번민에 시달리고 있으며" 자살을 고려 중이라고 알마에게 말하기도 했다.(Br I, 222) 그러나 그는 결국 전방 근무를 자원하기로 했다. 이는 거의 자살 시도에 가까웠다. 1915년 7월에 오스트리아 동부 전선은 상황이 매우 냉혹했기 때문이다. 오스카와 알마는 사랑 때문에 죽을 운명이 아니라 사랑이 죽음을 맞이할 운명이었다. 이렇게 문장으로 표현하면 간결하지만 기록에 비추어 본 현실은 그렇지 않았던 듯하다. 그 후에 적어도 코코슈카 쪽에서 사랑의 메아리가 간헐적으로 들렸기 때문이다. 코코슈카는 1937년 12월 16일에 프라하에서 알마에게 다음과 같이 편지를 썼다.

알마, 당신을 만나 인생에 관해 어떻게 생각하는지 묻고 싶습니다. 우리 둘 앞에 남은 짧은 인생에 관해서 말입니다. 나는 불쌍한 우리 나라를 욕하지 않습니다. 오히려 불쌍하기 짝이 없는 이 사람들이 애처로울 따름입니다. 물론 내가 최상류층을 좋아하지 않는 것은 사실입니다. 나로서는 그들을 전혀 공감할 수 없고, 특히 우리와 함께 있을 때 그들은 우둔하고 예나 지금이나 교류의 장애물일 뿐입니다. 그러나 이는 우리 나라나 그곳에 있는 사람들과는 아무 상관이 없습니다. 내게 편지를 주어서 고맙습니다. 두려워하지 말고 내가 살면서 겪은 일들을 생각해보세요. 아마 미래의 내 삶도 이전만큼 장밋빛이 아닐 것입니다. 비범함은 거저 얻어지는 게 아닙니다. 안녕! 당

신의 오스카[33]

전쟁 직후에 코코슈카는 알마에게 빈에서 살던 남동생 보히의 비참한 상황을 언급했다("게슈타포의 잦은 방문과 시골에서 16시간 막노동으로 보히는 해골이 되었습니다. 현재 보히는 리프하르츠탈에 있는 난방도 되지 않는 작은 집에서 아내와 작은 천사 같은 아이와 함께 살고 있습니다. 모유 외에는 아기에게 먹일 것이 없습니다"). 그러자 알마는 뉴욕에서 구호 물품을 보냈다. 그 후로 코코슈카에게 알마의 존재감이 다시 뚜렷해졌다. 이는 끝없는 열정에 휩싸였던 '바람의 신부'에 대한 기억이자 1946년 3월에 그가 '최근에' 발견했다고 말한 같은 제목의 트라클의 시에 대한 기억이기도 했다. 영원히 닿을 수 없는 존재인 그녀는 최근에야 발견된 다음 편지의 첫머리처럼 이제 다시 "가장 사랑하는 알마"가 되었다.

가장 사랑하는 알마에게[,] 당신의 사랑에 깊은 감사의 인사를 전합니다. 물품을 받았다는 소식은 아직 없습니다. 혹시 엉뚱한 곳으로 가지 않았을까 걱정되기도 합니다. 당신은 정말로 다정한 사람입니다. 역시 당신은 내가 믿을 수 있는 사람입니다. 빈의 상황은 대단합니다. 도시 곳곳에서 구호의 손길을 내밉니다! 모두가 함께하고 모두가 하나가 되었습니다! 정말로 모두가! 사는 것이 즐거웠고 모든 것을 남김없이 즐겼던 시절에 나에 관해, 우리의 삶에 관해 당신이 느낀 것을 내게 이야기할 날이 언젠가는 오겠지요. 그렇지 않나요? 내 희곡《오르페우스와 에우리디케Orpheus und Eurydike》를 갖고 있나요? 내가 당신과 나를 그리던 시절에, 폭풍이 몰아치던 시절에 게오르크 트라클이 지은 시 '바람의 신부'를 최근에 찾았습니다. 우리 둘 다 만족을 모르는 존재였기 때문에 온 세상을 뒤집어놓았었다는 생각이 가끔 듭니다. 우리가 무화과와 바나나를 우리 삶에 어떻게 함께 집어넣었는지 기억

하나요? 길고 긴 시간 동안 당신은 이미 모든 것을 잊었겠지요. 그러나 나는 전혀 그렇지 않습니다! 안녕… 오스카[34]

알마가 세상을 떠난 후 딸 안나가 코코슈카에게 편지를 보냈다. "엄마의 마지막 몇 년은 꿈같은 삶이었습니다. 시간과 공간이 완전히 사라졌고 늘 비가 내렸으며 엄마는 밤낮으로 누군가를 찾았습니다. 여러 사람을 찾았지만 엄마는 늘 혼자였습니다. 다행히 이제 모든 게 끝났습니다."[35] 그리고 얼마 뒤 기묘한 일이 마지막으로 또 벌어졌다. 1971년경 친구 라테나우는 1913년 10월 31일에 코코슈카가 《베를린증권신문Berliner Börsen-Courier》에 보낸 편지가 뉴욕에서 경매에 부쳐졌다는 소식을 그에게 전했다. 편지의 내용은 이랬다. "작곡가 구스타프 말러의 미망인 마리아 알마 말러 부인과 저의 결혼은 전적으로 마리아 알마 말러 부인의 의사와 판단에 달린 것으로 바로잡을 것을 요청하며 오해의 소지가 있는 뉴스의 유포를 억제해주시기를 부탁드립니다." 예전에 그가 편지에서 '오해의 소지가 있는'이라고 개탄했던 것이 이제 경매에서 돈이 되는 물건이 되었다.

3장

전쟁과 예술

릴케와의 만남

    체격은 당당하나 건강은 그리 좋지 않았다고 알려진 코코슈카는 〈바람의 신부〉를 판 수익금에 빚을 낸 돈을 보태 말을 구입했다. 그러고는 빈 최고의 골트만운트잘라치 양복점에서 신분에 걸맞은 장식을 달고 적에 눈에 띄고자 안달 난 사람처럼 선명한 색상을 자랑하는 붉은 바지에 담청색 상의와 금빛 투구를 착용한 기병의 모습으로 1915년 1월 3일에 비너노이슈타트 병영의 기병훈련소에 입소했다. 입소 당시 코코슈카의 모습이 담긴 사진은 상황이 그렇게 우울하지 않았다면 가장무도회에서 찍은 사진이라 여겼을 것이다. 멀리서 보면 사진 속의 코코슈카는 단순화해 표현된 개인주의의 전령이자 모더니즘에 빠진 뻣뻣한 얼굴의 시대착오자를 묘사한 구스타프 클림트의 〈황금 기사(인생은 투쟁이다)Der goldene Ritter(Das Leben ein Kampf)〉(1903)를 연상시킨다. 덧붙이자면 코코슈카에게 기병대를 추천한 사람은 친구 로스다. 마음에 상처를 입은 이 예술가는 그 후 니더외스터라이히·모라비아 '요제프 대공' 제15기병연대 소속이 되었다.

    당시 코코슈카는 세상을 등지고 싶었던 것 같다. 마치 온 세상이 결탁해 그를 몰아내고자 전쟁을 선포한 듯했다. 익명의 후원자가 코코슈카에게 1만 크로네를 증여했지만 재정 상태와 정서 상태가 불안정하기는 몇 주 전이나 몇 달 전이나 마찬가지였다. 익명의 후원자는 거액의 유산이 곤혹스럽고 싫었던 루트비히 비트겐슈타인이었다. 비트겐슈타인은 잡지《브레너Der Brenner》의 발행인 루트비히 폰 피커에게 10만 크로네를 맡기며 훌륭하고 도움이 필요한 예술가들에게 나눠주라고 부탁했다. 이에 따른 수혜자 중에는 라이너 마리아 릴케와 엘제 라스커 쉴러, 아돌프 로스, 게오르크 트라클이 있었다. 하지만 코코슈카에게는 돈 나갈 데가 많았다. 그는 자신의 생계비와 빈에 있는 작업실 임차료(나중에 그는 작업실을 재임대했다), 결혼하는 여동생을 위한 거액의 지참금, 양친 부양비(양친은 각각 1923년과 1934년에 사망했는데, 그는 끝까지 그들의 생계를 책임졌다) 등 돈이 필요한 곳이 많았다.

입대할 때 코코슈카는 마음에 입은 상처로 이미 상이군인이나 다름없었다. 그 후 전쟁에서 입은 부상은 그에게 신체적 등가물이었을 뿐이다. 입대 몇 달 전부터 갈리시아 전선에 투입될 때까지 그는 절망 속에서 사랑하며 살았다. 그는 비너노이슈타트에서 군사훈련(장교 후보생으로서 병영 생활은 하지 않았다)을 받으면서 잘 알려진 대로 굴욕적인 온갖 경험을 감내해야 했다. 훈련을 받는 6개월 동안 코코슈카는 "사랑하는 바보 누나"라고도 불렀던 알마에게 편지를 쓰면서 버텼다.(Br I, 221) 그는 아직도 사랑하는 '알미'를 잃었다는 사실을 인정하려 들지 않았다. 그런가 하면 코코슈카는 예술에서 중요했던 것을 이제 자신과 알마의 사랑에도 중요한 삶의 지혜로 추천하기 시작했다. "자신의 시끄러운 본성을 통제할 수 있는 게 좋습니다. 내게 예술은 더는 도취하지 않는 자만이 실천하고 이해할 수 있는 최고의 규율입니다."(Br I, 211) 그 반면에 자신의 군 생활에 관해서는 친구 알베르트 에렌슈타인에게 다음과 같이 숨김없이 털어놓았다.

나는 매일 새벽 4시에 일어나 7시부터 정오까지는 기병 소대와 함께 마치 내가 말 위에서 태어나기라도 한 것처럼 도랑과 오물과 빙판 위에서 무릎 연골이 거의 다 닳도록 말을 타지. 부사관들의 끔찍한 농담을 듣다 보면 입맛이 뚝 떨어져. 정오부터 오후 1시까지는 점심시간이고 오후 2시부터 6시까지는 산병선散兵線이나 사격 훈련을 하고 사무실에서 농담 시간을 갖는데, 아주 열정적인 소령이 명령을 내리면 시민 예비역 장교 둘이 마치 온 세상이 그들의 주둥이에 귀를 기울이는 것처럼 우쭐대면서 지저분한 음담패설과 모욕적인 발언을 쏟아내지.(Br I, 212)

당시 코코슈카는 갈리시아 전선에서 겪게 될 더 끔찍한 일은 짐작조차 하지 못했을 것이다. 1914년에 제작한 수많은 작품에서 코코슈카는 자신을 부상자나 마음에 상처를 입은 자로 묘사했다. 초기 자화상 중에서 가슴에 난 상처에 손가락을 대고 있는 모습은 1915년 8월 말에 총검에 찔려 생긴 전쟁의 상처를 연상케 한다. 하지만 1914년 8월 31일에 알마에게 생일 선물로 건넨 다섯 번째 부채에서 그는 그녀의 이름 모를 세 애인 중 한 명의 심장을 창으로 찌르는 기사의 모습을 하고 있었다. 코코슈카가 총검에 찔린 일 외에도 1년 후에 알마의 서른여섯 번째 생일 직전에 머리에 총상을 입은 사건은 상징 이상의 의미가 있었다. 참고로 1915년 8월 18일에 그로피우스와 재혼한 알마는 그해 10월에 프란츠 베르펠의 시에 곡을 붙인 노래 '인식자Der Erkennende'를 작곡했으며 1917년에는 이 시인의 마음마저 사로잡는다.

그사이 코코슈카는 갈리시아 전선에서 '아주 강한 심장'과 예리한 눈을 가진 생도임을 입증했다. 그는 '포격으로 파괴된 마을'이나 공동묘지, '유명한 전장'을 목격했는데, 그중에는 게오르크 트라클에게 충격적인 인상을 남긴 그로데크 전투도 있었다. 1916년 8월 초에 코코슈카는 "제가 아직 살아 있어서 너무 기쁩니다"라고 로스에게 소식을 전했다.(Br I, 226) 하지만 그는 언제 어디서든, 참호에서든 나중에 병원에서든 헤르바르트 발덴에게 말했듯이 '자신의' 문예지《슈투름》을 갈망했다. 갈리시아 전선의 극한 상황에서 코코슈카의 생존 본능이 깨어났다. 이후 코코슈카는 줄곧 생존 본능에 기댈 수밖에 없었다.

아돌프 로스는 발덴에게 보낸 엽서에서 8월 29일에 "오스카 코코슈

카가 공격 중 관자놀이에 총에 맞았다"는 소식을 전했다. 이어진 소식
은 다음과 같았다.

> 총알이 외이도를 관통해 목덜미로 나왔답니다. 타고 있던 말도 쓰러졌고요.
> 그는 죽은 네 마리 말 밑에 깔렸다가 겨우 빠져나왔는데 카자흐 기병이 창
> 으로 그의 가슴(폐)을 찔렀고 합니다. 붕대를 감은 채 러시아군에 붙잡혀 이
> 송되다가 역에서 경비병에게 100루블을 뇌물로 주고 열차에서 내려 러시
> 아군이 감독하는 병동에 누워 있었다고 합니다. 이틀 후 오스트리아군의 공
> 격으로 성벽이 무너졌고 오스카는 무사합니다. 오스트리아군이 병동을 점
> 령했고 오스카가 나머지 러시아군을 '그의' 포로로 넘겼다고 합니다.[1]

얼마나 용맹한 기병의 활약인가! 건강염려증 환자에 가까울 정도로 자
신을 비관적으로 진단하고는 했던 이전 모습과 달리 코코슈카는 뛰어
난 체력을 지녔던 듯하다. 특히 병상으로 개조한 요제프플라츠의 팔피
궁전에서 받은 간호는 과분할 정도로 훌륭했다. 그곳에서 한 간호사
와 찍은 사진 속 환자는 노골적 희롱을 즐길 정도로 활력이 넘쳐 보인
다. 사진 속 간호사는 알렉산드리네 멘스도르프 디트릭슈타인 백작 부
인이었다. 백작 부인은 심리적 통찰력도 있었다. 회고록에서 코코슈카
는 "그녀의 부모가 소유한 공원에서 조랑말 수레를 타고 함께 산책하
면서 그녀는 러시아에서 기습 총격을 받은 후 나를 괴롭혔던 공포와 불
안과 숲에 대한 두려움을 떨쳐버리게 하려고 노력했다"라고 한다.(ML,
162) 머리에 맞은 총상으로 코코슈카는 소뇌에 손상을 입어 평형감각을
잃었다. 그는 자신의 상태를 유식하게 각기병 환자의 상태와 비교했다.
"최면에 걸린 실험용 닭을 분필로 그린 직선 위에 놓았을 때처럼 원을
그리며 돌다가 쓰러진다."(같은 곳)

《슈투름》에 실린 아우구스트 슈트람의 시와 헤르바르트 발덴의 추모사(슈트람은 1915년 9월 1일에 드네프르-부크운하의 호로텍에서 전사했다)는 요양 중이던 코코슈카에게 큰 위로가 되었다. 그는 무엇보다도 《슈투름》 1915년 9월호에 실린 시 '수류탄Granaten'을 읽었을 것이다. "지식이 멈추고/예감만이 엮이고 속이네/끔찍한 상처가 무더지네/쾅 뚜벅뚜벅 철퍽철퍽 쉭쉭/으악 획획 쉬익 윙윙/빠지직 쿵/바작바작 삐걱삐걱/쿵쿵 쾅쾅/하늘이 흔들리네/별이 늘어지네/시간이 흐려지네/멍한 세상 둔한 공간."[2]

전쟁에 투입되기 전 코코슈카는 자신을 죽은 사람이나 십자가에서 내려와 어머니 품에 안긴 그리스도, 하늘과 땅 사이를 떠다니는 기사, 세상의 어둠 속으로 부활한 자처럼 여겼다. 기이하게도 위대한 죽음의 한가운데서 예술은 계속되었다. 코코슈카도 마찬가지였다. 발덴은 1916년 초에 베를린의 슈투름갤러리에서 코코슈카의 특별작품전을 열었다. 그중에는 〈바람의 신부〉와 〈푸토*와 토끼가 있는 정물Stilleben mit Putto und Kaninchen〉도 있었는데, 한 편지에서 코코슈카는 특이하게도 '푸토'를 '아이'라고 적었다. 석판화 연작 '사슬에 묶인 콜럼버스'와 그에게 특히 중요했던 '오 영원이여, 그대 우레 같은 말씀이여'는 작업이 지연된다고 코코슈카가 몹시 성화를 부리는 가운데 프리츠 구를리트가 인쇄했다. 그는 자신을 돌본 간호사와 그녀의 남매, 담당의, 이비인후과 전문의 하인리히 폰 노이만, 헤르만 슈바르츠발트 등의 초상과 〈부인과 앵무새Dame mit Papagei〉를 그렸다. 이를 통해 코코슈카는 특히 심각한 부상 후에도 지속적인 작업 능력이 있음을 증명했다. 봄이 되자 코코슈카는 빈에서 릴케와 자주 교류했는데, 놀랍게도 그의 초상화는 그리지 않

• 유아라는 뜻으로, 회화나 조각에서 작고 벌거벗은 아기나 날개를 단 아기 천사로 표현된다.

왔다. 당시에 이 시인이 쓴 날짜 표기가 없는 편지를 보면 무엇보다도 석판화 연작 '사슬에 묶인 콜럼버스'와 '오 영원이여, 그대 우레 같은 말씀이여'에 조예가 깊었음을 알 수 있다. 1918년 6월에 코코슈카에게 보낸 편지에서 그는 '오 영원이여, 그대 우레 같은 말씀이여'가 계속 생각나고 "이 작품에 대해 마음속 깊이 확신이 든다"고 했다.[3] 또한 이 편지에 따르면 마리 폰 투른 운트 탁시스 공주가 "'오 영원이여, 그대 우레 같은 말씀이여' 중 〈자화상〉"을 소유하고 있으며 이를 잘 보관했다고 한다. "친애하는 친구여, 잘 지내고 있나요?"라고 안부를 전하며 릴케는 자신이 머물고 있는 로다운에서 코코슈카를 만나고 싶다고 했다. 그러면서 릴케는 〈부인과 앵무새〉의 모델인 '룰루 알베르트' 라자르트 부인도 언급했다. 이 편지에서 릴케는 자신이 "평소에는 한가하게" 앉아서 빈둥거린다면서 코코슈카에게 다음과 같이 물었다. "당신의 군사적 운명에는 어떤 식으로든 사명이 있었나요? 그리고 작업은 어떤가요?"[4] 이러한 관심은 1916년 3월 4일에 루 알베르트 라자르트에게 보낸 편지의 내용과 뚜렷한 대조를 이룬다. 편지에서 릴케는 자신이 "책, 그림, 활기찬 대화 등과 조심스럽게 거리를 두면서 아주 무관심하고 한가롭게 지내기를 좋아한다"고 썼다.[5] 그리고 반년 후에는 릴케가 실제로 코코슈카와 거리를 두었다. 릴케는 카타리나 키펜베르크가 산문시 《코르넷Comet》 신판의 삽화가로 코코슈카가 어떠냐고 물었을 때 거절했다. 게다가 이제 그는 코코슈카의 예술이 '파괴적'이라고 평가했다. 그의 예술에는 '자연'이 없고 내면의 격동을 적절히 표현하는 형식이 없다고 했다. 비슷한 이유로 릴케는 이 조형예술가의 희곡에도 문제가 있다고 생각했다. 하지만 이 같은 비판은 릴케가 이 예술가와 전적으로 동일시했던 표현주의 자체를 향한 비판이었다. 릴케의 진단에 따르면 "껍질이 굳어지는 우연한 형태가 존재의 새로운 윤곽이나 미래의 유효한 윤곽이라고 주장하기 위해 끓는 마음의 용암을 모든 사물 위에 붓는 표현주의자이자 폭발적 내면을 지닌 이 인간은 절망에 빠진 자일 뿐이다".[6] 이 같은 글은 타인의 예술을 이해했다고, 아니 타인의 문제를 내면화했거나 자신의 문제로 인식했다고 믿을 때만 쓸 수 있다. 1920년 4월에도 릴케는 코코슈카의 "위대한 재능"에 경탄하면서 이 재능에는 "내재하는 위험"이 따를 뿐이라고 했다. 그러면서 이는 "아마도 이 시대의 일반적 위험과 다르지 않을 것"이라고 덧붙였다.

1916년 4월 말에 코코슈카의 작업실(그가 병원에 입원했다가 다시 전선에 배치되기 전까지 사용했던 곳)을 방문한 후 릴케는 '증오의 방, 가장 큰 사랑의 원 안에서 강력하게Haßzellen, stark im größten Liebeskreise'라는 시를 써 코코슈카에게 보냈다. 코코슈카는 릴케가 방문했을 때 펜화 〈올리브산의 그리스도Christus am Ölberg〉를 선물하면서 이 그림을 "[껍질을 벗겨서] 섬뜩한 〈양고기와 히아신스가 있는 정물화〉"와 연결지었다.[7] 릴케는 코코슈카에게 시를 보내며 편지에 다음과 같이 썼다. "내가 적은 그대로 당신에게 드립니다. 이것은 오직 당신 것입니다. (…) 누구도 이 기록을 당신만큼 잘 알지 못할 것이기 때문입니다. 심지어 많은 구절은 당신에게 강력하고 기쁘게 느껴질 것입니다."[8]

릴케의 이런 추측은 정확했을 것이다. 실제로 이 시에는 코코슈카의 마음을 사로잡을 만한 구절들이 곳곳에 있었기 때문이다. '증오의 방'과 '사랑의 원'의 긴장 관계만으로도 또는 "그리고 이미 우리의 사랑은 구부러지네/모자와 늘어선 집들에 부딪혀"라는 구절에서 코코슈카는 알마와의 일그러진 사랑을 떠올렸을 것이다.[9] 그리고 그는 다음과 같은 구절에 반응했을 것이다. "가장 내밀한 침묵의 조각상:/공작새가 지저귀며 위협하는 푸른 밤의 돌로 만든:/몸통의 공간, 순수한 머리의 공간/아무리 보아도 불치의 붉은색으로 끌어당길 수 없는 (…)."[10] 그런가 하면 릴케에게는 보기 드문 반복 기법으로 고집스럽게 표현된 다음과 같은 모티브도 코코슈카에게 큰 반향을 불러일으켰을 것이다. "우리에게는 거기 안에 서 있는 것밖에 없네./우리에게는 거기 안에 서 있는 모든 것이 있네./거기 안에 무엇이 서 있는지 어떻게 알까./날아다니는 것도 거기 안에 서 있는데."[11] 게다가 거기 안에서는 바람도 불지 않고 "서 있다". 떨어지는 것도 "떨어지지 않고 안에 서 있다".[12] 코코슈카에게도 결국 이런 '안'과 〈바람의 신부〉 속 두 사람에게 내면화되어 많은 것을 휩쓸고 간 바람의 작용이나 당시 여러 자화상에 묘사된 '상처'를 통해 엿볼 수 있는 그 자신의 내면이 중요하지 않았을까? 적어도 코코슈카와 릴케의 관계는 코코슈카와 트라클의 관계와 유사한 시각에서 바라보아야 한다.

팔피의 병상에 누워 있던 코코슈카의 담당의는 "병원의 하이에나"라고만 알려진 "매우 악명 높은 장군"이었는데, 그 때문인지 코코슈카는 예상보다 빨리 퇴원 명령을 받았다.(ML, 162) '야전 복무 적합성'을 이미 충분히 증명한 코코슈카는 또다시 전선으로 향했다. 병참기지의 안전한 사무실 근무는 체질에 맞지 않았다. 아니었다. 스스로 고백한 것처럼 코코슈카는 이를 견딜 수 없었다. 그러나 1916년 7월의 한 편지에 따르면 이번에 그는 말을 타는 대신에 연락장교로서 열차를 타고 곧 끔찍한 일이 벌어질 질퍽질퍽한 이손조강 계곡의 이탈리아 전선으로 이동했다. 그곳에서 그는 재배치 후 두 달도 지나기 전에 유산탄을 맞아 또다시 크게 다치고 군 복무를 마친다. 아우구스트 슈트람은 시 '유산탄Schrapnell'에서 다음과 같이 노래했다. "하늘에 구름이 날리고/쫘르릉거리며 연기가 나네./뾰족한 것이 번쩍이네./발이 흔들리고 먼지 같은 조약돌./눈들이 킥킥거리며 혼란에 빠지네/그리고/비스듬히 잘리네."[13] 어쨌든 부상으로 코코슈카는 복무 능력을 상실했고 그에게는 전쟁도 끝을 맺게 되었다. 그의 삶에 서서히 전환점이 개시되고 있었다.

베를린, 드레스덴, 스톡홀름의 간주곡

1916년 9월 초에 코코슈카는 베를린으로 돌아와 있었다. 베를린에서는 이제 헤르바르트 발덴을 비롯해 볼프강 구를리트, 파울 카시러와 같은 화랑 운영자나 미술상도 그를 원했다. 양친에게 보내는 편지에서 코코슈카는 사람들이 "프리마돈나를 대하듯" 자신을 두고 싸운다고 자랑했다.(Br I, 247) 심각한 삶의 위기 속에서 코코슈카는 사람들의 호응을 감지했고 이 기회를 놓치고 싶지 않았다. 그는 자신의 생계뿐만 아니라 특히 점점 더 노쇠해지는 부모의 노후를 위해서도 무언가를 해야만 했다. 사랑하는 남동생 보후슬라프의 행복과 불행도 코코슈카의 걱정거리였다. 그림과 소묘에 대한 보수가 점점 더 좋아졌을 뿐만 아니라 그는 재정적 독립을 위해 특히 '드레스덴이나 다름슈타트'에서 예술대학 교수직을 얻고 싶었다. 하지만 코코슈카는 1916년에 카시러갤러리와 좋은 조건으로 체결한 계약 덕분에 1931년까지 어느 정도 재정적 독립과 예술적 자유를 누릴 수 있었다.

당시 양친이나 남동생, 여러 친구에게 보낸 걱정 섞인 편지들은 꽤 감동적이며 코코슈카가 이기주의의 화신이라는 통념에 배치된다. 코코슈카는 몸과 마음에 큰 상처를 입은 상태였다. 그는 무모하게도 다시 전선으로 돌아가기를 원했다. 몇 주 동안 그는 심리가 매우 불안정했다. 코코슈카는 알베르트 에렌슈타인에게 모든 고통을 끝내고 싶다고 했다. 이와 달리 1916년 11월에 베를린에서 어머니에게 보낸 편지에는 다음과 같이 썼다. "이렇게 오랫동안 무사히 버텼는데 막판에 다시 큰일을 당하고 싶지는 않습니다. (…) 그래서 12월 1일에 드레스덴에 있는 요양원으로 가려 합니다. 거기에는 아주 오랫동안 나를 보호해 줄 의사 친구도 있습니다."(Br I, 259) 이는 일부만 맞는 얘기다. 당시에 드레스덴에 그런 친구는 없었기 때문이다. 나중에 친구가 된 의사 프리츠 노이베르거는 그가 드레스덴에 머물 때 비로소 알게 되었다. 아마도 코코슈카는 알베르트 에렌슈타인에게서 노이베르거에 관한 이야기를 들었을 것이다. 에렌슈타인은 작가 발터 하젠클레버와 이바르 폰 뤼켄 그리고 배우 하인리히 게오르게와 마찬가지로 드레스덴에서 노이베르거에게 코코슈카도 잘 돌봐달라고 부탁했다. 코코슈카는 1916년 12월부터 거의 9개월간 드레스덴 근교에 있는 바이서히르슈라는 요양지에 머물렀는데, 이곳에는 세계적으로 유명한 하인리히 라만의 '물리치료 요양원'(전쟁 중에 군병원으로 사용되었다)도 있었다. 회고록에서 코코슈카는 드레스덴 기차역에서 노이베르거와 만난 일을 뜻밖의 사건으로 묘사했다. 그는 톨스토이 수염을 한 이 의사가 자살할 마음으로 재차 전선으로 나가려던 자신을 빛과 공기, 물과 식이요법을 통한 자연 치유의 세계로 이끈 신비주의자라고 했다. 프란츠 카프카, 라이너 마리아 릴케, 토마스 만 외에도 그림처럼 아름다운 슈베린 백작 부인과 오스트리아 황실 가족 등도 바이서히르슈 요양지에서 지낸 적이 있었다.

하젠클레버가 '기적의 랍비'라고 칭송한 노이베르거는 의사로서뿐만 아니라 친구로서 코코슈카가 신뢰할 수 있는 조언자가 되었다. 코코슈카는 연필로 잽싸게 그의 초상을 그렸다. 코코슈카는 또한 여배우 케테 리히터를 비롯해 여러 사람이 조용히 대화를 나누는 듯한 모습을 그렸는데, 일종의 집단 초상화인 이 〈친구들Die Freunde〉(1917/1918)은 이 시기에 그린 가장 중요한 작품이다. 코코슈카와 하젠클레버는 노이베르거의 진단서를 바탕으로 최종 복무 부적합 판정을 받았다.

바이서히르슈의 세계는 도시 형태를 갖춘 마법의 산 또는 엘베강 사암 언덕 위에 있는 베리타산과 같았다. 바이서히르슈에서는 신비주의자와 표현주의자로 구성된 유별난 집단이 생겼다.[14] 유별난 환자 못지않게 유별난 의사도 적지 않았는데, 예를 들어 신경과 의사 하인리히 슈타델만은 라만의 모범을 따라 실제 또는 상상의 신경과 환자들을 위한 개인 요양원을 운영했다. 게오르게 그로스는 자전소설《작은 긍정과 큰 부정Ein kleines Ja und ein großes Nein》에서는 슈타델만을 다음과 같이 자세히 묘사했다. "그의 환자들은 그에게 비싸고 이국적인 새와 같았다. (…) 그는 유령 피아노를 제작했고 완전히 새로운 달력 체계를 고안했으며 자신만의 수학을 발명했다."[15]

케테 리히터, 발터 하젠클레버, 프리츠 노이베르거(노이베르거는 1918년에 결핵성 객혈로 갑자기 사망했다. 쿠르트볼프출판사가 의뢰해 노이베르거가 번역한 오노레 드 발자크의 소설《사촌 퐁스》는 1년 후에 출판되었다)와의 우정 외에도 시립 알베르트극장은 드레스덴에 처음으로 머물렀던 시기에 코코슈카에게 큰 힘이 되었다. 이 극장에서는 세대 간 갈등을 당대 대표 문제로 다룬 하젠클레버의 희곡《아들Der Sohn》이 1916년에 초연되었다. 이제 알베르트극장은 코코슈카의 극작을 실험하는 무대가 된다. 이곳에서 1917년 6월 3일에 코코슈카가 무대를 연출하고 감독을 맡은 희곡《살인자, 여자들의 희망》과《욥Hiob》이 케테 리히터와 젊은 에른스트 도이치의 주연으로 무대에 올랐다. 코코슈카가 보기에 "매우 현대적으로 운영되던" 알베르트극장에 그의 희곡을 추천한 사람은 하젠클레버였다.(Br I, 263) 코코슈카는 병든 아버지에게 보낸 편지에서 위로와 감동도 선사할 겸 다음과 같이 썼다. "지방에서 뭔가 중요한 일이 있으면 으레 그렇듯이 베를린에서 언론이 모두 몰려올 것이기 때문에 배우들이 매우 들떠 있습니다."(Br I, 264) 물론 모두는 아니었지만 베를린에서 몇몇 비평가가 왔으며 그중에는 파울 코른펠트도 있었다. 그는 다음과 같이 평했다.

코코슈카의 극 중 인물들은 말뿐만 아니라 특히 몸짓과 동작으로 표현한다. 말은 말할 내용을 전달하고 동작은 말의 정신을 전달한다. (…) 이 극은 어쩌면 새로운 양식, 즉 오페라에 가장 가까운 새로운 예술 형식인 말이 있는 무언극이라고 해야 할지도 모르겠다.[16]

코코슈카는 일찍이 이사도라 덩컨을 중심으로 한 창작무용에 큰 관심을 보여왔으므로 감독으로서 배우들의 동작에 특히 신경을 썼을 것이다. 드레스덴에서는 누구보다도 무용가 마리 비그만을 염두에 두었을 것이다. 동작 표현은 희곡의 지문에서도 확인되는데, 코코슈카는 여자가 "허벅지와 근육에 경련이 일어나" "고통스럽게 죽어가는 짐승처럼 계단에서" 구르라고 지시하는 식이었다.(DSW I, 40)

평소 단순한 조명효과를 넘어서야 한다고 주장해온 비평가 카밀 호프만은 코코슈카의 무대 연출에서 조명의 예술적 측면을 강조했다. "코코슈카는 매우 거대한 조명을 효과적으로 잘 사용했다. 장면에 따라 흰색 조명과 붉은색 조명이 교차하는 가운데 밝은 원뿔이 인물을 비추고 무리 주위로 후광이 감돈다."[17] 여기서 흥미로운 것은 조명 형태('원뿔')가 사건을 비출 뿐만 아니라 그 자체가 배우처럼 행동한다는 점이다. 이에 큰 감동을 받은 또 다른 비평가는 조명이 "적절한 시점에 적절한 장소에서" 무대에서 벌어지는 일의 일부가 된다고 칭찬하면서 행위의 "색채적, 음악적 상징화"가 이루어졌다고 했다.[18]

매우 통찰력 있는 비평에서 카밀 호프만은 코코슈카에게 색채란 "온갖 변형이 가능한 창작 재료"라고 지적한 바 있다. 코코슈카가 그린 초상화를 가리켜 "인간의 얼굴"이라는 더 적절한 표현을 사용한 호프만은 그의 작품에서 풍경과 인물 사이의 연관성을 최초로 언급한 사람이기도 했다. "그림 한가운데로 끌려 들어가는 듯하다[여기서 말하는 그림은 무엇보다도 〈이민자들Die Auswanderer〉이다]. 관찰하면서 밖에 서 있는 게 아니라 떠오르는 산, 집, 나무, 길의 리듬에서 이야기나 전설 또는 시가 느껴진다."[19] 호프만은 또한 코코슈카의 연출 작업에 관해서도 공감각적 관점에서 특별한 의미를 부여했다.

코코슈카의 효과적 무대조명 작업에서는 무대장치가 아돌프 아피아의 영향이 엿보인다. 아마도 코코슈카는 젊은 시절에 빈 조명 연출의 대가이자 공예학교 교수였던 알프레트 롤러(1864~1935)를 통해 이 같은 영향을 받았을 것이다. 롤러의 아피아식 조명 연출은 이미 1906년부터 빈궁정오페라극장에서, 즉 그곳 단장이었던 구스타프 말러(!)의 승인 아래 무대연출에 사용되었다.[20] 그 밖에도 코코슈카는 드레스덴 바이서히르슈에서 빛의 극적 효과뿐만 아니라 치료 효과도 체험할 수 있었다.

코코슈카의 작품들은 베를린(1919)과 프랑크푸르트(1920, 1921)에서도 공연되었다. 베를린 공연은 막스 라인하르트가, 프랑크푸르트 공연은 하인리히 게오르게가 연출을 맡았다. 이 시기에 코코슈카는 의심할 여지없이 조명 연출의 선두주자이자 총체예술 이념의 혁신자였다. 그의 총체예술에서 전체를 아우르는 매체는 음악이 아니라 몸짓을 통한 대사와 조명이었다. 파울 힌데미트가 《살인자 여자들의 희망》에 곡을 붙인 후에도 근본적으로 달라진 것은 없었다. 1921년 6월 4일에 슈투트가르트 뷔르템베르크주립극장에서 이 음악극이 최초로 공연되었을 때 오스카 슐레머가 조명효과를 포함한 무대 세트를 준비했기 때문이다.

여기서 희곡 제목에서 쉼표를 삭제했다가 이후 다시 삽입한 사정에 관해 간단히 살펴보자. 쉼표가 있으면 '살인자'와 '여자들의 희망'이 분리되는가? 그리고 만약 분리된다면 이 살인자는 또는 살인자들은 여성의 변태적 희망인가? 코코슈카는 쉼표를 일관되게 사용하지 않았다. 쿠르트볼프출판사에서 나온 초판은 '살인자'가 제목이었고 '여자들의 희망'은 글꼴 크기를 작게 해 대문자로 표기한 부제였다. 힌데미트는 자신의 곡에서 쉼표를 고집했으며 '여자들의 희망'이 '살인자'의 세부 정의라고 보았다. 쉼표가 있든 없든, 음악이 있든 없든 이 텍스트의 도발적 성격에는 변함이 없었다.

그런가 하면 1919년에 베를린실내극장에서 공연된 희곡 《불타는 가시덤불》과 《욥》도 능히 스캔들이라 부를 만했다. 이에 관해 코코슈카는 다음과 같이 회상했다.

> 당시 막스 라인하르트는 철의 장막을 우려했다. 거리에서는 치안경찰이 서로 싸우는 지지자와 반대자를 뜯어말려야 했다. 나는 욥 역을 맡은 배우 파울 그레츠에게 쉽게 벗겨지는 가면을 씌웠다. 공연이 끝나고 관객이 미친 듯이 날뛰기 시작했을 때 나는 무대에 올라 바닥에 죽어 있는 욥의 빈 해골을 들어 보였다. 그리고 해골을 두드리면서 관객을 향해 조롱하듯 외쳤다. "여러분의 해골도 이렇게 텅 비었네요!"(ML, 170)

유럽을 무대로 점점 활동 반경을 넓히던 푀흘라른 출신의 이 예술가는 전쟁이 끝나기 1년 전에 베를린에서도 스캔들의 주인공이 되었다. 어쨌든 이제 오스카 코코슈카는 극작가이자 감독으로서도 조형예술가에 못지않은 명성을 누리게 되었다. 코코슈카가 이렇게 두 가지 경력을 동시에 추구한 데는 1917년 6월에 드레스덴 무대에서 경험한 성공이 결정적 영향을 미친 것으로 보인다. 이에 앞서 그는 초기 작품인 《스핑크스와 밀짚 인형》을 재작업한 후 《욥》이라는 제목을 붙였다. 앞서 언급했듯이 1909년 여름에 빈의 야외무대에서 초연한 이 풍자극을 수정하는 작업은 코코슈카에게 남다른 의미가 있었다. 이 작업은 그로피우스 부인이 된 알마 말러와 해결되지 않은 관계를 극복하기 위한 부단한 노력의 일환이었기 때문이다. 이제는 그에게도 이 관계가 고통스럽고 기괴해 보였겠지만 그는 여전히 알마와 얽매여 있다고 느꼈다. 물론 이 기괴한 관계를 모르는 사람에게《스핑크스와 밀짚 인형》은 부풀어 오른 돼지 방광이 여성 아니마를 상징하고 죽음이 "살아 있는 보통 사람" 으로 등장하며 몸을 자유자재로 구부리는 곡예사를 통해 인간 삶의 어리석음이 강조되는 초현실적 연극의 한 예로만 보일 수 있다. 주인공인 피르두지 씨는 욥이 되었다. 피르두지가 "거대한 회전식 밀짚 머리에 팔과 다리가 달렸고 끈에 돼지 방광을 차고 있는"(DSW I, 54) 모습이었다면 욥은 아내 아니마의 문을 헛되이 두드리며 사랑에 괴로워하는 자로 묘사된다. 다만 둘 다 극 중에 뿔이 자라는데, 피르두지는 공기총으로 자살을 시도하다 다친 머리 부위에서 뿔이 자란다. 1917년 4월에 취리히의 다다갤러리에서《욥》의 공연을 기꺼이 책임지겠다고 선언한 것은 그리 놀라운 일이 아니었다. 후고 발과 트리스탕 차라가 주연을 맡았다. 이제 코코슈카의 문학적 모더니즘은 절정에 도달해 있었다. 이는 쿠르트볼프출판사가 코코슈카의 두 희곡《불타는 가시덤불》과《살인자, 여자들의 희망》을 그사이 큰 명성을 얻은 아방가르드 시리즈 '심판의 날Der jüngste Tag'의 마흔한 번째 책으로 출판한 데서도 알수 있다.

코코슈카는 계속 사랑의 아픔에 시달렸다. 그래서《스핑크스와 밀짚 인형》에 등장하는 아니마, (이제는 일종의 메피스토펠레스가 된) 곡예사, 앵무새 및 관련 구절 전체를《욥》에 그대로 옮겨 적었다. 이는 고통이 계속됨을 자신에게 알리는 신호였다. "나는 아내가 있었네,/그녀는 나의 세계였네."(DSW I, 71) 욥은 말 그대로 머리와 목을 바쳐 사랑했다. 그래서 욥의 머리는 '돌아 버린'* 것처럼 보였는데, 이 모든 상황을 곡예사는 사이비 과학 실험으로 간주했다.

　1917년 여름 무렵 드레스덴에서 코코슈카는 희곡《오르페우스와 에우리디케》작업을 시작했다. 《오르페우스와 에우리디케》는 그가 그 때까지 내놓은 작품 중에서 가장 중요한 극시라고 평가할 만하다. 동시에 그는《욥》의 삽화와 〈한 쌍의 연인과 고양이Liebespaar mit Katze〉를 그렸다. 그전에 1916/1917년 겨울에는 "황량한 풍경" 속 케테 리히터와 발터 하젠클레버를 그렸다는 〈이민자들〉(실제로는 케테 리히터, 프리츠 노이베르거, 코코슈카가 보인다)을 그렸고 〈친구들〉을 그리기 시작했다.(ML, 169) 〈이민자들〉에서 그는 관찰자를 등진 채 옆얼굴만 보인다. 대개 그림에서 화가 자신은 정면을 본다는 점에서 이 그림은 특이하다. 코코슈카의 이런 작업은 예술적 내면의 작업이었다. 이는 그가 이용할 수 있는 모든 표현 매체를 동원해 아직도 남아 있던 알마를 향한 집착과 씨름하고자 끊임없이 노력한 결과물이었다. 그가 단순히 '에세이'라고 부른 이야기 형식의 글도 이러한 노력에 해당한다. 이 글은 원래 세상의 의미를 그림으로 설명한 아모스 코메니우스의《세계도해》를 평가하고 찬양하는 의도로 썼었다. 그러나 이 에세이는 어느새 '빨간 끈'에 관한 이야기로 바뀌었다. 여기서 빨간 끈이란 그가 전쟁터로 떠나기 전 어머니에게 맡겼던 "피처럼 새빨간 유리구슬이 달린 목걸이"를 뜻하는데, 그가 알마 말러에게서 받은 선물이었다. 코코슈카의 회고록에 따르면 "어머니는 피가 연상되어서 이 목걸이를 화분 안에 보관했다".(ML, 145) 1917년에 쓴 이 에세이는 다음과 같이 유난히 장황하게 시작된다.

● 《욥》의 관련 장면에서 욥이 열쇠 구멍을 통해 아니마의 방을 엿보다가 아니마가 문을 여는 바람에 욥의 머리가 끔찍하게 돌아가는데, 이 장면은 아니마(알마)의 행동으로 인해 욥(코코슈카)의 몸과 마음이 파괴됨을 상징한다.

내가 전해 들은 이야기를 (…) 마치 내 일인 양 이야기하는 까닭은 1인칭 형식을 빌려 낯선 자를 숨기기 위해서다. 나 외에는 아무도 그를 알지 못하고 독자는 그의 선한 면만 알기 때문이다. 그에게 의미를 약속한 끈을 내게 보여준 자는 이 삶에서 더는 진실을 찾을 수 없는 광기일 뿐이다.(DSW III, 15)

코코슈카가 애써 낯설게 묘사한 이야기에 나오는 끈은 "햇볕 아래에서 돌리면 눈부시게 빛나는" 보석들로 이루어졌다. 이야기의 '나'는 전쟁에서 크게 다치지만 어머니에게 편지를 써서 빨간 목걸이를 보내달라고 부탁한다. 어머니는 처음에 자신이 저주하던 이 '빨간 끈'을 찾지 못하지만 문제의 화분이 산산조각이 나면서 다시 찾게 된다. 이 끈 덕분에 그는 계속 살 수 있다. 그러나 "이 끈은 사랑하는 사람이 지핀 불 속에 던져졌고 내가 황급히 그녀를 찾았을 때는 이미 사라져버린 다음이었다. 그리고 마침내 나까지 불에 타버린다. 이제 사랑하는 그녀의 빛으로 다시 가득 찬 내 영혼이 타다 남은 숯덩이 속에서 빛났다".(DSW III, 16) 숯이 된 목걸이를 통해 그 안에 간직된 사랑이 (적어도 이 이야기에서는) 그동안 쌓인 모든 증오의 감정을 뚫고 빛났다. 하지만 다음 문장 구조는 특이하다. "죽음이, 이것이 겨울에 일어났다면 어떻게 모든 것을 태우는 생명은 땅속 깊은 곳에만 묻혔을까?" 때때로 그가 쓴 문장의 의미는 그저 추측할 수밖에 없다. 문장 조각들을 바탕으로 의미를 조립해야 하는데, 이는 코코슈카가 얼마 후 자신이 더듬고 애무했던 기억 속 조각을 조립해 알마 인형의 제작을 의뢰하는 행위와도 비슷하다.

우선은 전혀 예상치 못한 일이 일어났다. 8월 1일에 오스트리아 외무부에서 코코슈카에게 초청장을 보내왔다. 스톡홀름에서 열리는 오스트리아 현대미술전에 출품해달라는 편지였다. 오스트리아 현대 조형예술 전시회는 당시 중립국이던 스웨덴에서 열리는 국제평화회의의 일환으로 기획되었다. 코코슈카는 9월 중순에 여행 허가를 받았다. 돌이켜보면 전쟁 중에 이런 일이 가능했다는 사실 자체가 놀랍다. 코코슈카에게 현대미술전은 북유럽을 잠시 여행하면서 기분 전환할 기회였을 뿐만 아니라 무엇보다도 그의 예술이 드디어 정부로부터 공식 인정을 받았음을 의미했다. 그러나 이에 대해 그 자신은 반신반의했다. 그는 부모에게 편지를 써서 "즉시 급행 등기로 연회복 한 벌과 프록코트, 회색 바지, 에나멜 단화를 둘로 나눠 소포를 이용해" 드레스덴으로 보내달라고 부탁했다.(Br I, 271)

시대가 바뀌었다. 10년 전만 해도 자신이 연회복도 매너도 없다고 불만 섞인 편지를 썼던 코코슈카였다. 이제 그는 전도유망하고 처세에 능한 사람으로서 여행을 떠나려 한다. 그는 스톡홀름 시장과 두 명의 노벨상 수상자와 셀마 라겔뢰프의 초상을 그리기로 되어 있었다. "작가 라겔뢰프의 집을 방문"한 후 코코슈카는 "그녀의 친절 덕분에 다시 한동안 야만성을 견딜 힘을 얻는다".(Br I, 275)

그러나 몸에서 열이 나기 시작했다. 단순히 여행 탓이 아니었다. 바이서히르슈에 오랫동안 머물렀지만 건강이 썩 좋지는 않았다. 스톡홀름에서 친구 알베르트 에렌슈타인에게 첫 번째로 보낸 1917년 9월 17일자 편지에 그는 다음과 같이 썼다. "여행 때문에 매우 피곤하고 온몸이 쑤셔. 사실상 제정신이 아니고 일할 수도 없다. 모든 게 너무 비싸고 매우 아름답지만 끔찍하게 추워."(Br I, 273) 코코슈카는 스톡홀름으로 가기 위해 베를린을 출발해 자스니츠를 경유했는데, 그곳 국경에서는 여권이 필요했고 생전 처음 여권을 받기 위해 다시 베를린으로 돌아가야만 했다. 부모에게 설명한 것처럼 자스니츠에서는 "열차 전체가 증기선에 실려" 트렐레보리로 건너간 후 말뫼를 거쳐 스톡홀름까지 총 24시간이 걸렸다.

스톡홀름에 대한 코코슈카의 인상은 회의적이었다. 사람들은 폐쇄적인 듯했고 기후는 견디기 어려울 정도였다. 서늘한 북유럽은 이 뜨거운 감성주의자에게 맞지 않았다. 그는 에렌슈타인에게 솔직하게 말했다.

모든 게 회색이고 잿빛으로 느껴진다.
이렇게 비참한 적이 또 있었나 싶다. 여기 있는 우리 나라 사람은 내가 싫어하는 관심만 좇는 견고한 집단이다. (⋯)
전시회도 성의 없이 (내게 불리하게) 구성된 채 대중에게 공개되었다. (⋯) 어쩌면 코펜하겐에서도 똑같은 고문이 나를 기다리고 있을지 모르지. 끔찍한 일이야.(Br I, 276)

코코슈카는 코펜하겐으로 가지 않았다. 그는 "이 차갑고 무정한 외로움에서 벗어나고" 싶었다. 그는 베른에서 오스트리아 사절단에 합류하고 싶었다. 그러나 무너져가는 오스트리아 - 헝가리 제국의 모든 지식인과 예술가가 그곳으로 몰려들던 상황에서 그 사절단에 끼워줄 만한 영향력 있는 후원자가 코코슈카한테는 없었다.

평생 나는 국외자였고 국내에서는 기껏해야 우스꽝스러운 바보로 알려졌지. 이제 사람들은 해외에 있으니 현대적 외투를 걸쳐야 한다고 생각하지만 여전히 자신감이 없어서 다시 최대한 모든 것을 숨기려 하고 잘못된 시작을 하기 때문에 내게는 회복하기 어려운 상처만 남을 뿐이야. 빈의 이런 멍청이들이 대표하는(즉 망가뜨리는) 상황에서 해외시장 또는 최초 공연이라는 홍보는 수년 동안 전혀 쓸모가 없었거든. 게다가 나는 고열로 매주 최소 2~3일을 침대에서 보내야 하는 처지야. 폐의 회복력이 예전만 못하고 가슴

통증이 지독해서 이젠 정말 내 힘과 젊음이 다하고 건강도 사라져버린 것
같아.(Br I, 276)

스톡홀름에서 두 달간 체류한 후 코코슈카는 거의 체념에 빠졌다. "나
는 너무 지쳤고 우울해. 여행의 실상이 내게는 너무 끔찍해. 평온을 찾
기 위해 차라리 죽고 싶은 심정이다."(Br I, 278)

　스톡홀름 체류가 완전히 헛되지만은 않았다. 아우구스트 스트린드
베리와 입센에 조예가 깊었던 코코슈카는 크누트 함순과 특히 그의 소
설《목신 판》을 발견했다. 코코슈카가 보기에 제대 후 민간인의 삶에
적응하지 못한 채 두 여자 사이에서 갈등하다가 결국 둘 다 놓치고 파
멸의 길로 들어서는 주인공 글란 중위의 모습은 문학 속 어떤 인물보
다도 자신과 가까웠다. 심지어 그는 몇몇 편지에 "글란 중위"라고 서명
하기까지 했다. 코코슈카가 여성에게 풍기는 인상은《목신 판》에 나오
는 다음과 같은 구절로 적절히 요약할 수 있을 것이다. "한 여성이 말
했다고 하지. '그가 나를 바라보면 마치 그가 나를 만지는 것 같아서 어
쩔 줄을 모르겠어.'"[21] 이 같은 인상은 코코슈카가 나이를 먹을수록 더
강해졌다.

　당시 코코슈카가 읽은 책들을 살펴보면 대비를 좋아했음을 알 수
있다. 코코슈카는 함순의《목신 판》외에 호라티우스의 송시와 삽화를
넣고 싶어 했던 아달베르트 슈티프터의 소설《늦여름》을 읽고 다른 사
람에게 추천했다.《늦여름》을 퀸부르크 알렉산드린 백작 부인에게 권
하면서 그가 약간 비꼬듯이 말했던 것처럼 이 책은 그를 "위대한 시대
가 국경을 넘어오기 전에" 어린 시절의 땅으로 데려다주었다.(Br I, 259)
그러나 문학, 특히 세련된 처세술에 빠지기 시작한 남동생 보후슬라프
에게 코코슈카가 충고한 말에 비추어 볼 때 그는 함순에 너무 빠지는

것을 경계한 듯하다. 스웨덴 여행 후 쓴 편지에서 그는 사랑하는 동생에게 "크누트 함순에서 빠져나오려면 슈티프터에 더 집중할 필요가 있어"라고 조언했다.(Br I. 285)

슈티프터의 소설 《늦여름》에 나오는 지형과 분위기는 코코슈카에게 큰 감동을 주었다. 소설 속 환경이 코코슈카에게 매우 친숙한 데다 조형예술과 많이 연관되어 있었다. 예를 들어 이 소설의 주인공인 지질학자 하인리히 드렌도르프가 소묘와 회화에 눈을 뜨는 과정은 장미 울타리의 자연스럽고 화려한 색채를 발견하면서 시작된다. "순수한 흰색 장미부터 노란색이 감도는 하얀색, 노란색, 분홍색, 자주색, 보라색을 거쳐 검붉은색까지 (…) 이렇게 서로 뒤섞인 색채가 만개했다."[22] 드렌도르프를 집으로 초대한 노쇠한 리자흐 남작이 그린 건물 스케치도 코코슈카에게는 예를 들어 소묘와 대비되는 색채 처리의 문제, 즉 그가 평생 씨름했던 바로 그 문제를 성찰하는 계기가 된다. "그러나 색채는 여전히 소묘가 회화로 넘어가지 않고 좀더 강조된 느낌이 들도록 하는 부수적 역할만 하고 있었다." 그러면서 다음과 같이 일반적인 결론을 도출한다.

> 내 경험상 색채가 일종의 현실성을 띠게 되면, 색채에 대상성과 크기가 부여되면, 물체를 채색된 무엇이 아니라 물체 자체로 표현하기가 쉽지 않다. 돌이나 벽처럼 색이 선명하지 않은 대상이 특히 그렇다. 그 반면에 꽃이나 나비나 새 떼처럼 색이 뚜렷한 대상은 다루기 쉽다.[23]

바로 이것이 풍경화 작업과 자연의 인상이 코코슈카에게 의미하는 바였다. 그러나 1917년 시점에 그에게 정치와 무관한 순수한 색채의 세계란 존재하지 않았다. 오히려 정반대였다. 그가 스톡홀름에서 슈테판 그로스만을 만난 이유도 이 때문이었을 것이다. 그로스만은 베를린《포시셰차이퉁Vossische Zeitung》에 빈 문예란을 추가하고 나중에는 영향력 있는 문예지《타게부흐Das Tagebuch》를 발행한 비중 있는 언론인이었다. 매우 실망스러운 경험이었을망정 코코슈카가 (사회주의자들의) 평화회의에 참석하게 된 것도 그로스만 덕분이었을 것이다. 코코슈카는 스톡홀름 시장 칼 린드하겐과 노벨상 수상자 스반테 아레니우스를 만나 초상을 그렸으며 개인적인 용무로 또 다른 노벨상 수상자인 로베르트 바라니를 소개받았다. 오스트리아 생리학자이자 신경생물학자로 웁살라에서 교수 활동을 하던 바라니는 코코슈카에게 군 복무를 수행할 수 없다는 소견서를 써주었다.

평화회의에 참석한 코코슈카는 권력자와 권력이 없는 자를 보았다. 또한 영화관에서 "주간뉴스 영화"를 보았는데, "참전국의 뉴스에 비해 전쟁 행위를 영웅화하거나 이상화하지 않고 전쟁터를 생생히 전달하고 있었다. 그러면 관객은 몸서리치며 편히 앉아 자국의 중립을 다행이라 생각했다".(ML, 172) 벨기에 사회주의자 카미유 위스망스가 코코슈카의 눈에 띄었고 '스웨덴의 사자'이자 '호민관'으로 불린 얄마르 브란팅도 만났는데, 그의 서재에는 북극곰 가죽 위에 그랜드피아노와 휴지통이 있었고 그 옆에는 훗날 스웨덴 총리가 된 집주인의 대리석 흉상이 있었다. 코코슈카는 "양측을 위한 전쟁 물자 생산량이 매일 증가하던" 국가에서 브란팅이 평화의 보증인으로 추앙받는 모습을 지켜보았다.(같은 곳) 그 밖에도 "동양에서 온 세 명의 현인", 즉 "인도인, 이집트인, 흑인"이 스톡홀름을 배회했는데, 이들은 평화회의에 관해 무언가를 듣고 스스로를 식민지 국가의 사절이라고 칭했지만 공식 대표단은 무시했다. 1917년 겨울에 쓴 '스톡홀름에서 보낸 편지Brief aus Stockholm'에서 코코슈카는 이들을 만난 장면을 묘사했다.(DSW II, 143~152) 이 만남은 자서전에도 언급할 만큼 코코슈카에게 깊은 인상을 남겼다. 무정부주의자에 동조한다는 나쁜 소문이 돌던 린드하겐 시장의 집에서 만찬이 열렸는데, 참석자들의 문화적 다양성은 더할 나위가 없었다.

스웨덴 국립박물관에서 코코슈카는 렘브란트의 후기 작품에 경탄했을 뿐만 아니라 스웨덴의 렘브란트가 되고자 한 에른스트 요셉손(1851~1906)의 그림도 보았다. 서정시인으로도 두각을 나타냈던 요셉손은 말년에 환각과 피해망상과 과대망상에 시달렸다.[24] 코코슈카는 이 예술가의 그림에서 볼 수 있는 강렬한 색채와 빛, 신화적 소재 등에 사로잡혔을 것이다. 정신병원에서 사망한 요셉손의 드로잉들이 나중에 발견되었을 때 이 작품들이 소각되지 않은 것은 코코슈카의 감정 덕분이었다.

어쨌든 예술적 관점에서는 코코슈카가 스톡홀름에 몇 주간 머물면서 그린 그림이 중요하다. 코코슈카는 높은 전망대에서 스트란드베겐을 내려다보며 스톡홀름 항구를 그렸다. 이를 통해 그는 갈리시아 참호와 이손조강 전선에서 한 맹세를 중립국 스웨덴에서 처음으로 실천할 수 있었다. 코코슈카는 군인의 근시안적 시각에서 벗어나 가장 높은 곳에서 유럽의 도시들을 조망하면서 도시의 웅장함과 문화를 형상화하고 싶었다.

1917년 11월 21일에 드레스덴으로 돌아온 코코슈카는 토이셔요양원에서 〈친구들〉을 작업하며 영향력 있는 출판업자 쿠르트 볼프를 통해 드레스덴이나 다름슈타트에서 교수직을 구하는 데 관심을 기울였다. 의료 환경은 매우 훌륭했지만 뒤이은 몇 달 동안 코코슈카의 감정 상태는 폭발 직전의 화산이나 지옥 근처에 있는 것과 다를 바 없었다. 그가 스톡홀름으로 떠나기 전에 시작한 희곡 《오르페우스와 에우리디케》를 다시 작업하기 시작한 이유도 이 때문이었을 것이다.

신비주의자 오르페우스와 에우리디케

소재는 매우 적절했다. 이 신화는 죽음의 경계에서 삶과 저승 사이를 오간 연인의 이야기였다. 물론 코코슈카의 중요한 상황이 전승된 신화의 내용과 정확히 일치하지는 않았다. 하지만 신화는 으레 변형되기 마련이고 이 희곡도 그랬다. 희곡《오르페우스와 에우리디케》의 작가는 여러 번 죽음을 마주했고 목숨을 바쳐 사랑했지만 여전히 그녀와 '진정한 관계를 꿈꾸는' 자였다. 그로피우스와 재혼한 후 알마는 모든 게 명확해졌을지 모르지만 코코슈카는 여전히 그녀를 향한 집착을 버리지 못했다. 신화와 달리 코코슈카라는 오르페우스는 알마라는 에우리디케를 죽은 자들의 세계에서 되살리기 위해 저승으로 갈 필요가 없었다. 그의 상상 속에서는 오히려 그녀가 초주검 상태에 이른 그를 끌어당겼다. 알마는 잘 살고 있었다. 그가 보기에 그녀는 활력이 넘치는 반면에 자신은 몸과 마음에 상처를 입은 채 궁핍하게 지내며 죽고 싶은 마음을 겨우 억누르고 있었다.

처음부터 논란이 많았지만 코코슈카가 개인적 삶의 문제를 그저 투사하려 들지는 않았다는 점은《오르페우스와 에우리디케》의 수준을 말해준다. 장면 구분이 명확한 이 3막극은 예술적 요건을 충족하기에 부족함이 없다.《오르페우스와 에우리디케》와 관련해서 주목할 만한 코코슈카의 개인적 증언은 전해지지 않는다. 코코슈카의 이 극시는 장 콕토의《오르페우스Orphée》(1925)와 견줄 만했는데, 릴케의 영향을 많이 받은 코코슈카는 '시인' 오르페우스의 죽음과 부활에 초점을 맞추었다. 역시 변신을 주요 모티브로 삼은 릴케의《오르페우스에게 바치는 소네트》(1922)를 포함한 이 세 작품은 당시 오르페우스 신화를 다룬 3대 걸작으로 꼽힌다.[25] 1880년대 후반부터 1930년대 초반까지 유럽에서 오

르페우스라는 소재를 시적으로 각색한 작품은 50편이 넘었다.[26]

이 희곡에 관한 코코슈카의 동판화나 오르페우스와 에우리디케로 분장한 에른스트 도이치와 케테 리히터를 묘사한 그림을 보고 있노라면 이미지와 텍스트의 상호작용이 매우 인상 깊게 구현된 것을 확인할 수 있다. 예를 들어 동판화에서 복수의 여신 푸리아는 악마로, 오르페우스는 오른손에 붓을 든 예술가로, 부엉이 같은 인상의 에우리디케는 반은 그림자를 벗어나 있고 반은 그림자에 얽매인 모습으로 묘사한 점이 그렇다. 관찰자를 보는 듯한 에우리디케의 시선은 오르페우스와 달리 그저 암시만 하고 있다. 이는 마치 에우리디케가 오르페우스를 조종하면서 그의 고개를 옆으로 돌리게 만드는 듯한 인상을 준다. 이런 상황에서 오르페우스는 과연 자신의 예술에만, 즉 자신의 그림에만 집중할 수 있을까?

이 같은 주제의 복합성을 계기로 코코슈카는 조형예술 작업을 다시 생각하게 되었다. 그는 앞으로 극작 활동에만 전념할지 또는 적어도 자신의 회화와 회화 방식을 다시 생각해야 할지에 대해 진지하게 고민했다. 코코슈카는 1923년 7월에 작곡가 에른스트 크레네크에게 쓴 미공개편지에서 이런 생각을 털어놓았다. "나는 연극계에서 새로 자리를 잡기 위해 가을에나 겨울이 지난 후에 미국으로 갈 생각입니다. 그리고 화가로서 새로 그리는 작품은 제대로 완성될 때까지 당분간 공개하지 않으려고 합니다."[27]

코코슈카는 《오르페우스와 에우리디케》를 1915년 가을에 브르노에 있는 군병원에서 구상하기 시작했고 실제 집필은 1916년 말에서 1918년 중반 사이에 했을 것이다. 초연은 1921년 2월 2일에 앞서 언급한 하인리히 게오르게의 연출로 이루어졌다. 이 희곡의 창작 과정에서 코코슈카는 신화를 모티브로 한 동판화와 잉크 드로잉뿐만 아니라 〈오르페우스와 에우리디케〉라는 동명의 유채화도 완성했다. 〈오르페우스와 에우리디케〉에서 두 사람이 타고 있는 배의 뒤편에 바다로 뛰어드는 조타수의 모습이 보이는데, 희곡에 따르면 물속에 잠긴 그는 이빨 사이에 반지를 물고 있는 해골을 발견한다.

오페라 《오르페우스와 에우리디케》를 초연했을 때 비평가들은 대본, 즉 코코슈카의 희곡을 매섭게 비판했다. 한 비평가는 '기괴'하다면서 "대본이 색색의 얼룩과 굵은 획을 어지럽게 칠하는 입체파-다다이즘 화가를 연상시킨다"고 평했다.[28] 비평은 전반적으로 크레네크의 작곡 덕분에 겨우 작품을 이해할 수 있었다는 식이었다. 비평가들은 음악이 오페라의 "특징적인 분위기"를 잘 살렸으며 대담한 구조와 "대사의 속박"에서 청중을 해방했다고 호평했다. 크레네크가 "자유로운 대위법"을 사용한 덕분에 코코슈카의 추상적 언어가 구체성을 띠게 되었다고도 했다.

어쨌든 이제 희곡의 내용을 살펴보기로 하자. 세 푸리아는 저승사자 역할을 한다. 이들은 에우리디케를 하데스의 왕국인 저승으로 데려가려 한다. 에우리디케는 오르페우스를 잊어야 한다는 두려움과 어두운 미지의 세계에서 자신을 원하는 저승의 통치자에 대한 동경 사이에서 갈등한다. 오르페우스와 에우리디케는 작별 인사를 나눈다. 에우리디케는 이미 그림자의 세계에 속해 있어 두 사람은 포옹할 수도 없다. 에우리디케는 7년 동안 저승에 머물러야 하지만, 불안에 휩싸인 오르페우스는 그 전에 사랑하는 아내를 다시 데려오기 위해 저승으로 간다. 에우리디케를 데려오기 위한 조건은 오르페우스가 불신을 이겨내고 저승에서 그녀가 어떻게 살았는지를 묻지 않는 것이다. 하지만 두 사람을 산 자들의 땅으로 데려다줄 배는 세 푸리아가 그물을 엮고 있는 죽은 자들의 배였다. 항해 중 오르페우스는 에우리디케에게 저승에서 그를 서서히 잊고 결국 하데스의 말을 따랐다는 자백을 받아낸다. 물속으로 뛰어든 조타수가 해골에서 반지를 발견하는 바람에 자백한 것이다. 오르페우스에게 이 반지는 아내의 불륜을 증명하는 증거였다. 그는 불신을 극복하지 못했을뿐더러 결국 질투심에 못 이겨 에우리디케를 죽인다. 3막에서 오르페우스는 미치광이가 되어 폐허로 변한 집으로 돌아온다. 그는 리라를 연주하며 자연을 거스르고 사람들이 잘못된 행동을 하도록 부추긴다. 그러다 마침내 폭도가 된 사람들이 폐허가 된 그의 집에서 그를 살해한다.

사랑 뒤에 증오가 숨어 있다. 불신에서 살해의 욕망이 싹튼다. 이제 에우리디케는 저승에 온 오르페우스를 다시 죽인다. 과거의 연인은 두 번씩 살해당한 후에야 비로소 서로에 대해 평온한 마음을 되찾는다. 코코슈카의 희곡에서 오르페우스의 리라를 찾아내어 죽음 속에서 최후의 화음이 울려 퍼지도록 도운 자는 프시케다. 그녀도 한때 푸리아의 유혹에 넘어가 횃불로 애인 큐피드의 눈을 멀게 했지만 결국에는 자신의 눈물로 큐피드의 눈을 치유한 적이 있었다.

오르페우스의 광기 어린 독백이 햄릿을 연상케 한다면 희곡의 전체 구상은 코코슈카가 이 희곡에 회화적 요소를 첨가했을 뿐만 아니라 작품의 음악적 구현에도 신경을 썼음을 보여준다. 에른스트 크레네크가 오페라 작곡을 맡은 것은 신의 섭리와도 같았다. 이 젊은 작곡가는 코코슈카가 희곡을 처음 구상한 브르노 출신인 데다가 각본을 오페라용으로 적절히 줄이는 데 능숙한 솜씨를 발휘했다. 게다가 코코슈카와 작업할 당시 크레네크는 안나 말러와 연애 중이었으므로 이 삶과 죽음의 드라마에 내재한 상징체계가 잠시 자신의 장모였던 알마와 코코슈카에게 무엇을 뜻하는지를 내부자 관점에서 금세 간파할 수 있었다.[*]

---

[*] 알마 말러의 딸 안나는 1924년에 크레네크와 재혼해 1년 후 다시 이혼한다.

크레네크의 회고록《시간의 숨결 속에서. 모더니즘의 추억Im Atem der Zeit. Erinnerungen an die Moderne》에는 코코슈카의 드레스덴 시절과 1923/1924년에 완성된《오르페우스와 에우리디케》의 오페라 작업에 관한 중요한 기록이 방대하게 담겨 있는데 다음과 같은 언급이 있다(이 오페라는 1927년 11월 27일에 카셀시립극장에서 초연되었다).

코코슈카는 나이를 가늠할 수 없는 매우 잘생긴 남자였다. 서로 알고 지낸 15년 동안 그는 변하지 않았고 오히려 매번 더 젊어 보였다. 내가 그를 처음 만났을 때 그는 30대 초반이었다. 나는 모음을 길게 발음하는 빈 방언으로 망설이면서도 매우 비약적으로 말하는 그의 말투가 처음부터 매우 마음에 들었다. 물론 상상력이 넘치는 그의 이야기를 좇기가 힘들거나 불가능했다. 그는 국가에서 제공한 매우 아름다운 집을 가지고 있었는데, 이 집은 드레스덴 궁전 옆 거대한 공원에 작센 왕들이 지은 매력적인 로코코 양식의 별관에 있었다.[29]

1919년부터는 드레스덴예술대학에서 교수까지 역임한 예술의 왕이 작센주 문화 중심지에서 빈 방언으로 이야기를 지어내는 모습을 상상해보라! 이런 분위기에 관해 크레네크는 이어서 다음과 같이 설명했다.

집에서 코코슈카는 예쁘지만 교육 수준은 그리 높지 않은 여성[이 여성은 코코슈카가 예술품 수집가 이다 비네르트의 모임에서 만난 러시아계 유대인 안나 칼린을 의미한다]과 빈 또는 보헤미아 출신의 요리사와 함께 살았다. 요리사는 코코슈카를 기병 대위님이라고 불렀는데, 이 계급은 그가 전쟁 때 획득했다고 한다. 그는 러시아 창기병에게 다쳐 얼마간 시베리아에서 포로 생활을 한 이야기도 들려주었다. 이런 모든 이야기에는 거짓말이 약간

섞여 있었지만 결코 어리석은 허풍처럼 들리지는 않았다. 그는 사람들이 풍부한 상상력을 인정해주기만 한다면 굳이 자신의 말을 믿지 않아도 상관없다는 태도를 보였다.[30]

크레네크는 처음에는 코코슈카의 희곡《오르페우스와 에우리디케》를 전혀 이해할 수 없었다고 털어놓았다. 처음에 이 작품은 그에게 "최고의 힘을 숨긴 표현주의적 잡소리"[31]로 느껴졌다. 그러다 점차 주제가 무엇인지 깨달았다. 그것은 바로 "신의와 기억의 문제"[32], 즉 삶을 지속하기 어려울 만큼 마음을 무겁게 짓누르는 기억의 문제였다. 처음에 생존한 오르페우스는 결국 살아남지 못하고 죽는다.

코코슈카는 크레네크에게 그가 작곡할 음악에 '어린애같이' 큰 기대를 하고 있다고 여러 번 말했다.[33] 그리고 기대에 걸맞게 크레네크는 걸작으로 남을 곡을 완성했다. 작곡가의 설명에 따르면 이 곡의 효과는 오페라의 시작과 끝에 삽입해 빛나는 분위기를 연출한 '마법의' 화음 (D-E-A)과도 관련이 있었다. 크리네크는 작품 중간에도 이 화음을 "일종의 기준점으로"[34] 사용했는데, 주제 동기는 아니지만 분위기의 방향을 제시하는 효과음이라 할 수 있다.

코코슈카의 '신화 작업'은 자신에게 정화 효과를 선사한 듯하다. 그는 희곡에서 성적 측면이 두드러진 저승의 에로스와 타나토스는 하나로 취급했지만, 희곡의 원래 주제는 여러 번 죽임을 당하는 사랑이다. 알마로 인한 트라우마를 벗어나는 과정은《오르페우스와 에우리디케》의 조형예술적 (자기) 극복 과정을 통해 극적이고 우화적인 형태를 띠었다. 그는 자신이 겪은 사랑 문제를 인간적이고 신화적인 주제로 변모시킴으로써 자기중심성도 어느 정도 극복한 것처럼 보였다. 그러나 이렇게 벗어나는 과정의 세 번째 형태였던 알마 인형 제작은 언뜻 보기에 자기중심성의 재발이었다.

알마 쉰들러 말러 그로피우스 인형은 코코슈카에게 무엇이었을까?
이 인형은 관능적 망상의 페티시즘인가, 아니면 환골탈태의 시도인가?
이는 사랑하는 대상에 대한 변태적 집착인가, 아니면 해부인가?

알마 인형

신화를 언어로 표현하려 한 코코슈카의 시도는 음악을 시각화하려
한 노력과 맞물려 있었다. 예를 들어 1920년 1월에 완성한 〈음악의 힘〉
이 그랬다. 강렬한 색채의 이 그림은 오르페우스 우화로도 읽을 수 있
는데, 연주자 오르페우스가 오른손에 들고 연주하는 관악기 샬마이 소
리에 따라 꽃이 자라고 동물이 달아나며 덩치 큰 소년이 깜짝 놀라 돌
아서는 듯하다. 여기서도 코코슈카는 신화를 재해석하고 있다. 즉 이 그
림은 음악으로 야수를 길들이는 장면이 아니라 강한 색조를 통해 지속
또는 더욱 강화되는 음악의 강력한 효과를 보여준다.

당시 코코슈카가 예술가로서 누린 지위와 명성은 드레스덴 갤러리
에서 1919년 12월에 이미 이 작품을 매입한 데서도 알 수 있다. 드레
스덴에서 그는 이제 모든 면에서 자리를 잡았다. 1919년 8월 18일에
작센주 내무부는 그를 드레스덴예술대학 교수로 임명하는 증서와 계약
서를 보냈다. 임기는 7년에 연봉은 5000라이히스마르크에 약간 못 미
치는 조건이었다. 12월에 그는 크레네크가 위에서 언급한 궁전 별관 여
덟 채 중 한 곳으로 이사했다. 그의 작업실은 시내 중심부 길가에, 즉 엘
베강이 내려다보이는 이른바 '브륄의 테라스'에 바로 붙어 있었다. 이
곳에서 〈드레스덴, 신시가지 I Dresden, Neustadt I〉을 비롯한 엘베강 풍경화

들이 완성되었으며 이후에 작업한 드레스덴 그림들에서도 이곳의 전망을 확인할 수 있다. 어느새 이 예술가는 드레스덴과 하나가 되어 있었다. 드레스덴 그림들은 밝고 채도가 높은 색상과 평면 투영법을 보여준다. 그림 구성에서는 팔레트나이프 기법이 눈에 띈다. 〈드레스덴, 신시가지 II Dresden, Neustadt II〉에서는 엘베강이 말하자면 저승처럼 어둡게 강조되었지만 다른 신시가지 풍경화들에서는 엘베강이 뚜렷이 더 밝게 채색되어 하늘의 푸른빛까지 머금은 도시의 거울면처럼 보인다. 이렇게 드레스덴은 코코슈카의 도시가 되었다.

하지만 코코슈카에게는 여전히 떨쳐버려야 할 심적 부담이 있었다. 모든 면에서 가장 중요한 것은 여전히 알마 말러 그로피우스였다. 1918년 여름에 그에게는 여전히 고통스러운 이 내면의 작업을 '인생의 물건'으로 구체화할 뜻밖의 기회가 찾아왔다. 인형 제작자 헤르미네 모스를 알게 된 코코슈카는 옛 애인의 신체를 정확히 본뜬 실물 크기의 인형 제작을 의뢰했다. 코코슈카의 회고록에 따르면 전쟁이 막바지에 이른 몇 달 동안 그는 주로 굵직한 정치적 문제에 몰두했다. 그러나 그의 편지에는 이런 내용이 전혀 없었다. 전선의 상황이나 제국 내부의 긴장 관계보다 코코슈카의 관심은 온통 알마의 신체를 정확히 재현하는 데 쏠렸다. 그는 직접 해부학적 스케치와 조언을 전달했고 사용할 재료도 제안했다. 학창시절에 응용미술을 배운 덕분에 가능한 일이었다. 코코슈카의 표현처럼 이 '물신'(Br I, 295)은 무엇보다도 살아 있는 예술품이 되어야 했다. 코코슈카의 의도는 처음부터 분명했다. 알마 인형은 그와 함께 살 예정이었다.

알마 인형의 이런 제작 과정은 유례가 없는 문화 현상이었다.[35] 알마 인형은 로테 프리첼 밀랍 인형과 그 '영혼'에 대한 릴케의 관심과도 근본적으로 달랐다. 릴케는 이 밀랍 인형의 다정함에 고마움을 느낀다고 했다. 그러나 이때 다정함은 모두 인형의 물성에 관한 것이다. 이와 달리 코코슈카가 헤르미네 모스에게 보낸 편지들을 모으면 인형에 관한 에세이가 될 정도인데, 이는 사랑의 아픔에 중독된 자의 상상과 투사가 물질화된 인형에 관한 이야기였다.

솜을 넣는 작업이 매우 기대됩니다. 제게 중요한 표면, 즉 오목한 부분이나 주름 등을 스케치에 대략 표시했습니다. 피부를 어떻게 처리할지, 신체 부위별 특성에 따라 다양한 질감을 어떻게 표현할지 정말 매우 기대됩니다. 솜을 넣으면 모든 것이 더 풍성해지고 더 부드럽고 더 사람 같을까요? 루벤스가 아내를 그린 그림들을, 예를 들어 아이들과 함께 있는 젊은 여성의 그림 두 점을 본보기로 삼으시기 바랍니다.(Br I, 291)

코코슈카는 모스에게 모발과 두피의 유기적 결합까지 포함해 "속아 넘어갈 정도의 마법"을 요구했다. 코코슈카의 지침에 따라 인형 제작자는 신체 내벽을 "끓여서 풀과 섞은 종이 혼합물"로 보강했고 특히 관능적 신체 부위는 솜과 "면화 펄프"로 처리했다. 코코슈카는 말 그대로 어떤 대가를 치르더라도 "기적의 창조물에 속아 넘어가고" 싶었다.(Br I, 293) 코코슈카가 인형 제작자에게 전달한 정보와 지침이 얼마나 꼼꼼했는지 이해를 돕기 위해 다음과 같이 편지 일부를 인용해본다.

머리와 목, 흉곽, 몸통, 팔다리 치수에 주의를 기울여주세요. 그리고 신체 윤곽을 절대로 놓치지 마세요. 예를 들어 목에서 등까지의 선과 배의 곡선에 유의하세요. 안쪽 다리 모양을 볼 수 있게 한쪽 다리는 비스듬히 그렸고 옆에서 본 전신도 그렸습니다. 신체 옆모습을 정확히 측정할 수 있게 머리부터 발등까지 무게중심선을 표시했습니다. 지방층과 근육층이 갑자기 힘

줄이 있는 피부층으로 바뀌는 부위와 정강이뼈, 골반과 무릎뼈, 견갑골과 쇄골 또는 팔뼈 등의 끝에서 뼛조각이 바깥면에 닿는 부위를 촉각으로 느낄 수 있게 해주세요. 지방 덩어리와 근섬유 다발의 줄무늬와 위치는 제가 자연스럽게 추가한 흰색 반점의 위치를 보시면 어느 정도 감이 올 것입니다.(Br I, 294)

이 편지는 1918년 8월 20일에 쓴 것인데, 같은 날에 아라스 남쪽에서 영국군과 프랑스군의 대공세가 시작되었다. 그러나 코코슈카의 관심은 여전히 이 사랑 인형의 "관절이 잘 움직이고 다리와 등의 근육조직이 꽤 단단하고 오돌토돌한" 느낌이 들도록 하는 데 있었다. 모스는 가늘고 곱슬곱슬한 말총을 구하기 위해 낡은 소파를 사서 그 속에 채워 넣은 내용물을 소독해야 했다. 피부는 "푹신한 비단"으로 만들었다. 또 "턱과 비교해 이마, 눈 부위, 입 부위"의 비율을 정확히 재현할 때까지 주의를 기울여야 했다.(Br I, 296) 전쟁이 끝날 무렵에 코코슈카가 신경쓴 것은 "허벅지 안쪽 면"이었다. 그는 드레스덴에서 함께 살 "환상의 공주"에 대한 생각으로 들떠 인형 애인을 사진으로라도 미리 보고 싶었다.(Br I, 298) 혁명이 한창이던 1918년 11월 중순에 코코슈카는 인형을 빨리 완성해달라고 재촉했다. "반복해서 말씀드리지만 제 미래의 행복과 마음의 평화는 삶의 중심인 이 인형을 빨리 손에 쥐는 데 달려 있습니다."(Br I, 299)

코코슈카가 인형의 마법적 완성을 기다리는 시간이 길어질수록 이제 독촉에 시달리는 신세가 된 헤르미네 모스에게는 더욱더 세세한 지침이 전달되었다. 손은 "말을 탄 러시아 여인"이나 무용수 카르사비나의 손처럼 만들어야 했다. 각막은 매니큐어로 칠해야 했다. 피부를 꽉 쥐면 복숭아처럼 붉어져야 했다. 살아 있는 형태의 리듬을 보존하고 죽은 물질에 생기를 불어넣을 기발한 방법을 찾아내야 했다. 채색은 "파우더, 헤이즐넛 오일, 과일즙, 금가루, 납막蠟膜으로"만 해야 했다.(Br I, 304) 가슴은 '더 세밀하게' 만들어야 했다. 젖꼭지는 따로 강조하지 말고 재료를 거칠게 처리해 피부와 약간만 구별되어야 했다.

코코슈카는 얼마 뒤면 늘 곁에서 그에게 순종할 이 제작 중인 인형을 "유령 같은 동반자"라고 불렀다.(Br I, 302) 이는 모두 알마의 몸에 관한 코코슈카의 기억력 덕분에 가능한 일이었다. 그는 이 기억을 오로지 다른 신체적 현존으로 전환하고자 했다. 그는 인형이 초상화처럼 되기를 원했다. 1919년 1월 23일의 편지에서 채색에 관한 구체적인 지침은 정점에 달한다.

> 다음 부위의 피부는 안쪽부터, 즉 골격을 향해 있는 쪽부터 다양한 색조로 채색 작업을 시작하길 부탁드립니다. 그래야 벨벳의 미광과 금빛에 신체 부위별 살색의 특성에 맞게 다양한 색상의 음영을 부여할 수 있을 것입니다. 제가 말씀드리는 부위는 다음과 같습니다. 등골, 견갑골, 목덜미부터 머리까지, 겨드랑이, 쇄골, 오금, 정강이뼈 가장자리, 살 가장자리, 팔꿈치, 배꼽, 허벅지 위쪽: 연한 등황색.
> 엉덩이 사이의 홈, 엉치뼈, 눈구멍, 발등, 음부, 위팔 안쪽: 자연스러운 개암색으로 연하게.
> 배, 엉덩이, 가슴, 음부 둔덕, 손바닥, 발바닥, 뺨, 콧구멍, 장딴지, 아래팔 바깥쪽, 허벅지 바깥쪽: 희석한 적포도주로 연하게 분홍색으로 채색 (…).(Br I, 306)

여기서 무엇을 알 수 있는가? 이는 홀린 자의 성도착증인가? 이와 관련해 코코슈카는 자신의 예술에 "영감을 주는 것은 여자"뿐이라고 했다.(같은 꼿) 그에게 이 인형은 에로티시즘과 영감의 원천이다.

그러나 결과물은 코코슈카를 실망시킬 수밖에 없었다. 그리고 실망감은 도를 넘었다. 1919년 4월 초에 그는 헤르민 모스에게 혹평을 전달했다. "외피는 텁수룩한 침대 옆 융단 곰에나 어울릴 북극곰 가죽입니다. 여성 피부의 유연함과 부드러움이 전혀 느껴지지 않습니다. 우리가 늘 강조했던 것은 속아 넘어갈 정도의 촉감이 아니었나요?"(Br I, 312)

인형은 예술적 가치는 의심스러웠지만 심미적 객체로서 목적을 달성했다. 인형은 코코슈카의 모델이 되었고 그와 함께 식탁에 앉았다. 가정부는 '마리아 테레지아의 시녀'처럼 인형을 보살펴야 했고 코코슈카는 인형과 함께 외출했을 뿐만 아니라 극장에도 갔다. 코코슈카와 알마 인형은 드레스덴에서 한동안 장안의 화제가 되었을 것이다. 1920년 여름쯤에는 인형에 싫증 난 듯하다. 코코슈카의 소설《드레스덴에서 보낸 편지Briefe aus Dresden》에서처럼 그가 정말로 인형의 목을 베어서 적포도주를 뿌린 다음 화단에 버렸는지, 그래서 드레스덴 경찰이 이 인형을 처음에는 피살체로 오인했는지는 확실치 않다.(DSW II, 198) 그러나 그랬을 수도 있다. 어쨌든 '강박관념'과 이별을 고하기 위해 친구들과 밤새 술을 마신 다음 날 알마 인형은 결국 쓰레기차에 오르는 신세가 되었다. 당시에 코코슈카는 이미 다이지 슈피스를 만나 '상상력의 은총'이라고 극찬했다. 알리체 그라프와 로테 만들도 코코슈카에게 위안을 주는 새로운 여성이었으며 말을 타지는 않았지만 '러시아 여인' 안나 칼린도 등장했다.

인형 에피소드를 과장할 생각은 없지만 E. T. A. 호프만의 소설《모래 사나이》와 유사한 점을 언급하지 않을 수 없다. 빈의 젊은 세대와 그 이전 세대는 대부분 하인리히 폰 클라이스트의 대화체 에세이《인형극에 관하여Über das Marionettentheater》와 호프만의 이 소설을 알고 있었을 것이다. 코코슈카는 확실치는 않지만 에른스트 옌치와 지그문트 프로이트

의 '섬뜩한 것에 관한 에세이Versuch über das Unheimliche'도 알았을 것이다.[36]
어쩌면 코코슈카는 세세한 제작 지침을 통해 알마 인형이 그에게 미칠
섬뜩한 (후속) 효과를 물리치려 한 것일지 모른다. 인형을 손에 넣음으로
써 그는 알마가 현실에서 거부했던 그녀에 대한 통제력을 획득하려 한
것으로 보인다. 하지만 이 제작물은 호프만의 이야기에서 화자가 자동
인형 올림피아를 예로 들어 설명하는 것과 유사하다. 자동인형 올림피
아는 스팔란차니 교수가 직접 만든 딸인데 나타나엘은 이 인형과 치명
적인 사랑에 빠진다. 나타나엘은 올림피아가 사람이 만든 인형이라는
사실을 받아들이려 하지 않는다. 그러다 결국 자동인형이 파괴되자 나
타나엘은 돌아버린다. 나타나엘은 불길한 예감을 떨쳐버리면서까지 범
접할 수 없이 아름답고 젊은 여성이라고 생각했던 '자신의' 올림피아
가 생명 없는 인형이라는 사실을 갑자기 깨달으면서 큰 충격에 휩싸인
다.[37] 나타나엘이 현실을 받아들이려 하지 않은 반면에 코코슈카는 스
팔란차니와 나타나엘이 하나로 합쳐진 인물처럼 행동했다. 코코슈카는
인형 제작을 의뢰했고 절반은 인조물이고 절반은 알마의 복제물인 이
인형과 함께 지내면서 어떤 식으로든 다시 사랑을 나누고 싶어 했다.
그래서 코코슈카는 알마를 인형으로 똑같이 재현하려는 시도가 처참
히 실패했을 때 무척 화를 냈다. 그의 꿈과 자기기만이 모두 의미를 잃
고 말았다. 코코슈카가 손에 넣은 것은 환상적인 원래 소망의 패러디에
불과했다. 그가 보기 흉한 알마 인형을 사회적 맥락에 끌어들인 행동도
자신이 만든 딸인 올림피아를 사교 모임에서 소개한 스팔란차니의 행
동과 꽤 닮았다.

어쨌든 코코슈카의 삶의 현실로 돌아가보자. 1919년 6월에 알마 말
러 그로피우스는 자신이 보낸 편지를 돌려달라고 요구했다. 코코슈카
가 실망스러운 인형을 받았을 즈음에 보낸 것으로 추정되는 날짜 미상

의 전보에서 알마는 다음과 같이 주장했다. "그것이 무엇이든, 그것을 우리가 어떻게 인식했든 우리가 함께 경험한 것만이 정말로 우리의 것입니다. 그리고 그것은 우리의 내면에 간직되어 있습니다."(Br I, 314) 그녀가 말하는 '내면'은 코코슈카가 인형 제작자에게 전달한 그 모든 해부학적 정보와 너무나 달랐다.

어쨌든 코코슈카는 1919년 11월에도 알마 인형에게 장기적 의미를 부여했다. "그래도 내게는 언젠가 제네바호에서 내 감정의 숯덩이 아래 되살아날 인형이 있습니다."(Br II, 8) 그러나 이 실망스러운 인형으로도 알마를 잊을 수는 없었다. 1921년 5월 27일, 코코슈카는 안나 칼린과의 관계가 한참 무르익던 중에 불현듯 알마에게 편지를 쓰는데, 이는 아마도 그가 알마에게 보낸 가장 아름다운 편지일 것이다. 따라서 전문을 인용해본다.

알마,

나는 지금 우리 둘을 그린 그림 앞에 앉아 있습니다. 그림에서 우리는 너무 지쳐 보이고 당신이 내게 반지를 건네고 있습니다. 가장 중요한 내 작품들의 전시회가 지금까지의 내 삶을 돌아보는 형식으로 이곳에서 열릴 예정인데 이로 인해 우연히 이 그림이 내 손 안에 들어왔습니다. 소유자는 전시회가 열릴 때까지 이 그림을 낯선 사람에게 맡기고 싶어 하지 않았습니다. 지금은 이 그림이 내 녹색 별관에 있어서 당신을 바라보면서 스페인 적포도주로 당신을 위해 축배를 듭니다. 나는 당신이 나를 배신했다고 생각지 않습니다. 내가 다친 후로 당신이 우리를 잇는 신비로운 끈을 잊었다고 생각지 않습니다. 그렇게 큰 사랑보다 더 크고 더 추상적인 사랑을 선호했던 우리의 어리석음과 잘못 탓입니다.

인생은 정말 빠르게 흘러갑니다. 나는 모든 것을 사람들에게 나누어주었습니다. 당신의 반지, 당신의 빨간 목걸이, 당신의 외투, 심지어 우리의 경험을 무대에 올림으로써 내 기억까지 나누어주었습니다. 그러나 오늘 나는 다시 혼자입니다. 마치 당신이 나를 생각하고 있는 것 같은 느낌이 듭니다. 우리 중 한 명이 죽을 때까지 마음에서 마음으로 전달되면서 늘 다시 태어나는 은밀한 힘에 비하면 내가 포기한 모든 것이 아무것도 아닌 것 같습니다.

만약 당신이 나처럼 대담했다면 우리는 비로소 삶과 서로에 대한 사랑을 시작했을 것입니다.

나는 조만간 스페인으로 여행을 떠날 예정입니다.

함께 영원한 행복을 위하여.[•] (Br II, 22)

누군가를 그리는 일은 조형예술가 코코슈카의 일상 업무였다. 이제 알마와 자기 자신을 그린 그림(여기서 언급된 그림은 두 사람의 약혼을 묘사한 1913년 3월의 〈2인 초상〉을 가리킨다)을 통해 두 사람이 재해석되고 변형된다. 이제 코코슈카는 이 그림과 함께 있으면서 지금까지 자신이 그린 작품의 일부로서 그녀를 마주한다. 그리고 비록 떨어져 있지만 그림으로나마 잠시 다시 그녀의 삶을 공유한다. 그는 그녀를 위해 축배를 들면서 그녀의 '진정한' 모습을 받아들이려 하지 않는다. 그가 그린 그림 속 존재로 인해 그는 그녀의 '배신'을 부인한다.

코코슈카가 작가로서 무대에 올렸던 배신에 관한 이야기(이 편지에서 그는 자신의 희곡《오르페우스와 에우리디케》를 넌지시 암시하고 있다)를 그는 이제 2인 나체나 초상이 아니라 신화의 외피를 입혀 제시한다. 자신의 '기억'을 무대에서 '나누어주는' 자는 변형된 형태로만 그렇게 할 수 있다. 그 반

• '함께 영원한 행복을 위하여Ewig Eines Glück im Andern'는 코코슈카의 희곡《오르페우스와 에우리디케》 1막에서 오르페우스와 영원한 사랑을 약속한 에우리디케가 긴 반지에 새겨진 문구다.

면에 조형예술은, 특히 추상을 배격하는 조형예술은 더 직접 모습을 드러내지만 연극이 본질상 그러하듯이 묘사 대상의 극적인 발전을 꾀하지는 않는다.

비록 비현실적 가정법('만약 … 대담했다면 … 시작했을 것입니다')으로 표현했지만 코코슈카는 여전히 알마와 새로 시작할 수 있다고 믿은 듯하다. 1913년의 '행복은 다르게 찾아오네'는 이제 '함께 영원한 행복을 위하여'가 되었다. 여기서도 코코슈카의 감정에 적어도 중요한 변화가 있었음을 알 수 있다.

인형과 그림이라는 알마 대체물만으로는 이제 충분치 않았다. 그가 '말리나'라는 애칭으로 부른 안나 칼린은 한동안(1925년까지) 사랑과 창작의 새로운 영감이 되었다. 다만 안나 칼린과 더 관능적 인상을 풍긴 그녀의 친구 알리체 그라프 라만이 함께 자세를 취한 그림들은 연필로 대강 그린 알마의 초상과 비교해도 그만큼 강렬하거나 완벽하지 않다. 중요한 예외는 1921년에 그린 칼린의 초상 스케치인데, 여기에는 다음과 같은 자필 메모가 적혀 있다. "이것을 가져가고 그림은 내게 맡겨라." 이는 생기로 가득 찬 알마와는 정반대로 고뇌하는 여성의 모습을 묘사하고 있으며 그녀의 시선은 내면을 향해 있다. 칼린은 누드 드로잉 모델로는 매우 부적합했던 반면에 알마는 옷을 입어도 벌거벗은 여인과 다르지 않았다.

당시에 코코슈카가 스스로 인정했고 훗날에도 그를 위험에 빠뜨리게 될 결정적인 한 가지는 바로 "우아한 여성과 같은 경솔Leichtsinn [경쾌한 감각leichter Sinn이란 의미에서]과 상상력"이었다. 그는 마치 "동화 같은 삶을, 그토록 사랑하고 열정을 다해 얼싸안은 삶을 살기 위해" 태어난 것 같았다. 코코슈카는 더는 괴롭고 아픈 자가 되고 싶지 않았다. "가슴이 아픕니다. 그래요! 그러나 이것은 사람들의 조언대로 '의사에게 치료받을' 통증이 아니라 나의 신 모차르트처럼 나를 노래하게 만든 쾌락과 같은 달콤한 고통일 수 있습니다!"(Br II, 7~8)

이런 코코슈카에게도 편견이 있었는데, 최악의 편견은 인형이 아니라 진짜 알마도 공유하던 것이었다. "여기 독일에서는 더는 버틸 수 없습니다. 그리고 빈에서도 마찬가지입니다. 독일이나 빈에는 생각하고 궤변을 늘어놓는 유대인이 너무 많습니다. 사람들은 고루하거나 가난에 찌들어 우아의 여신 카리테스에게서 버림받았습니다!"(Br II, 8) 코메니우스의 인본주의를 신봉하는 예술가가 할 말인가? 아니면 아무 생각 없이 그냥 던진 말인가? 코코슈카는 자신이 어떤 인물이라고 생각했을까? 적어도 이러한 비하 발언을 한 1919년 11월에 그는 자신을 "사랑스러운 마법사"로 여겼다.

예술계의 '야수'가 많은 사람의 마음을 사로잡는 매력의 소유자로 변신했을 때, 인형과 인형에 대한 그의 집착은 어느새 다소 세속적인 뮤즈들과 여학생들에 대한 집착으로 발전했고 이는 코코슈카가 고령에 이를 때까지 이어졌다.

4장

·

방랑자

드레스덴 시절

드레스덴 분리파는 1919년 11월에 결성되었다.[1] 오토 딕스도 작가 콘라트 펠릭스뮐러, 미술평론가 빌 그로만과 마찬가지로 드레스덴 분리파에 속했다. 에밀 리히터의 미술 살롱은 드레스덴 분리파에게 중요한 전시 공간이었다. 오스카 코코슈카는 명예 회원으로 뽑혔지만 드레스덴 분리파 전시에 전혀 기여하지 않았다. 그는 집에 틀어박혀 적당히 거리를 두고 지냈다. 그의 명성은 (평범한) 표현파 화가나 분리파 화가의 명성을 넘어선 지 오래였다. 코코슈카는 "아니, 저는 이제 가시도 십자가도 고통도 원하지 않습니다. 충분합니다. 충분하다고요!"라고 외쳤다. 하지만 미술평론가 빌헬름 하우젠슈타인은 코코슈카를 마티아스 그뤼네발트의 살아 있는 후계자라고 했다.(Br II, 7)

분리파는 독일혁명 이후에 잠재한 정치적 동요를 가져와 이를 예술로 나타내려고 했다. 분리파가 결성된 달에 엘제 라스커 쉴러가 드레스덴에 나타나 시를 낭송했다. 코코슈카가 그 자리에 있었는지는 확실하지 않다.

1919년 9월에 독일 개신교회의 날 행사가 드레스덴에서 처음 개최되었다. 코코슈카는 이를 대수롭지 않게 여겼다. 이러한 사실은 친구 카를 게오르크 하이제와 한스 마르더슈타이크에게 보낸 편지에서 드러난다. 초상화를 그려준 두 친구에게 코코슈카는 '개신교의' 낙원을 "제국의 독일인"에게 기꺼이 양도하려고 한다고 썼다.(Br II, 8) 코코슈카가 그린 드레스덴 그림들이 증명하듯 그에게는 드레스덴에서의 시각 체험이 더 중요했다. 그는 츠빙거궁전이나 젬퍼오퍼, 프라우엔교회 등과 같은 명소보다 드레스덴의 신시가지를 그렸다. 코코슈카는 이러한 표현 방식을 점점 더 중요시하게 되는데, 이는 하인리히 폰 클라이스트가

1801년 5월에 보낸 편지에서 묘사한 방식이기도 했다.

> 저는 높다란 강기슭에서 장려한 엘베 골짜기를 내려다보았습니다. 제 발밑
> 으로 클로드 로랭의 그림과 같은 골짜기가 펼쳐졌습니다. 마치 카펫에 수놓
> 인 풍경과 같았습니다. 풍경에는 초원과 마을이 있습니다. 드넓은 강은 급
> 격히 방향을 틀어 드레스덴에 입을 맞추고는 잽싸게 다시 빠져나갑니다. 아
> 라베스크 레이스처럼 풍경을 감싸고 있는 산의 화관과 그 위에 있는 이탈리
> 아의 새파란 하늘 (…).[2]

그런데 클라이스트가 6개월 전에 쓴 편지에는 시각 학교에 관한 단서
가 나온다. 코코슈카는 이를 바탕으로 시각 학교라는 아이디어를 발전
시켜나간다.

> 시각과 청각은 누구에게나 있지만 지각은 그렇지 않습니다. 지각이란 감각
> 의 인상을 정신으로 파악하고 생각하는 것입니다. 사람들은 죽은 눈만 가지
> 고 있습니다. 죽은 눈은 바다의 거울면이 하늘의 상像을 거의 지각하는 못
> 하는 것과 마찬가지로 자연의 상을 제대로 지각하지 못합니다. 정신이 작용
> 해야 합니다. 그렇지 않으면 자연의 현상들이 모든 감각에 영향을 미치더라
> 도 이는 모두 사라질 것입니다.[3]

이제 코코슈카의 드레스덴으로 돌아가보자. 1920년 3월에 이제 막 임
명된 교수가 세인들 앞에 나타났다. 카프반란 중(3월 13~17일)에 드레스
덴 츠빙거궁전에 걸린 루벤스의 그림 하나가 훼손되자 코코슈카는 '드
레스덴 주민들에게An die Einwohnerschaft Dresdens'라는 호소문을 발표했다. 코
코슈카의 신념과 초현실적 태도와 빼어난 기지가 뒤섞인 이 호소문은

미술관의 독일어 팸플릿에서 쉽게 볼 수 있다.

좌파, 우파, 급진적 중도를 막론하고 총을 들고 자신의 정치적 생각을 주장하려는 모든 사람에게 간곡히 부탁을 드립니다. 앞으로 전쟁을 방불케 하는 모의 훈련을 츠빙거궁전 미술관 앞에서가 아니라 인류의 문화가 위협받지 않는 초원의 사격장에서 해주십시오. 3월 15일 월요일에 루벤스의 걸작이 총탄에 맞아 다쳤습니다. 인류의 보호하에 있지 않은 곳에서 그림은 스스로를 구해낼 가능성이 없고 우리가 그림에 관심이 없다는 이유로 미술관 습격을 정당화한다면 우리에게 맡겨진 작품들은 파괴될 것입니다. 그러면 불쌍한 미래 세대는 그 신성한 재산이 파괴되게 방치한 저와 같은 드레스덴 예술가들에게 책임을 물을 것입니다. 드레스덴 예술가들은 걸작들이 저절로 만들어지지 않음을 잘 알고 있기에 불안에 떨고 있습니다. 훗날 독일 사람들은 오늘날 정치를 논하는 사람들의 견해보다 무사히 전해지는 그림들을 감상하는 데서 행복을 느끼고 더 많은 의미를 발견할 것입니다. 독일공화국에서는 정당에서 인상 깊게 호언장담하는 정치 지도자들 간의 결투가 마치 고전 시대 원형경기장에서처럼 결투로 해결되리라는 제 예감이 틀리길 바랍니다. 어쩌면 원형경기장에서 결투로 해결하는 편이 지금의 방식보다 덜 해롭고 덜 혼란스러울지도 모르겠습니다.(DSW IV, 31~32)

오스카 코코슈카
드레스덴예술대학 교수

베를린에서는 게오르게 그로스와 존 하트필드가 코코슈카를 '미술계의 악당'으로 낙인찍어버렸다. 코코슈카는 이 다사다난한 달이 끝날 무렵 양친에게 다음과 같이 편지를 보냈다. "독일인은 곧잘 모든 것을 독단적으로 몰아붙이며 서로 죽이려 듭니다. 그들은 눈으로 세상을 보지 못하고 그저 실행 불가능한 이념만 가지고 있습니다. 독일인은 눈부시게 아름다운 삶을 보려고 하지 않고 오직 자기 자신과 복잡한 것, 예를 들어 자신이 국가나 인류나 진리라고 부르는 것들만 보려고 합니다."(Br II, 13)

위의 호소문에서 우리는 무엇을 알 수 있는가? 우선 코코슈카는 그림이 살아 있다고 생각했다. 호소문에서 그림이 '다쳤다'는 표현을 사용하고 있기 때문이다. 코코슈카는 또한 고대 예술가의 제스처, 즉 풍자나 호머풍의 조소로 갈등을 완화할 수 있다고 생각했다. 부모에게 보낸 편지에서는 모든 게 눈 훈련에 달렸다는 확신이 보인다. 이 같은 확신은 장차 코코슈카의 교육 방식을 결정짓는데, 확신의 중심에는 여전히 코메니우스가 있었다. 코코슈카가 코메니우스를 얼마나 유념했는지는 1919년에 이미 초안을 작성한《세계도해》'서문'에서 확인할 수 있다. 이 글에서 코코슈카는 목판화처럼 다소 거칠게 이야기한다. 이는 당시 역사적 사건에 대한 코코슈카의 생각이기도 했다. 전쟁에서 땅은 "십자가형에 처해지고" 하느님은 "게걸스럽게 먹힌다". 목적은 "로고스의 고환으로부터" 기어 나와서 스스로를 그리스도라 칭하기 위해서다. "우리는 신앙의 이름으로 살인한다! 십계명(14개로 늘었다)을 없애라!"(DSW IV, 11) '14개'란 조국 오스트리아를 배제한 민족자결권이 포함된 미국 우드로 윌슨 대통령의 14개 조항을 말한다. 코코슈카는 조국을 빼앗겼다고 생각했다. "조국! 어머니! 나는 이제 모차르트의 오스트리아를 찾을 수 없을 것이다. 오스트리아는 벌목당하고 약탈당한 채 영국의 무역국이 되었다. 오스트리아는 다른 나라에서 온 무역상과 윤리위원회의 나라로 전락했다. 아, 조국을 잃은 자여!"(DSW IV, 17)

• 1919년 코코슈카는《세계도해》의 새 판본을 계획하고 있었으나 실현되지 못했다.

코코슈카는 닻을 내릴 곳에 도달하고자 여러 차례 시도했다. 그는 일찍이 '미래라는 미신'과 (성경 속) 예언자들의 출현을 거부했음에도 《세계도해》'서문'에서 다음과 같이 선언했다. "어린이의 시각이 우리의 정신적 힘이어야 한다."(DSW Ⅳ, 19) 코코슈카에 따르면 세계는 국가가 아니라 그림으로 이루어져 있다. 하지만 그림으로 세계를 규명하려는 코코슈카의 관심은 뜻밖에도 "목적의 바알 신"에게서 어머니를 해방하기 위한 호소로 바뀐다. 어머니는 "세계의 참호"를 위해 "군인을 낳도록" 수태시킨 바알 신에게서 해방되어야 한다.(DSW Ⅳ, 19)

코코슈카는 '서문'에서 성적 은유를 두드러지게 사용했다. 고환에서부터 거세당한 번식과 다산의 신 프리아포스에 이르기까지 강렬한 성적 은유가 등장한다. 그러나 결국 이 글은 구약의 예언이나 선언, 호소의 어조를 띠게 되는데, 마지막으로 그 은유가 절정에 달하면 비꼬는 듯한 반어적 표현을 쉽게 알아차릴 수 있다.

입으로 찬양하라. 시작이자 끝인 아버지와 어머니 자체를 최후의 고향으로 찬양하라. 이제 저주는 영원히 묻혔고 목적은 이루어졌으며 우리는 구원받았다. 주여, 우리를 불쌍히 여기소서! 판이 부활했다. 아기 예수, 정령과 요정들이여! 이제 나는 여러분에게 세계의 책을 펼칠 것이다. 이 책에는 오직 그림만 있다.

돌을 던져라. 여러분의 웃음이 하늘을 움직였을지도 모른다.(DSW Ⅳ, 29)

코코슈카는 안나 칼린에게 자신의 작품이 일종의 예언이라고 매우 진지하게 말했다. 코코슈카의 1914년 이전 작품도 '전쟁과 상처'가 보이며 그는 자신의 "행동을 말하는 그림만" 그렸다.(Br Ⅱ, 24) 코코슈카는 "사랑의 세계를 정당화하는 것"이 자신의 과제라고 했다. "여성은 순결하고 모든 의심을 넘어 고결하며 다른 사람에게나 자신에게 부정하지 않고 가장 심오한 사랑을 할 수 있고 끝까지 믿음을 저버리지 않을 수 있음을 보여주고 싶었습니다."(Br II. 25)

코코슈카의 작품은 영향력을 더해갔다. 1922년 4월에 베네치아비 엔날레에서 코코슈카는 막스 리베르만, 막스 슬레포크트, 로비스 코린 트와 함께 작품 12점을 선보였다. 코코슈카는 호우로 엉망이 된 베네 치아를 보고는 '콜리브리'라고 부른 알리체 라만에게 "저주받아 폐허가 된 시민들의 앙상한 집들"로 가득하다고 하며 이곳에서 길을 수천 번이 나 잃었다고 했다. 그러면서 코코슈카는 '니우타', 즉 안나 칼린이 동행 하지 않아 짜증을 냈다. 이를 틈타 칼린의 친구 알리체 라만이 코코슈 카에게 호감을 산 모양이다. 코코슈카는 베네치아 바우어그륀발트호텔 에서 알리체에게 편지를 보내며 다음과 같은 구절로 끝맺는다. "그대의 무릎에 입맞추노라." 그러고서 코코슈카는 다시 한번 자신을 함순의 소 설 《목신 판》에 나오는 주인공과 동일시하며 "글란 중위"라고 서명했 다. 1920년대부터 1930년대 초반까지 코코슈카는 알리체의 경탄할 만 한 무릎보다 더 많은 무릎에 입을 맞춘다. 그는 안나와 알리체를 비롯 해 나중에는 마거리트 러브와 이름 모를 여자들 사이를 오가며 무릎에 입맞춤했다.

코코슈카는 베네치아의 독일관이 예전 빈에서 사용한 작업실과 마 찬가지로 온통 검은색인 데 놀랐다. 이는 나중에 그가 부모에게 보낸 편지에 쓴 바와 같이 당시 출품한 "타오르는 그림"을 두드러지게 하는 데 도움을 주었다.(Br II, 43) 그는 비를 피해 베네치아에서 토스카나 지 방의 피렌체로 여행을 떠났다. 피렌체에서 코코슈카는 미켈란젤로의 조각 작품 〈다비드〉를 보고 "큰 충격을" 받았다.(Br II, 44) "저는 이 천재 가 그토록 장엄하고 찬란하게 창조한 작품을 하나하나 볼 때마다 눈물

을 흘릴 수밖에 없었습니다."(같은 곳)

이후 코코슈카는 피렌체에서 자신의 예술적 위치를 가늠한 듯하다. 그는 드레스덴으로 돌아와 자화상을 작업했다. 그는 부모에게 보내는 편지에서 다음과 같이 선언했다. "제 그림은 이미 옛 거장들의 그림만큼이나 아름답습니다. 최근의 쓰레기 같은 작품들이 10년 후 낡은 것이 되면 그제야 사람들은 제 진가를 알아볼 것입니다. 그러면 제 노고와 희생도 보답을 받을 것입니다."(Br II, 45) 이는 늙은 부모가 듣고 싶은 말이었을지라도 '최근의 쓰레기 같은 작품'이라는 말은 드레스덴 분리파의 명예 회원이 한 말치고는 너무 심한 말이었다.

이러한 말은 드레스덴이 좁게 느껴진 코코슈카의 직설적 표현이었다. 그는 이제 자신이 드레스덴이라는 좁은 곳에 갇혀 있기에는 너무 성장했다고 믿었다. 코코슈카는 아버지에게 자신이 살아 있는 자 중 가장 중요한 예술가라고 선언했다. 그는 "마음의 유랑자" 안나 칼린과 함께 외국으로 나가고 싶었다.(Br II, 55) 코코슈카가 쓴 편지 속 수많은 스케치 중 하나에는 동경Sehnsucht이라는 글자를 쓰는 손과 머리만 보여주며 그 위에는 야자수를 향해 바다 위를 날아가는 철새의 모습이 그려져 있다. 아프리카는 코코슈카에게 하나 관념으로 자리 잡았다. 그는 프랑스어를 사용하는 스위스나 파리를 여행지나 정착지로 유력하게 검토했다. 그러나 당분간은 드레스덴에 머물러야 했다. 파울 힌데미트가 작곡한 오페라 《살인자, 여자들의 희망》(이번에는 쉼표가 들어갔다)이 페루초 부소니의 오페라 《아를레키노Arlecchino》와 이고르 스트라빈스키의 발레곡 《페트루슈카》와 함께 1922년 12월 12일에 공연되었다. 이날 《살인자, 여자들의 희망》의 음악 감독은 프리츠 부슈가, 연출과 무대장치는 코코슈카가 맡았다. 이러한 상황에서 코코슈카는 알마 말러 그로피우스와 관련해서 마지막으로 계획을 세웠다. 그는 1922년 10월 9일에 알마에게 보낸 편지에서 말한 바와 같이《오르페우스와 에우리디케》를 알렉산드르 스크랴빈이 곡을 붙여 다시 오페라로 만들거나 새로운 '걸작'을 메트로폴리탄오페라극장에서 소개하려고 했다. 코코슈카는 편지에 다음과 같은 말을 덧붙였다. "당신이 나로 인해 다시 한번 행복해지질 바랍니다."(Br II, 60) 코코슈카는 드레스덴에서 끊임없이 연애를 이어가는 와중에도 여전히 알마에게 깊은 인상을 남기고 싶어 했는데, 어쩌면 이런 자신에게 스스로 놀랐을지도 모르겠다. 회고록에서 코코슈카는 이렇게 말한다. "당시 드레스덴에서는 정말로 모든 것을 할 수 있었다." (ML, 192) 여기에는 장기 휴직이나 당국을 향한 협박도 포함되었다. 코코슈카는 러시아 출신 여자 친구 안나 칼린의 체류 허가가 연장되지 않으면 자신의 직위를 포기하겠다고 당국에 노골적으로 말했다.

그러나 1923년 3월에 안나는 혼자 아버지를 만나러 런던으로 가버렸고 코코슈카는 이 때문에 무척 곤혹스러웠다. 같은 해 여름에 코코슈카와 안나는 스위스로 여행을 떠났다. 두 사람은 취리히와 루체른, 레자뱅, 몽트뢰, 블로네로 두루 돌아다녔는데, 특히 몽트뢰에서는 초가을에 〈레만 호수 I Lac Leman I〉을 그렸다. 한편 작센주 내무부는 이 유명한 예술대학 교수를 배려하여 유급으로 2년 동안 안식년을 허락해주었다. 당시 코코슈카는 드레스덴 당국으로부터 전무후무한 대접을 받았다. 그러나 1927년 6월에 당국의 인내력은 드디어 한계를 드러냈다. 떠돌이 코코슈카가 면직당하자 오토 딕스가 그 자리에 앉았다.

유럽에 환멸을 느낀 코코슈카는 낯설고도 이국적인 것을 동경했다. "나는 흑인 왕이 되어서 유럽의 거상과 떠돌이 상인들을 몽땅 몰아내고 흑인들을 일깨우고 싶어. 유럽의 이 넌더리 나는 시민들을 유럽에 몰아두고 죽을 때까지 펜이나 우표, 어설픈 작은 그림이나 교환하며 살게 하는 것은 가치 있고 흥미진진한 일이 될 거야."(Br II, 81) 그러면서 코코슈카는 런던에 있는 안나에게 아프리카어학 책을 찾아보라고 했다. 그는 다음번 안나에게 보낸 편지에 그녀를 나체로 우스꽝스럽게 그려 보냈다.

코코슈카가 농반진반으로 시작한 아프리카라는 이국에 대한 동경은 극심한 인플레이션에 시달리는 독일의 현실을 보는 눈까지 가리지는 못했다. 그는 회고록에서 당시 상황을 다음과 같이 얘기했다. "국가가 인쇄한 지폐는 이제 낙엽이나 마찬가지였다."(ML, 194) 루르 지방에서 프랑스 점령에 반대하는 파업이 끝나기 전에 코코슈카는 논란의 여지가 다분해《베를리너타크블라트》에 게재할 수 없을 듯한 글을 기고했다. 코코슈카는 몽테스키외의《어느 페르시아인의 편지》를 따라 자신을 '페르시아 타브리즈' 출신의 이방인이라고 가정하고 루르 상황에 관해 썼다. 1923년의 이 '페르시아인의 편지'는 당시 정치 경제 메커니즘을 꿰뚫어 볼 만큼 매우 날카로운 정치적 식견을 가진 예술가가 쓴 글이었다. 코코슈카는 제1차 세계대전에서 연합국이 "석유의 큰 물결을 타고 승리했다"는 커즌 경의 말을 인용하면서 원유 준독점을 도운 영국의 간계를 폭로했다. 그는 또한 영국은 독일과 프랑스의 화해를 막고 두 나라를 계속 반목하게 하는 중요한 이해관계를 가지고 있다고 지적했다. 언어적으로도 놀라운 이 논설(DSW IV, 33~39)은 일부 주장에 왜곡이 있기는 하지만 코코슈카의 정치적 의식을 보여준다. 코코슈카는 1921년 9월에 안나 칼린에게 보낸 편지에서 이미 자신을 역설적이게도 미래의 "참신한 정치가"라고 했다. 그런데 이 말은 우스꽝스럽게도 코코슈카가 1907년에 세상에 소개한 표현주의의 승승장구로 정당화되었다.(Br II, 33) 당시 이 같은 정치적 의식에는 코코슈카가 나중에 주요 정치가들의 초상을 그리는 데 관심을 보이며 구체화하는 관념이 드러나 있다. 이때부터 (새로운) 시각이라는 코코슈카의 신념과 코메니우스를 모범으로 하거나 오히려 모방한 이해에 바탕을 둔 교육에 대한 비전 옆에 미적, 정치적 리더십이 자리를 차지하기 시작했다. 이러한 맥락에 서 코코슈카는 1926년 1월에 베를린 아들론호텔에서 독일제국 힌덴부 르크 대통령을 그리고자 했으나(Br II, 150) 실현되지 않았다.

코코슈카의 정치적 시각(앞으로 특히 이를 과소평가 해서는 안 된다)은 보기 에 대한 신념과도 관련이 있다. 사회 상황을 바라보는 시각과 정치 문 제를 미화하는 경향은 코코슈카의 조형예술 작품에 그대로 녹아들었 다. 코코슈카는 딕스나 베크만, 그로스만큼 급진적이지는 않았지만 날 카로움을 잃지 않았으며 마지막까지 우의적 변형을 추구했다. 코코슈 카는 이를 특히 채색으로 구체화했다. 드레스덴 풍경화를 비롯해 그림 대부분을 특징짓는 밝고 화려한 색채는 병든 세상에 대한 대안으로 볼 수 있다. 그러나 이러한 신바로크 양식의 화려한 색채로 그의 드레스덴 시절 작품은 현실도피라는 비난도 받는다. 코코슈카는 세상과 당시 상 황에 대한 견해를 여행을 통해 얻으려고 했다.

떠나고, 그리고, 사랑하고

1924년 봄, 이제 마흔 살에 가까워진 코코슈카는 가능하면 친구 에렌 슈타인과 함께 동양으로 여행을 가고 싶었다. 특히 1923년 10월 3일에 부친이 사망한 후 코코슈카는 유럽에 등을 돌리고 싶었으나 작품이 널 리 인정받으면서 유럽에 매일 수밖에 없었다. 1924년 3월에 코코슈카 는 베를린을 대표하는 골트슈미트발레르슈타인갤러리에서 유화와 석 판화, 수채화를 전시했다. 같은 달에 골츠갤러리에서는 그의 그래픽 작 품을 선보였다. 미술사가 빌헬름 하우젠슈타인은 《뮌히너알게마이넨

차이퉁Münchner Allgemeinen Zeitung》에 코코슈카의 예술을 극찬하는 글을 썼다. 6월에서 7월에 빈 노이에갤러리는 코코슈카의 작품을 엄선해 10월에 대규모 전시회를 개최했다. 이 전시에서 노이에갤러리는 13년 동안 빈에서 조명받지 못한 그의 초기 작품 17점을 선보였다. 이러한 노력은 마치 반항적 모더니스트이자 색채와 형태의 마술사인 그를 구유럽에 꽉 붙들어두려는 것처럼 보였다. 그러나 노이에갤러리의 전시는 뜻밖의 소동이 벌어지면서 공교롭게도 코코슈카를 빈 밖으로 몰아내는 계기가 된다. 바로 전시 중인 그의 작품 한 점이 무자비하게 훼손되는 일이 발생한 것이다. 1924년 10월 26일에 《노이에비너쥬르날Neue Wiener Journal》은 이를 보도하며 코코슈카가 노이에갤러리 관장 오토 칼리어 니렌슈타인(코코슈카에게 매우 호의적인 인물이었다)에게 보낸 공개서한을 게재한다. 코코슈카는 명백하기가 이를 데 없는 서한에서 자신의 초기 그림 한 점이 악의적으로 훼손된 데 다음과 같이 썼다.

이는 사회 전체의 무익한 공명심을 보여주는 징후로, 독창성을 꺼리는 언론이 길러낸 사회 특성입니다. 1907년에도 언론은 이 같은 그림들에 욕설을 퍼부었고 제가 아이들이나 초보자나 미술을 공부하는 학생들을 가르치고자 하면 당국은 비난하고 나섰습니다.

작품이 훼손된 데 대한 분노는 빈을 떠나고 싶어 하는 감정과 뒤섞이기 시작했다. 코코슈카는 전쟁을 경험한 이후 내내 박탈당한 듯한 감정에 시달려왔다. 어쨌든 코코슈카가 빈에 남았던 이유는 사망한 부친을 애도하고 가족을 걱정했기 때문이다. 코코슈카는 여느 때와 마찬가지로 무엇보다 가족의 슬픔과 안녕을 신경 썼다. 코코슈카는 애인 안나 칼린에게 보낸 편지에 다음과 같이 썼다.

당신이 이곳에서 비참하고 난감하며 가슴이 철렁 내려앉는 최후를 보았다면 도망가고 싶었을 거야. 어머니가 충격을 받지 않게 계속 거짓말을 하고 있어. 시체를 품에 안고 모든 장례 절차가 마무리될 때까지 밤낮으로 [이를] 숨겨야 하는 끔찍한 저주를 받은 기분이야. 당신이라면 아마도 몸에서 악취가 나는 사람은 물론 자신에게서도 달아나고 싶을 거야.(Br II, 92)

아버지는 '임시 무덤'에 묻혔다가 화장되었다. 아들 오스카는 모든 일을 직접 처리해야 했다. 안나 칼린에게 보낸 편지는 다음과 같이 이어진다.

동생이 3주 동안 매일 밤 뜬눈으로 아버지 곁을 지켰으니 얼마나 상심이 컸을지 짐작할 수 있을 거야. 나처럼 재능이 조금이라도 있는 사람의 부모는 평범하지도 그렇다고 정상적이지도 않은 삶이라는 큰 대가를 치러야 하지. [이것이] 우리 집이 절망하고 복잡하고 비극적인 이유야. 종족의 몰락에서 살아남은 태평양의 원주민의 정신세계에 나 같은 사람은 굳이 코를 들이밀 필요가 없지. 우리 집에 다 있으니까 말이야. 심지어 내 두개골도 있어.(Br II, 92~93)

이러한 슬픔을 달래려는 노력 가운데 문학적 결과물도 있다. 코코슈카의 유고에는 이제까지 알려지지 않은 짧은 에세이가 있다. 코코슈카가 자필로 쓴 원고의 사본(안나 칼린의 것으로 추정)으로 남아 있는데, 이 글은 다음과 같은 문장으로 시작한다. "아버지가 돌아가시기 전날 밤에 나는 이런 꿈을 꾸었다." 이는 순전히 허구일 수도 있고 실제 증언일 수도 있음을 암시하는 문장이다. 이 글은 충분히 주목할 만하므로 인용해 본다.

연이은 우듬지 너머 저 멀리 아침 광휘에 둘러싸인 공원이 현실 세계처럼 아름답고 찬란하게 눈에 들어왔다.

삶에서는 이 모습을 증명할 길이 없으나 풍경은 살아 움직였고 특유의 몽환적 느낌은 현상을 흐리게 하지 않았다. 깨어 있어도 빛이 여러 가지 색으로 굴절되어 보이듯이 한순간에 세계를 투사할 수 있는 의식하지 못하는 잠에서도 마찬가지다. 이 지하 납골실에서 그것은 '예'라고 하는가, '아니오'라고 하는가. 걱정이 모든 중간 색조와 함께 해체될 때까지 메아리 없는 외침처럼 소리 없이, 그림자처럼 소리 없이 스며든다.

큼직한 마름돌로 포장된 길에서 두건을 쓴 말없는 수도사들이 검게 옻칠한 먼지투성이 마차를 황급히 끌고 와서 길 건너편에 세워둔다. 길은 왼쪽으로 막혀 있다. 눈은 곧 흐려진 유리창에 머물렀고 마차 안을 들여다볼 수밖에 없었다. 마차 안에는 무관심하게 방치된 죽은 사제가 누워 있었고 누렇게 바랜 종이꽃과 성화들이 아무렇게나 그 위에 놓여 있었다. 떠도는 호기심이 전율하면서 멈칫했다. 죽음에 대한 생각에 앞서 나는 꿈에서 눈을 뜨고 당황해하면서 나도 모르게 주위의 허공을 손으로 잡았다. 이제 열린 관대 위의 소년들이 꿈꾸고 있는 사람을 성에서부터 공원 오른쪽으로 조심스럽게 옮겨 온다. 이제 그는 미동도 하지 않은 채 고통스러운 자세로 여기에 두 번째로 누워 있다. 한쪽 팔과 한쪽 발은 옆으로 뻗고 몸의 다른 쪽 반은 느슨하게 풀린 채 완전히 벌거벗은 상태다. 이 분신은 자신이 덜 무력한 상태에 있었다면 누구나 수치심 때문에 드러내기를 꺼렸을 모습을 보여준다. 소년이 스펀지로 연신 닦아내는 신선한 피가 흐르는 수척한 흉곽의 구멍에서 간과한 핏방울이 곧바로 흘러나와 참을 수 없는 새로운 고통을 야기한다. 피가 나는 심장은 가슴안에서 나와 밖에 걸려 있고 소리 내며 산산이 부서지는 탑에서 허공으로 흔들리며 용해되는 종의 해머처럼 박동한다. 찌푸린 이마 밑에서는 아직 타오르는 욕망이 세상으로 향하려고 한다. 맥 빠진 커다란 두 눈은 들리지 않는 한숨과 함께 방금 어떤 소원을 나타냈다. 소년들은 열정적으로 요구하는 소원만큼이나 성급하게 이를 들어준다. 이 말 없는 고통의 광경을 자세히 설명해주는 유일한 움직임은 은회색 눈구멍에서 번개처럼 나와서 다른 사람들을 자극한 눈길이었다. 들것이 내려지고 소년들은 소녀들이 우아한 동작으로 공원의 질퍽한 곳을 지나 관대 옆 꿈꾸는 사람에게로 소리 없이 옮겨놓은 세 번째 탈 것 앞으로 물러난다. 점점 더 강렬해지는, 형언할 수 없는 광채가 조망용 수레에서 뿜어져 나오는 동안 소녀들은 전경에 떠도는 향기로운 연기를 피운다. 그 위에는 빛을 갖가지 색으로 굴절시키는 돌, 신선하고 향긋한 흰 꽃 무더기 밑에서 우아하기 그지없는 그림으로 장식된 망토 밑에 감추어져 있는 돌이 하나 있다. 돌은 방울처럼 저절로 조용히 울린다. 눈길, 행동, 존재가 인간 본성의 구조에서 나와서 죽음이라는 이런 유례없는 충격 후에 다른 원리에로 들어갈 때 어떤 느낌인지는 아무도 모른다. 누가 인간적 시각으로 자연을 왜곡하지 않고 현실의 질서를 가르치는가? 지금까지 인간 의식의 경험에 비추어 볼 때 저승에서 우리는 인간 영혼이 이 땅에 대한 마술적 사랑 행위라는 믿음을 버려야 하는가? 자연의 영혼은 다른 곳에 정주하기 위해 떠나는가? 격동 후에 병자의 눈이 감겼다. 병자는 지금까지 그에게서 달아났던 잠, 요람에서 영구차까지를 단지 몇 걸음밖에 안 되는 아침 꿈에서 깨어났다.

코코슈카의 자필 원고 마지막 문장은 다음과 같다. "내가 눈을 떴을 때 그는 성으로 옮겨졌다." 꿈속에서 소녀들은 언제나 천사다. 애도의 경험을 표현한 글은 초현실적이지만 구체적이고 표현력이 뛰어나 문학적 초월을 보여준다.

코코슈카의 동갑내기 친구 알베르트 에렌슈타인에 관해 이야기를 덧붙여보자. 에렌슈타인은 오스트리아 표현주의 문학을 대표하는 인물 중 한 명이다.[4] 반민족주의자였던 에렌슈타인은 시적 태도의 혁명에 초점을 맞췄다. 에렌슈타인은 허무주의적 이야기《투부치Tubutsch》(1911)에서 의성어 이름만이 유일한 매력인 또 다른 자아를 만들어냈다. 투부치는 공허와 허무로 점철된 인물이었다. 코코슈카에게《투부치》는 삽화를 그리고 싶을 정도로 매력적이었다. 돌이켜보건대《투부치》삽화는 코코슈카에게 중요했다. 코코슈카에 따르면《투부치》삽화는 바흐 칸타타를 모티브로 한 석판화 연작 '오 영원이여, 그대 우레 같은 말씀이여'와 '사슬에 묶인 콜럼버스'를 예비하고 있었거나, 적어도 두 작품에 영향을 미쳤다. 코코슈카는 안달이 나서 이를 에디트 호프만 야포에게 알려주었다. 그러나 그녀에게 돌아온 것은 논문 견본뿐이었다. 당시 에디트 호프만은 코코슈카의 작품을 다룬 논문을 쓰고 있었는데 이에 대한 검토, 아니 좀더 정확히 말하면 승인을 요청해왔다. 에디트 호프만은《투부치》의 삽화를 간과한 셈이었다.(Br III, 126)

에렌슈타인은 일찍이《파켈Die Fackel》지에 '나그네의 노래Wanderers Lied'를 실으며 카를 크라우스에게 주목받은 바 있었다. 에렌슈타인은 코코슈카의 주선으로 헤르바르트 발덴과 프란츠 펨페르트가 발행하는 《슈투름》과《악치온Die Aktion》에 기고할 수 있었다. 에렌슈타인은 (특히 1920년대에) 코코슈카의 훌륭한 조언자이자 여행 동반자였다. 반민족주의자 에렌슈타인은 건강상 이유로 복무 부적합 판정을 받아 제1차 세계대전 초기 2년 동안 빈전쟁기록보관소에서 근무하다가 이후 요하네스 R. 베허와 함께 쿠르트볼프출판사에서 편집자로 일했다.

알베르트 에렌슈타인은 실질적으로 그다지 성공하지 못했다. 에렌슈타인은 여배우 엘리자베트 베르그너와 가망 없는 사랑에 빠진 이후 몰락의 길을 걸었다. 베르그너는 에렌슈타인에 힘입어 출세했다. 그러나 에렌슈타인은 1933년부터 자신을 이 세상에서 쫓기는 신세일 뿐이라고 느꼈다. 에렌슈타인은 체코 국적을 얻고 1934년에 소련을 여행했다. 이때 그는 코코슈카에게 함께 가자고 했으나 이루어지지 않았다. 이후 이민자로서 가혹한 운명이 이어졌는데, 에렌슈타인은 미국에서도 정착하지 못했다. 에렌슈타인은 토마스 만, 리하르트 휠젠베크, 게오르게 그로스 등의 지원을 받으며 비참한 삶을 이어갔다. 코코슈카는 그를 지속해서 도울 여력이 없었다. 영국에 살던 에렌슈타인의 동생 카를은 1950년에 뉴욕의 한 빈민 병원에서 사망한 형의 유골을 받아 런던 브롬리힐공동묘지에 묻었다. 에렌슈타인은 이미 오래전부터 투부치의 허무주의에 사로잡혀 있었다.

1926년에 코코슈카의 마흔 번째 생일을 맞아 에렌슈타인은 시와 짧은 글로 친구에게 축하를 전했다. 그는 표현주의의 시작을 상기시키는 동시에 코코슈카를 모더니즘 미술과 문학의 본질적 힘으로 소개하고자 했다. '오스카 코코슈카'라는 제목의 시는 다음과 같다.

그대는 빛나는 사람,
붉은 태양이 떠오를 때부터
아직 어둠 속에서 검게 아른거리는 것은
그대를 벗어나 구름을 향해 간다.

고요는 썩은 벤치로 흔들리고
혼돈이 산의 심연을 잰다
생명은 바닥에서 잉태되지만
사랑은 욕망하나 잉태하지 않는다
창조만이 그대에게 창조물을 준다

빛의 강한 폭풍에 떠다니며
숨결 속 정신을 지킨다.[5]

에렌슈타인이 코코슈카에게 바치는 짧은 글은 "태초에 오스카 코코슈카가 있었다"라는 말로 웅장하게 시작한다. 에렌슈타인에 따르면 시인으로서 코코슈카는 "자유분방한 낭만주의자"였지만 화가이자 삽화가로서는 이미 거장이었다. 이 글에서 에렌슈타인은 "무지개, 폭포, 극적인 표현들"을 두고 표현주의 방식으로 그 창작자를 잠재의식적 '분출자'라고 한다.

> 코코슈카는 자신을 다양한 모습으로 그렸다. 그는 '사슬에 묶인 콜럼버스'에서도, '오 영원이여, 그대 우레 같은 말씀이여'에서도 모든 위대함 앞에 고개 숙인 자로 등장한다. 그는 화가나 작가로서 가능한 모든 것을 뛰어넘는 천부적 재능을 지녔다. 그러나 이 척박한 오스트리아에서, 황폐한 독일에서 코코슈카가 무엇을 할 수 있는가? 그가 프레스코화를 그리고 파나마운하 양쪽에 세울 거대한 조각품을 제작할 수 있게 누가 돈과 장소, 시간을 제공할 수 있겠는가?[6]

이렇듯 알베르트 에렌슈타인은 1926년에 코코슈카를 대단한 사람으로 보았다. 그에 반해 코코슈카는 시인에게 받은 헌사에 적절한 답을 할 만한 시간도 마음도 없었을 것이다.

1920년대 중반 코코슈카의 여행 이야기로 돌아가보자. 지극히 전형적인 유럽인이었던 코코슈카는 동양의 정취를 느끼며 베네치아와 프랑스 남부를 여행했다. 1924년 4월에 코코슈카는 베네치아로 돌아와 산타마리아델라살루테성당과 푼타델라도가나미술관(옛 세관 건물인 도가나 다마르)이 훤히 보이는 다니엘리호텔에서 머물렀다. "나는 호텔 발코니에 난 두 창을 통해 두 방향에서 본 주데카운하의 윤곽과 '도가나'를 그릴 수 있었다. 이때 시야각이 두 배로 늘어나 나중에 같은 방식으로 자주 그림을 그렸다."(ML, 198) 코코슈카는 베네치아의 드넓은(나중에 항구도시 함부르크와 뤼베크를 방문했을 때도 그는 그 강과 바다의 광활함을 높이 샀다) 바다를 보며 카라반과 베두인족, 오아시스, 향신료가 등장하는 '동양의 꿈'과 연결지었다.[7]

코코슈카는 다시 피렌체에 머물며 아르노강 변을 그리고 빈에서 석 달을 머물렀다. 그는 다음 목적지를 파리로 정했다. 이때부터 코코슈카는 프라하로 이주할 때(1934)까지 비슷한 패턴을 반복했다. 코코슈카는 다음 행선지로 떠나기 전에 항상 빈이나 베를린, 함부르크, 취리히에 머물고는 했다. 이 도시들은 그에게 일종의 기착지였다. 1925년 초에는 드레스덴에 잠시 머물렀다. 코코슈카는 낯익은 곳을 발판 삼아 먼 곳으로 떠났다.

이 무렵에 코코슈카는 유력한 후원자들과 친분을 쌓았다. 그중에는 빈 황실도서관장을 지낸 얀 슬리빈스키도 있었다. 슬리빈스키는 코코슈카에게 파리 오르세부두에 있는 자신의 작업실을 제공했다. 프랑크푸르트 은행가이자 미술상인 야코프 골트슈미트도 후원자였다. 골트슈미트는 코코슈카에게 여행 경비를 지원했다. 코코슈카는 골트슈미트의 주선으로 몬테카를로 그랜드호텔에 묵을 수 있었다. 코코슈카는 이곳에서 1925년 2월 말에 몬테카를로만을 그리고 완성했는데, 이는 여행지에서 완성한 첫 작품이었다.

코코슈카는 이미 이 시기에 코메니우스의 원칙에 따라 생활하며 작업했다. 그의 회고록《나의 인생》에 따르면 "보기는 꿰뚫어 보기의 전

제 조건"이다.(ML, 203) 코코슈카에게 본다는 말은 곧바로 조형예술가
의 관점으로 이어지는데, 이는 곧 낯선 경관과 문화를 꿰뚫어 봄을 의
미했다. 그는 장소의 뛰어난 아름다움뿐만 아니라 그 이면도 주시했다.
1924년 11월 중순에 그는 푸아트호텔 레스토랑(이곳에서 작곡가 에른스트 크
레네크를 만난다)에서 여자 친구 로테 만틀에게 다음과 같은 편지를 썼다.

> 어제 아돌프 로스[당시 파리 여행에는 아돌프 로스 외에도 화가 세바스천
> 이셉이 동행했다]와 함께 중병에 걸린 매춘부를 병원에 데려갔어. 리츠호
> 텔이나 클라리지호텔에 묵었다면 이곳이 얼마나 비참한지 몰랐을 거야. 누
> 군가가 흥분과 쾌감을 느끼는 곳에서 나는 심한 우울감과 무력감만 얻었어.
> 나는 지금 몹시 불행해. 산다는 게 역겹기도 해.(Br II, 99~100)[8]

파리에서 로스는 의욕에 불탔고 코코슈카는 이에 끌려다닐 수밖에 없
었다. 코코슈카는 런던으로 가고 싶었지만 남쪽으로 향했다. 몬테카를
로를 거쳐 니스, 마르세유, 아비뇽, 에그모르트, 베르네레뱅, 툴루즈로
간 다음 1925년 4월 14일에는 보르도에서 리스본으로 가기 위해 기차
에 올랐다. 고생이 이만저만이 아니었다. 코코슈카가 여동생에게 편지
에 썼듯이 마드리드에서 리스본까지 (침대칸이 없는) 기차로 22시간을 가
야 했다.(Br II, 109) 이어서 그는 다음과 같이 썼다. "리스본은 잦은 지진
탓인지 큰 도시는 아니지만 화려해. 그런데 길에 여자가 없어." 코코슈
카는 이미 남아메리카에 와 있다고 믿었다. 그러면서도 그는 포르투갈
에서 발칸반도를 떠올렸다. 코코슈카는 리스본에 적응하며 공감각적
경험을 하기 시작했다. 그는 아베니다팔라세호텔에서 "사랑하는 누이
알리네"라고 부르는 퀸부르크 알렉산드린 백작 부인에게 다음과 같은
편지를 쓴다.

그대가 이 바다를 볼 수 있다면! 남아메리카 특유의 공기가 느껴지고 초목
은 커다랗습니다. 땅은 적어도 남쪽 절반은 초록으로 덮여 있습니다. 5월이
면 고향 자작나무에서 새순이 올라오듯 말입니다. 타호강은 불그스름하고
빛은 강렬하여 그 소리를 듣거나 냄새를 맡을 수 있을 정도입니다. 말 떼와
기름진 땅, 농부와 어부 모두 여자의 자궁에서 태어난 진짜 사람처럼 느껴
집니다. 공장에서 만들어진 물건 같지 않습니다.(Br II, 110)

코코슈카는 이곳에서 이상향을 꿈꿨다. 1910년에 세워진 제1공화국은
고난을 겪었다. 베르나르디누 마샤두 대통령은 권력이 부족해 공화국
을 구해낼 수 없었다. 《나의 인생》에서 코코슈카는 막연히 '불안'했다고
한다. 당시 불안한 정세 때문에 코코슈카는 예정보다 빨리 마드리드로
향해야 했다. 포르투갈에서는 쿠데타로 제1공화국이 무너지자 에스타
도 노보Estado Novo(신국가)라는 권위주의적 조합국가 체제가 구축되고 있
었다. 포르투갈에서 코코슈카는 조국 오스트리아의 앞날을 보는 듯했
다. 마드리드에서 어머니에게 보낸 편지에서 코코슈카는 당시 불안정
한 상황을 폄하고 극화하며 '혁명'이 천둥과 번개처럼 "하룻밤 사이
에 일어났다"라고 썼다.

조금 위험했습니다. 실제 전쟁에서처럼 도시 좌우에서 집들로 총알이 날아
들었습니다. 집 벽에 수류탄이 박혔어요. 많은 사람이 다치고 열두 명이 죽
었습니다. 이 장난 짓을 이틀 밤낮으로 해댔습니다. 물론 길에 나설 수도 없
었어요.(Br II, 111)

여기서 '장난'이라는 말을 어떻게 쓸 수 있을까? 코코슈카는 회고록에
서 소요가 발발했을 때 리스본 요새에서 도시를 그리고 싶었다고 한다.

그래서 이미 그림 도구들을 '벌여놓고' 있는데 "요새 사령관"이 "매우 친절하게"도 코코슈카에게 돌아갈 것을 권했다고 한다. "사령관은 호위해줄 테니 전선을 뚫고 리스본으로 돌아가는 게 좋겠다고 했다. (⋯) 그래서 나는 그림을 그릴 누군가를 위해 캔버스를 그대로 두고 자리를 떴다."(ML, 203)

포르투갈 쿠데타에서 질서정연하게 빠져나온 이 화가는 마드리드 팔라세호텔에 머물며 엘에스코리알이나 프라도미술관에서 혼자만의 시간을 보낼 수 있었다. 코코슈카는 이름 모를 스페인 정복군과 함께 밤마다 해변 산책을 즐겼다. 그는 동생에게 보낸 편지에서 "벨라스케스가 너무 좋아서 스페인에 1년 동안 머무르고 싶어"라고 했다.(Br II, 112) 그러나 코코슈카는 "비열하고 욕지기 나는" 투우 때문에 스페인에 혐오감을 느꼈다.(Br II, 116)

코코슈카는 늘 호텔 방 창밖으로 보이는 풍경을 화폭에 담았다. 그는 팔라세호텔에서 카노바스델카스티요광장을 내려다보고 풍경을 재현했다. 실체를 추상화하는 재현이 아닌 실체를 바꾸어놓는 재현이었다. 1925년 늦봄에 보르도의 노트르담이나 루브르를 그린 그림에서 대상은 윤곽으로만 알아볼 수 있고 인물은 그림자처럼 표현되었다. 이 무렵에 코코슈카는 더 많은 곳을 보기 위해 이동하기에 바빴다. 세비야, 그라나다, 아랑후에스, 톨레도, 비아리츠 등으로 계속 옮겨 다녔다. 특히 비아리츠에서는 마거리트 러브와의 로맨스가 기다리고 있었다. 두 사람의 로맨스는 마치 막간극처럼 펼쳐진다. 코코슈카는 마거리트를 꽃이 피면 나뭇가지가 아름다운 깃털로 변하는 지중해 관목의 이름을 본떠 '타마리스케Tamariske'라 부르며 다정한 편지를 보낸다.

파리 사보이호텔에서는 타마리스케("당신의 온몸에 입맞춤합니다." Br II, 131)와 "단 하나의 가장 사랑스러운 벌새" 알리체 라만과 전쟁의 신 '인

드라' 같은 안나 칼린(회고록에 따르면 안나 칼린은 "섬세하고 감동적인 목소리"로 차이코프스키의 오페라 《예브게니 오네긴》에 나오는 아리아 '편지 장면'을 곧잘 코코슈카에게 불러주었다고 한다. ML, 196)이 코코슈카의 총애와 사랑을 얻기 위해 경쟁했다. 좀더 정확히 말해 코코슈카의 마음속에서 벌어지는 경쟁이다. 본인은 물론 그 무엇도, 그 누구도 이 중 단 한 명을 선택해야 한다고 강요하지 않았다. 코코슈카는 파리를 싫어했다. 파리에서 코뼈가 부러졌기 때문이다. 당시 마거리트 러브에게 보낸 편지 한 통에는 까마귀처럼 생긴 의료진에 둘러싸여 치료받는 코코슈카의 모습이 캐리커처로 그려져 있는데, 이런 상황에서도 그는 자조를 잊지 않았다. "제가 제 몸에 한 짓이 정말 자랑스럽습니다. 저는 며칠간 양처럼 열이 났습니다."(Br II, 128~129) 코코슈카는 400프랑짜리 엑스레이 사진을 보고 "훌륭한 실물 크기의 두개골"이라고 했다.(같은 곳) 말하자면 이 두개골 사진은 코코슈카의 수많은 자화상의 내적 원형인 셈이다.

마침내 파리를 벗어났을 때 코코슈카는 쾌재를 불렀다. 코코슈카는 야코프 골트슈미트와 함께 네덜란드로 떠났는데, 그곳의 분위기는 더할 나위 없이 좋았다. 코코슈카는 어머니에게 다음과 같이 편지를 보냈다. "네덜란드는 제가 지금까지 본 곳 중 가장 아름다운 곳입니다. 지저분한 파리를 벗어나서 기뻐요."(Br II, 134) 스헤베닝언은 파리에서 겪은 일들을 모두 잊게 해주었다. 센강 변의 그 대도시는 이제 그에게 "더럽고 따분하며 비참하고 부도덕한 속물들의 온상"일 뿐이었다.(Br II, 135) 코코슈카는 호텔 침대에 누워 풍경을 그리며 자신을 추슬렀다. 코코슈카는 자신이 고흐의 나라에 와 있다는 것을 알았다. 좀 과하기는 하지만 비평가들은 고흐와 코코슈카를 연결 짓고는 했다. 그는 이를 스스로 증명하려는 듯 스헤베닝언의 휴양 호텔에 도착한 "첫날 오후"부터 "바다를 배경으로 한 매혹적인 꽃 그림"을 그렸다.(Br II, 135) 그러나 1925년 7월 중순에 '열정적 사랑'과 여행에 굶주린 이 예술가는 벌써 런던 어퍼몬터규스트리트 4번지에 있는 애보츠퍼드호텔에 와 있었다. 코코슈카가 런던에 온 이유는 그림 그릴 곳을 찾기 위해 그리고 이곳에 부모와 함께 머무는 안나 칼린과 '의논'하기 위해서였다. 코코슈카는 이 소식을 가장 먼저 어머니에게 알렸다. "런던에 도착한 지 한 시간 만에 그림 그릴 곳을 찾았습니다. 템스강 변 근처에 있는 건물 10층이에요. 강이 다 보이고 도시는 빈보다 열 배나 큽니다. 이곳에서 첫 그림을 완성했습니다." 이 인상에 비하면 안나 칼린과의 재회는 시들해진 듯했다. '기적'이자 '타마리스케'가 암스테르담에서 그를 기다리고 있었기 때문이다. 코코슈카는 타마리스케에게 런던에 대한 어떤 인상도, 거리 풍경이나 건물에 대한 어떤 묘사도 편지로 써 보내지 않았다. 코코슈카는 이 모든 것을 그림에 담았다. 그 대신 코코슈카는 타마리스케에게 다른 것을 요구했다.

> 당신의 사진을 가능한 한 빨리 그리고 자주 보내주세요. 당신의 살갗, 발가락, 특히 눈과 머리카락이 많이 보이는 사진으로 보내주십시오. 등이 보이는 몸 전체 사진도 필요합니다. 머리카락도 몇 올 보내주세요. 당신의 머리카락을 손에 쥐고 있어도 이제 소용이 없습니다. 당신의 스타킹도 마찬가지예요. 우유를 많이 마셔요. 나를 위해 모쪼록 건강하고 나태해져야 합니다.(Br II, 140)

이 소원 목록은 언뜻 코코슈카가 헤르미네 모스에게 보낸 인형 제작 지침을 떠올리게 한다. 코코슈카는 곧 암스테르담으로 돌아왔다. 그러나 "냄새는 안 좋지만 아름다운 수천 개의 운하에서 회복하기 위해 스위스로 떠나고 싶어" 했다.(Br II, 141) 무엇보다 코코슈카는 멀리서 타마리스케에게 편지를 쓰고 싶었을 것이다. 부재가 얼마나 애틋함을 키우는지를 코코슈카는 누구보다 잘 알고 있었다. 8월에 그는 스위스 폰트레지나에 머물렀다가 빈으로 돌아왔다. 코코슈카는 곧바로 베를린으로 떠났다. 그리고 1925년 말에 빈으로 돌아와 손님처럼 브리스톨호텔에 머물다가 이듬해 3월 초에 런던으로 떠났다.

코코슈카는 그림을 그리기 위해 여행했다. 여행은 코코슈카에게 불가결한 창작 조건이자 생활 방식이었다. 그에게는 정서적으로도 자유로운 이동이 필요했다. 하지만 이보다 연인이 있어야 했다. 연인은 코코슈카에게 영감을 주었다. 연인은 색채와 형태에 감정적 가치를 불어넣었다. 코코슈카는 "귀가 잘 안 들린다"고 하소연하기 일쑤였지만 오스트레일리아 소프라노 넬리 멜바의 노래를 듣고는 "드레스덴에 있는 당신의 목소리"를 듣는 듯해 전율이 일었다고 안나 칼린에게 편지를 썼다.(Br II, 142) 코코슈카는 사보이호텔에 투숙했다. 사보이호텔은 멜바가 1892년과 1893년에 머문 곳이자 피치멜바^{peach melba}가 탄생한 곳이기도 했다. 피치멜바란 오페라 《로엔그린》 공연 후 호텔로 돌아온 멜바에게 당시 주방장 에스코피에가 디저트로 복숭아에 아이스크림을 얹어 내놓은 데서 유래했다.

1926년 3월 중순에 코코슈카는 런던 시내가 훤히 보이는 사보이호텔 8층에 머물렀다. "가능한 한 넓게 템스강의 전경을 화폭에 담으려면 이곳이 좋습니다."(Br II, 152) 앞서 1926년 2월에 베를린에서 그는 유대계 러시아 출신 배우이자 전설적인 하비마극장의 공동 설립자인 한나 로비나에게 팬레터를 보냈다. 이 편지에서 그는 이디시어의 문장 구조를 흉내 냈다.

인자한 로비나에게,

20세기는 남성이 범죄를 저지르는 역사가 끝났음을 의미합니다. 일련의 여성 국가들이 건설되는 **행운**이 이에 **뒤따를** 것입니다. 전환기에 예언자 시빌레와 여전사 아마조네스로 이루어진 세대가 나타날 것입니다. 그 시작에 위대한 예술가 하나 로비나*는 이글거리는 심장을 불태울 것입니다.

당신을 존경하는 오스카 코코슈카(Br II, 152. 강조는 저자)

코코슈카의 편지에는 런던이라는 도시 자체에 관한 언급은 한마디도 없다. 그러나 우리는 미술평론가 조지프 바드의 보고를 통해 코코슈카의 두 번째 런던 체류에 관해 좀더 상세히 알 수 있다.[9] 바드는 코코슈카를 "그 무렵 빈에서 온 친구"라고 불렀다. 두 사람은 뜻밖에도 네덜란드의 호크에서 해리치로 향하는 배에서 재회했다. 바드는 코코슈카를 금새 알아보았다. 출장객이나 은행원, 학생들 사이에서 코코슈카의 우아한 모습은 금새 눈에 띄었다. 바드는 특히 당시 영국에서 구하기 힘들었던 독일 신발 깔창 제조업체 대표들을 강조해 언급했다.

코코슈카는 중절모를 쓰고 있었지만 바드의 눈에는 팔딱거리는 인간의 심장을 더는 제물로 바치지 않는 것을 이해하지 못하는 멜라네시아(파푸아뉴기니, 솔로몬제도, 바누아투 등)의 신처럼 보였다. 머리는 한번 보면 잊히지 않는 그의 그림만큼이나 무시무시했다. 코코슈카의 그림은 소름끼칠 정도로 정확했다. 그는 일그러진 얼굴들을 보여주었는데, 화가가 그들의 가면을 벗겨낸 듯한 모습이었다. 색채는 전에 한 번도 본 적이 없는 지난날 꿈을 닮아 있었다.

나중에 바드는 템스강이 한눈에 내려다보이는 사보이호텔에 머무

• '히브리극의 영부인'이라는 칭호를 받은 한나 로비나는 하나라고도 불렸는데, 이때 하나는 'Hannah', 'Hana', 'Chana'라는 다양한 철자로 쓰였다. 이 편지에서 코코슈카는 'Chana Rovina'라고 썼다.

는 코코슈카를 방문했다. 그곳에서 코코슈카는 이 대도시에 매우 특이하고 강렬한 색을 입히고 있었다. 황폐하면서도 유망하게 그려진 궁전과 공장들이 바드의 눈에 들어왔다. 런던에서 코코슈카가 처음 그린 작품은 이랬다. 그는 태양이 축축한 대기 사이로 빛을 밀어내는 도시를 은청색으로 드넓게 칠하고 여기에 역동적인 녹색 선과 용의 피와 같은 붉은색과 흰색을 더했다.

바드에 따르면 코코슈카는 계속 작업에만 매달리지 않았다. 얼마간 그림을 그리지 않다가 며칠 만에 대형 그림을 완성하고 무기력증에 빠지고는 했다고 한다. 코코슈카는 사보이호텔에서 일하는 젊은 심부름꾼을 고용해 매일 붓을 씻게 했다. 코코슈카는 이 젊은이가 얼마나 가난한지 알고 별도로 급료를 지불했다. 젊은이에게는 아픈 아내와 부양해야 하는 일곱 아이가 있었다. 코코슈카는 일종의 의무감을 느꼈다. 자신이 매일 그림을 그려야 씻을 붓이 생기고 그래야 이 젊은이가 돈을 벌 수 있었기 때문이다.

이 무렵 코코슈카는 런던동물원에서 조지라는 〈맨드릴개코원숭이〉와 란지라는 〈타이곤Tigerlöwe〉*을 그렸다. 바드에 따르면 코코슈카는 사교계 명사는 아니었다. (영국) 사교계에서 코코슈카는 서투르게 행동했다. 코코슈카가 말하면 '모호하게' 들렸다. 특히 강한 빈 억양은 거의 구제 불능이었다. 코코슈카는 같은 독일인까지도 당황하게 할 정도로 말을 두서없이 했다. 이러한 특징은 코코슈카의 희곡에서도 드러났다. 바드는 코코슈카의 희곡에서 대사를 대충이나마 이해하기 위해서는 단어의 관습적 의미를 무시한 채 눈을 반쯤 감고 들어야 한다고 했다. 이와 달리 코코슈카는 친구들과 함께 있을 때는 훨씬 더 자연스럽게 행동

• 범사자라고 하며, 수컷 호랑이와 암컷 사자 사이에서 태어난 종간잡종이다.

했다. 바드는 코코슈카와 런던 시내를 한참 배회한 일이나 영국 여성의 아름다움과 우아함에 관해 이야기 나눈 것을 언급한다. 나중에 코코슈카는 이때 영국 여성에게 받은 인상을 포지 크로프트의 모습으로 그려 낸다. 바드에 따르면《리어 왕König Lear》의 삽화를 그릴 때도 또 그 전에 '롯과 그의 딸들Lot und seine Töchter'과 같은 (성경) 이야기에 관심을 가질 때도 코코슈카는 표현의 직접성을 포착하고자 했다.

사교계에서 코코슈카를 어떻게 보았는지는 1926년 3월 중순에 어머니에게 보낸 다음과 같은 편지로 알 수 있다.

> 오늘 저녁에 난생처음으로 진정한 영국 지식인 모임에 참석했습니다(영국 상류사회는 배타적이라 이러한 모임에 외국인이 참석하기란 하늘의 별 따기입니다). 저는 내내 대화를 한마디도 이해하지 못해 곤혹스러워 기절할 뻔했습니다. 1년 동안 런던에 살아야 할 것 같아요. 그렇지 않으면 이 세상을 살아갈 수 없을 것 같습니다. 저는 걸치고 나갈 만한 옷이 없습니다. 그렇다고 힘들게 모은 돈을 건드릴 수도 없습니다. 올해 연금을 받으려면 오히려 저축을 늘려야 해서 극도의 곤경에 처해 있습니다. 제가 영어라도 할 수 있었다면 웨스트민스터대성당 주교라도 그릴 수 있을 텐데 말입니다! 저는 이렇게 나이가 먹었는데도 어린 학생처럼 짓눌려 있습니다. 보히에게 제발 영어를 배우라고 말씀해주세요! 어머님, 보히가 더 좋은 교육을 받지 않으면 돈을 버리는 셈입니다. 빈 사람들은 영국 사람들의 현실 세계와 비교하면 흑인이나 야만인 같습니다.(Br II, 153. 강조는 저자)

'1년 동안 런던에 살아야 할 것 같아요'라고 쓴 코코슈카는 자신의 운명을 전혀 예상할 수 없었을 것이다. 10년 후 그 소망은 1년이 아니라 16년이라는 시간으로 실현된다.

코코슈카는 1925/1926년 런던에서 타워브리지와 템스강을 거듭해서 그린다. 코코슈카는 런던 상업의 대동맥인 템스강을 빛의 유희와 신화적 파노라마로 담아낸다. 템스강 중류가 훤히 내려다보이는 리치먼드 근교의 테라스에서 그는 강렬한 라일락 색상의 파스텔 색조로 우아하고 서정적인 풍경화를 완성하는데, 이 그림이 바로 그 유명한 리치먼드에서 본 템스강 전경이다. 템스강 전경은 컨스터블과 터너가 먼저 화폭에 담은 바 있었다. 코코슈카가 그린 여느 풍경화와 마찬가지로 사람들은 초상화에 대한 그의 욕망에서 벗어난 듯이 암시적으로만 등장한다. 멋지게 차려입은 영국 여인과 배의 햇빛 가리개, 말을 타고 경치를 즐기는 기수 등 자연과 귀족의 어우러짐을 보여주기에는 윤곽선만으로도 충분하다. 상상력을 조금만 더하면 버지니아 울프도 찾을 수 있다. 이 무렵 버지니아 울프도 이곳에 살았다. 〈런던의 템스강 전경 I London, Grosse Themse-Landschaft I〉(1926)처럼 코코슈카가 서정적으로 풍경을 묘사한 작품은 드물다. 코코슈카의 풍경화는 폭풍우가 몰아치는 분위기나 1929년에 스코틀랜드를 그린 풍경화(〈덜시 다리Dulsie Bridge〉와 〈플로다 폭포Plodda Falls〉)처럼 으레 극적인 분위기를 띠기 때문이다. 어쨌든 자연의 고요함에 맞서는 듯한 바다 풍경은 1926년에 그린 〈도버 해안 Die Küste bei Dover(Dover, Hafen)〉에서도 볼 수 있다. 이 그림은 흰 절벽으로 이루어진 해안 풍경에 코코슈카가 얼마나 깊은 인상을 받았는지 보여준다. 반짝이는 햇빛과 대비를 이루며 금방이라도 뇌우가 일 것 같은 구름과 그림 왼쪽 가장자리 어렴풋이 드러난 검은 색조는 리치먼드 근교의 테라스에서 여름날 늦은 오후를 담아낸 풍경화에서는 찾아볼 수 없는 긴장감이 감도는 정취를 더한다.

1926년에 런던에서 몇 달을 보내는 동안 코코슈카는 동물에게서 영감을 받았다. 코코슈카는 리치먼드공원에서 수조 주변에 있는 붉은 사슴 무리를 그렸다. 런던동물원을 방문한 코코슈카는 모더니즘 미술에 깊은 인상을 남긴 동물 초상을 그렸다. 그는 또한 무용수이자 가수인 아델 애스테어(결혼 후 성은 캐번디시)와 독일계 헝가리 무성영화 배우 엘차 테마리의 초상을 그렸는데, 두 작품 모두에 개가 등장한다. 1925년에 코코슈카는 카를 크라우스의 두 번째 초상화에 이미 동물을 그려 넣었다. 이때 코코슈카는 문명의 침입자를 반은 잠자리고 반은 여왕 호박벌인 곤충으로 등장시켜 예상치 못한 반어적 방식으로 표현했다. 이 곤충의 등장으로 비평가이자 작가인 그림 속 인물은 책 혹은 원고에서 눈을 뗀다. 그 결과 그림 속 카를 크라우스는 자연으로부터 소외당한 유달리 창백한 얼굴로 놀란 표정을 짓는다. 1926년에 런던에서 코코슈카는 동물이라는 피조물을 새로운 차원으로 끌어올린다. 5월에 리젠트공원 런던동물원장 줄리언 헉슬리는 코코슈카에게 동물원 개장 전에 맨드릴개코원숭이나 타이곤 우리 앞에서 그림을 그릴 수 있게 허락했다. 코코슈카는 《나의 인생》에서 이 일화를 그럴듯하게 미화했다. 그는 회고록에서 유명한 생물학자이자 행동과학자이며 인본주의자인 헉슬리가 자살을 다룬 논문에서 자신을 언급했음을 잊지 않고 지적했다. 사실 헉슬리는 1912년에 〈자살자Der Selbstmörder〉라는 제목의 그림을 그린 루트비히 마이트너를 언급하는 편이 더 적절했을 것이다. 이상하게도 10년 후에 코코슈카가 초상화를 그리는 체코 정치가 토마시 마사리크도 자살을 다룬 논문을 써 박사 학위를 받은 인물이다. 줄리언 헉슬리와 코코슈카는 영국에서 망명 생활을 하는 동안 또 다른 방식으로 중요한 의미가 있는 인연이 된다.

코코슈카는 아르카익(그리스 초기 미술) 양식에 관한 관심을 맨드릴개코원숭이나 타이곤으로 표현했다. 앞서 언급한 조지프 바드는 영국박물관을 함께 방문한 일을 회상했다. 그에 따르면 코코슈카는 신석기시대의 석기 진열실을 보고 싶어 했다. 코코슈카는 석기시대인의 직계 후손임을 자처했다. 그는 석기를 통해 까마득한 선조와 연결되기를 원했고 돌망치를 집으려고 하다가 하마터면 유리 진열장을 깨뜨릴 뻔했다. 열대의 현란한 색채로 가득 찬 〈맨드릴개코원숭이〉의 배경이 보여주듯 코코슈카는 이국적인 것을 향한 열망을 맨드릴개코원숭이와 타이곤을 그리며 표출했다.

그러나 코코슈카는 1928년 초에 열대가 아닌 사막으로 떠난다. 사막으로 떠나기 전 코코슈카는 해야 할 일이 많았다. 1926년 여름에는 드레스덴에서 열리는 국제예술전에 참여했다. 파리와 빈, 베를린 등에서도 머물렀다. 그의 희곡이자 에른스트 크레네크가 작곡한 오페라《오르페우스와 에우리디케》가 카셀에서 초연되었다. 베를린과 그리고 무엇보다 취리히에서 대규모 회고전이 열렸다. 이후 베네치아에 머물렀다. 1927년 10월에는 몽블랑을 그렸다. 그리고 나서 리옹과 블루아, 파리를 차례로 방문했다. 특히 블루아에서 코코슈카는 역사적 건축물에 감격했다. 그는 유럽 전역, 특히 네덜란드, 프랑스, 이탈리아, 스위스 등의 미술관과 화랑에서 차츰 작품을 선보였다. 마르세유에서 헬무트 뤼트겐(함부르크 미술상으로 당시 암스테르담에서 카시러갤러리를 맡고 있었다)과 함께 유럽을 떠나 '카르타고'행 배에 올랐을 때 코코슈카는 이미 유럽 미술계의 거물이 되어 있었다. 코코슈카는 요란한 제스처나 미묘한 암시조차 놓치지 않았다.《나의 인생》에서 그는 다음과 같은 미묘한 암시를 언급하는 데 주저하지 않는다.

카르타고! 부두 안내판에 프랑스어와 아랍어로 카르타고라고 커다랗게 적혀 있었다. 동양에 대한 내 꿈이 이루어졌다. 한니발은 위험한 로마제국을 공격하기 위해 이곳에서 역사적 원정에 나섰다. 한니발은 스페인을 지나 눈

덮인 알프스산맥을 가로지르며 끝없이 나아갔다. 나는 알프스에서 추위에 떨며 그림을 그린 적이 있다. (…) 우리는 흰옷 차림의 키가 크고 젊은 무어인 두 명을 만났다. 그들의 코 밑에는 작은 재스민 가지가 꽂혀 있었다. 그들은 새끼손가락을 깍지 낀 채 모래 위를 걸어갔다.[•] (ML, 213)

이 무렵(1926/1927) 편지를 읽어보면 코코슈카에게는 런던에서 머물렀던 일과 몽블랑, 몬테로사, 프티생베르나르에서 체험한 자연과 예술이 인상 깊게 남았음을 알 수 있다. 1927년에 코코슈카가 베를린에 머물 당시 안나 칼린은 영국 캐러멜 매킨토시토피를 꾸준히 보내주었다. 코코슈카는 베를린에서 "웨스민스터대성당 합창단이 부른"《마태수난곡》"축음기 음반을" 구입했다.(Br II, 157) 코코슈카는 빙하와 협곡, 자갈 비탈길로 이루어진 세계에서 "진정한 등반가"가 된다. 샤모니몽블랑에서 그는 "큰 용담龍膽"을 캐내어 빈에 있는 어머니에게 보낸다.(Br II, 162~167) 그림을 그리고자 눈과 추위를 뚫고 산을 오르는 와중에도 1927년 10월 19일에 알마 말러 그로피우스에게 편지를 써서 최근 사진을 요청하는 일을 잊지 않는다. 그는 알프스의 고지에서도 알마를 생각했다.

1927년 12월 무렵 코코슈카는 파리의 루테티아호텔에 머물렀다. 그는 북아메리카로 생각을 돌린 지 오래였다. 코코슈카는 클레르몽 토네르 공작 부인과 점심을 먹고 "귀족들을 집으로 불러들이는 은행가 아내와 음악을 들으며 다과회"를 가진 후 랑보 백작의 집에서 열린 음악의 밤에 참석했다.(Br II, 174) 그는 언제나처럼 자조적으로 가족에게 보

• 이 글이 암시하는 그림은 코코슈카가 1919년에 그린 2인 초상화 〈카를 게오르크 하이제와 한스 마르더슈타이크Carl Georg Heise und Hans Mardersteig〉다.

낸 편지에 다음과 같이 썼다. "저는 귀티가 흐르고 호리호리하죠. 수줍
게 좋은 말을 골라 하며 세련되게 저를 알리고 있습니다." 특히 대단한
피카소 수집가로 드러난 랑보 백작에게는 "언제까지나 피카소 작품만
수집하지 않기를 바란다"라고 거만하게 말했다.(Br II, 172, 174) 파리에
서 플레이엘홀의 실내 장식을 코코슈카에게 맡기려는 계획도 있었던
모양이다. 하지만 튀니스가 코코슈카를 기다리고 있었다.

낯섦을 향해

조형예술가에게 장소는 무엇을 의미하는가? 장소는 영감의 원천이
자 공간의 가능성이다. 경치가 펼쳐지고 만남이 일어나는 곳도 장소다.
만남은 장소에서 일어나고 기껏해야 초상화로 끝난다. 1928~1934년
코코슈카의 삶에서 유일한 상수는 끊임없는 장소 이동이었고 작품 활
동 역시 이에 영향을 받았다. 그는 미친 화가처럼 도시에서 도시로, 풍
경에서 풍경으로 옮겨 다니지 않았다. 코코슈카는 오히려 장소마다 특
징에 집중했다. 튀니스에서 코코슈카는 옷을 잘 차려입고 모자를 쓴 채
시장 가게 지붕에서 그림을 그렸는데, 그칠 줄 모르는 비 때문에 지붕
이 무너져 내리자 작업을 중단해야 했다. 날씨 탓에 호텔에 혼자 틀어
박혀 있을 때면 코코슈카는 기분이 가라앉았다. 그러면 자화상을 그릴
수밖에 없었다. 실내는 따로 그릴 만한 게 없었기 때문이다. 그러나 북
아프리카 튀니스에 머무는 3개월 동안 코코슈카는 놀랍게도 자화상을
그리지 않았다. 비가 계속 내리는 동안 새로운 인상이 그의 시선을 사
로잡은 게 분명하다.

코코슈카는 당시에 튀니스, 가베스, 엘칸타라, 투구르트, 토죄르에

서 비스크라, 알제, 페스까지 이르는 대서양횡단회사의 호텔 체인을 이용했다. 이는 그가 여행할 때 유럽인임을 티 내며 현지 문화에 관심이 없었다는 뜻이다. 엘칸타라 부근의 사막에서 찍은 사진에는 외투를 걸치고 넥타이를 맨 코코슈카가 운전자(헬무트 뤼트겐으로 추정)가 기다리고 있는 자동차 앞에서 베두인족과 이야기하는 모습이 담겨 있다. 그는 1928년 1월 26일 자 편지에 강제로 낙타에 오른 일과 도시 등에 대해 다음과 같이 썼다. "말보다 타기 편했습니다. (…) 도시 자체는 따분하고 온통 네모난 상자들뿐입니다. 하지만 사막은 정말 멋져요!"(Br Ⅱ, 183) 코코슈카는·미국 여류 소설가이자 헨리 제임스의 친구인 이디스 워튼의 모로코 여행기를 들고 다니며 읽었다.[10] 이후에 그는 범아프리카주의자 조지 패드모어의 저서[11]뿐만 아니라 모로코 리프족이 프랑스와 스페인에 대항한 이른바 리프전쟁(1920~1926)을 다룬 아브드 엘크림의 회고록[12]과도 씨름했다. 코코슈카가 얼마나 식민지 문제에 깊은 관심을 보였는지는 서재의 수많은 관련 서적을 통해 알 수 있다.

1923년 초에 코코슈카는 베일을 쓰지 않은 채 머리에 큰 항아리를 이고 슬픈 눈길로 아득한 곳을 바라보는 소녀를 육감적인 윤곽선으로 그려냈다. 드레스덴에서 그린 이 수채화는 코코슈카가 동양인을 어떻게 상상하고 있었는지 알려준다. 비스크라에서 그는 실제로 베두인족 여인들에 사로잡혔다. 그 여인들은 다가가기 어렵고 이해하기 어려운 동시에 매혹적인 존재로 보였다. 코코슈카는 투구르트에서 보낸 편지에 다음과 같이 썼다. "나는 잘 있어. 밤이면 이곳 댄스카페(간판은 아랍어)에서 다소 자유로운 여성들이나 원주민들과 함께 박하차를 마셔. 오스트리아의 작은 맥주잔처럼 생긴 특별한 여자 친구와는 아랍어로 대화해."(Br Ⅱ, 193) 코코슈카는 안나 칼린에게 댄스카페에서 자신을 기다리는 "나쁜 유혹"을 은근슬쩍 언급하면서 이를 피하기 위해서는 '수도원'

에 들어가 남자들을 그릴 수밖에 없다고 한다.(Br II, 191)

코코슈카는 토죄르에서 모스크의 첨탑 미나레트를, 타마신에서는 베두인족 현자의 초상을 그렸다. 그는 카르타고를 구경하고 튀니스의 시장에서 진기한 것을 발견했다. 시장의 노신사들은 "양말 없이 맨발" 일지라도 "양말대님을 좋아했다".(Br II, 177)

코코슈카의 언어 능력은 대화를 통해 다시 한번 확인된다. 그는 단기간 내에 아랍어로 시시덕거리고 대화하기에 이렀다. 그가 보낸 편지 속 언어는 자조적 거리감을 유지하면서도 동양적 이미지들에 탐닉한다. 코코슈카에게도 《천일야화》는 전형적 기준이 된다. 《천일야화》에서처럼 아몬드꽃, 유칼립투스, 야자수, 오렌지 등이 편지에 등장한다. "향신료 가게, 비단 가게, 구두 가게, 금세공 가게 등이 즐비한 미로와 같은 통로"도 《천일야화》 속 한 장면 같다.(Br II, 176) 코코슈카는 "헐렁한 흰 바지"를 입은 뚱뚱한 여자를 발견하고 "몸매를 감출 수 있어 천만다행" 이라고 한다. "흑인, 베르베르인, 튀르키예인, 유대인" 등 인종의 다양성이 그에게 깊은 인상을 준 게 확실하다. 코코슈카가 흰 옷을 입은 베두인 여성 세 명이 있는 그림엽서에 가슴 높이를 가로질러 글을 쓴 일에 대해서는 따로 언급하지 않겠다.

튀니지 동쪽 제르바섬에서 코코슈카는 독특한 경험을 했다. 현재 알려진 그가 쓴 편지에는 이에 관한 언급이 없다. 1930년에 쓰고 1956년에 다시 손질한 《제르바Djerba》와 《나의 인생》에서만 이 경험을 다양한 방식으로 자세히 묘사하고 있는데, 회고록 속 이야기가 좀더 간결하면서도 생생하다. 코코슈카는 성전이 파괴된 후 디아스포라 시기로 거슬러 올라가는 제르바 유대인 공동체 이야기를 예루살렘에서 들었다고 한다. 그곳에는 "아주 많이 오래된 회당" 외에도 "아름답기 그지없는 유대인 소녀들"이 있었다.(ML, 223) 호메로스 시대에 오디세우스를 유혹한 여신 칼립소가 이곳에 살았다고 하는데, 코코슈카가 이 섬을 방문할 이유로 충분했다. 《나의 인생》에 따르면 코코슈카는 제르바섬의 주요 도시인 후메트수크의 시장에 도착하자마자 우물가에서 물항아리를 머리에 인 한 무리의 여인들을 보았다고 한다. 그중 "우아한 한 처녀가 눈에 띄었고 티치아노가 그린 베네치아 프라리성당의 제단화 〈성모승천〉을 떠올리며 그 처녀를 성모마리아로 그려야겠다고 곧바로 결심했다".(같은 곳) 이야기에서 1인칭 화자는 미인 대회를 개최하기로 시장과 합의하고 우승자에게는 자신이 초상화를 그려주겠다고 선언한다. 시장의 수양딸인 이름 모를 미녀는 아버지에게 발목을 잡혀 모습을 드러내지 않는다. 그러나 드디어 그녀가 모습을 드러내자 화자는 마음을 빼앗긴다. 화자는 곧바로 그녀를 그리고 싶어 시선을 자신 쪽으로 돌려달라고 한다. 그러자 그녀는 까무러치며 초상화 그리기를 거부한다. 이 지역에서 눈에 관한 언급은 불길한 징조로 간주해 금기시한다는 사실을 화자가 잊은 것이다. 그녀의 가족은 육지로 들어가 숨으라고 한다. 화자는 마술사의 도움으로 그녀를 간신히 찾아내지만 그녀가 몽유병자임을 알게 된다. 그가 말을 걸자 그녀는 화들짝 놀라며 다시 뒷걸음질 쳤다. 화자는 그녀의 손을 잡고 자신의 계획이 얼마나 부조리한지를 깨닫는다. "그녀는 눈을 감고 있었다. 그 감은 눈 때문에 모든 게 부자연스러웠다. 나는 이방인으로서 이끌렸던 그 존재를 더는 원하지 않았다."(DSW II, 240)

그래서 현실에서와 마찬가지로 이야기에서도 초상화는 그려지지 않았다. 그 대신 이야기에서 코코슈카는 존재하지 않는 그림을 인상 깊게 묘사한다.

그녀의 꼰 다리 위로 사파이어 블루, 장밋빛, 황금빛이 어우러진 비단 바지가 드러났다. 내 눈길은 반짝이는 은색 동그라미가 수놓인 작은 조끼와 깊이 팬 가슴 사이에서 길을 잃었다. 한 쌍의 비둘기처럼 모슬린 둥지에 자리 잡은 작은 가슴이 보였다. 내 눈은 지역 세공사가 금과 법랑으로 섬세하게 만든 신성한 머리 장식에 머무르다 이내 무성한 검은 머리카락에서 지극히 단조롭고 평범한 색의 전통 복장으로 미끄러져갔다. 당황한 소녀가 발산하는 빛이 땅거미 속 마지막 잔양 한 점으로 여자들에게 떨어졌다. 빛은 벽과 바닥의 양탄자 주름에 머무르다 사랑의 마력에 이르기까지 한참 희롱하다가 벨벳처럼 부드러운 그림자에서 마지막 빛을 발하며 마침내 배경에서 사라져버렸다.(DSW II, 233~234)

여기서 우리는 조형예술가에게서는 보기 드문 회화적 내러티브를 발견할 수 있다. 물론 살펴보기와 순간을 우선시하는 코코슈카와 같은 사람에게 눈에 대한 금기는 특히나 당황스러웠을 것이다. 그런데도 그는 제르바 이야기에서만큼은 이를 언급했다. 그는 이 사건을 통해 특별한 교훈을 얻었는데, 한 선교사가 이 지역에서는 그림자가 있는 것은 그 무엇도 그릴 수 없다고 말해주었다. 그래서 아랍인들은 추상적 무늬를 즐겨 그렸다고 한다. 평생 추상화에 맞서온 코코슈카는 이를 분명 의아하게 여겼을 것이다. 하지만 낯섦과 타자성을 향한 끌림은 커져만 가는 유럽 상황에 대한 불만을 압도하고도 남았다. 1931년 초부터 알고 지낸 리하르트 폰 코우덴호페 칼레르기와의 친분도 도움이 되지 않았다. 칼레르기의 범유럽주의 개념은 코메니우스에 바탕을 둔 교육 중심의 유럽 공동체에 대한 코코슈카의 이해를 결코 대체할 수 없었다. 이는 코코슈카의 서가에 꽂힌 책들에서도 드러난다. 칼레르기의 대표 저작인 《범유럽Paneuropa》은 없고 그에게 헌정한 《삶의 계명Gebote des Lebens》(1931)과 《물질주의의 운명Los vom Materialismus》(1931)만 서가에 있다.

코코슈카에게는 언제나 예술가의 시각이 먼저였다. 북아프리카에서도 코코슈카는 자신의 그림을 모범들과 견주었다. 그는 안나 칼린에게 보낸 편지에 다음과 같이 썼다. "그림을 완성했어. 루벤스의 스케치만큼 훌륭해. 프라고나르처럼 단번에 그렸지. 누군가 이렇게 그렸다면 아마 질투했을 거야."(Br II, 191) 코코슈카가 질투할 만한 사람이 있다면 아마 피카소일 것이다. 코코슈카는 딕스나 피카소, 실레보다 먼저 사막을 경험했다. 게다가 그는 베두인족까지 접했다. 코코슈카는 가족에게 보낸 편지에 다음과 같이 썼다. "사막 한가운데 있는 궁전에서 짙은 남빛의 아라비아 군주를 그리다니 정말 환상적입니다."(Br II, 192) 고갱에게 남태평양이 그랬던 것처럼 코코슈카에게 사막은 소외의 공간, 즉 이질적인 것에 대한 자신의 관념이 현실과 대면하고 그 속에서 혼종적 인물이 등장하는 공간이다. 초상화(베두인족 현자의 초상화와 소녀 초상화)에서 코코슈카는 지금까지의 회화적 특징을 모두 버리고 흔적만 남긴다. 하지만 코코슈카는 사막에서 경험한 신비를 작품에 드러내지 않는다. 사막은 그에게 더는 신비한 대상이 아니었다. 코코슈카는 광활한 사막과 그 위에 펼쳐진 별로 가득한 밤하늘로 시야를 제한했다.

코코슈카는 알제에서 세비야를 떠올렸고 세비야에 도착해서는 마드리드를 생각했다. 마드리드에서는 합스부르크 왕가에 대한 향수에 젖었다. 코코슈카는 카를 5세를 "가장 좋아하는 황제며" "진정한 군주로서 최후의 위대한 인간"이라고 언급했다.(Br II, 198) 에른스트 크레네크도 카를 5세를 코코슈카와 마찬가지로 생각했다. 이는 크레네크의 오페라 《카를 5세》(1938)에 그대로 드러났다. 코코슈카는 카를 5세와 그 가문을 줄곧 추적하며 계보학적 공상에 사로잡히기까지 했다. 이는 알렉산더 레르네트 홀레니아˙의 이야기를 연상케 한다.

저는 그[카를 5세]의 어머니이자 미치광이인 후아나를 미친 듯이 좋아합니다. 후아나와 그의 일가가 시간증屍姦症과 인형에 대한 열정을 후손들에게 물려주었기 때문입니다. (…) 제가 프란츠 1세와 저의 할머니 사이에서 태어난 합스부르크 왕가의 직계 사생아라서 이를 물려받은 게 아닐까요? 카를 5세의 서자 돈 후안 데 아우스트리아처럼 말입니다. 미치광이 기질로 인한 문제들은 나중에도 나타날까요?(Br II, 198)

자손이 없는 신세가 된 데 대한 두려움(코코슈카의 편지와 그림에 등장하는 그리움에 사무친 모자 관계에 대한 수많은 묘사나 암시가 이를 말해준다)을 가공의 계보도로 상쇄했다.

앞서 언급했듯이 이 시기에 코코슈카는 자화상의 대상으로서 자신에게 관심이 없었다. 그러나 이따금 자기 성찰은 잊지 않았다. 마드리드에서 코코슈카는 안나 칼린에게 자기 자신에 대해 다음과 같이 말했다.

나는 일관성은 없지만 멀리 내다보는 사람이야. 보통은 비관적이지. 나는 너무 많은 것을 알아차리고 돕지 못해. 행동하고자 할 때 충동은 아닌지 혼동해. 너무 기계적인 충동으로 모든 일을 처리하기 때문에 상대방을 위한 적절한 시기를 놓치고 말지. 내 옆에서 스스로 살아내려 하지 않고 내게 의지하면 끝장나. 나는 누군가 물에 빠지면 구하러 뛰어들지 않고 하염없이 쳐다보기만 하는 사람이기 때문이지. 겁쟁이라서 그런 게 아니야. 심해 영원처럼 물에 익숙하고 자연을 두려워해서야.(Br II, 200~201)

• 빈 출신의 소설가로 합스부르크 대공이 생물학적 아버지라는 소문이 생애 내내 꼬리표처럼 붙어 다녔지만 입증되지는 않았다.

이런 자기 인식은 특별한 낱말을 만들어내기 마련이다. 코코슈카는 편지에서 자신의 기질을 '멀리 내다보는'이라고 한다. 글자 그대로 이해할 수 있는 '너무 많은 것을 알아차린다'는 표현도 자신의 살펴보기에 대한 회의적 태도로 보인다. 그는 자신에게서 눈을 돌리는 법을 배우려 하지 않았기 **때문**에 때로는 보이는 게 너무 많았을 것이다.

늘 함께한 외로움 속에서 코코슈카는 그리움에 사무쳐 평온을 누리지 못했다. 여기저기서 자신을 발견했다. 코코슈카는 흥분을 추구해야 했고 감각적 인상에 취하려 했다. 안나 칼린에게 보낸 같은 편지에서 코코슈카는 "모든 것을 감각적으로 지각할 수 있다"고 했다.

코코슈카는 1928년 5월 내내 비가 내린 스페인을 거쳐 한 달 후 더 많은 비가 내린 아일랜드로 다시 한번 길을 떠났다. 그는 비가 많이 오기로 악명 높은 아일랜드에서 서해안을 따라 여행했다. (당시) 더러운 아일랜드의 호텔로 그는 신경쇠약에 걸릴 지경이었고 "이곳 바다에서 많은 구름이 계속 몰려갈지" 보고 싶었다.(Br II, 205) 그러나 구름은 호락호락하지 않았다. 게다가 코코슈카가 며칠 머문 킬라니에는 "늙은 마녀"만 있는 것 같았다. 코코슈카는 안나 칼린에게 다음과 같은 말도 서슴없이 했다. "나는 청소하고 젖을 짜고 낚시하고 양을 칠 여자가 있어야 해."(같은 곳) 여행 내내 안나 칼린은 편지를 주고받는 신뢰할 만한 동반자가 되어주었다. 그는 안나 칼린에게 마음을 터놓았다.

코코슈카는 더블린, 옥스퍼드, 런던, 빈을 거쳐 브린디시와 알렉산드리아에 머무르고 1929년 3월에는 카이로에 머물렀다. 카이로에서 그를 위로해준 것은 객실 청소부도 베두인족 여자도 아닌 자신이 그린 스핑크스였다. "스핑크스와 정사를 나누기라도 한 듯" 코코슈카는 자신의 그림을 통해 맨 먼저 위로를 받았다.(Br II, 208) 그다음 코코슈카는 "이집트 미녀"를 그리고자 했는데, "그 미녀가 기꺼이 모델을 서고자 했으나" 아무것도 그릴 수 없었다. 그는 이 버릇없는 미녀에 관해 편지에 다음과 같이 썼다. "나와 단둘이 있고 싶어 하는 그녀에게 오아시스를 제공할 수 없었고 경주에서 이긴 프랑스 은행가의 아들(시인)처럼 롤스로이스를 타고 문 앞에서 기다릴 수도 없었기 때문입니다."(Br II, 213) 곧 예루살렘에 도착한 코코슈카는 호텔 방명록에 다음과 같은 놀라운 글을 썼다. "이 나라로 돌아오는 모든 이에게 이상이 실현되기를 기원한다."(Br II, 210) 코코슈카와 유대인의 관계에 대해서 여기서 언급해야 하겠지만 영국 망명 시절을 다루는 부분에서 자세히 다룰 예정이다. 그는 1929년에 다마스쿠스, 아테네, 이스탄불, 베네치아, 취리히에 이어 스코틀랜드 인버네스, 스트라스글래스에 머무르다 1930년 상반기에 튀니스에 들른 후 로마와 파리에서 더 오래 머물렀다.

다마스쿠스에서 보낸 편지에서 코코슈카는 다음과 같이 술회했다. "지금까지 제 여행은 정말 무의미했습니다. 저는 제 자신과 멀어졌습니다. 진지하게 이슬람교도가 되고 싶기도 했습니다. 이곳에는 매우 아름답고 순수한 시골 처녀도 있습니다."(Br II, 211) 그러나 다마스쿠스에서 코코슈카는 만족하지 못했다. 그는 전쟁 때 '폭격'을 당했던 곳이 완전히 산업도시로 거듭났다고 묘사했다. "약속의 땅" 팔레스타인에서 영국 정부는 수출 증대를 위해 "아름다운 아랍 여성들이 굶주린 대농장의 저임금 노동자로 전락하는" 것을 용인했다.(Br II, 213)

이렇게 끊임없이 떠도는 동안 걸작이 나오지 않았다고 해도 완전히 '결실이 없는' 여행은 아니었다. 스코틀랜드에서 그린 그림은 코코슈카가 '자연을 두려워하는' 사람이었음에도 거친 자연과 싸웠다는 인상적 증거였다.

코코슈카는 1930년 후반에야 비로소 평정심을 되찾고 자신을 (재창조는 아니더라도) 재발견하기 시작했다. 그는 방랑의 대가로 생긴 건강 이상을 안나 칼린에게 털어놓았다. "무언가 할 생각은 하지 않고 끝없이 떠돌아다니며 아무것도 하지 않은 게 나를 미치게 해."(Br II, 222) 어쨌든 코코슈카는 여행에 골몰한 덕분에 고유의 세계상을 형성했고 낯선 사람들과 시각적 그리고 언어적으로 교류하며 고유의 관점을 키웠다. 몇 년 후 코코슈카가 뉴욕에서 상하이까지 전 세계 "대규모 순회 전시회"를 하며 "그림을 그리겠다"고 생각한 것도 이와 같은 맥락이라고 볼 수 있다. 코코슈카는 친구 에렌슈타인에게 보낸 편지에 다음과 같이 썼다. "체코 작곡가 드보르자크의 '신세계 교향곡'과 같은 것을 구상하고 있어. 중요한 인물과 다양한 민족, 시골, 도시 그리고 인간이 만든 모든 건축물을 망라하려고 해."(Br II, 278)

코코슈카는 '이성을 일깨우는 서사시'를 설정하고 세계 지배자를 위한 '교훈적 그림책'을 다시 한번 염두에 둔다. 이런 생각과 관련해 코코슈카는 로버트 브리폴트의 연구서 《어머니The Mothers》(1931)를 탐독했다. 《어머니》는 스위스 인류학자 바흐오펜의 모권설을 새롭게 해석한 책이다. 《어머니》에서 영감을 받은 코코슈카는 '토템과 터부. 어떤 냉소주의자의 사고 훈련Totem und Tabu. Denkübungen eines Zynikers'[13]이라는 주목할 만한 글을 썼다. 친구 알베르트 에렌슈타인 역시 모권설에 관심이 있었는데, 이는 코코슈카의 영향이 다분했을 가능성이 크다. 에렌슈타인은 코코슈카보다 더 오랜 기간 광범위하게 이 주제를 연구하고 발전시켰다.[14] 그런데 이상하게도 지금까지 바흐오펜의 책이 낳은 걸출한 인물 목록에서 코코슈카는 빠져 있었다.[15]

기만의 시대와 정치적 시각

　로마에서 코코슈카는 안나 칼린에게 누드 사진을 보내달라고 했다.
북아프리카 탐험을 마치고 파리에서 보낸 첫 편지에서도 "선명한 사진
과 함께 그야말로 육감적인 편지"를 보내달라고 했다.(Br II. 227) 코코슈
카는 러시아인 미를리를 그리워하며 무엇보다도 영감을 갈망했다. 코
코슈카의 작업실은 파리 들랑브르가에 있었다. 코코슈카에게 제임스
조이스를 소개해준 영국 초상화가 오거스터스 존(1878~1961)의 작업실
보다 위쪽에 있었다. 코코슈카는 오거스터스의 누나 그웬 존의 재능과
예술을 동생보다 더 높이 평가했다.

　코코슈카는 유럽으로 귀환하는 여정에 있었으나 개인적 회유는 아
니었다. 오히려 그 반대였다. 1930년대에 코코슈카는 예술적으로나 정
치적으로나 사람들 앞에 나서는 일이 부쩍 늘었다.

　1931년 초 만하임쿤스트할레는 코코슈카의 대규모 회고전을 열었
다. 막스 리베르만은 코코슈카를 동시대의 "타고난 예술가"라고 했다.
2월에 파리 봉잔갤러리에서 코코슈카는 그림 여섯 점을 선보였는데,
국제 비평가들은 이를 틴토레토와 엘 그레코의 작품과 비교했다. 3월
에 파리 조르주쁘띠갤러리에서 개최한 단독 전시회의 성과는 정점을
찍었다. 따라서 미술상 카시러가 매월 전속 작가에게 지급하는 급여를
대폭 삭감하겠다고 했을 때 코코슈카는 크게 화를 낼 수밖에 없었다.
이는 곧 일부 언론에 통해 알려졌고 카시러와 불화는 분쟁으로 번졌다.
코코슈카는 더 만족스러운 작품을 시장에 내놓으라는 미술상의 요구를
자신이 만족시키지 못했다고 생각했다. 코코슈카가 카시러갤러리 소
유주들에게 보낸 상세한 편지에는 미술품 거래 관행과 간계에 대한 진
솔한 비판이 담겼다. 하지만 그 무렵 다른 편지에서 코코슈카는 자신의

작품을 경제적으로 어떻게 인식하고 있는지 드러냈다. "어쨌든 제 작품을 한 점 사는 것은 그 어떤 국채나 주식 투자보다 더 건전합니다!"(Br II, 240) 이에 대해서는 그가 옳았다.

코코슈카는 어디에 있든 기성 예술가로 여겨졌고 실제로 그랬지만 그 자리에서 벗어나기 위해 늘 대단한 에너지를 소비했다. 코코슈카는 아방가르드 예술가에 속했다. 그는 아방가르드 예술의 고유한 규칙을 잘 알면서도 이를 경멸했다. 코코슈카는 정치적 통찰력을 바탕으로 시민으로서 당당히 목소리를 내기 시작했다. 새 정권이 들어서며 '아리아인 조항'을 근거로 프로이센예술원에서 막스 리베르만을 몰아내려 하자 코코슈카는 1933년 6월 8일 자《프랑크푸르터차이퉁Frankfurter Zeitung》에 '공개서한'을 게재하며 리베르만을 옹호했다. 공개서한에서 코코슈카는 예술가로서 리베르만을 "자유와 빛을 향해 나아간 **총통**"(이보다 더 적절한 표현은 없을 것이다)이라고 칭하며 경의를 표했다. 이는 5월 10일에 있었던 베를린 분서를 암시하는 동시에 "모든 조국은 만물의 어머니인 대지의 품에 뿌리를 두고 있다"는 코코슈카의 신념을 드러냈다. 그는 이렇게 썼다. "어머니에게 이삭과 포도나무, 장미를 받치고 화장용 불이 아닌 기쁨의 불을 피워라."(Br II, 263)

1933년 이전에 코코슈카는 널리 인정받았지만 오스트리아인 사이에서 그리고 독일인 사이에서 불화했다. 1931년 6월에 보낸 편지에 코코슈카는 다음과 같이 썼다. "독일인은 구제 불능이야. 인간의 가치나 개인의 가치에 대한 개념이 없어!"(Br II, 234) 그러나 바로 이어지는 문장에서 반유대적 성향을 보여 우리를 당황스럽게 한다. "유대인 중심의 전 세계를 상대로 대공세를 펼칠 거야! '성스러운 미사'를 그려서 이교도적 모티브를 모두 제거하고 새롭게 시작하려고 해. 교황은 나쁜만이 아니라 상업적 사고를 하고 속물근성을 지닌 자를 죄다 파문할 거야."

(Br II, 234) 그러고 나서 '엘리 엘리 라마사박다니'*를 본떠 "어찌하여 사람들은 나를 버리는가"라고 한다. 이 모든 말이 파리 14구 카멜리아빌라에서 '콜리브리' 알리체 라만에게 보낸 편지에 등장한다. 1932년 10월에 코코슈카는 독일과 프랑스 간 소통에 이바지하고자 막스 리베르만의 작품을 파리에서 전시할 것을 제안했지만 실패로 돌아갔다.

코코슈카는 오스트리아인과 독일인은 심성상 예술에 뿌리 깊은 적대감이 있다고 믿었고 이 때문에 괴로워했다. 코코슈카는 위안을 얻기 위해 베네치아에서 친구 피르크하이머에게 뒤러의 말을 인용하여 다음과 같이 써 보냈다. "나는 여기서는 신사지만 독일에서는 기생충이라네."(Br II, 242) 조형예술 작품은 여느 예술 작품보다 미술상에 많이 의존한다(그래서 값도 엄청나게 뛴다!).

1932~1938년 사이 코코슈카는 이전과 달리 연설과 글로 정치적 견해를 심도 있게 표명했다. 이 같은 활동은 주로 빈에서 이루어졌지만 1934년 이후에는 주무대를 프라하로 옮겼다. 코코슈카는 코메니우스에서 토머스 페인과 제러미 벤담에 이르기까지, 정치 이론에서 사회교육학에 이르기까지 다양한 분야에 걸쳐 열정과 전문성을 발휘했다. 현대 조형예술가나 기성 아방가르드 예술가 중 이토록 뛰어난 역량을 발휘하며 정치적 발언을 한 인물은 없었다. 거친 말투와 모호한 표현으로 폭언에 가까웠던 편지는 에세이에서 날카로운 윤곽을 드러낸다. 1932년 5월에 에렌슈타인에게 보낸 편지에서 코코슈카는 다음과 같이 말했다. "4~5년 전만 해도 정색하며 내게 퍼부어대던 무솔리니가 베네치아에서 내 그림을 보고 경탄하자 《베를리너타크블라트》는 내가 정치적으로 연루되었을까 우려한다."(Br II, 255) 코코슈카는 모계사회에 관한 관

• eli-eli-lamaasabtani. "하나님, 하나님, 어찌하여 저를 버리셨나이까"라는 마태복음 27장 46절의 말이다.

184

심을 알리체 라만에게 일차원적 용어로 설명했다. "나는 항상 여성에 의해 새롭게 창조되지. 충실한 여성이 얼마나 큰 힘을 발휘하는지 몰라!"(Br II, 252) 1934년에 오스트리아의 신분제국가에 대한 코코슈카의 개인적 의견도 가볍게 들린다.

> 기독교 신앙 고백으로 시작해 뺨치기춤 공연으로 이어지는 오스트리아 헌법은 "오른뺨을 때리거든 왼뺨도 내밀라"는 성경의 말씀을 극화한 것입니다. 공식 기적으로 인정받은 이 극은 남자들이 연기를 펼치는 희극입니다!(Br II, 274)

빈으로 돌아갈 때면 코코슈카는 당연히 알마를 떠올렸다. 코코슈카는 빈에서 알베르트 에렌슈타인에게 다음과 같은 편지를 썼다. "베르펠은 60만 실링을 들여 호엔바르테에 말 그대로 궁전을 지어 말러 부인에게 바쳤더군. 다들 잘 나가는데 나만 죽을 지경이야!"(Br II, 269) 그래도 코코슈카가 가장 오래 버텼다. 이는 오스트리아가 어디로 향하고 있는지 그가 남들보다 일찍 알아차린 덕분이었다. 하지만 코코슈카가 카카니아Kakania, 즉 제국적인 동시에 왕국적인 오스트리아의 잔재를 비판할 때 간과해서는 안 될 게 있는데, 그가 애국자라는 사실이다. 바로 이같은 애국심으로 1938년 봄에 코코슈카는 독일제국의 오스트리아 합병이 국제법 위반임을 항의는 다섯 쪽 분량의 문서를 작성하기에 이른다. 이 문서는 민간인 신분으로 '슈슈니크 정권하의 오스트리아가 법을 벗어난 상황에 관한 결정을 헤이그 상설중재재판소에 요청하는 청원서Ansuchen an den Haager Schiedsgerichtshof um eine Feststellung des Ex-lex-Zustandes in Österreich unter dem Regime des Herrn von Schuschnigg'였다. 이 예술가가 1938년에도 국제법을 이용하여 정치적, 이데올로기적 독재에 반대할 수 있다고 믿었다고 해서 맹목적이었다고 해서는 안 된다. 코코슈카는 토머스 페인의 정치 이론과 인권에 대한 태도에서 직접 합법성과 정당성을 끌어냈다.

코코슈카는 오랫동안 '기만의 시대'로 여겨온 이 시대에 정치적 관점을 명확히 해야 한다고 생각했다. 그는 이를 도덕적 의義로 여겼다. 코코슈카가 1970년에 마지막으로 런던을 방문했을 때 언스트 곰브리치는 "이 시대는 가장 어리석은 시대"라고 말했다고 한다.[16] 곰브리치는 주로 무분별하게 가속화하는 기술 발전과 사라져가는 수공업, 박탈당하는 독자적 사고를 지적했다.

1930년대 예술과 정치에 관한 코코슈카의 진술은 내용상 서로 겹친다. 이는 인본주의 원칙에 기반한 교육 개혁, 다시 말해 자유로운 공존이라는 의미에서 인식의 변화를 호소하는 등 다양한 맥락에서 특정 표현과 논제를 반복한 데서 분명히 드러난다. 1931~1938년 빈과 프라하에서 쓴 성명서나 라디오 강연, 의견서, 에세이(일부는 논문과 유사함) 등은 종합적으로 다뤄야 한다. 코코슈카는 이런 글들을 쓰기 위해 사전에 매우 치밀하게 연구했다. 1926년에 코코슈카는 빅토르 폰 바이츠제커의 강의록《정신 치료와 지도Seelenbehandlung und Seelenführung》를 집중적으로 연구했다. 사본에 코코슈카가 남긴 흔적을 보면 인류학자이자 정신신체의학의 대가인 이 학자의 논문을 자세히 분석했음을 알 수 있다. 바이츠제커는 책에서 경험은 생물학적 발달을 재구성하여 지적으로 반복한다고 주장한다. 바이츠제커는 세 번째 강의에서 "교육자를 뒤흔드는 경험 중 하나는 학생이 교육자의 개척자가 될 수 있다"는 것이라고 한다. 바이츠제커에 따르면 어머니와 원초적 유대감에서만 "충동적 힘과 의미 있는 정신이 분리되지 않는다".[17] 코코슈카는 이에 동의를 표시했다. 이 분리는 어머니가 아닌 교육자로부터 학생이 분리되는 주된 이

186

유다.

이제 앞에서 언급한 '토템과 터부. 어떤 냉소주의자의 사고 훈련'(1933)을 좀더 자세히 살펴보자. 지그문트 프로이트의 동명의 논문[18]이 발표된 지 20년 후에 쓰인 이 글은 코코슈카가 프로이트를 긍정적으로 논평한 글 중 하나다. 나중에 코코슈카는 초기 그림들이 프로이트의 정신분석에 가깝다는 말을 듣자 "걸핏하면 프로이트야!"라며 짜증을 냈다.[19] 코코슈카가 프로이트의 책을 처음 읽은 시기는 1930년 무렵일 것이다. 어쨌든 《토템과 터부》를 읽은 코코슈카는 사람들이 프로이트의 "신경증과 충동", "꿈 연구, 정신병리학, 정신분석학적 자아 연구와 성격 연구의 성과"를 "인문학 분야"인 "민족학, 인류학, 민족심리학, 사회학, 신화학, 종교학, 문화심리학, 교육학"에 적용하면 유용하겠다고 생각한다.(DSW IV, 53)

'사고 훈련'은 코코슈카가 자칭 '냉소주의자'가 아니라 문화철학적 담론과 정치 담론에 익숙해지고자 한 예술가임을 보여준다. 코코슈카의 교육 원칙은 초등학교의 개선, 즉 학생이 "스스로 생각할 수 있는" 언어를 가르쳐야 한다는 목표에서 출발했다. '토템과 터부'에서 그는 말하기와 사고의 상호 연관성 그리고 개인의 말과 사회적 의사소통 사이 상호작용의 역사적 발전에 초점을 맞추면서 "이제 '나'와 '너'가 아니라 '그것'이 첫 대명사로 등장한다"라고 주장할 때 프로이트의 용어를 논리적으로 사용하기도 한다.(DSW IV, 46) 하지만 무엇보다 코코슈카는 국가 원리의 상대화를 염두에 둔다. 코코슈카는 '주권국가'라는 말에서 모든 개성을 침해하는 "총통 원칙"의 토대가 마련되고 있다고 본다.(DSW IV, 56) 이 원칙은 일신교와 '모성'을 억압하기 위해 고안된 "남

• 국내에서는 《종교의 기원》이라는 제목으로 출간되었다.

성 우월주의의 인간 살해 신화"에 의해 뒷받침된다. 코코슈카는 교육학자로서 코메니우스에 기초한 초등교육의 세계화뿐만 아니라 메리 울스턴크래프트의《여성의 권리 옹호》(1792) 역시 살펴보자고 한다. 코코슈카는 이 책을 프랑스혁명에 비견했다. 그는 당시 시대에 대해 다음과같이 썼다.

세계대전이 발발한 지 20년이 지나고 수백만 명의 이름 모를 군인이 법이요구하는 대로 누워 있는 전장에서 계몽을 전파해야 할 대학은 민주주의의파산과 국가의 신화, 신분제의 부활을 설교하고 있다.(DSWIV, 57)

이 무렵 코코슈카는 프로이트나 제임스 프레이저, 존 스튜어트 밀(《여성의 종속》, 1869)뿐만 아니라 카를 슈미트의 책도 읽었던 것으로 보인다. 코코슈카는 무엇보다도 토머스 페인의 영향으로 '복지국가'라는 개념에집중했다. 코코슈카는 1년 후인 1934년에 이에 대해 연설하고 오스트리아 엥겔베르트 돌푸스의 가톨릭적 신분제국가와 그 권위주의적 성향을 원칙에 따라 비판하려 했다.

코코슈카는 정치적으로 곤경에 처하면서 지적 호기심이 더욱 왕성해졌다. 그는 페인에게서 개성을 존중할 뿐만 아니라 장려하는 인권 원칙에 따라 지속해서 발전한 사회의식의 형태를 발견하고 관심을 가졌다. 코코슈카는 "지각의 다발로서 나"라는 흄의 "경험적이고 인상적인견해"에 매료되었고 이에 직접 공감했다. 코코슈카는 독단주의에 반대하는 흄의 입장에 대한 근거를 정확하게 인식했다. 아울러 코코슈카는 높이 칭송받는 과학이 항상 객관적 견해에 부합하는지 의심했다. 오히려 그는 과학을 이데올로기적 사고의 제공처로 보았다. 그는 과학이 "현실을 소홀히 하고 개념의 상像을 배양하는" 경향을 말하며 국가의 정치적, 이데올로기적 목적을 조장한다고 했다.(DSW IV, 70) 이런 점에서 1934년에 나치 독일에서 벌어지고 있는 일로 코코슈카는 국경을 초월한 비판적 시각을 키울 수 있었다. 그는 오스트리아처럼 정통 종교적 태도를 지향하는 신분제국가 역시 국가사회주의와 같은 이데올로기에 문을 활짝 열어줄 것이라고 보았다.

코코슈카는 토머스 페인에 관한 에세이에서 다방면으로 자신에게 영감을 준 철학자 한스 파이잉거(1852~1933)와 1920년대에 널리 읽힌 철학서 중 하나인 그의《의제擬制로서의 철학Philosophie des Als Ob》(1911)을 언급한다.[20] 파이잉거는 독실한 칸트주의자로서 1904년에 최초로 독일칸트학회를 설립했다. 그는 과학 세계의 허상을 해석으로 축소해서 파악했다. "세계에 대한 인간의 표상 구성체는 모순으로 가득한 거대한 허구의 조직이다. 이는 실제적 목적의 과학적 날조 또는 현실과의 일치가 애당초 배제된 부적절하고 주관적, 상징적 표상 방식으로 이루어져 있다."[21]

여기에서 코코슈카는 근대 국가가 과학적 허구를 이용했으며, 그 중 가장 큰 허구는 주권에 대한 믿음이라는 결론을 이끌어낸다. 코코슈카는 에세이《이중 권리Zweierlei Recht》(1935)에서 설명했듯, 주권에 대한 믿음을 전체주의국가와 폭력 숭배를 향한 첫걸음으로 보았다. 코코슈카는 "피와 흙의 신화를 선거철에만 종種 개념의 기초로 삼는 것이 비극적인 결과 없이 지속할 수 있는가"라고 깊은 우려를 표했다.(DSW IV, 119) 기계화의 증가로 국가는 "박애주의 원칙"에 반하는 '기계'를 배치하게 되었다.(DSW IV, 121) 코코슈카의 정치적 통찰력을 부정할 수는 없는 문장들이다.

코코슈카는 헤겔에게서 비롯한 지속적인 "국가 신격화"에 단호히 반대했으며, "근대 국가"에서 '불합리함'을 보았다.(DSW IV, 190) 제러미 벤담과 함께 코코슈카는 제국주의 시대에도 전례가 없는 규모의 전체주의를 허용하는 "인위적 상부구조"인 복지 원칙(1935/1936)에 작별을 고하면서 국가 물신주의에 맞서 싸웠다. 따라서 코코슈카는 파시스트 이탈리아가 유럽 초강대국의 반열에 오르고자 감행했던 1935년의 '아비시니아(지금의 에티오피아) 모험'으로부터 국제연맹이 무엇을 배울 수 있을지 물으며 다음과 같이 말했다.

> 제국 수학은 애국정신과 뒤섞어 탄도곡선 계산을 교육 과정에 넣었으나 국가 군수산업이 사라예보의 총성 덕분에 세계대전 사상자 1인당 2만 달러를 벌었다는 사실을 언급하는 데는 관심이 없다.(DSW IV, 157)

코코슈카는 권력정치가 황당무계한 논리로 비인간적 행위를 일삼는 것을 신랄하게 비난했다. 그는 요한 아모스 코메니우스의 '빛의 길'과 자신이 세운 평화 정착을 위한 민중 국제 교육 계획만이 권력정치의 기만에서 벗어나게 한다고 생각했다. 이는 이제 《세계도해》의 이상에 이어 코코슈카의 인식 속에 자리 잡았다. 그에 따르면 엘레우시스 신비의식의 '어머니들'이 다시 발언권을 가져야 한다.(DSW IV, 82) 그는 1934년에 부다페스트에서 행한 강연에서 어머니들이 초등학교에서 가르쳐야 한다고 말했다. 같은 해에 그는 오스트리아공작연맹에서 한 강연에서도 비슷한 견해를 밝혔다. 당시 빈은 내전과 같은 상황이었다. 아돌프 로스의 권고에 따라 교외에 건설된 노동자 주택단지를 부르주아 진영이 '공산주의 요새'로 의심하자 이 주택단지에 발포한 사건이 벌어졌다. 코코슈카는 회고록에서 이 끔찍한 분쟁으로 어머니가 심리적으로 충격을 받아 사망했다고 주장하기까지 한다.

1970년대에 코코슈카는 40년 전에 쓴 이 글들을 다시 검토하지만 크게 고치지는 않고 몇 군데에 제목만 새로 붙였다. 이는 이 글들이 시사성은 떨어질지라도 중요성은 여전하다고 그가 확신하고 있었음을 말해준다. 1930년대에 코코슈카가 코메니우스로부터 도출한 테제와 로베르트 융크와 루트비히 폰 프리데부르크의 평화 교육 개념을 연관 짓기란 어렵지 않을 것이다. 이 노력의 절박함이 이제는 낡아버렸다고 누가 감히 주장하겠는가?

토마스 만과 오스카 코코슈카

"저는 토마스 만을 그린 적이 없습니다. 다윗 전설에 들어갈 삽화를 두 장 정도 그리려다 포기했는데, 제가 원고를 돌려보낼 때 썼듯이 만의 독일어보다 루터 성경의 독일어를 더 좋아했기 때문입니다."(Br Ⅳ, 222) 1969/1970년에 코코슈카가 미술 출판업자 에른스트 라테나우(전 제국 외무부 장관의 사촌)에게 쓴 편지에서 한 이 말은 1933년에 토마스 만이 이 예술가를 극찬한 말만큼이나 놀랍다. 에른스트 라테나우는 1935~1977년 코코슈카의 그림을 다섯 권의 책으로 출판했다.

코코슈카가 잘못 기억하는 게 있다. 먼저 '다윗 전설'에 들어갈 삽화가 아니라 《요셉과 그 형제들》이라는 전체 4부작 소설의 첫 권에 들어갈 삽화에 관한 문제였다. 다음은 '원고를 돌려보낼 때 썼듯이'라고 했지만 코코슈카가 토마스 만의 독일어를 두고 논쟁을 벌인 편지는 전해지지 않으며, 작가의 일기에도 관련 내용이 남아 있지 않다. 따라서 원고를 돌려보낼 때 썼다는 글은 쓰이지 않았을 것이다. 하지만 최근에 코코슈카가 토마스 만에게 보낸 편지 한 통이 발견되었다. 이 편지는 1934년 1월 15일부터 2월 6일까지 코코슈카가 머물렀던 부다페스트에 있는 헝가리라는 그랜드호텔에서 쓰인 것으로 추정한다. 토마스 만은 1월 20일에 이 편지에 "몹시 불편한" 심기로 답장을 보냈다고 일기에 썼지만 이는 망명 초기의 일반적 상황과 관련한 언급으로 보인다.[22] 삽화는《요셉과 그 형제들》1부 '야곱 이야기' 중 4장 '도망'에 들어갈 그림이었다. 〈이삭의 죽음Jizchaks Tod〉은 '울부짖음Urgeblök'의 내용을 바탕으로, 〈야곱과 라헬Jaakob und Rahel〉은 '야곱이 라반에게 가다Jaakob kommt zu Laban'의 내용을 바탕으로 그렸다. 삽화와 인용문은 토마스 만이 쓴 코코슈카에 관한 글과 함께《비너쿤스트반더러Der Wiener Kunstwanderer》[23]라는 잡지에 실렸다. 잡지는 미술사가 볼프강 보른(1893~1949)이 만과 코코슈카에게 헌정하고자 기획한 기념호였다. 만의 글은 보른에게 보내는 편지글로 쓰였다. 보른은 1921년에《베네치아에서의 죽음》의 삽화를 작업한 이후 만과 계속 연락해왔다.[24]

오스카 코코슈카와 토마스 만의 만남은 '순간의 인간'과 '청각형 인간'의 만남이었으므로 오해는 불가피했을까? 아니면 이 진부한 대비를 폭로하지는 않더라도 인위적이고 예술에 적합하지 않다고 상대화하는 자료를 우리가 보고 있는 것일까?[25] 보른은 방향을 제시하는 짧은 머리말에서 출신과 성장 과정이 극명하게 다른 두 예술가를 비교한다. 보른은 "두 사람은 익숙해진 생활권에서 벗어나 거의 동시에 동양에서 새로운 경험의 원천을 찾기 위해 떠났다"라고 한다. 무엇이 둘을 그렇게 만들었을까? 이는 동양에서 꽤 오래 체류한 데서 알 수 있듯이 예술가로서의 발전 과정이라기보다는 자신의 한계를 벗어나려는 내적 욕구였던 게 분명하다. 이어서 보른은 다음과 같이 말한다.

토마스 만이 성경 속 요셉에 관한 소설의 무대인 이집트와 시리아를 여행한 지 5년이 지났을 때다. 거의 비슷한 시기에 코코슈카는 사하라사막 가장자리에서 베두인족을, 팔레스타인에서 성스러운 예루살렘의 풍경화를 그렸다. 괴테는《서동시집》에서 동양과 서양은 더는 분리될 수 없다고 사람들에게 가르쳤다. 경계를 허물고 세계시민이 되어야 한다는 매우 낭만적인 생각이었다.[26]

19세기는 "이런 전망을 충분히 보여주지 않았다". "자족自足의 선구자들"(일명 민족주의자들)은 "힘들게 건설한 댐의 범람에 맞서 처절하게" 싸웠다. 이와 달리 코코슈카는 그림과 드로잉으로, 만은《요셉과 그 형제들》1권으로 괴테의 유산을 영속화할 수 있었다고 보른은 말한다.

전해지는 바에 따르면 보른은 '화가와 시인' 사이에서 중개자였던 게 분명하다. 이런 소통을 하게 된 계기가 무엇이었는지는 아직 어둠 속에 남아 있다.

토마스 만은 1933년 11월 9일 일기에 다음과 같이 적었다.

> 빈에서 보른에게 편지가 왔다. 코코슈카에 관한 편지글에 감사하며 예술가에게 좋은 영향을 주었다고 했다. 독일에서 그의 그림은 '공포의 방'*이라 불리는 특별 전시회에 걸렸다. 그는 경제적 어려움에 시달렸다. 미술상 P. 카시러와 결별 후 몹시 상심했다. 그는 야곱 그림을 그리고 찢기를 반복했고 불안감에 사로잡혔다. 보른의 말에 따르면 그는 자꾸 덧그려서 훌륭한 그림을 망쳐버렸다.[27]

당시 토마스 만은 '야곱 이야기'에 실릴 삽화 두 점을 아직 보지 못한 상태였다. 만은 경솔하게 "《요셉과 그 형제들》 전4권에 삽화가 들어갈

● 1933년에 들어선 나치 정부는 현대미술이 얼마나 타락했는지 보여주고자 압수한 작품으로 전시회를 개회했는데, 그 특별 전회 제목이다. 이후 1937년부터 '퇴폐미술전'으로 본격화되었다.

수도 있습니다"라는 말로 코코슈카의 예술에 관한 편지글을 끝냈다. 만은 코코슈카의 최신 그림을 보지 않아도 《요셉과 그 형제들》에 대한 더 많은 그림을 누가 원하는지" 알았다.[28] 그래서 만이 코코슈카의 두 그림을 실제로 보았을 때 실망은 이루 말할 수 없이 컸다. 만은 일기에 이렇게 썼다. "《비너쿤스트반더러》에 내 편지와 함께 코코슈카의 그림이 실렸다. 코코슈카는 이삭의 죽음과 우물가의 라헬을 그렸다. 첫 번째 그림은 기묘하고 두 번째 그림은 낯설고 어울리지 않았다."[29]

편지에서 밝혔다시피 만은 '오래전부터' 이 예술가를 "현대 회화의 화신"으로 인정했지만 그 열광이 사그라들었다. 토마스 만이 현대 조형 예술가에게 바친 이 같은 열렬한 고백은 매우 이례적이어서 코코슈카에 관한 이 편지는 좀더 살펴볼 만하다.

1933년 가을까지 토마스 만의 작품에서 코코슈카를 집중적으로 고찰했다는 단서는 찾을 수 없다. 그러나 만이 이 예술가의 작품을 언급한 몇몇 내용을 보면 근거가 있는데, 이는 일시적 기회나 친목 활동이 아니라 실제로 '오랜 시간 동안' 내면에서 무르익은 통찰이라는 인상을 준다. 토마스 만은 곧바로 자신이 코코슈카에게 그토록 매료된 이유를 자세히 설명한다.

나는 오늘날 회화 예술을 주로 코코슈카의 작품을 통해 사랑하고 배우며 찬탄합니다. 우선 그것은 단순히 시각 문제입니다. 그는 색채와 형태에 대한 감각적 매력이 있습니다. 그의 그림은 **세계를 장식**하는 듯한 즐거운 인상을 주고 이기적 바람을 품게 합니다. 그의 그림 한 점으로 나의 **삶을 장식**하거나 매일 **눈요깃감**으로 소유하고 싶은 욕망이 생깁니다.(X, 914. 강조는 저자)

앞에서 말한 대로 여기서 토마스 만의 예술에 대한 이해를 논하려는 게 아니다. 여기서 중요한 점은 만이 코코슈카를 어떻게 보았느냐다. 이는 상징적이고 구체적인 의미에서의 소유욕으로 특징지어지는데, 이러한 예술 경험은 매력적이지만 그것 자체로는 단지 세계와 자신의 '장식'에 불과하다. 만에게 코코슈카의 그림은 고유한 세계가 아니다. 그것은 눈으로 음미하며 (성경 속 양 대신) 영감을 얻는 데 도움을 주는 역할을 한다.

나는 코코슈카의 그림이 보여주는 고귀한 색채를 좋아합니다. 나는 그의 회화 속 색조의 다중성을 좋아합니다. 나는 그가 보여주는 대담하고 웅대한 구도를 좋아합니다. 나는 그가 1927년에 그린 〈리옹Lyon〉처럼 아주 가까운 근접감과 실재감 있는 전경에서 시작해 희미한 황혼의 원경으로 흐르는 강과 거리가 보여주는 멋진 곡선을 좋아합니다.(같은 곳)

만은 코코슈카의 독특한 표현 방식에 흥미를 느꼈다. 이러한 특징은 코코슈카가 손강 상류 자르뎅드샤트룩스 정원에서 그린 리옹의 모습에서 정확히 나타난다. 코코슈카는 풍경화에서 원근의 긴장감을 형태(〈리옹〉에서는 곡선)와 색조 변화를 통해 완벽히 포착하고 강조하는 게 특징이다.

감각적 동의와 만족에는 정신적 이유가 있음을 금세 깨달았습니다. 낭만주의자가 좋아해 마지않는 말로 반복하자면 이는 공감, 특정 문화적 소망, 욕구, 경향과의 조화입니다. 나는 그림에서 개성이 어우러지는 데 대한 동의를 발견했습니다. 종종 어울릴 수 없는 것으로 묘사되는 요소와 영역을 마치 꿈속에서처럼 쉽고 자연스럽고 장난스럽게 조화시키는 데 동의를 이끌어냅니다. 이를 간결하고 유머러스하게 표현하면 문명화한 마술이라 하겠

습니다. 코코슈카는 그림을 통해 문명화한 마술을 선보이는 것 같습니다.(X, 914~915)

당시 토마스 만은 개인적으로 코코슈카를 알지 못했고 이후에도 서로를 알아갈 기회가 없었다. 그런데도 토마스 만은 자신보다 열한 살 어린 예술가와 선택적 연관이 있다고 주장한다. 감각은 정신적 전제 조건에 기반할 때만 가치가 있다. 토마스 만은 이 기본 신념을 코코슈카의 작품을 감상하는 데 적용했다. 만은 언제나 사고나 서술 과정을 한 단어나 하나의 관용어로 응축하는 것을 중요시했는데, 여기서는 '문명화한 마술'이라는 구절을 만들어냈다. 만의 텍스트에서 이 말은 코코슈카의 작품과 자신의 작품 사이의 교두보 또는 교차점이 된다. 문명화한 마술은 조형예술에서 나오므로《요셉과 그 형제들》과 같은 "신화와 심리학의 통일"에 기여한 책을 '그림으로 장식'할 수도 있다.

여기 선구적인 창조자가 있습니다. 그는 삶이 부여한 발전 단계를 충실히 따라 과거로 역행하는 오만이나 원시적 대상에 대한 천박한 갈망 없이 보면서 관찰자로 존재합니다. 그는 부인할 수 없는 높은 교양과 늦된 미적 감각 덕분에 선구적 창조자가 됩니다. 그는 능숙한 몽상가이자 치밀한 상상력을 가진 대가입니다. 그의 마술적 작품에서 현실은 정신을 투시하고 정신은 자연이 됩니다. 한마디로 그는 지식인도 무지한 존재도 아닌 예술가입니다.(X, 915)

토마스 만이 코코슈카 작품의 특징으로 꼽는 보면서 관찰자가 된다는 것은 사실상 예술가의 핵심 관심사다. 이는 정밀함과 몽환적 환상의 특수한 혼합에도 적용되며, 정신을 위해 대상을 '문명화한 행동'에 따라

'투명하게' 변형하는 데도 적용된다.

유명 인사에게 **이러한** 평가를 받은 코코슈카가 얼마나 고무되었을지는 쉽게 짐작할 수 있다. 앞서 언급한 여섯 쪽에 달하는 코코슈카의 답장은 이 예술가가 36년 후에 회고한 내용과 전혀 맞지 않았다. 독일에서 망명한 노벨문학상 수상자에게 독일어 수준을 운운하며 의문을 표한 이 편지에서 정작 본인은 어색한 표현과 오자투성이의 독일어를 사용한 점은 아이러니한 대목이다. 이 편지는 당시(1934년 초) 코코슈카가 어떤 생각을 하고 있었는지 엿볼 수 있는 중요한 단서를 제공하므로 여기에 전문을 인용해본다. 말 그대로 붓 가는 대로 쓰인 글이다.

부다페스트 그랜드호텔 헝가리아[30]

[날짜 없음]

몹시 존경하는 토마스 만에게,

저에 관한 귀하의 호의적 편지가 몇 주 전에 발표되었습니다. 귀하는 이에 관한 평을 여러 곳에서 들었을 것입니다. 가장 놀란 당사자는 뭐라 덧붙여야 할지 모르겠습니다. 얼마나 기쁘고 놀랐는지 귀하의 호의와 통찰에 드릴 말씀이 없습니다.

| 2쪽 |

그만큼 제게는 뜻밖의 일이었습니다. 친애하는 토마스 만 님, 귀하가 저의 삶에 대해 많이 알고 있어서 제 존재가 뿌리까지 흔들렸습니다. 두 번째 시각을 지닌 사람이나 알 수 있을 법한 구체적인 사실이었습니다. 귀하의 말씀 덕분에 저는 긍지와 행복을 느꼈습니다. 이 말씀은 꼭 드려야겠습니다.

| 3쪽 |

제가 이해할 수 있는 한 그림, 형태, 느낌, 비전을 다루는 사람의 고립이 지금처럼 심한 적은 없었습니다. 구분의 벽이 얇아질수록 그 경계는 더 엄격하고 냉혹하게 그어집니다. 예술가가 넘어서야 할 문화적 경계를 넘어서면 천덕꾸러기나 바보나 성자로 보일 수 있습니다. 소설《요셉과 그 형제들》에서 귀하는 영원한 인간의 풍경을 묘사하며 과거의 소재로 미래를 생생하게 만들었습니다. 문화는 이제 오늘에만 머무르지 않습니다.

| 4쪽 |

귀하의 즉흥적 의견 표명, 즉 "너무 단편적인" 작업이라는 말은 유감입니다! 항상 제 한계를 알고 싶은 유혹에서 또 다시 아직 맨살이 아닌 살갗을 벗겨내면서 저는 수치심과 정직 때문에 제가 제 이름으로 살고 매일 손 밑에서, 눈앞에서 죽고 먼지 덮인 어제로 사라지는 사람임을 인정하지 못하고 있습니다! 저를 뒤흔들어놓은 메아리가 그렇습니다. 저는 인간 품성의 변경으로 달아나면서 가장자리에는 결코 있은 적이 없습니다.

| 5쪽 |

귀하의 요셉 이야기는 이미 미래입니다. 진통, 즉 이제는 극복하려고 하지 않고 잉태에 저항하려고도 하지 않고 잉태하고 출산해야 하는 인류의 외침, 탄생의 외침이 벌써 들립니다.

| 6쪽 |

단순명쾌한 귀하가 저의 횡설수설을 알아들어주신다면 저는 매우 행복할 것입니다.
귀하의 얼굴 윤곽을 그릴 수 있다면 기쁠 것입니다. 귀하가 편지에 넌지시

비춘 말은 약속 같은 것입니까?

제가 마음속으로 느낀 고마움을 호의적으로 받아주시기를 정중히 부탁드립니다.

오스카 코코슈카 드림

코코슈카는 자신이 인정받고 이해받고 있다고 느꼈다. 스스로 볼 때도 드물게 '횡설수설'할 정도였다. 그는 자신을 '고립된' 예술가라고 생각하며 토마스 만에게서 가장 미묘한 해석자의 모습을 발견한다. 한편 코코슈카는 '요셉 이야기'에서 인류의 '진통' 소리를 듣는다. 성서 신화를 바탕으로 한 이 성장 소설은 자신이 생각하는 인류의 이상에 대한 문학적 대응물처럼 보였을지도 모른다.

토마스 만은 코코슈카를 평가하면서 '이성과 꿈'이 만나 결합하는 조형예술가의 이상으로 개념화했다. 하지만 코코슈카는 자신을 토마스 만 앞에서 허물을 벗은 듯 완전히 취약한 모습으로 묘사했다. '저는 수치심과 정직 때문에 제가 제 이름으로 살고 매일 손 밑에서, 눈앞에서 죽고 먼지 덮인 어제로 사라지는 사람임을 인정하지 못하고 있습니다!' 토마스 만은 이 고백을 통해 볼프강 보른에게서 전해 들은 당시 코코슈카의 심신 상태를 확인했을지도 모른다. 그 말에서 자신을 불안해하는 사람, 자신의 죽음을 지켜보는 사람이 보였기 때문이다.

이상하게도 이후 토마스 만은 코코슈카에 관심을 잃었고 코코슈카 역시 마찬가지였다. 그러나 만의 일기에는 두 사람이 부지불식간에 돌푸스의 오스트리아 파시즘에 대해서는 같은 생각이었음을 보여주는 대목이 있다. 1934년 2월 13일에 만은 코코슈카의 견해와 거의 동일하게 오스트리아 파시즘에 대해 다음과 같은 글을 남겼다.

돌푸스는 마르크스주의를 억누름으로써 '군대를 해방해 나치와 싸우게' 하려 한다. 시민 언론은 군사 수단을 총동원하여 쟁취한 국가권력을 찬양한다. 나치에 적대적인 정부가 정식 동맹국을 파괴하는 것은 미친 짓 같고 시민의 태도는 독일과 마찬가지로 어리석기 짝이 없다.[31]

이 두 가지 바보 같은 짓 때문에 코코슈카는 오스트리아를 떠나려 했다.

창밖의 프라하

코코슈카는 몇 주만 머무르려고 했다.[32] 다음번 여행지로 아시아, 즉 몽골과 중국을 염두에 두었다. 그러나 코코슈카는 4년 동안 프라하에 머문다. 프라하에서 정치 활동과 예술 자산을 늘리고자 했다. 정치적 발언과 예술적 신조를 곧 하나로 만드는 능력을 발휘하려는 생각으로 가득 차 있었다. 하지만 빈에 두고 온 것들도 생각해야 했다. 빚과 오스트리아의 절망적 상황은 말할 것도 없고 돌아가신 부모님의 집(빈 16구 리프하르츠탈)에 있는 동생 보히도 걱정되었다. 이곳 프라하에서 근처에 사는 여동생도 신경 써야 했다. 한편 프라하에서 코코슈카는 뜻밖의 행운을 얻었다. 프라하에서 코코슈카의 새로운 삶은 기이한 사건으로 시작된다.

나는 1934년 늦여름에 프라하에 왔다. 먼저 나는 (…) 매일 쐐기풀을 잔뜩 사서 배달시켰다. 쐐기풀은 내가 파리에서부터 앓던 류머티즘에 특효로 민간에 잘 알려져 있다. 아침 일찍 쐐기풀을 바닥에 깔고 물집이 잡힐 때까지 알몸으로 굴렀다. 2주 후 자극에 무감각해졌고 쐐기풀은 효과가 없었지만

200

류머티즘은 완치되었다.(ML, 238~239)

코코슈카는 언제나 과감한 요법을 택했으므로 이는 믿을 만한 이야기다. 그는 팔코프스키의 고급 주택에서도 이런 이야기를 했을까? 팔코프스키는 카시러갤러리를 통해 코코슈카를 알게 되었다. 그는 이제 거의 쉰 살이 다 되어가는 이 예술가의 작품을 높이 샀다. 이 대목은 빈 호에 바르테에 있는 카를 몰의 집에서의 한 장면과 겹친다. 손님은 집주인의 의붓딸과 사랑에 빠졌다. 그러나 이번에는 소문이 파다한 팜파탈이 아니라 예술사를 좋아하는 풋내기 법률가 올다에게 반했다. 처음부터 격정적이지는 않았지만 진정한 치료제는 쐐기풀이 아닌 올다였다.

올다의 존재를 가장 먼저 알게 된 사람은 멀리 런던에 있는 애인 안나 칼린이다. 마침 올다가 런던으로 여행을 떠날 참이었기 때문이다. 코코슈카는 자신의 미를리가 다음과 같은 일을 해주기를 기대했다.

> 팔코프스카 양이 조만간 처음으로 런던에 가서 당신 집 근처에 있는 친구 집에 머무를 계획이야. 팔코프스카 양은 키가 2미터에 스무 살 난 예의 바른 아가씨야. 그녀가 당신에게 안내나 보호를 요청하면 도와주겠어? 팔코프스카 양이 길을 잘못 들면 가르쳐주고 사람들이 잘 모르는 삶에 대해 말해줘. 그녀를 내 마지막 날을 지켜줄 여성 중 하나로 받아줘.(Br III, 19)

편지에서 알 수 있듯이 여성은 코코슈카의 '지원자'다. 편지 끝에서 그는 미를리에게 "누드 사진"을 보내달라고 거듭 부탁하는데, 이는 다음 번 편지에서 더욱 간곡해진다. "누드 사진을 보내달라"는 말은 한동안 안나에게 보내는 편지에 후렴구처럼 반복된다. 우리는 누드 사진을 찾으려고 그의 유물을 뒤져보지 않았고, 키가 작은 편인 안나 칼린이 2미터 장신의 젊고 미숙한 라이벌에게 여성성의 신성함을 소개하고 이 위대한 예술가의 '지원자'로 선택받는 여성이라는 것의 의미를 전달했는지 알지 못한다. 코코슈카의 적나라한 표현을 빌리자면 이 여성들은 이제 그의 '인형Pupperln'이 된다. 그는 "꽃 배에 가득한 아름다운 여인 수천 명을 보기 위해" 상하이로 가고 싶어 했다.(Br III, 24) 이러한 태도는 정치적 글에서 고귀한 여성상을 말하는 코코슈카의 모습과 배치된다. 혹시 이 '인형'은 기형적 알마 인형에서 파생한 것일까?

코코슈카는 자신이 좋아하는 작곡가 모차르트의 오페라《돈 조반니》(1787)가 초연된 프라하에서 오히려《마술피리》에 열광했다. 그는 《마술피리》의 빛과 그림자가 번갈아 가며 등장하는 장면 전환과 인간관계의 불가사의에 흠뻑 빠졌다. 이 무렵에 코코슈카는 자신을 '운Un'이라 여겼는데, 이는 그가 만든 단어로 남자도 여자도 아이도 아닌 존재를 뜻한다.(Br III, 26)

아버지의 도시인 프라하는 코코슈카의 마음을 사로잡았다. "나는 1934년부터 1938년 가을까지 4년 동안 풍경화 16점을 그렸다. 그림은 대부분 프라하에서 그리고 블타바강이 보이는 곳에서 그렸다. 템스강과 마찬가지로 블타바강이 나를 사로잡았다."(ML, 239) 블타바강은 도나우강보다 매력적이었다. "나는 런던에서 기억을 더듬으며 마지막 프라하 그림을 그리고 〈향수Nostalgia〉라는 제목을 붙였다."(같은 곳)

대체로 코코슈카는 프라하를 요제프 로트가 1932년에 특집 기사에서 묘사한 대로 인식한 듯 보인다. 로트는 프라하에서 "영국 경찰 제복을 입은" 경찰이 가장 먼저 눈에 띄었다고 한다. 이어서 로트는 다음과 같이 말한다.

정말이지 프라하는 다소 새롭고 세계 정치에서 광택제를 새로 칠한 듯한 냄새를 풍긴다. 프라하는 널리 퍼진 세계사적 향내를 몰아내고는 한다. 이 도시가 아직 적절한 균형을 찾지 못했기 때문이다. 이 도시는 새로운 쪽으로 기우는가 하면 낡은 쪽으로 기울기도 한다. 프라하는 중심 도시이고자 하면서도 역사적 문화유산지이고자 한다. 이 도시는 내일로 넘어가서 어제, 심지어 그 전날까지 바라보고 있다. 이렇듯 변해가는 것을 느낄 수 있는데, 그 결과 도시는 유쾌하고 흥미롭고 항상 새롭다. 이 작은 도시는 폭을 키우고 있다. 프라하는 유럽의 희망이다. 이 도시는 유럽적 시각을 가진 인물들을 배출했다.[33]

프라하에는 실제로 감탄할 점이 많았고 이는 코코슈카의 정치 활동을 고취했다.[34] 처음에 체코슬로바키아 공화국은 일부 유대교 신앙의 다양한 민족(체코인, 모라비아인, 슬로바키아인, 독일인)이 모여 평화로운 공존을 바탕으로 탄생했다. 언뜻 이상적 세계시민주의를 지향하는 공화국으로 보였다. 이 위태로운 다원성 속에서 사람들은 체코슬로바키아공화국을 오스트리아-헝가리 제국의 후계 국가로 간주하기도 했다. 이는 무엇보다 초대 대통령 토마시 마사리크 때문이었다. 고귀한 품성과 뛰어난 학식을 지닌 마사리크는 마부의 아들로 태어나 오랫동안 최고위 공무원을 지낸 입지전적 인물이었다. 육체적으로 고통받는 현자 마사리크는 여든여섯 살로, 유럽 최고의 정치가이자 왕관이 필요 없는 군주였지만 코코슈카가 (헛되이) 갈망하는 모계제도의 옹호자는 아니었다.

코코슈카의 작업실은 블타바강 변 성탑에 있었다. 제방에는 프리메이슨이 좋아하는 커다란 아카시아가 있었다. 걸핏하면 신화 만들기를 좋아한 코코슈카는 오페라 《마술피리》가 프리메이슨과 관련 있다는 설을 바탕으로 성탑에 있는 자신의 작업실이 프라하 프리메이슨의 비밀 집회 장소였을지도 모른다고 생각했다. 그는 그림 그릴 새로운 장소를 끊임없이 찾았다고 《나의 인생》에서 회고하는데, 프라하에서 바라보는 모든 것이 빈과 그곳의 상황에서 눈을 돌리게 했음을 의미한다.

코코슈카는 빈의 상황을 고려할 때 "하마터면 정치인 될 뻔했다"라고 썼듯이 1934년 가을에 이미 프라하에서 "호사스러운 제비족, 자유주의 성직자, 추기경에게 매 맞는 아이"를 본다. 그는 또한 오스트리아 사절의 말을 인용하여 "시선을 돌려야만" 알 수 있는 자신의 작품과 동생 '보히'의 원고를 제외한 모든 것(주로 프란츠 베르펠, 에밀 루트비히, 막스 브로트, 슈테판 츠바이크)을 인쇄하는 "피를 빨아먹는 자들"을 본다.(Br Ⅲ, 7, 17) 1935년 여름, 코코슈카는 "프로이센 아카데미로부터 히틀러 만세라는 문구가 적힌 초대장을" 받았다는 다소 놀라운 소식을 친구 에렌슈타인에게 전한다. 이는 히틀러의 지시에 따라 '퇴폐'미술가로 낙인찍힌 코코슈카의 작품들이 전시되어 조롱당하기 2년 전의 일이다.

그러나 코코슈카는 코메니우스의 모델에 입각한 "국제초등학교 프로젝트"를 고수했다. 런던에 있는 첫 번째 인형 밀리(안나 칼린)에게 보낸 1935년 7월 11일 자 편지에서 그는 "히틀러의 해양 군비 확장"과 무솔리니의 아비시니아 전쟁과 "합스부르크 왕가의 쿠데타" 문제를 두고 "영국의 태만"이라고 규탄하며 (다른) 누드 사진을 긴급히 보내달라고 간청한다. 이러한 가운데 한 가지 분명한 사실은 체코슬로바키아 대통령의 초상화인 "마사리크 그림"이 코코슈카에게 무엇보다 중요했다는 점이다(릴케도 한때 마사리크를 존경했다고 한다). 그는 자신의 역사적 이미지 구성을 에렌슈타인에게 다음과 같은 말로 설명했다. "대통령의 표정은 활기차고 최면에 걸린 듯하다." "집무실이 있는 흐라트차니성의 아름다운 풍광이 보이고, 그 옆으로 토라 두루마리 위 누군가가 《세계도해》를 도드라진 두 손으로 들고 있고 그 뒤로 불타고 있는 종교 개혁자 얀 후스가 있다."(Br Ⅲ, 22)

초상화에서 마사리크의 얼굴은 빛으로 거의 투명하다. 빛은 그의 눈동자에 은은한 광채를 선사한다. 빛은 코메니우스의 《빛의 길Via lucis》의 빛이자 프라하를 황금빛으로 반짝이게 하는 그 빛이다. 이는 도시와 국가의 역사를 말 그대로 구현한 빛이자 지혜로워진 노계몽주의자의 빛이다. 코코슈카는 마사리크와 코메니우스, 프라하를 한 폭에 담은 초상화를 완성한 직후에 프라하에서 등화관제 훈련 중에 욕실 촛불을 받으며 "코메니우스를 주제로 한 작품"[35]을 "은밀히 작업"하기 시작했다고 한 편지에서 회상한다.(Br III, 76) 프라하를 떠나기 몇 주 전 코코슈카는 이 작업을 다음과 같이 정당화한다. "언젠가 내 숙원인 국가의 간섭 없는 초등학교가 세계 화해의 구호가 될 날이 올 것이다."(같은 곳) 민중을 위한 코메니우스 초등학교는 코코슈카가 에렌슈타인에게 말한 대로 "국가 없는 세계" 문화라는 유토피아의 전제 조건처럼 보였다.(Br III, 54) 희곡 《코메니우스Comenius》와 프라하에 대한 향수 어린 추억은 마사리크의 중재 덕분에 이제 체코 시민이 된 그가 영국으로 망명할 때 올다라는 형태로 동행한다.

올다와 함께 영국으로 떠난 시점은 1938년 10월 말이지만 인생의 전환점은 그 전에 찾아온다. 코코슈카는 쉰 번째 생일에 맞춰 블타바 강 변에서 그 전환점을 맞는다. 그는 이제 인생의 중반에 서 있었다. 예술가와 정치가 사이에 친밀한 대화가 오간 대통령의 저택과 코코슈카가 이전에 그린 어떤 도시보다 아름답게 프라하를 화폭에 담을 수 있었던 성탑 작업실이 눈앞에 보이는 듯하다. 님프 그림을 위해 올다가 처음 누드로 나선 날도 기억에 남는다. 1936년 8월에 코코슈카는 자신의 누드모델이 된 지 이미 오래인 안나 칼린에게 감정 상태를 다음과 같이 요약했다.

게다가 이곳에는 얌전한 인형[올다]이 있어. 그녀는 나에게 너무 집중해서 작년에 나를 질투로 반쯤 미치게 했지. 결국 나는 거의 혼수상태에 빠졌고 경련과 온갖 종류 질환에 시달리고 있어. 내가 멀리 가버린다 해도 그녀는 아랑곳하지 않아. 하지만 그녀는 내가 여전히 아끼는 다른 인형들이 있다는 사실을 모르지. 어쩔 수 없는 일이야. 그렇지 않으면 나는 살아 있음을 느끼지 못하고 지속적인 긴장 속에서 우울해질 거야. 나는 그림으로 사상누각을 짓듯 과거나 미래의 불확실한 영원 속에서만 살게 되고, 현재는 오직 다른 사람들을 위해서만 일하게 될 거야.(Br III, 35)

프라하 시절 코코슈카 그림은 누드 습작이 아니라 프라하의 풍경이나 창문에서 바라본 풍경으로 특징지어지는데, 이는 이 도시가 무엇보다도 색채로 존재한다는 생각에 이르게 한다. 마사리크 초상화 외에 코코슈카가 2년(1935~1937)에 걸쳐 그린 올다 팔코브스카의 초상화와 1937년에 그린 '퇴폐'미술가로서의 자화상 역시 강렬한 색채가 특징이다. 특히 자화상에서 눈에 띄게 밝은 색채(코코슈카는 몸에 달라붙는 담청색 저지를 입고 있다)는 시대의 어둠을 향한 저항의 의미다. 희망에 찬 초록색 음영이 두 초상화를 둘러싸고 있다. 코코슈카의 자화상에서 올다 팔코프스카의 이미지는 벌거벗은 작은 동물처럼 전형적인 방식으로 배경에 녹아 있다. 주목할 만한 것은 올다의 초상화와 코코슈카의 자화상을 비교해 보면 얼굴 특징과 비율을 유사하게 그려 올다를 자신과 동등하게 표현한 점이다. 두 초상화 속 인물은 형제처럼 보인다.

이 작품들이 그 시대를 이상화하고 있다고 보는 것은 적절하지 않다. 이 작품들은 코코슈카가 스페인 내전과 관련한 그림(〈라 파시오나리아La Pasionaria〉와 〈페데리코 가르시아 로르카Federico Garcia Lorca〉)을 그린 시기와 일치하기 때문이다. 코코슈카는 스페인 내전에서 '공화파'가 우세하기를 바랐다. 시인의 그림에는 의심의 여지를 남기지 않기 위해 다음과 같은 글도 써넣었다. "살해당한 스페인의 국민 시인 페데리코 가르시아 로르카. 공지. 파시스트 세력에 맞서 스페인 국민의 권리를 방어하는 스페인 단체에 복제를 허락한다."(Br III, 52, 53)

코코슈카는 견해를 분명히 밝혔다. 정치 문제에서 신중한 태도는 그와 거리가 멀었다. 이는 1936년 9월에 브뤼셀 만국평화회의에서 체코슬로바키아 대표로 발표한 연설문, 1937년에 뮌헨에서 열린 '퇴폐미술전'의 악명에 대한 성명서(당시에는 미공개)와 같은 해 자화상에 대한 논평에서 분명하게 드러났다.

코코슈카는 교육에 대한 재평가("모든 새로운 공동체에는 새로운 교육이 필요하다")를 촉구한 자신의 브뤼셀 연설을 문화 정책의 신조로 삼았다. 그 핵심은 다음과 같다. "현재 위기의 기원은 세계대전 이전으로 거슬러 올라간다. 책임은 공립학교에서 대중을 오도한 데 있다."(DSW IV, 175) 코코슈카는 교육제도가 사실과 사물에 대한 통찰로 이끄는 시각 대신 국가의 도그마에 얽매여 맹목적 시각을 조장한다고 비판했다. 코코슈카에 따르면 세계 교육은 오감 회복 훈련으로 시작된다. 그는 "합리적 교육, 인간의 오감 교육"을 요구하며, "관찰이라는 천부적 재능을 상실한" 인간이 이를 회복해 "합리적으로 활용할 기회"를 제공해야 한다고 주장했다.(DSW IV, 177) 코코슈카는 학교가 준군사 훈련 장소로 오용되는 것을 공개적으로 비난했다.

어른으로 사는 삶을 준비하는 곳인 초등학교는 행동을 가르쳐야 하며, 어떤

• 라 파시오나리아는 '정열의 꽃'이라는 뜻으로, 스페인 내전 당시 공화파 여성 지도자 돌로레스 이바루리의 필명이다.

상황에서도 설립자의 의도에 따라 국가 이데올로기나 전쟁 신화, '영웅적' 자기희생을 가르치는 기관이 되어서는 안 된다.(같은 곳)

코코슈카는 한 문명이 이성적이라고 여기는 것을 감각, 상상, 감정과 분리하는 행위는 곧 인간의 파멸을 의미함을 분명히 인식하고 있다. 이는 소크라테스 이전의 철학자 데모크리토스에게로 거슬러 올라가는 인식론적, 심리학적 재앙이다.[36] 그래서 이 예술가는 코메니우스의 이름으로 이성적 문화와 감성적 문화의 조화를 호소한다.

코코슈카는 '퇴폐미술'이라고 낙인찍은 야만적 조처에 대응하며 히틀러(그는 히틀러를 '소인배'라 지칭한다)가 1937년 7월 19일에 뮌헨에서 열린 '하우스데어쿤스트' 개관식에서 연설한 내용 중 한 대목을 강조했다. 코코슈카는 현대판 '네로'가 "세계 각지에서 온 인사들과 수뇌부, 고위층, 외신 기자, 외교 사절 등 앞에서" 한 연설에서 현대미술가를 "눈에 결함이 있는 자", 유전적으로 "지독한 시각 장애가 있는 자"라고 비난했다고 유달리 강조했다. (DSW III, 266)

코코슈카의 평가는 말 그대로 선언처럼 읽힌다.

우리의 소인배는 초등학교 독본에도 명확히 나와 있는 보기는 의식적 행위라는 말을 이해하지 못했다. 보는 행위가 자극받은 시신경의 반사에 지나지 않는다면 회화 예술은 망막에 맺힌 '모형'을 '모사'하는 것에 지나지 않을 것이다.(DSW III, 271)

코코슈카가 이 글을 1937년에 공개하지 않았을지언정 비슷한 주장은 공개되었다. 그는 1937년 8월 3일에 오스트리아 연방 총리 쿠르트 폰 슈슈니크에게 보낸 편지에서 비슷한 주장을 했다. 코코슈카가 편지를 쓴 이유는 빈에서 열린 현대미술 전시회를 위해 독일 화랑에서 대여한 자신의 그림을 돌려보내지 말라고 다급하게 요청하기 위해서였으나 그 부탁은 받아들여지지 않았다. 코코슈카의 요청은 타당했다. 그는 독일 제국에 즉시 그림을 몰수당할까 봐 두려웠다.

프라하에서 편지를 보낸 코코슈카는 빈 발하우스광장에서 궁지에 처한 총리에게 보기는 의식 행위라고 훈계하고는 이를 브라우나우 출신 "칠장이 소인배"에게 알려주지 말라고 했다. 코코슈카는 히틀러의 터무니없는 주장을 파헤쳐서 슈슈니크에게 다음과 같이 설명했다.

> 창작하는 예술가의 내적 비전을 시각 기관에 장애가 있다고 보고 이를 인과 관계로 끌어들이려는 시도는 독일제국 총리가 주장하는 바를 베토벤에 대입해보면 더욱더 터무니없습니다. 만약 베토벤이 독일제국 총리의 권력하에 살며 창작 활동했다면, 그는 음악적 재능 때문에 내무부 집행 기관에 의해 잔인하게 훼손당했을 것입니다. 베토벤은 잘 알려진 대로 기질적 청각 장애를 앓았고 그의 작품은 당시 권위 있는 동시대인들의 거센 반대에 부딪혔기 때문입니다.(DSW III, 50)

1938년 2월, 적어도 오스트리아에서 가장 유명한 현대예술가는 이제 슈슈니크를 훈계하는 데 관심이 없었다. 프라하에 망명 중인 코코슈카는 체코 시민으로서 '오스트리아가 법을 벗어난 상황에 관한 결정'과 관련하여 헤이그 상설중재재판소에 청원하는 형식으로 슈슈니크를 고발했다.(DSW IV, 201~205) 청원서에서 코코슈카는 슈슈니크와 히틀러가 맺은 협상의 정당성에 의문을 제기하고 베르사유조약과 생제르맹조약의 보증국이 그럴 뜻이 없을지라도 국제법적 절차를 통해 이 위험한 협상을 저지하려 했다. 이는 전례가 없는 행동이었다. 예술가의 순진함과

법의 힘에 대한 확고한 믿음 중 무엇에 더 놀라야 할지 모르겠다.

'합병' 이후 체코슬로바키아는 위태로울 정도로 상황이 급속히 악화됐다. 코코슈카는 당시를 다음과 같이 회고했다. "프라하 다민족 사회가 갑자기 와해하고 말았다. 다들 계획이 있었지만 나는 없었다."(ML, 248) 프라하의 창들이 닫히기 시작했다. 프랑스는 선택지에 없었다. 그는 프랑스를 불신했다. 그가 보기에 스위스도 마찬가지로 위태로웠다. 모든 게 런던을 가리키고 있었다. "어떠한 형태의 이동도 불허할 듯한 관료제라는 엄청난 난관"에도 코코슈카는 올다의 법률 지식과 결단력 덕분에 두 번째 이주를 위한 출발에 성공했다. 두 사람은 황금빛 도시의 색채와 블타바강의 추억을 간직한 채 영국으로 망명길에 올랐다. 영국에서 두 사람은 다시 한번 고대 유럽의 도시, 프라하의 향수, 색채의 교향곡에 이르는 입구를 발견했다. 전경에는 거의 알아볼 수 없는 한 부부가 앉아 있고 백조 한 마리가 부부를 저 멀리 색채로 타오르는 도시와 카를교, 흐라트차니성을 넘어 아득히 먼 곳으로 데려갈 준비를 마친 듯 다가와 있다.

변함없이 변화하는

코코슈카라는 인물은 시대적 맥락에서 고려하기가 쉽지 않다. 새로운 흐름인 신즉물주의가 스스로를 기획이라 규정한 것은 코코슈카의 노력에 가장 근접했지만 그는 이 예술 운동의 구성주의 원칙과는 거리가 멀었다. 1920년대에 인기를 끈 몽타주는 그에게 여전히 낯설었다. 순수한 객체, 사물을 사물로 표현하는 것은 기껏해야 코코슈카의 (초기) 정물화에서만 보이는데 이마저도 드레스덴 시기에 모두 사라진다. 이

때 논할 만한 것은 인형뿐이다. (한때 사랑했던) 인물의 대상화는 이루어졌지만 이 사물에 대한 대상화는 이루어지지 않았다. 인형은 여전히 감정의 영향을 받는 대상이었다.

1920년대 펠릭스 베르토가 독일 현대예술에서 발견한 '누벨 오브젝티비테nouvelle objectivité'(신즉물주의)도 코코슈카의 작품에는 거의 해당하지 않는다. 오히려 코코슈카는 색이 해체 직전에 그 형태를 찾게 한 인상을 준다.

코코슈카는 추상화를 단호히 비난했기에 라울 하우스만이 《다다 연감Dada Almanach》(1920)에 게재한 '대상성으로의 복귀Rückkehr zur Gegenständlichkeit'라는 호소문에 쉽게 서명할 수 없었을 것이다. 호소문에는 다음과 같은 문장이 있었다. "예술은 민족의 문제다. (…) 결국 한 민족은 음식에서조차 즉물성에 대한 기호嗜好를 형성한다. (…) 독일인은 수프, 샌드위치, 맥주에 이어 표현주의를 욕지기 나는 방식으로 모호하게 만들어버렸다. (…) '내적 자유'를 생각해낸 최초의 표현주의자는 음식과 술을 잔뜩 먹은 작센인 마르틴 루터였다."[37] 코코슈카는 하우스만의 크뇌델* 미학에는 전혀 관심이 없었다. 극사실주의, 신자연주의 등과 같은 신조어는 그에게 무의미했다. 코코슈카는 도시 풍경화와 초상화로 자신을 표현했다. 이는 상상할 수 없을 정도로 폭넓은 변화와 깊이를 지닌 표현의 장이었다.

따라서 앞으로 코코슈카의 초상화 원칙을 자세히 살펴볼 예정이다. 이 장르에서 코코슈카는 신즉물주의자, 예컨대 막스 베크만, 크리스티안 샤드, 오토 딕스, 루돌프 슐리히터, 게오르크 슈림프 등과 눈에 띄게 거리를 둔다.

• Knödel. 감자, 빵, 고기를 뭉쳐 만든 독일식 미트볼이다.

평론가 지그프리트 크라카우어의 용어를 빌리자면 코코슈카는 "사진으로 보이는 얼굴^Photographiegesichtern"에는 관심이 없었다.[38] 코코슈카에게 골상학은 얼굴 표정의 표면뿐만 아니라 영혼의 흔적을 의미했다. 후에 고트프리트 벤은 이를 '그려진 자아'라 표현했다.

5장

·

영국 망명

런던으로

영국, 적어도 런던에는 히틀러의 독일에서 추방당한 예술의 토대가
마련되고 있는 듯했다. 예술비평가 허버트 리드와 런던 내셔널갤러리 관
장 케네스 클라크, 테이트갤러리 관장 존 로덴스타인이 이에 크게 기여
했다. 코코슈카는 1938년 10월 19일에 올다와 함께 런던에 도착한 직후
이들과 긴밀한 관계를 맺었다. 그는 체코 국적을 가진 덕분에 가장 어려운
관문이었던 여권 심사도 다른 독일 이민자들에 비해 쉽게 통과할 수 있었
다.(Br Ⅲ, 82) 그는 즉시 3개월 체류 허가까지 받았다. 1928년 7월에 레
스터갤러리에서 열린 전시회에 코코슈카가 출품한 36점의 유화 중 단
한 점도 팔리지 않았던 기억은 그동안 잊혔다.

그 후 조형예술에서 독일 아방가르드에 관한 관심은 '20세기 독일
미술전Twentieth Century German Art'에서 있었던 막스 베크만의 강연을 계기로
고조되었다. 뉴벌링턴갤러리에서 열린 이 전시회는 코코슈카가 런던에
도착하기 정확히 석 달 전에 열렸다. 전시회에서 강연한 막스 베크만
역시 코코슈카와 마찬가지로 나치의 예술계 탄압으로 런던으로 피신한
피해자였다. 강연의 제목은 '나의 그림에 대해Über meine Malerei'로, 일종의
선언문이나 다름없었다.[1] 베크만은 영국인 주최자를 안심시키기 위해
두 번째 문장에서 "어떤 형태로든 정치적 활동"을 한 적이 없다고 강조
했다. 예술가는 보이지 않는 것을 드러내기 위해 보이는 것을 철저히
파고들어야 한다고 역설했다. 베크만은 그림으로 공간을 구체화하는
것이 주된 관심사라고 했다. 그는 "그림이라는 수단을 통해 대상의 외
견을 추상화로 표현하는 것"에 대해 말했다. 그는 코코슈카가 그랬듯이
추상화 문제에 대해 반복적으로 제기되는 질문에 다음과 같이 답했다.
"주어진 대상은 이미 충분히 비현실적이며 그림이라는 수단을 통해서

만 대상을 표현할 수 있으므로 비표상적인 것은 거의 필요하지 않다." 게다가 베크만은 '자아' 탐구를 중요한 과제로 여겼다. "'자아'가 되는 것은 언제나 아직 실체가 없는 모든 영혼의 충동이다. 나는 삶에서 그리고 내 그림에서 이 '자아'를 찾는다." 베크만은 눈으로 지혜를 찾아야 한다고 했다. "나는 특히 눈을 강조하는데, 눈에 보이는 온갖 형태의 아름다움과 추함에 대한 지독한 도취 없이 그려진 뇌의 세계관보다 더 우스꽝스럽고 무의미한 것은 없을 것이기 때문이다." 이러한 시각 작업은 코메니우스에게서 영감을 받은 코코슈카의 '시각'에 대한 신념과 관련 있으며, 베크만 특유의 '사물에 대한 믿음'와 짝을 이룬다.

'사물에 대한 믿음'이 부족했던 코코슈카는 '20세기 독일 미술전'에서 유화 일곱 점과 〈'퇴폐'미술가의 자화상Selbstbildnis als 'entarteter' Künstler〉을 포함해 작품 19점을 선보였다. "위에서부터 이 모든 것이 순조롭게 진행 중이다"(Br III, 83)라고 편지에 썼듯 코코슈카는 좋은 인맥이 있었다. 하지만 곧 코코슈카는 영국에서 자신이 "단순히 용인될" 뿐임을 느꼈다. 그는 에렌슈타인에게 보낸 편지에서 히틀러가 국제법을 무시하고 반인류적 행위를 할 수 있게 길을 터준 유화론자들을 '체임버틀러Chamberitler'라고 부르며 불신했다.(Br III, 86) 코코슈카는 두 이데올로기 체계가 "끔찍하게도 새로운 종의 인간, 즉 완전히 길든 유럽 시민을 길러내고자" 한다는 사실을 정확히 인식했다.(Br III, 85)

영국에서 코코슈카는 체코슬로바키아에서처럼 국가 원수의 초상화를 당장 그릴 수는 없었다(조지 6세의 예술 감각은 그리 뛰어나지 않았다). 그러나 1939년 7월에 코코슈카는 제1대 노리치 자작 알프레드 더프 쿠퍼를 그리는 상상을 안 할 수 없었다. 코코슈카는 쿠퍼에게서 사교계의 유명

• 체임버틀러는 당시 영국 총리 '체임벌린Chamberlain'과 '히틀러Hitler'를 합친 말이다.

인사나 작가로서보다 체임벌린의 유화 정책에 강경한 반대자로서 깊은 인상을 받았다. 쿠퍼는 뮌헨회담에 항의하며 해군장관에서 물러났다. 코코슈카는 전쟁의 대안으로 '학교 개혁안'을 제시하며 쿠퍼를 설득하고 싶었다. 영국에서 코코슈카는 새삼 코메니우스를 떠올렸다. 1641년에 잠시 영국을 방문한 코메니우스는 인본주의를 구실로 자신의 교육 개혁 사상에 의회의 관심을 끌기 위해 노력했다. 그러나 왕실과 의회 사이의 갈등이 고조되고 크롬웰이 등장하면서 의원들은 코메니우스와 그의 인문주의 개혁 프로그램은 물론 합스부르크 왕가에 맞선 보헤미아와 모라비아의 저항에 관한 관심을 잃었고 코메니우스는 1년 뒤 영국을 떠나야 했다. 코코슈카는 영국 정부에 접근하지 못했지만 적어도 다시 추방당하는 운명은 피할 수 있었다. 영국이 히틀러 제국에 선전포고한 후에도 코코슈카는 재주 적국enemy aliens인 수용소로 보내지지 않고 영국에 남을 수 있었다. 코코슈카와 올다는 런던 생활 초기에 하숙집과 형편없는 셋집을 전전하며 힘든 시간을 보냈지만 비교적 특권을 누렸다. 그는 또한 영국으로 망명한 수많은 작가와 달리 언어 상실로 고통받지 않았다. 코코슈카는 음악처럼 한 언어에 의존하지 않는 표현 매체를 활용했기 때문이다.

오스카와 올다는 어울리는 한 쌍이었다. 두 사람은 런던에서 눈길을 끌었다. 빈 출신으로 1934년에 영국으로 이주한 미술사학자이자 코코슈카의 첫 전기 작가인 에디트 호프만 야포는 개인적 경험을 통해 두 사람을 모든 것을 함께하는 한 쌍으로 묘사했다.

코코슈카는 의지할 데 없는 외국인 행세를 했다. 그는 자신을 혼자 내버려 두는 것을 올다에게 한순간도 허용하지 않았다. 희끗희끗하고 터무니없이 짧게 자른 머리에 왠지 유인원 같은 이목구비를 한 코코슈카는 나이를 가늠하기 힘든 화가였다. 그는 키가 크고 어깨가 넓었으며 트위드 정장을 즐겨 입었다. 그보다 훨씬 키가 큰 올다는 아테나 여신처럼 맞춤옷을 입고 다가와 세심한 어머니처럼 다정하게 그를 대한다. 둘은 코코슈카를 중심으로 빠르게 형성된 새로운 무리 속에서 익숙한 풍경이 되었다.[2]

올다는 말 그대로 코코슈카의 반쪽이 되었다. 불완전한 문장으로 암시하기를 좋아하는 코코슈카가 대화할 때면 올다가 그 말을 보충했다. 올다는 자신이 태어나기 전에 있었던 코코슈카의 삶이나 사건까지 회상하는, 그의 두 번째 뇌이자 기억 보관소가 되었다. 올다는 중재하고 정리하고 생활에 필요한 것을 마련하고 달갑지 않은 방문객과 지나치게 집요한 질문자로부터 코코슈카를 보호했다. 그녀는 강인한 성격이 번번이 드러났으나 자신의 관심사는 아예 제쳐둔 것 같았다. 그녀는 정치적으로는 좌파였고 코코슈카처럼 타고난 세계시민주의자였다. 이러한 특징은 올다가 다국어를 구사한 데서도 나타난다(런던에서 중국어 수업도 들었다). 그런데도 그녀는 꽤나 억센 슬라브 악센트를 끝까지 고수했다. 그녀는 코코슈카가 영어로 단호한 정치적 글을 쓰면 교정을 봐줄지언정 미술상이나 잠재적 초상화 의뢰인들과는 대화하지 않았다. 이는 코코슈카의 영역이었다.

　뉴벌링턴갤러리나 미술상, 비평가들이 아무리 노력해도 런던 미술계에서는 전통주의가 우세하다는 사실을 코코슈카는 발견했다. 제1차 세계대전 전에 로저 프라이는 반 고흐와 세잔에서 입체파와 야수파에 이르기까지 유럽 모더니즘을 옹호했다. 1913년, 윈덤 루이스와 에즈라 파운드는 힘과 역동성을 찬미하며 보티시즘vorticism이라는 개념을 제시했다. 그러나 초상화에서는 존 싱어 사전트와 오거스터스 존의 유산이 한동안 표준이 되었다.

코코슈카가 나중에 다시 영국 땅을 밟았을 때는 젊은 헨리 무어와 바바라 헵워스, 벤 니컬슨, 그레이엄 서덜랜드 등의 다른 형태의 표현주의 예술이 부상했다. 그런데도 영국에서 8년째 되던 해에 코코슈카는 아르놀트 쇤베르크에게 보낸 편지에서 영국 예술은 "토양이나 뿌리가 전혀 없다"고 냉정하게 잘라 말했다.(Br III, 175)

1938년 가을, 코코슈카에게 예상치 못한 '희망'의 기미가 보였지만 처음 런던에서의 삶은 그렇지 않았다. 거처(벨사이즈가 하숙집과 이후 약간의 대출을 받아 빌린 킹헨리로드 45a에 있는 조금 나은 아파트 등)는 낡아빠졌고 유화 물감을 비롯한 필수품을 살 돈이 없어서 우울해지고는 했다. 심지어 우푯값조차 아껴야 했다. 형편상 유화 물감을 아껴 쓰면서 코코슈카는 색연필의 장점을 알게 되었다. 올다는 이러한 생활에 매우 낙담하여 1939년 8월 초에 콘월로 이사할 수밖에 없었고 폴페로에서 허름한 거처를 찾았다. 줄곧 비가 쏟아졌지만 "나는 그런 열악한 생활 환경에 익숙하지 않은 키 큰 아이 때문에 약간의 햇빛을 기대하며 자연으로 돌아가야 했다."(Br III, 93)

이러한 역경에도 코코슈카는 올다와 망명 생활을 시작한 첫 9개월 동안 다양한 활동을 펼쳤다. 1938년 11월에 프라하에서의 기억을 떠올리며 〈프라하에 대한 향수Prague, Nostalgia〉를 그렸고 1939년 3월 1일에는 존 하트필드(프라하 오스카코코슈카동맹Oskar-Kokoschka-Bund의 공동 창립자 중 한 명)와 함께 자유독일문화연맹을 창립했다. 이 동맹의 회원 중에는 저명한 평론가 알프레트 케어와 슈테판 츠바이크도 있었다.[3] 자유독일문화연맹은 1939년 6월 20일에 전시회를 열었다. 코코슈카는 〈프라하에 대한 향수〉, 〈여름Sommer〉, 초상화 〈마이클 크로프트Michael Croft〉, 〈'퇴폐' 미술가의 자화상〉을 출품했다. 마이클 크로프트는 1940년에 처칠 제1기 내각에서 육군성 차관을 지내고 남작 작위를 받는 헨리 페이지 크로프트의 아들이다. 마이클 크로프트의 초상화를 의뢰한 사람은 슈투트가르트 출신의 법학자이자 작가이자 화가인 프레드 울만(1901~1985)이었다.[4] 울만은 파리와 코스타브라바에서 망명 생활을 한 후 1936년에 마이클의 여동생 다이애나 크로프트와 결혼했다. 독일에서 망명한 유대인과 영국 상류층의 결혼은 보기 드문 일이었다. 울만의 장인 헨리 페이지 크로프트는 딸의 결혼을 사회적 자살이라고 생각했다.[5] 이에 대해 울만은 회고록에서 다음과 같이 말했다. "나는 신분이 낮고 뿌리가 뽑힌 사람이었다. 나는 거의 모든 면에서 그가 끝까지 알고 싶지 않은 그런 부류의 사람이었다. 그의 가문은 유서가 깊었고 그는 영국인이 아닌 사람은 죄다 불신의 눈초리로 바라보는 사회 계급에 속해 있었다."[6] 1939년 늦봄에 코코슈카는 울만의 처제 포지 크로프트의 초상화를 그렸는데, 이후 3~4년 동안 코코슈카는 초상화 의뢰를 받지 못한다. 1942/1943년이 되어서야 코코슈카는 런던 주재 소련 대사 이반 마이스키의 초상화를 그릴 수 있었다.[7] 크로프트의 초상화 작업으로 코코슈카는 스위스에서 망명 중인 친구들을 통해 빈에 남아 억압적인 조치로 고통받는 동생 보후슬라프에게 얼마간의 돈을 보낼 수 있었다. 울만은 1940년 6월부터 맨섬에 있는 악명 높은 허친슨수용소에 6개월 동안 감금되었는데, 이곳에서 쿠르트 슈비터스를 만났고 이후 자유독일문화연맹에 참여한다. 하지만 나중에 자유독일문화연맹에 공산주의자가 유입되자 울만은 동맹과 거리를 두었고 이로 인해 코코슈카와도 멀어졌다. 코코슈카의 급격한 좌경화는 울만을 불안하게 했다. 울만은 코코슈카를 다음과 같이 회고했다.

나는 화가 코코슈카를 존경했다. 대화를 나누면 흥미진진했다. 훌륭한 배우였고 빈 사람 특유의 매력이 넘쳤다. 그는 언제나 청중과 감탄과 절대복

종을 바랐다. 그는 피카소를 싫어했다. 어느 날 그는 피카소의 초기 그림 한 점을 내게 보여주면서 "안 보여요?"라고 물었다. 나는 아무것도 볼 수 없었다. "안 보여요?"라고 코코슈카가 또 물었다. "그는 내가 가진 것을 다 가졌어요. 죄다 가졌어요."[8]

이와 달리 코코슈카는 《나의 인생》에서 울만을 전혀 언급하지 않는다. 슈바벤 출신의 젊고 교양 있는 예술가에게서 코코슈카는 모종의 친밀감에서 나아가 우정을 쌓았다고 믿었던 터라 울만과의 결별이 고통스러웠을 것이다. 이는 코코슈카에게 배신이나 다름없었지만 울만은 그럴 수밖에 없었을 것이다.[9]

코코슈카는 이전에 다양하게 시도했던 기법을 〈마이클 크로프트〉에서도 사용했다. 초상화의 주인공뿐만 아니라 아버지 헨리 페이지와 영국 사자를 연상시키는 집안의 개 등 모델과 관련한 서술적이고 상징적 암시들도 부각했다. 부드러운 얼굴에 비해 힘찬 붓놀림과 양복의 강렬한 코발트블루가 눈에 띈다. 여동생 포지의 초상화는 다르다. 두 초상화는 보완적 의미를 지닌다. 포지에게서는 우울한 분위기가 전혀 느껴지지 않는다. 깊게 파인 드레스의 하늘색과 밝은 얼굴색은 개방성을 암시한다. 마이클은 안경을 벗은 채 희릿한 눈빛을 하고 있어 불안정해 보인다. 이와 달리 포지는 안경이 필요 없다. 포지는 자연스럽고 꾸밈없는 눈빛이다. 두 초상화는 (심리 묘사가 아닌) 인물을 표현한 걸작이다.

흥미롭게도 킹헨리로드에서 멀지 않은 프로그널의 마레스필드가든에 지그문트 프로이트가 살았다. 하지만 새로 설립한 오스트리아센터-오스트리아협회 회장이 된 프로이트에게 코코슈카는 연락할 길이 없었다. 코코슈카는 센터에 가고는 했지만 자유독일문화연맹에 더 친근함을 느꼈다. 1941년 여름에 코코슈카는 알프레트 케어에 이어 동맹의 회장직을 맡았다. 코코슈카와 케어가 망명이라는 비자발적 생존 공동체 내에 함께 있는 모습이 그려지는가? 비평가 케어에게는 코코슈카의 초기 표현주의 희곡이 생경했다. 그렇다면 코코슈카는 당시 케어를 어떻게 보았을까? 케어가 코코슈카에게 초상화를 그려달라고 했다면 코코슈카는 그를 어떻게 그렸을까? 망명 중인 카를 크라우스의 동생처럼 그렸을까?

분명 코코슈카는 널리 알려진 존재가 되려고 노력했다. 그는 '예술위원회'의 고위 구성원이었으며, 특히 제2차 세계대전 발발 후 독일어를 사용하는 예술가들을 수용하는 문제와 관련하여 (어느 정도) 공공연하게 나서기를 두려워하지 않았다.

코코슈카는 1939년 10월 29일에 '스페인 구호를 위한 첼시위원회'에서 제안을 받기도 했다. 이들은 첼시에 있는 제임스 애벗 맥닐 휘슬러의 옛 집에서 영국과 유럽 대륙을 대표하는 작품들을 전시하고 독일, 오스트리아, 체코, 스페인, 폴란드 작가들의 작품을 판매하고 싶다고 했다. 코코슈카는 전시회 준비위원장을 맡았다.[10] 코코슈카는 '국제예술가협회'에서 가장 저명한 고문으로 활동했다. 그는 협회에서 개최하는 대규모 전시회 '자유를 위해For Liberty'에 출품하기 위해 〈우리는 무엇을 위해 싸우는가What We Are Fighting For〉를 그렸다.[11]

코코슈카는 초기에 영국 당국이 억류 문제와 이를 처리하는 방식을 보고 점점 더 괴로워했다. 그사이 광범하게 검토해왔고 제1차 세계대전 당시 관행을 모델[12]로 삼았다고 알려진 영국의 전시 국내 정책[13]도 코코슈카를 괴롭혔을 것이다. 1940/1941년경에 그는 이 문제를 다룬 성명서를 작성한 것으로 보인다. 그러나 성명서는 찾을 수 없고 이에 대한 작가 존 레이너 헤펜스톨(1911~1981)의 반응만 확인할 수 있다. 코코슈카는 친한 헤펜스톨에게 성명서를 비판적으로 검토해달라고 했다. 헤펜스톨은 코코슈카에게 성명서를 공표하지 말라고 단호하게 충고했다. 헤펜스톨은 이 글이 '아주 부적절'하다고 생각했다. 그는 이 글이 코코슈카에게 즉각적으로나 장기적으로 해가 될 것이라고 우려했다. 코코슈카는 영국에서 망명자의 권리가 '개나 고양이'보다 못하다고 주장한 것으로 보인다.

코코슈카가 헤펜스톨을 찾았다는 것은 다음 두 가지 사실을 시사한다. 먼저 코코슈카가 영국으로 망명한 지 2년 만에 그곳의 인맥을 얼마나 훤히 꿰뚫고 있었는지를 보여준다. 그다음은 코코슈카가 영국 망명 중에도 곧바로 모더니즘 문학으로 방향을 잡았음을 알려준다. 조지 오웰과 딜런 토마스와 친했던 헤펜스톨은 첫 장편 소설 《정오의 불꽃The Blaze of Noon》(1939)을 출간한 후 현대 영국 작가 사이에서 '모더니스트'로 꼽혔으며, 앤서니 버지스, 안젤라 카터, B. S. 존슨, 에바 피지즈로 대표되는 '반소설antiroman'의 길로 나아가고 있었기 때문이다.

코코슈카가 억류자 처우에 대한 항의 성명서를 작성한 시기는 그가 유대인 망명자이자 동료 예술가인 루트비히 마이트너의 석방을 위해 당국에 중재를 집중적으로 요청한 무렵이기도 하다. 마이트너는 유대인 망명자로서 맨섬에 억류되어 있었다. 1941년 1월 6일에 코코슈카는 영국 내무부에서 다음과 같은 통지를 받았다. "루트비히 마이트너의 억류에 관한 [1940년] 10월 11일 자 귀하의 서신에 대해 국무장관에게서 석방 지시가 내려졌음을 알려드립니다."[14] 영국에 망명 중이던 코코슈카와 마이트너가 윌리엄 블레이크의 시와 그림에 관심이 있었다는 사실 외에는 두 사람의 관계에 대해서는 아직 밝혀진 바가 없다. 자신의 조기 석방이 코코슈카 덕분임을 수용소에서 나온 마이트너가 알았는지도 불분명하다. 마이트너가 코코슈카를 진심으로 존경했다는 흔적은 1961년 2월 3일에 쓴 편지에서 찾을 수 있다. "존경하는 거장에게. 마침내 주소를 알게 되어 이루 말할 수 없이 기쁩니다. 그래서 이렇게 기쁨을 전할 수 있게 되었습니다. (…) 귀하에게 영어로 축원을 드립니다. 당신의 행복을 기원합니다! 귀하에게 감사하는 화가 루트비히 마이트너 올림."[15] '화가'가 '거장'에게 축원을 보냈다. 마이트너의 이러한 태도는 두 사람의 친구인 에른스트 라테나우에게 보낸 1965년 5월 27일 자 편지에서도 그대로 드러난다. 마이트너는 코코슈카의 그래픽 작품에 대해 다음과 같이 썼다.

> 저는 항상 'K'의 작풍을 존경해왔고 지금도 마찬가지입니다. 지금은 한물간 듯하지만 곧 찬란하게 다시 등장할 멘첼을 제외하면 지난 세기를 통틀어서 그리고 현재까지 우리에게 작품으로 아름다움과 진정성을 선사한 예술가는 그가 유일합니다. 'K'는 급진적 개혁가이면서도 전통을 결코 포기하지 않는데, 그래서 그가 위대한 것입니다. 이 거장을 만나면 제가 얼마나 존경하는지 전해주십시오.[16]

라테나우는 마이트너의 이 편지를 즉시 스위스 빌뇌브로 보냈다. 코코슈카는 놀라움을 감추지 못했다. "마이트너의 편지에 가슴이 뭉클했습니다. 그가 나를 그토록 높이 평가하는 줄은 몰랐습니다."(Br IV, 170)

긴밀한 망명자 공동체는 실제로 존재하지 않았다. 망명자들은 생존이라는 비슷한 어려움을 겪고 있었지만 (예술가적) 관심을 두고 서로에게 유익한 교류를 제안하면 거리를 두고는 했다. 특히 코코슈카의 행동을 묘사하면 '너무 가까이 있어서 불편하다'는 표현이 딱 들어맞는다. 런던 외에 다른 대안이 있었을까? 영국의 다른 지역은 어떨까?

풍경의 위안

콘월 남쪽 해안에 있는 폴페로가 그 예다. 이 한적한 곳에는 밀수꾼과 (게잡이) 어부들이 살았다. 이곳은 그림같이 아름다웠다. 항구 주변 언덕에 작은 집들이 옹기종기 모여 있었고 썰물이 지면 뻘 위에는 배만 덩그러니 놓여 있고는 했다. 이곳 항구는 조수 간만의 차가 3.5미터에 달한다. 폴페로가 런던과 얼마나 다를지 코코슈카와 올다는 상상하기 어려웠을 것이다. 1939년 8월 초에 이곳에 도착한 두 사람은 하버뷰에서 묵었다가 언덕 위 바다가 보이는 클리프엔드코티지로 옮겼다. 코코슈카는 눈앞에 보이는 바다를 건너 미국으로 가고 싶었다. 그러나 런던 주재 미국 영사는 시카고대학 학장이 전화로 승인했는데도 코코슈카의 비자를 발급해주지 않았다.

폴페로에 머무는 수밖에 없었다. 이곳에는 베를린 출신의 조각가 울리 님프치(1897~1977)가 살고 있었다. 님프치는 코코슈카와 한 가지 공통점이 있었다. 두 사람 다 인체 표현을 통해 인간을 드러내는 데 관심이 있었다. 둘은 친구가 되었다. 님프치는 화가가 아니었고 코코슈카는 조각가가 아니었으므로 서로 도울 수 있었다.

코코슈카는 마을을 그린 유화 외에도 풍경 속으로 뛰어든 듯한 '폴페로Polperro'라는 수채화 연작 여섯 점을 그렸다. 바다와 해안 풍경이 색으로 녹아들고, 갈매기나 뱀장어, 고양이, 사람이 생명체를 대표하여 풍경화에 가끔 등장한다.

하지만 코코슈카와 올다는 가족과 이제 '보헤미아와 모라비아 보호령'의 제1도시가 된 프라하 그리고 빈 리프하르츠탈의 생각에서 벗어날 수 없었다. 코코슈카는 리프하르츠탈 집에 있는 세간을 "이상한 나치가 으스대며"(Br III, 96) 처분해버렸을지도 모른다고 생각했다. 코코슈카는 베를린에 있던 〈바람의 신부〉를 바젤미술관이 인수했다는 사실을 알게 된다. 루체른 그랜드호텔내셔널에서 미술상 테오도어 피셔는 독일박물관에서 몰수한 100점이 넘는 '퇴폐'미술품을 경매에 부친다. 여기에 코코슈카의 작품 아홉 점이 포함되어 있었고 독일제국은 이런 방식으로 외화를 마련했다.

전쟁과 거리가 먼 듯한 폴페로에서도 코코슈카는 정치 문제와 이에 대한 생각에 사로잡혔다.

전쟁으로 모든 것과 단절되었습니다. 내가 몹시 걱정하는 가족, 친구, 모든 활동 영역에서 멀어져 있습니다. 여느 때와 마찬가지로 심각한 금전 문제에 시달리고 있습니다!! 산 채로 관에 갇힌 듯 몹시 짓눌려 있습니다. 가끔이라도 내게 용기를 줄 목소리가 들린다면 좋겠습니다. 이곳 사람들은 하나같이 관심이 없습니다. 이 무관심은 대륙의 운명을 까맣게 몰랐다는 것만으로 용서가 될 지경입니다.[17]

코코슈카는 또한 다음과 같이 생각했다. "어딜 가나 불확실하고 곤혹스럽다. 자살하고 싶은 심정이다."(Br III, 94) 당시 그는 다른 이유로도 자살 충동을 느꼈다. 마음의 짐과 같은 동생에 대한 소문이 들려왔기 때문이다. 동생 보히는 나치의 보복으로 더는 리프하르츠탈에 있는 부모님의 집을 지킬 수 없게 되자 어쩔 수 없이 "시골 농장에서 일꾼"으로 일하게 되었다고 했다. 코코슈카는 요세프 파울 호딘에게 이렇게 고백했다. "내게 그 소식은 자살 충동을 불러일으켰습니다."[18] 폴페로에서 안나 칼린에게 보낸 편지에서 볼 수 있듯이 코코슈카는 전쟁 일주일 만에 영국 정책에 환멸을 느꼈다.

나치 독일은 이미 역사의 한 부분이 되었으며, 이제 남은 것은 모스크바에서 식량이 오리라 기대하는 군대화된 무장 부랑민뿐이야. 모두 실업가와 반동 귀족들이 자초한 일이지. 우리만 이 일이 전쟁이나 평화, 조국, 의무, 정의에 관한 문제라고 믿고 있어. 하지만 이는 이른바 민주주의 국가들의 정신적 빈곤이 적나라하게 드러난 것일 뿐이야. 실업을 두려워한 사람들이 군수산업을 일으키려고 수년 동안 반동 정권을 먹여 살린 결과야. 이 문제는 유럽 전체가 파산함으로써 실제로 이 전쟁이 끝나야 없어질 거야. 그 온상을 떠나 우리에게 와. 런던에 갈 수도 없고 수집가는 모두 죽거나 파산하고 미국은 아득히 먼데 거기서 뭘 먹고 살아야 할지 모르겠어. (…) 그래도 영국인들의 현명한 정책에 감사해야겠지. 손님으로서 의무를 이행하지 않으면서 왜 이 나라를 떠나지 않느냐고 당신은 내게 불평하겠지?(Br Ⅲ, 95~96. 강조는 저자)

폴페로에서 셋이 동거menage à trois하면서 시국에 맞서겠다는 것인가? 올다가 이를 못마땅하게 여겼으리라는 짐작이 든다. 올다는 대담하게도 작은 주방에서 고향 체코의 빵을 만들어 팔아 그들을 위해 돈을 벌었다. 나중에(아마도 1941년에) 화가이자 교사인 힐데 골트슈미트(1897~1980. 1920년 드레스덴에서 코코슈카에게서 배웠다)가 폴페로에 왔지만 별다른 문제는 없었던 것으로 보인다. 골트슈미트는 1939년 초에 오스트리아, 즉 '오스트마르크'를 떠나 부득이 영국으로 이주하기 전까지 어머니와 함께 키츠뷔헬에서 살았다. 1954년 이후 골트슈미트는 코코슈카의 잘츠부르크 여름 시각 학교에서 가르쳤다.[19] 훗날 코코슈카의 친구이자 전기 작가 오세프 파울 호딘은 골트슈미트의 작품에 관한 연구서를 헌정했다.[20]

폴페로 초기에 그린 두 번째 그림에는 정치적 우의가 담겼다. 아니 그보다는 정치적 우의를 풍경화로 풀어냈다고 하는 편이 더 정확하지 않을까? 그 그림은 바로 거대한 갑각류를 모티브로 한 그림 〈게Die Krabbe〉다. 게는 콘월 바다를 지키며 물속에서 몸부림치는 사람을 외면한다. 이 낯선 사람은 멀리 보이는 난파선에서 탈출해 구조를 요청하는 듯하다. 피난처를 찾는 그 누구도 게와 그 허름한 무기에 맞설 수 없다. 코코슈카는 이 게를 "뮌헨으로 향하는 체임벌린"이라고 불렀다. 이는 오스트리아와 체코슬로바키아는 가라앉게 내버려둔 채 이들 나라에서 온 사람들을 노골적으로 경멸하며 자신(영국)을 구하는 데만 급급한 영국 총리 체임벌린의 유화 정책을 상징한다.[21]

1905~1938년 이민 정책이 비교적 관대했던 영국에서 망명자 수가 몇 달 만에 여섯 배나 증가하며 7만 명에 달하자 이들을 돌보는 문제가 심각해졌음을 고려하면 이 게의 비유는 부당하게 여겨질 수도 있다. 그러나 바로 이 시기에 로버트 앤서니 이든•은 "우리 배는 다 찼다"[22]라는 악명 높은 말을 남겼다. 앞에서 언급했듯이 코코슈카는 체코 여권 덕분에 법적 어려움을 겪지 않아도 되었다. 무엇보다 코코슈카는 1940년에 강제 수용을 면했으나 친구 울리 님프치는 피할 수 없었다. 코코슈카는 이 예술가를 위해 드로이다 백작 부인에게 탄원했고 님프치는 조기 석방되었다. 종전 무렵 코코슈카는 드로이다 백작 부인의 초상을 그려 이 시기 초상화 중 가장 인상 깊은 작품을 남겼다.

〈게〉는 무고한 풍경, 즉 도시보다 위안을 주는 콘월의 백사장조차도 더는 정치로부터 자유롭지 않았음을 보여준다. 콘월이 군사 구역으로 지정되고 '외국인' 출입을 제한하자 코코슈카와 올다는 런던으로 돌아가야 했다. 하지만 그 전에 셸던 워런 체니를 기억해냈다. 체니는 연구

• 로버트 앤서니 이든은 제2차 세계대전 당시 체임벌린의 전시 내각에서 자치령 담당 장관을, 1940년에 처칠 내각에서는 육군 장관을 거쳐 외무부 장관을 맡았다.

서《현대미술 입문Primer of Modern Art》12판(1939)에서 코코슈카를 높이 평가했는데, 이 책의 영향력은 미국에서 대단했다. 코코슈카는 폴페로라는 벽지에서 이 책을 어떻게 발견했을까? 울리 님프치의 책이었을까?《현대미술 입문》에 자신의 복제 그림이 실려 언짢기는 했지만 코코슈카에게는 한 줄기 희망의 빛이 보였다. 코코슈카는 이 책이 "이미 너무 유명한 오래된 사진들만 가져다 썼다"라고 불평했다.(Br Ⅲ, 99) 그는 얼마 전에도 채색화를 흑백으로 출판한 데 대해서 비판했는데, 이는 당시 인색한 출판사가 으레 하던 방식이었다.

런던에서 처음에는 스트랜드팰리스호텔에서 묵었다. 호사스럽게 들리지만 사실 그렇지 않았다. 비상금까지 다 써버린 두 사람을 측은히 여겨 바운더리로드 17번지 세인트존스우드에 가구 딸린 집을 구해준 사람은 역시나 드로이다 백작 부인 캐슬린이었다. 두 사람은 1940년 7월 18일에 이사했다. 코코슈카는 새 집에서 첫 작품으로 꽃다발을 그렸다. 유난히도 밝고 경쾌한 여름 꽃이었다. 9월 6일에 런던을 향한 독일의 공습이 시작되어 1941년 4월까지 이어졌다. 당시 정식으로 결혼하지 않았지만 부부인 두 사람과 올다의 부모가 함께 살았는데, 두 노인에게 세인트존스우드는 안전한 곳이 아니었다. 그러나 코코슈카는 전혀 두려움이 없어 보였다. 1944년, 독일 V1과 V2가 런던을 공습할 때도 그는 지하철역이나 갱도(헨리 무어의 목탄화를 떠올리면 된다) 등 공습 대피소에 숨지 않았다. 그는 제1차 세계대전 중에 갱도 같은 곳에 있다가 총검에 다쳐 폐 질환이 생겼다는 말로 이를 정당화했는데, 이는 아주 그럴싸한 이유였다.

1940년 가을에 코코슈카는 신발 공장에 취직한 힐데 골트슈미트에게 편지를 썼다. 반어와 신랄함 그리고 과시적 낙관주의가 뒤섞인 편지는 코코슈카의 내면을 보여준다.

친애하는 힐데에게,

당신이 선뜻 편지를 보내줬으니 나도 펜을 듭니다. (⋯) 신발 공장이 내년에
도 계속 돌아가기를 바랍니다. 어쨌든 군수품보다 신발을 만드는 게 낫습니
다. 신발은 늘 필요할 테니까요. 가끔 그림도 그리고 내 생각도 해주십시오.
사랑을 듬뿍 담아

그대의 OK

NP. 기분도 별로고 돈도 없습니다. 어제 자유문화동맹에서 영어로 강의하
고 25파운드에 수채화를 팔아서 크리스마스 행사에 유익하게 쓰라고 '수감
자들'에게 보냈습니다.

이제 전화가 안 됩니다. 요금이 미납되어 차단되었지만 아직 바운더리로
드에 있습니다(3주 치 세를 지불했습니다). 짜증 나는 생활입니다. 하지만 괜
찮아요. 30년 동안 명성을 누리면서도 더 불쾌한 일을 많이 겪었으니까요.
(⋯) 내 그림은 (물적으로) 국채나 산업 증권을 합친 것보다 가치나 안정성이
높았지만 사람들은 경제적으로 얼간이입니다. 그들의 영혼이 고이 잠들기
를. 나는 부활할 것입니다. 아멘.

OK

얼마 후에 안나 칼린도 비슷한 이야기를 듣지만 좀더 격해진다.

내가 사랑하는 사람은 모두 떠돌거나 점령된 나라에 있다. 내 정신은 사방
으로 갈팡질팡하다 끔찍하게도 혼자라는 사실을 깨닫는다. (⋯) 팔레트가
못에 걸려 있어. 전에는 한 번도, 심지어 이전 세계대전 동안에도 그랬던 적
이 없어. 아무도 문화를 소비하지 않아. 문화로 돈을 번다는 게 무슨 뜻인지
아는 사람도, 그렇게 생각하는 사람도 없다. 나는 미국으로 가고 싶지 않아.

미국에서도 똑같은 일이 벌어질 테니까. (…) 그래서 당신에게 계절 안부를
묻지 않고 언제나 그렇듯이 내 마음속 깊은 사랑과 애정만 보내.

그대의 Un

코코슈카는 여전히 자신의 우상 코메니우스의 교육 프로젝트에 대한
신념을 버리지 않았다. 폴페로에서 코코슈카는 이 모라비아인에 관한
희곡의 초고를 완성했다. 그 무렵(1940년 말) 코코슈카는 〈붉은 달걀Das
rote Ei〉처럼 정치적 색채가 뚜렷하고 놀랍기 그지없는 표현을 찾기 시작
했다. 그림은 〈게〉와 마찬가지로 우의화지만 메시지는 더 명확하다. 코
코슈카는 사후事後에 뮌헨회담을 비난했다. 그는 이 회담을 서구 열강
의 완전한 실패이자 체코 국익의 희생으로 간주했다. 한마디로 뮌헨회
담이 히틀러에게 제2차 세계대전을 일으킬 단초를 제공했다고 보았다.
이를 코코슈카는 〈붉은 달걀〉에서 회담에 참여한 국가들이 체코슬로바
키아를 먹어치우는 모습으로 표현했다. 그림에서 체코의 '구이용 닭'은
생존 가능성도 없이 날아가버린다(멀리 배경에서는 프라하가 불타고 있다). 그러
나 닭이 남겨둔 게 있다. 체코슬로바키아 청산자들이 게걸스럽게 먹어
치울 대상이자 죽음을 상징하는 붉은 달걀이다. 이러한 신랄한 묘사는
존 하트필드와 게오르게 그로스를 생각나게 한다. 이는 어쩌면 18세기
후반 유명한 풍자화가 제임스 길레이나[23], 아니면 에디트 호프만 야포
의 추측처럼 피터르 브뤼헐에게서 영감받은 것일지도 모른다.[24]

코코슈카는 스코틀랜드의 한 시골 마을로 떠나기(1942) 전 〈합병, 이
상한 나라의 앨리스Anschluß-Alice in Wonderland〉를 그렸다. 도시는 공포로 뒤
덮여 있다. 무화과나무 잎 하나와 작은 적십자 완장 외에 아무것도 걸
치지 않은 앨리스는 이상하게도 자신을 둘러싼 철조망 울타리를 가리
킨다. 그 뒤에는 바로크 양식의 제단과 전쟁으로 손상된 마돈나가 있

다. 불타는 런던 증권거래소를 배경으로 방독면을 쓴 작은 아이가 보인다. 중앙에는 공습 감시원 셋이 있는데, 이들은 각각 프랑스군, 독일군, 영국군의 철모를 썼다. 이 세 사람은 귀를 막고 있는 프랑스 성직자, 알몸의 앨리스를 가리키며 입을 틀어막고 있는 독일 병사, 정장 차림으로 눈을 가리고 있는 영국인이다. 일본 금언 '보지 않고, 듣지 않고, 말하지 않는다'를 세 사람으로 표현한 것이다. 이 금언은 《논어》에 나오는 사물四勿, 즉 "예가 아니면 보지 말고 듣지 말고 말하지 말고 움직이지 말아라"에서 유래한다.[25] 영국인 앞에는 "우리 시대/1934"라는 문구가 적힌 종이가 있어 코코슈카가 오스트리아의 비극을 여전히 돌푸스 치하의 신분제국가와 연결하고 있었음을 시사한다. 영국 제국주의뿐만 아니라 해전도 비난하는 〈로렐라이Loreley〉(1941/1942) 역시 〈합병, 이상한 나라의 앨리스〉와 마찬가지로 정치적 우의화다. 번개가 치는 하늘 아래 강(혹은 바다)이 세찬 물결을 일으키며 배와 선원들을 집어삼키는 와중에 추하게 생긴 영국 빅토리아 여왕(로렐라이)은 녹색 개구리 형상의 아일랜드를 손에 쥐고 옆에 앉아 있다. 요동치는 물 한가운데 포세이돈의 삼지창을 쳐든 문어는 자연의 힘 앞에서 무기력함과 파괴를 상징한다.

여기서 코코슈카는 불온한 정치적 판타지를 만들어냈다. 〈로렐라이〉는 사실 1941년 가을에 스코틀랜드에서 풍경화로 그리기 시작한 작품이었으나 런던으로 돌아와 주제를 바꾸었다.

판타지는 런던에서 셋집에 사는 코코슈카가 처한 곤경에 기인했다. 에디트 호프만 야포는 이 예술가의 다음과 같은 말을 전한다. "이런 집에서 내가 무엇을 할 수 있을까? 모티브를 만들어내야 한다. 나는 다시 무언가를 보고 싶다."[26] 1929년 여름과 마찬가지로 스코틀랜드는 억눌리고 답답했던 런던 생활에서 벗어나 새롭고 자유로운 시각을 코코슈카에게 선사했다.

1941년 초가을에 코코슈카는 오랜 친구인 체코 경제학자 에밀 코르네르의 초대로 포트윌리엄 엘리그로 여행을 떠나기 전에 방공호로 바뀐 지하철역에 처음이자 마지막으로 갔다. 시기는 적절했다. 1941년 5월 15일에 오스카 코코슈카와 올다 팔코프스카는 지하 방공호의 햄스테드 등기소에서 혼인신고를 했다. 따라서 포트윌리엄이 폴페로에 비해 매력적이거나 낭만적이지 않더라도 스코틀랜드 체류는 신혼여행이라고 할 수 있다. 마을과 항구는 황량해 보였지만 여기서 코코슈카는 자멸해가는 문명에 대한 자연의 대안 세계를 발견했다. 코코슈카 부부는 1941~1946년 스코틀랜드를 총 여섯 번 여행했고 나중에는 더 멀리 북쪽 울라풀까지 여행했다. 특히 두 사람은 스코틀랜드 북서부 해안의 극적인 풍경에 매료되었다. 1941년 가을에 엘리그와 그 주변에서 코코슈카는 곧바로 수채화를 그리기 시작했다. 이는 과거 꽃과 관련한 습작을 떠올리게 했다. 이 외에도 "야생화, 과일, 채소, 생선, 해산물, 사냥감" 등의 모티브가 더해졌다.[27]

행동가의 정치적 관심

코코슈카가 스코틀랜드에서 런던으로 돌아간 계기는 무엇보다 케임브리지에서 열리는 코메니우스의 영국 체류 300주년 기념행사 때문이었다. 코코슈카는 '코메니우스, 영국 혁명과 우리의 현재 상황Comenius, The English Revolution and our Present Plight'이라는 글을 발표했다. 이 글에서 코코슈카는 1941년에 비추어 1641년의 중요성을 전혀 의심하지 않았다. 그는 다음과 같이 성찰했다.

민주적 민중의 결의는 파시즘에 맞선 이 십자군의 승리를 행진으로 끝내지 않고 오랜 평화로 대체하는 것이다. 이를 도모하기 위해서는 개인이 국가적 목적을 위한 교육에서 어떻게 해방될 수 있는지에 집중해야 한다.(DSW IV, 237)

전쟁 중에도 꾸준히 평화 교육을 해야 한다는 호소는 케임브리지에서 열린 행사에서 기껏해야 의례적인 박수만 얻어냈을지도 모른다. 그러나 코코슈카는 파시즘과 국가사회주의에 맞서는 전쟁은 갈등 해결의 지침으로서 평화로운 공존을 위한 국제 교육 프로그램이 시행될 때만 가치가 있고 장기적으로 승리할 수 있다는 신념을 굽히지 않았다. 1942년과 1943년 두 해에 걸쳐 발표한 글들과 활발한 강연 활동은 바로 이러한 신념에서 나왔다. 코코슈카가 발표한 글이나 강연의 주제를 보자. '아동 미술 전시Children's Art Exhibition', '진리는 나눌 수 없다Die Wahrheit is unteilbar', '우리는 극장에서 무엇을 기대하는가?Was erwarten wir vom Theater?', '자유독일문화연맹의 과학학습연구소 개원Opening of the Institute for Science and Learning of the Free German League of Culture', '반나치 위원회의 전시Exhibition of the Anti-Nazi Committee', '거의 잊혀진(오늘날 오스트리에 대해서)Fast Vergessen(über Österreich heute)', '코메니우스, 영국 혁명과 우리의 현재 상황', '소비에트연방 25주년 기념 연설Ansprache zur 25. Jahresfeier der Sowjet-Union' 그리고 1942년에 써서 1943년에 연설한 '어린이의 눈에 비친 전쟁The War as Seen by Children' 등이다. 코코슈카는 국제주의적 인식에 바탕을 둔 평화 교육과 예술 교육 사이 중대한 연관성을 명확히 인식했다.

마이스키의 초상화

어린아이의 시각, 어린아이의 눈으로 보는 것은 코코슈카에게 매우 중요했다. 물론 코코슈카는 언제나 예술가로서 글을 쓰고 연설했다. 놀랍게도 그는 예술가를 다음과 같이 정의했다.

예술가는 낭만주의자가 아니라는 점에서, 자연이 항상 새로워지듯이 세계를 끊임없이 새롭게 본다는 점에서 일반 정치가와 다릅니다. 정치가는 자신이 보는 것을 종종 이해하지 못하고 비이성적 사고에 빠져 현상의 덧없음을 설명하기 위해 이데올로기에 사로잡히지만 예술가는 다릅니다.(DSW IV, 242)

1942년 10월 25일에 런던 콘웨이홀에서 코코슈카는 위와 같은 말로 '소비에트연방 25주년 기념 연설'을 시작했다. 이미 분열된 자유독일문화연맹 회장 자격으로 행사에 참석한 코코슈카는 이어서 다음과 같이 말했다.

인간의 이성이 마지막 결정적인 순간에 경련이나 공황, 증오를 일으키는 주변 세계의 소외로부터 개인을 구하지 못했다면, 인간이 '나'와 '우리'를 나누는 천박성을 극복하지 못하고 이성 행위로 출생 행위를 반복하는 데 거듭 성공하지 못했다면 인류는 오래전에 미신에 빠져 멸종했을 것입니다.(DSW IV, 244)

그렇다면 코코슈카가 초상화 속 인물을 사회적, 생물학적 관계 속에 두는 것도 이 때문일까? 이러한 경향은 소련식 집단주의에 대한 호소가 아니라 이데올로기를 비판하는 이성적 행위에 대한 호소였으며, 특히 연설문의 서두와 결부시켜 보면 더욱 그렇다.

코코슈카는 초상을 그리기 위해 주영 소련 대사 이반 마이스키와 서른 번 넘게 자리를 함께했는데, 이는 힘겹고도 지루한 일이었다. 마이스키는 1932년에 신임장을 받고 세인트제임스궁전에 파견되었고 1942년에서 1943년으로 해가 바뀔 무렵에는 외국 외교관 사이에서 원로로서 인정받았다. 1966년에 코코슈카는 자신의 삶과 창작을 다룬 텔레비전 대담에서 이 일화를 언급하며 유달리 힘들었다고 한다. 마이스키가 내성적이고 과묵한 데다가 걸핏하면《타임스》를 읽는답시고 얼굴을 가려버렸기 때문이다. 그러면 코코슈카는 자신이 뒷면을 다 읽었으니 이제 신문을 돌려도 된다고 마이스키에게 말했다고 한다.

초상화 속 마이스키는 신문 없이 책상에 앉아 서류 더미를 바라보며 고개를 숙인 채 생각에 잠겨 있다. 마이스키의 큰 머리와 거대한 상체가 압도적이다. 마사리크의 초상화와 마찬가지로 배경에는 또 다른 인물이 있다. 여기서는 코메니우스가 아니라 레닌이 연설하는 자세로 서 있다. 레닌은 팔을 뻗어 오른쪽 지구본을 가리키는데, 이 지구본은 마이스키의 뻣뻣이 선 머리카락에 살짝 닿아 있다. 마이스키의 머리와 지구본은 서로 대응하는 것처럼 보이며, 이는 이 외교관이 세계를 아우르는 생각을 하고 있음을 암시하는 듯하다. 지구본과 레닌 형상은 마치 만화에 나오는 말풍선처럼 보여서 과묵한 마이스키가 말하는 듯 보인다.

이 초상화는 동양과 서양, 처칠과 스탈린 사이에서 중요한 중재자로서 마이스키라는 인물의 절대적 존재감을 드러냈다.[28] 초상을 그릴 당시에는 이 크렘린의 스타 외교관이 저무는 중임을 예상할 수 없었다. 1941년부터 마이스키는 주로 처칠과 또 그를 통해 루스벨트에게 히틀러의 독일에 맞설 제2전선을 구축해야 한다고 설득하는 임무를 맡았는데, 이 같은 스탈린의 요구는 점점 더 거세졌다. 그러나 1943년에도 제2전선이 구축되지 않자 크렘린은 마이스키에 대한 인내력을 잃었고, 마이스키는 9월 중순에 소환되어 모스크바로 돌아갔다. 마이스키는 임기 마지막 2년 동안 사적 편지를 철저히 제한했지만 1943년 9월 11일에 코코슈카에게 다음과 같은 편지를 보냈다. 소환되는 소련 대사가 쓴 몇 안 되는 사적 편지의 수신자 중 한 명이 여든 번째 생일을 맞이한 로이드 조지 전 총리임을 생각하면 그에게 자신의 초상을 그린 화가와 관계가 얼마나 중요했는지 알 수 있다.

소련으로 떠나기 전에 제 초상화를 그려주신 귀하의 노고에 진심으로 사의를 표하고자 합니다. 솔직히 고백하건대 저는 매우 서툰 모델이었습니다. 그런데도 인내심을 갖고 용케 참아주신 데 진심으로 감사합니다.
초상화에 대한 사례금을 스탈린그라드 기금에 기부해주신 데 대해서도 심심한 사의를 표합니다.
귀하와의 만남과 그림을 그리며 이야기를 나눈 시간이 제게는 더없이 소중했습니다.
귀하에게 거듭 감사하며 앞으로 하는 일마다 행운이 따르기를 기원합니다.
이반 마이스키 올림[29]

편지는 마이스키가 이 예술가를 얼마나 존경했는지를 보여줄 뿐만 아니라 코코슈카가 얼마나 통이 컸는지를 보여준다. 코코슈카는 한 푼이 아쉬웠던 처지에 사례금 1000파운드를 스탈린그라드병원 기금으로 선뜻 내놓았다. 그는 양측, 즉 부상당한 소련군 병사와 독일군 포로 모두를 도와야 한다는 기부 조건을 달았다. 이 엄청난 기부금이 실제로 어떻게 사용되었는지는 지금도 확실하지 않다.

코코슈카는 1941년 가을에 '소련 여성과 어린이 지원 기금Comforts Fund for Women and Children of Soviet Russia'을 위해 사전 스케치 작업을 하면서 처음 마이스키와 만났다. 그의 스케치는 선전 포스터로 제작되었다. 그러나 이 기금의 후원자였던 마이스키 부인은 포스터를 마뜩찮게 여겼다. 마이스키 부인은 코코슈카의 그림이 고통받는 자를 묘사하기보다는 "나치에 맞서는 영웅적 저항"을 보여주기를 바랐다.[30] 1941년 12월 31일에 도로테 마르틴 위원장은 마이스키 부인의 뜻을 서면으로 코코슈카에게 전했는데, 편지에 "친애하는 코코르슈카Kokorschka 씨에게"라고 이름을 잘못 기재하기도 했다. 코코슈카가 곧바로 보낸 답신은 예술가의 자아상을 여실히 보여준다.

친애하는 마르틴 부인,
공익에 도움이 되었다고 생각하며 기뻐하고 있던 터라 당신의 의견을 듣고 유감스러울 수밖에 없었습니다.
부인이 만족할 만한 작품은 런던 내셔널갤러리 케네스 클라크 관장이 공식 조직한 전쟁 예술가들의 작품 중에서 쉽게 찾으실 수 있으리라 생각합니다.
송구스럽게도 저는 예술가로서 인간적 호소가 더 중요하다고 믿으며, 이 신념을 견지할 타당한 이유가 있음을 말씀드립니다.[31]

코코슈카는 자신이 억류를 면한 것이 체코 여권뿐만 아니라 앞서 언급한 케네스 클라크 덕분이었다는 사실을 몰랐던 모양이다. 1940년 6월에 콘월 경찰서장이 클라크에게 폴페로에 체류 중인 예술가가 독일 첩자가 아닌지 물었기 때문이다. 코코슈카는 나치에게 도움이 되지 않을 만큼 "너무 몽상적이고 신뢰할 수 없다"며, 그저 예술가일 뿐이라고 클

라크는 답했다.[32]

그 후로 코코슈카는 소련 대사에게 가끔 편지를 썼다. 1942년 6월에 영국과 소련 간에 상호원조조약이 체결된 것을 축하하는 편지를 대사에게 보냈다. 전쟁과 망명 중에 코코슈카가 보인 친소련적 태도는 대체로 다소 다른 개인적 색채를 띤다. 물론 소련을 보는 그의 견해는 처칠이 짜증스러워할 정도로 스탈린에게 훨씬 관대했던 루스벨트의 견해와 더 가까웠다. 누가 언제 마이스키 초상화를 제안했는지는 확실하지 않다. 코코슈카는 마이스키 초상화가 의뢰받은 작품이 아니라고 분명히 언급했다. 셀라니즈사 회장인 기업가 헨리 드레이퍼스가 마이스키 초상화를 1000파운드에 인수하여 테이트갤러리에 영구 대여했다. 처음에는 초상화를 공동 구매하여 레닌그라드현대미술관에 기증하려는 계획도 있었다. 영국 외무부 장관 앤서니 이든도 동료 에드워드 베딩턴 베렌스 소령(코코슈카의 친구이기도 하다)에게 보낸 1943년 6월 10일 자 편지에서 이 계획을 지지했다. 그러나 초상화를 넘겨줄 무렵 이든은 외교적인 이유로 계획을 철수했다. 이유는 소련이 그 초상화 선물을 마뜩잖아하리라는 것을 이든이 감지했기 때문이다. 앞서 언급했듯이 마이스키는 이미 오래전에 그 영향력이 정점을 지나 소련 공공 미술관에 초상화가 걸리는 영예를 누릴 수 없는 인물이었다. 상호원조조약을 했지만 영국과 소련의 우호 관계는 생각보다 취약했다. 외교 관계를 고려해야 했다. 그래서 마이스키 초상화는 런던에 남았다. 마이스키 초상화는 런던에서조차도 정치적 문제가 되었고, 내셔널갤러리(케네스 클라크)와 테이트갤러리(존 로텐스타인) 간에 계속해서 논쟁을 일으켰다. 문제는 코코슈카의 마이스키 초상화를 내셔널갤러리 '종군화가전'에 전시할 수 있느냐는 것이었다. 이 초상화는 드레이퍼스가 테이트갤러리에 대여한 작품이었고 내셔널갤러리는 대여한 작품을 전시하지 않는다는 방침이 있

었다. 게다가 테이트갤러리 이사회는 사실상 증여나 다름없는 드레이
퍼스의 영구 대여를 수용할지 결정해야 했다. 그뿐만이 아니었다. 외무
부는 베딩턴 베런스를 통해 초상화에 대한 저작권을 확보하려고 했다.
코코슈카의 그림에 대한 외교적 관심사가 대단했다. 이 초상화는 앞으
로 영국이 소련에 상징적 행동을 보여주려 할 때 이용할 일종의 수단이
었다. 결국 전 소련 대사의 초상화를 런던의 가장 중요한 화랑 중 한 곳
에 전시하기로 했다. 영국과 소련의 관계를 보여주는 그 상징성이 레닌
그라드에서보다 런던에서 더 효과를 발휘한다고 여겼다.

    어쨌든 1943년 9월 27일에 존 로덴스타인은 자신이 존경하는 코
코슈카에게 "확실히 생생하기 그지없는 초상화" 〈마이스키〉가 소장품
사이에서 빛을 발할 것이라는 테이트갤러리 이사회의 소감을 전했다.
로덴스타인은 런던에서 망명정권을 수립한 베네시 대통령이 코코슈카
의 〈폴페로〉를 기증한 사실을 기억해냈다. 그래서 코코슈카의 〈마이스
키〉를 내셔널갤러리 '종군화가전'에서도 볼 수 있게 되었다. 케네스 클
라크는 외무부에 보낸 편지에서 정치적 이유에서가 아니라 "위대한 화
가가 그린 중요한 작품이므로" 〈마이스키〉의 전시를 열렬히 환영한다
고 강조했다.[33]

    코코슈카의 망명 시절 마이스키 일화는 한 가지 분명하게 보여주는
게 있는데, 내셔널갤러리 관장이 이를 감추려 해도 그의 예술이 정치적
논쟁거리가 되었다는 점이다. 당시 코코슈카 자신은 이 문제에 대해 아
무런 이의를 제기하지 않았다.

무너진 기대

자유독일문화연맹의 과학학습연구소 개원 기념 연설에서 코코슈카는 혼란스러운 시대에 교육 이상의 정수를 뚜렷하게 드러냈다. 이 기념 연설에서 코코슈카는 파시즘을 단번에 극복할 일종의 교육적 이상, 즉 중세 길드와 같은 '연맹 정신'으로 뭉친 학자, 과학자, 교육자로 구성된 세계 공동체를 몇 마디 말로 고안해냈다. 코코슈카는 중세 예술과 공예의 가치를 새삼 상기시킨다. 이 세계 공동체는 '사회적 타당성'에 비추어 결정하라고 요구함으로써 과학의 주된 원칙 중 하나인 무목적성을 위반함에도 세계 민주주의 구축에 기여하는 것을 목적으로 한다. 코코슈카가 평화 교육학의 창시자로 칭송한 코메니우스가 또다시 빛나는 본보기가 되었다. 코코슈카는 심지어 20년 사이 두 차례나 발생한 세계 대전이라는 비극이 모든 나라에서 완전히 잘못된 교육, 즉 무비판적으로 민족주의 교육을 한 결과라고 했다. 이 시기에 전해지는 편지들에도 비슷한 표현이 등장한다. 당시 런던에 망명해 있던 작가 안나 마리아 요클(코코슈카는 '요켈리네'라고 부른다. "그대는 이글거리는 붉은 심장을 가진 특출한 여성입니다." Br III, 105), 멕시코에 망명 중인 미술사가 파울 베스타임, 영국 소설가 시드니 쉬프와 바이올렛 쉬프, 《타임스》 편집자에게 비슷한 표현의 편지를 썼다. 코코슈카는 베스타임에게 "곡해된 다윈주의"가 "잃어버린 가치"의 대용품으로 도처에 만연해 있다(Br III, 110)고 했고, 1942년에 이미 영국의 몇몇 일간지 발행인에게 보낸 공개서한에서 전후 가장 긴급한 과제로 "나치 젊은이의 재교육"을 촉구했다. 이 무렵 코코슈카는 도대체 오스트리아는 앞으로 어떻게 될 것인지 새삼 자문하기 시작했다. 그의 이러한 성찰은 주로 율리우스 브라운탈과 그의 저서 《독일은 살아남을 필요가 있을까?Need Germany survive?》에서 자극받았을 것이다. 1938년 이래 영국에 망명 중이던 브라운탈은 정치적으로 좌파에 속했고 1927~1934년 빈의 대중 일간지《클라이네블라트Das Kleine Blatt》와 시사 삽화 주간지《쿠쿠크Der Kuckuck》의 편집장을 지냈다. 브라운탈은 전후 초기 오스트리아 정신을 분석한《오스트리아의 비극The Tragedy of Austria》(1948, 런던)을 썼다. 이 책에서 브라운탈은 오스트리아가 민족주의를 모범적으로 극복하고 그 모순을 드러내야만 문화적으로 스스로를 재정의할 수 있다고 했다. 전후 오스트리아를 국가로서 재건하겠다는 스탈린의 의도가 알려지자 이는 코코슈카가 소련에 결정적 희망을 거는 또 다른 이유가 되었을 것이다.

코코슈카는 무엇보다도 예술가로서 정치적 사건에 관해 논평했다. 코코슈카는 이 소명 의식을 그가 실제로 의심한 적이 없는 자신의 특별한 위치에서 도출했다. "평범한 사람이 보는 만화경 같은 세계뿐만 아니라 감각의 세계에서 의미와 이유, 배경을 찾는 예술가보다 더 믿을 만한 목격자가 어디 있겠습니까!"(Br Ⅲ, 140)

그 무렵 코코슈카는 두 가지 일을 계기로 정치 상황과 작품의 상호 관계를 생각해볼 수 있었다. 하나는 자신에 관한 포괄적 연구서를 쓰겠다는 에디트 호프만 야포의 계획이고, 다른 하나는 파울 베스타임과 뜻밖의 재회였다. 파울 베스타임은 코코슈카 작품의 최고 해석자로 1918년 무렵 알고 지냈던 인물이다. 당시 베스타임은 작품에서 모티브와 형식의 연관성을 살피며 (1920년대 중반까지) 주목받았다.[34] 베스타임은 코코슈카 예술에서 바로크적 요소를 강조한 첫 연구자로, 작품 안에서 대상은 그에 어울리는 공간을 부여받는다고 했다.[35] 코코슈카 내면의 화학자는 처음부터 '실험'에 사로잡혀 그를 "색료 모형 만들기"로 이끌었다.[36] 베스타임은 이 예술의 온갖 체험적 속성 가운데서 분명한 객관화 의지를 보았으며, "평면의 느슨한 리듬에서 색채로의 전환"을 이야기했다.[37] 베스타임은 또한 코코슈카의 예술, 특히 목탄이나 색연필을 사용한 드로잉을 설명하기 위해 "선의 화음"이라는 용어를 사용했다.[38] 이는 망명 중에 스코틀랜드에서 그린 작품에도 해당한다. 베스타임이 사용한 용어가 토마스 만의 소설 《마의 산》에 나오는 "화음의 충만함"과 직접적 연관성이 없다 할지라도 우리는 가장 넓은 의미에서 선택적 친화력에 대해 말할 수 있다. 그려지고 쓰인 선이 강도와 미묘한 차이 면에서 결코 뒤지지 않는 흔들림을 보여주기 때문이다. 베스타임은 "선의 화음"을 보여주는 작품으로 바흐 칸타타를 모티브로 한 석판화를 예로 들며 여기에 "물결과 너울의 상호작용"[39]이 있다고 했다.

날카로운 불협화음이 많았다. 그 사이 베스타임의 연구에 대한 기억은 때때로 위안이 되었을지도 모른다. 최악의 '불협화음'은 사이렌 소리, 폭탄 터지는 소리, V1과 V2가 런던 상공을 가로지르며 내는 쉭쉭 소리였다. 하지만 무엇보다 코코슈카가 영국군을 용서할 수 없었던 소리는 드레스덴이 파괴되었다는 소식이었다. 코코슈카는 문화의 종말을 느꼈다. 그는 화가 마리 루이제 폰 모테지크츠키의 모습을 인상 깊게 화폭에 담았는데, 1944년 10월 24일에 그녀에게 격분하여 다음과 같은 편지를 썼다.

미국 식인종들은 잘츠부르크를 파괴해놓고 베르히테스가덴을 목표로 했다고 합니다. 대성당도, 모차르트의 집도, 그 주변 지역도 모두 잿더미가 되었을 것입니다. '그러나 (한스 푈치히가 라인하르트를 위해 샐러드 그릇처럼 지은) 극장은 후세를 위해 남았습니다.' 왜 더 좋았던 과거의 이런 증거물이 남아 있어야 하겠습니까? 차라리 식인종들을 위해 깨끗이 치우는 편이 더 낫습니다.(Br III, 139)

'식인종'이라는 표현은 부당하지만 코코슈카의 절망이 고스란히 느껴지는 편지다. 코코슈카는 문화가 더는 회복할 수 없는 상황에 이르렀다고 생각했다. 이는 곧 전후 상황, 특히 그가 잔뜩 기대했던 체코슬로바키아 재건에 대한 완전한 환멸로 이어졌다. 코코슈카는 1945년 9월, 《타임스》에 보낸 공개서한에서 에드바르트 베네시의 정책을 비난했다. 4대 전승국의 비호하에 에드바르트 베네시가 국제법을 무시한 채 주데텐에서 독일인을 추방한 것은 순전히 인종차별적 조치라고 했다. 코코슈카는 또한 자국민의 거주 공간 확보를 위해 전쟁 난민을 이제 본국으로 되돌려 보내자는 영국의 구호를 공개적으로 비난했다.(Br III, 150~152) 한동안 완전히 환멸을 느낀 코코슈카는 요세프 파울 호딘에게 다음과 같이 썼다.

> 나는 민주주의를 미신이라고 생각합니다. 파시즘과 같은 민족주의만 있을 뿐입니다. (…) 우리는 울라풀로 갑니다. 거기서 무언가를 그리며 더 나은 생각을 하려고 합니다. 꽃, 메뚜기, 풀, 어린이, 소녀, 양 등 원자탄이 이 모든 것에 해를 끼치지 않는 한 말입니다.(Br III, 154)

코코슈카는 울라풀에서 짧은 체류 기간에도 좋은 아이디어를 얻었다. 보기와 이를 구현한 작품에 다시 불을 붙인 아이디어였다. 그는 잘차흐 강 변에서 '샐러드 그릇'이 중요한 역할을 할 줄은 미처 몰랐다. 그는 당시 오스트리아와 관련한 주장을 내놓기 시작했는데, 이는 1934년까지 빈에서의 경험과는 달리 전후 오스트리아에서 그가 그토록 빨리 공감을 얻을 수 있었던 이유를 설명해준다. 코코슈카는 소련에서 말하는 바와 같이 오스트리아가 "나치의 첫 번째 제물"이었다고 주장했다.(Br III, 155) 이 같은 주장은 코코슈카가 빌리 숄츠에게 보낸 장문의 신념이 담긴 편지에서 주로 언급한 내용이기도 했다. 숄츠는 공산당원으로서 돌 푸스 정권에 맞서 싸우다 구금되었고 석방 후에는 프라하를 거쳐 런 던으로 망명했다. 숄츠는 전쟁이 끝나자 곧바로 오스트리아로 돌아와 1957년에 헝가리 봉기로 당을 탈퇴할 때까지 공산주의 일간지《바르 하이트Die Wahrheit》를 발행했다.

이 편지는 코코슈카의 정치적 생각의 중심에 오스트리아가 얼마나 자리 잡고 있었는지를 잘 보여준다. 그는 "도시인들이 더는 자연적 본 능에 이끌리지 않으므로 푸르른 슈타이어마르크"에서, 즉 시골에서 스 스로를 재생할 줄 안다면 오스트리아는 "진정한 민주주의에 이르게 될 것"이라고 믿었다. 이어서 코코슈카는 다음과 같이 썼다. "민주주의는 사회 형태가 외부 세계 조건에 의존한다는 사실을 아는 것입니다. 민주 주의는 본능만큼이나 확실하게 이끌어야 합니다."(Br Ⅲ, 156~159) 코코 슈카는 민주주의적 행동이 내면화되기를 바랐다.

코코슈카는 또한 "빈으로 보내는 방송"용 원고를 썼다. 그러나 이 원고는 "BBC 검열"에 걸렸다. 그는 모스크바에서도 똑같은 일을 당했 다.(Br Ⅲ, 159) 1945년 늦가을 무렵 그는 런던에 넌더리가 났다. 그는 "영국의 미래를 향한 무지하고 맹목적인 태도" 때문에 이 도시가 "질식 할 정도로 답답하다"라고 한탄했다.(Br Ⅲ, 160) 하지만 코코슈카의 영국 에 대한 평가는 오락가락했다. 오거스터스 존에게는 음악계, 연극계, 미 술계가 부흥하는 것을 보면 영국이 옛 오스트리아와 닮았다고 했다가 (Br Ⅲ, 170) 이로부터 두 달도 채 안 되어서 쇤베르크에게 보낸 편지에 서는 앞에서 언급한 바와 같이 영국 예술은 "토양이나 뿌리가 전혀 없 다"고 주장했다. 코코슈카는 그 무렵(1946/1947) 편지에서 결연히 방향 을 제시하는 어조를 띠었다. 튀빙겐 출신의 프리츠 샬레커라는 사람이 영국 포로수용소에서 그림을 보내오며 평가해달라고 했다. 코코슈카

는 다음과 같이 답했다. "귀하의 그림은 진술하지만, 자신이 구축하고
자 하는 세계의 중심에 있을 때 으레 그렇듯이 이상화된 관점으로 치우
치는 것 같습니다." 코코슈카는 새로운 세계상을 형성할 때 "이웃 사람
의 얼굴, 다른 사람의 얼굴"을 고려하라고 충고했다. 다른 한편으로 코
코슈카는 "파시즘에서 그 절대적 형태를 경험한" "물질주의적 태도"를
거부한다. 그 태도는 "민족의 한계를 초래하는 개인의 이기심"에서 비
롯되었기 때문이다.(Br III, 176, 177) 그는 민족주의를 고조된 개인주의가
집단적인 것으로 드러나는 역설의 소산으로 보았다. 코코슈카가 한 젊
은 화가에게 보낸 편지에서 주장하듯 "무미건조한 형식주의"로 흐르는
'현대미술'과 마찬가지로 그 자신에게서도 인본주의는 사라져버렸다.

어린이를 위하여

코코슈카가 영국 포로수용소에 있던 전 독일군 병사에게 보낸 이
편지에서 눈에 띄는 점이 하나 더 있다. 바로 자식이 없던 이 예술가가
어린이 문제에 서슴없이 헌신하고 있다는 사실이다. 코코슈카는 "어
린이에게 더 좋은 세상을 만들어주는 일"보다 더 중요한 과제는 없다
고 거듭 강조했다.(Br III, 177) 알마 말러 그로피우스가 낙태함으로써 부
권을 박탈당한 코코슈카, 초기부터 소년과 소녀의 인체 드로잉을 반복
해서 그려온[40] 코코슈카는 명백히 정치적인 그림은 물론 특히 스페인
내전 이후 호소문이나 다름없는 포스터를 작업할 때 눈에 띄게 어린
이 문제와 고통에 몰두했다. 하지만 1909년에 그린 〈놀고 있는 아이들
Spielende Kinder〉은 체념과 미래에 대한 회의감이 느껴지는 가운데 정치적
메시지는 없어도 코코슈카 특유의 화풍이 담겨 있다. 사실 남매로 보이

는 소년과 소녀는 놀고 있지 않다. 생각에 잠긴 소년의 시선은 소녀를 향해 있다. 소녀의 시선은 어렴풋이 관찰자를 향해 있어 개방성을 암시한다. 소년과 소녀는 서로 몸을 반쯤 기대고 있다. 막연하게나마 〈바람의 신부〉를 떠올리게 하지만 아직 순수하다. 색채는 빛나긴커녕 우중충하다. 주변의 붉은색을 띠는 갈색에서도 경쾌함이나 쾌활함이 전혀 느껴지지 않는다.

어른의 과도한 권력욕 아래 고통받는 어린이는 어린이의 눈으로 본 전쟁을 고찰한 편지나 에세이와 함께 코코슈카가 그림을 그리는 데 주제로서 전면에 등장한다. 고통받는 어린이를 묘사한 강렬함은 케테 콜비츠의 작품을 연상시킨다. 코코슈카는 프라하에서 채색 석판화로 제작한 포스터 〈바스크 어린이를 도와주세요Helft den baskischen Kindern〉(1937)에서 처음으로 고통받는 어린이를 강렬하게 그렸다. 이 포스터는 어린 자식을 팔에 안은 채 안전한 곳으로 도망가는 어머니가 치명상을 입고 넘어져 희미한 형상으로 보이는 큰 아이를 나머지 손으로 붙들려는 모습을 보여준다. 죽은 아이들이 여기저기 널브러져 있다. 전투기가 시선을 사로잡는다. 십자가는 쓰러져 있다. 배경에는 프라하가 있다. 이는 체코슬로바키아가 제2의 스페인이 될 수 있음을 분명히 보여준다. 1943년에 그린 중요한 정치적 우의화 〈우리는 무엇을 위해 싸우는가〉의 중심에도 죽은 어머니의 무릎 위에서 죽은 아이가 있다. 권력과 무능을 대표하는 자들, 즉 협력자(프랑스 페탱 원수)와 금융가(독일 할마르 샤흐트), 성직자, 인력거를 탄 관조자 간디 그리고 《캉디드》와 이 책의 구호인 "세상은 최선으로 되어 있다"가 새겨진 볼테르의 흉상이 공포의 경기장을 에워싸고 있다. 기계가 죽은 자를 처리하고 십자가에 못 박힌 유대인이 조용히 한탄한다. 이 그림의 판매 수익은 코코슈카의 요청에 따라 1947년에 바젤에서 빈의 굶주린 어린이들에게 전달되었다.

코코슈카는 굶주린 빈의 어린이들에게 진심어린 동정심을 보였다. 1945년 말에 코코슈카는 이들을 위한 기금 마련 연주회 프로그램의 표지를 디자인했는데, 〈굶주린 아이를 위로하는 그리스도Christus tröstet die hungrigen Kindern〉(1945/1946)라는 작품만큼이나 감동적인 그림이었다. 표지는 아사 직전의 무기력한 아이를 안은 채 절망에 빠진 어머니가 다시 등장한다. 아이의 손발은 상처투성이다. 배경에는 "빈에서의 크리스마스!"라는 문구가 적힌 십자가가 있다. 에케 호모Ecce homo의 몸짓은 그리스도가 십자가에서 반쯤 내려와 아이들에게 다가가는 모습을 보여주는 〈굶주린 아이를 위로하는 그리스도〉에서 다시 변형되어 나타난다. 십자가에는 이제 더 명확하게 다음과 같은 문구가 보인다. "이 크리스마스에 추위와 굶주림으로 죽어갈 유럽의 어린이들을 추모하며."[41] 코코슈카는 1954년 7월에 오스트리아 남부 지역과 고향 푀흘라른이 홍수로 피해를 봤다는 소식에 비슷하게 대응했다. 다시 한번 그는 모든 관심을 홍수 피해 지역 어린이들에게 쏟았다.

1943년에 런던에서 코코슈카는 자신의 후원으로 전시된 이주자 아이들의 그림에서 반목이 아닌 인간의 연대와 동포애, 형제애를 보았다. 그는 영국에 대한 모든 유보적 감정에도 암울한 시기에 이러한 전시회는 '자유민주주의' 국가에서만 가능하다고 강조했다. 다양한 배경을 가진 아이들이 함께 어우러지는 모습을 통해 코코슈카는 코메니우스의 주요 관심사 중 하나인 상호 존중에서 비롯한 예술로 공생을 실현할 수 있다고 믿었으며, 이는 일찍 배울수록 좋다고 생각했다. 예술적 관점에서 보면 그는 초기 작품에서 이미 아이들에 관한 이해를 어린아이가 그린 듯한 표현으로 드러내고는 했다.

보이지 않는 전망대

코코슈카는 프란츠 슈베르트의 《독일 미사곡Deutsche Messe》 중 '나는 어디로 향해야 하나?Wohin soll ich mich wenden?'라는 제목의 성가곡을 알았을까? 1945년 이후 코코슈카의 방향 설정에 대한 문제는 '나는 어디로 향해야 하나?'라는 물음으로 압축된다. 그가 이를 언급하지 않은 편지는 거의 없다. 그는 동생들의 안녕에 대한 걱정에 사로잡혀 있었다. 콘월과 스코틀랜드는 영감을 불러일으킬 정도로 풍경이 아름다웠다. 그런데도 코코슈카는 영국 섬에서 망명 생활을 하는 7년 동안 완전히 정착했다는 느낌을 받지 못했다. 게다가 집주인도 문제였다. "집주인은 자신의 영토에서 '외국인' 노릇을 감수하지 말고 영광스럽게 우리를 해방한 군인들을 위한 공간을 마련해야 하니 냉큼 '고국'으로 돌아가라고 했습니다. (…) 나는 파크레인에서 살게 될 '군인'들이 무척이나 궁금합니다!!"(Br III, 160)

런던과 영국의 상황에 불만이 있었고 그 문화적 수준에 의구심이 들었지만 '고국행'은 이 교양 있는 세계시민에게 선택지가 아니었다. 프라하의 상황은 점점 더 암울해졌다. 코코슈카는 연합국의 암묵적 승인을 받아 주덴테 독일인을 죽이려던 에드바르트 베네시의 계략을 간파하고는 이를 튀르키예에서 발생한 아르메니아인 대량 학살(1916)과 비교했다.(Br III, 179) 코코슈카는 도처에서 히틀러의 민족주의 씨앗이 다시 싹틀 조짐을 보았다. 민족주의와 인종주의라는 낡은 이데올로기가 새롭게 작동하고 있었다. 코코슈카는 이러한 견해 때문에 특히 잭과 미나 카니*의 경우처럼 친구들과 소원해지거나 스스로 이들을 멀리하고 있음을 알아차렸다. 그는 가끔 "우울증에 시달리고 있다"며 지나치게 비판한 데 사과했다. 코코슈카는 1947년 늦여름에 스위스에서 그리고 2년 후 미국에서처럼 오랜 시간 올다와 떨어져 있으면 자신이 더욱 취약해진다는 사실을 깨달았다. 그는 무엇보다 매카시가 공산주의자를 색출하는 동안 피츠필드, 미니애폴리스, 뉴욕에서 큰 어려움을 겪지 않았다는 데 가장 놀랐을 것이다.

코코슈카는 자신과 올다를 위해 멕시코를 고려했다. 파울 베스타임이 멕시코에서 살고 있었다. 여학생은 말할 것도 없고 미니애폴리스의 대학은 물론 화랑과 박물관 등 미국에서 코코슈카에게 공세가 쏟아졌다. 그는 올다가 오래전부터 자신의 '귀여운 연인'이었음을 잊어버릴까 봐 편지를 썼다.

> 나는 이발을 하면 근사해 보여. 부인들이 날 듯이 내게 달려오고 신사들은 내 말에 귀를 기울이지. 하지만 나는 내 귀여운 연인을 생각하며 가까운 미래와 먼 미래를 위해 매진하고 있으니 제발 당신은 건강하고 편안하게 지내길 바라. 그래야 우리가 함께 멋진 미래를 누릴 수 있을 테니까. 나는 앞으로의 일에 무척 관심이 많아 과거 따위는 아랑곳하지 않고 지내. 이곳은 곧 나만의 것이 될 거야.(Br Ⅲ, 230~231)

미국에서 이러한 예측은 시기상조일뿐더러 지나친 것으로 밝혀졌다. 스위스가 또 다른 선택지로 떠올랐다. 코코슈카는 바젤의 한 쿤스트할레**에서 대대적인 회고전을 열었다. 그는 여동생에게 보낸 편지에 다음과 같이 썼다. "바젤에 9일 동안 런던에서 보낸 9년보다 천 배나 많은

• 두 사람은 부부로, 미나 카니는 미국 출신 조각가이고 잭 카니는 아일랜드 출신 좌파 언론이다. 코코슈카는 런던에 있을 때 두 사람과 가까이 지냈다. 그러나 전쟁 후 잭 카니가 스탈린을 계속 지지하자 코코슈카는 이들과 멀어졌다.
•• Kunsthalle. 전시 전문 미술관을 뜻한다. 쿤스트할레는 소장품 없이 기획전만 운영한다.

것을 이뤘다."(Br III, 182) 하지만 코코슈카는 자신이 '1930년부터' 계속 "헤매고 있다"는 것을 알았다.(Br III, 183) 스위스 남부 루가노에서도 "절경을 망치는" "초라한 휴양지"를 보며 그는 당혹감을 감추지 못했다. 그는 "지금까지 영국에서만 이런 일이 벌어진 줄 알았다".(Br III, 184) 그러던 중 그는 론강 골짜기 시에르와 뮈조 '탑'을 보게 된다. 릴케는 성주 베르너 라인하르트 덕분에 뮈조성에서 머물 수 있었다. 코코슈카는 이곳을 그리기로 했다. "경치는 알맞습니다. 험준한 데다 돌투성이입니다. 꺼진 곳도 많습니다. 자갈밭까지 이어진 포도밭과 오랜된 집들이 있습니다."(Br III, 185) 그는 한 가지만은 확실게 느꼈다. "대부분 고통스러웠던 망명 생활" 10년을 보낸 후 이제 "최상의 조건에서 내가 가장 흥미를 느끼는 일, 즉 예술을 할" 기회를 스스로 찾아야 했다.(Br III, 189) 이 예술가는 어느덧 환갑을 넘었다. 그는 자신이 보기에 새 출발과 다름없는 작업들을 이어가기 위해 어디로 향해야 할지 거듭 스스로에게 묻는다.

이 시기의 몇몇 편지는 새로운 방향 설정의 미적 차원을 보여준다. 코코슈카는 예술(그리고 그 안의 자신)이 향해야 할 곳에 대해 썼다. 그는 앞에서 언급한 샬레커에게 보낸 편지에 다음과 같이 썼다. "예술은 더듬는 것입니다. 도덕 영역으로 더듬으며 나아가는 것입니다. 예술은 부자의 사치품도 아니고 학술 이론처럼 경직된 형식주의도 아닙니다."(Br III, 177) 1947년 늦여름에 코코슈카는 스위스를 여행하던 중 체르마트 근처 리펠알프호텔 발코니에서 마터호른산을 보았다. 그는 "모든 빙하와 심연을 뚫고 하늘로 솟아오른" 마터호른산의 역동적 모습을 그렸다. 그러면서 코코슈카는 자신을 "세상을 등지고 자신의 덧없음과 절대자 사이의 영속적 균형을 찾는 은둔자와 같다"고 느꼈다.(Br III, 190) 그 결과 시각과 기법이 새로워졌다. "그림이 완전히 달라졌습니다. 유리처럼 투명합니다. 채색의 깊이와 높이는 갑작스러우면서도 충격적입니다. 이러한 효과는 지평선 아래 교차점에 초점을 맞춰 축을 명확하게 배치한 결과입니다."(Br Ⅲ, 191) 인생의 과도기적 단계에서 단순히 미학에 대해 말한 것은 실제로 적용되지 않는다. 특히 이 발언을 미니애폴리스에서 그린 존과 베티 콜스의 대형 2인 초상화나 그의 예술가적 자아상을 토대로 한 편지, 즉 엘 그레코와의 관련성을 묻는 '미국 학생에게' 보낸 편지와 연관시켜보면 더욱 그렇다. 이 편지에서 코코슈카는 엘 그레코를 표현주의 화가로 분류한 반면, 자신의 기원은 오스트리아의 바로크미술에 있다고 답했다. 여기서 눈에 띄는 것은 고유한 원칙의 새로운 토대를 마련했다는 사실이다. 그의 예술 생애 중 긴 마지막 단계, 즉 말년에 그려진 작품들은 이 원칙에 기반한다. 그는 말년에 의식적 보기 문화를 통한 존재의 원근법과 바로크적 색채를 사용한 도시 풍경화를 그린다. 그리고 코코슈카는 다시 한번 함께라는 표현으로서의 초상화를 시도한다. 콜스 부부 초상화에서 출발한 그 길은 1963년에 더욱 내밀한 빛을 강조한 2인 초상화 〈올다와 오스카 코코슈카Olda und Oskar Kokoschka〉로 이어진다.

6장

표현 형식으로서의
초상화

"화가가 진정한 의미에서 얼굴을 그리지 않으면
어떤 초상화도 가치가 없다."[1]

전기로서의 초상화

언제나 '얼굴들'이다. 독일 현대 작가 바바라 호니히만이 지적한 바에 따르면 히브리어에서 얼굴은 항상 복수형으로 쓰이며 '돌리다' 또는 '향하다'라는 동사와 결합한다. 얼굴은 보는 것이자 보이는 것이다. 호니히만은 에마뉘엘 레비나스의 말을 인용한다. "예술은 얼굴을 다시 발견하는 데 있다."[2] 이 말은 코코슈카에게도 적용된다. 코코슈카의 초상화에 적용될 만한 또 다른 말도 전한다. 막스 리베르만의 말이다. 리베르만은 한 중요한 의뢰인이 초상화가 실제 자신과 닮지 않았다고 불평하자 이렇게 답했다. "초상화는 당신 자신보다 당신을 더 닮았소!"[3] 얼굴은 그 사람의 진실을 말해주는가, 아니면 왜곡하는가?

골상학을 몰라도 얼굴에서 매력을 발견하고 그 실체나 가면을 볼 수 있다. 하지만 초상화에서는 무엇보다도 얼굴이 예술 작품이 된다. 1916년 7월 21일, 오스카 코코슈카는 이손조강 전선에서 양친에게 보낸 편지에 다음과 같이 썼다. "앞으로 초상화를 많이 그리게 될 것 같습니다."(Br I, 242) 그는 1925년 5월에 파리에서 어머니에게 쓴 편지에서 자신을 이렇게 묘사했다. "그림 세 점을 그렸는데, 그중에는 벌거벗은 자화상도 있습니다. 사람을 잡아먹는 아폴론처럼 생겼습니다!"(Br II, 117)

무엇이 코코슈카와 같은 예술가를 그토록 초상화에 몰두하게 하며, 나아가 주요 작품을 이른바 인간상에 헌신하게 만들었을까? 인간상은 사람의 이미지를 보여준다. 이는 자명하고, 심지어 진부하게 들리는 말이지만 특정 예술의 방식과 예술가의 자기 이해에 대한 심오한 진리를 드러낸다. 1961년까지도 코코슈카는 초상화를 그리는 이유에 대해 종종 그랬던 것처럼 좀 거드럭거리면서 매우 단호하게 이야기했다. "나는 초상화를 그리는 데 만족한다. 내가 할 수 있는 일이고 그 과정에서 인간적인 것에 이르는 내 길을 보기 때문이다. 다시 말해서 초상화는 내가 언제, 어디에 있으며, 내가 누구이고 무엇인지를 보여주는 거울이다."(DSW III, 283)

이 자기 공언은 자세히 살펴볼 만하다. 이 말에는 초상화 그리기는 일종의 제약이 따르지만 인간 본질에 집중하는 것을 허용한다는 주장이 숨겨져 있기 때문이다. 초상화는 '거울'이다. 시간과 공간 속에서 자아를 규정하는 거울이다. 자화상도 마찬가지다. 초상화는 정체성을 보여주고 예술 행위와 인간 행위를 증언한다. 코코슈카의 발언은 다른 사람을 그린 초상화에서도 화가의 자기규정이 드러난다는 의미를 포함한다. 모든 초상화에서는 '내가 언제, 어디에 있으며, 내가 누구이고 무엇인지' 확인할 수 있다. 나는 다른 사람과 나 자신을 그린다. 그러므로 나는 존재한다.

초상화는 화가와 모델 간의 일련의 만남을 증언한다. 초상화에서, 특히 초상화를 평가할 때 두 가지 근본적 질문이 중요한 역할을 한다. 화가는 초상화 모델을 어떻게 대하는가? 초상화에서 모델의 진정한 모습은 어디에서 드러나고 화가는 초상화에 무엇을 반영하며, 결국 이를 통해 어떤 인간상이 창조되는가?

인간상이라는 용어는 1950년대에 진부한 표현이었으므로 신중하게 사용해야 한다. 안젤름 하페르캄프가 지적한 바와 같이 문제는 "인간보다 이미지다. 예술에 이데올로기의 요구가 가해지면 인간의 이미지가 만들어진다"는 것이다.[4] 인간상이라는 단어는 '서양', '휴머니즘', '재건'이라는 언어 영역에 속하며, 따라서 문화적으로 보수적이고 복고적인 사고방식에 속한다. 하지만 코코슈카의 초상화는 분명 사람을 있는 그대로 보여준다. 그는 인간이 어때해야 하는지를 보여주지 않고 지금 어떤 존재이고 어떤 사람으로 보이는지를 보여준다. 코코슈카는 인간상이라는 말을 인간을 이데올로기적으로 고정하는 것이 아니라 더욱 엄밀한 개념으로 이해했다.

카를 아인슈타인은 (시기상조인 듯하지만) 1926년에 이미《20세기의 예술》을 통해 현대예술의 흐름을 개관했는데, 이 책에서 저자는 코코슈카가 초상화에 특별히 애착을 보였다고 한다. "이 세대 예술가들은 인물, 즉 개인을 그리는 데 그렇게 집요하게 매달리지 않았다."[5] 더 나아가 초상화라는 장르의 일반적 의미도 증명한다. "초상화는 시간의 변화와 절망적인 죽음에 맞서 변함없는 이미지를 남기고 그 안에서 지속성을 찾고자 하는 인간의 욕망을 보여준다."[6] 초상화로 죽음에 맞서려는 시도는 코코슈카의 초기 초상화에서는 보이지 않는다. 그는 초상화에서 죽음을 앞둔 사람을 거듭해서 분명히 보여주기 때문이다.

참고로 다른 화가가 그린 코코슈카의 초상화는 드물지만, 에밀 오를리크의 석판화가 있다. 이 석판화는 이젤 앞의 예술가가 아니라 연출하는 예술가를 보여준다. 날카롭게 자른 듯한 옆모습으로, 인상적인 얼굴을 한 예술가는 다소 헐렁하고 묵직한 외투를 걸친 채 팔꿈치를 살짝 들어 올리며 지시를 하고 있다.[7]

코코슈카에 따르면 초상화의 거울 같은 특성은 "가장 인간적인 희망"으로서 '불멸'을 바라는 모델의 욕망를 표현한다.(DSW III, 282) 코코슈카의 수많은 초상화와 자화상은 그가 자신의 개성과 다른 사람의 개성을 시대의 거울로 이해했음을 짐작게 한다. 코코슈카는 심지어 "현대 회화의 문제", 즉 "현재의 공백을 어떻게 채울 것인가"라는 문제를 "초상화에서 해결할 수 있다"고 믿었다.(같은 곳) 이는 모더니즘에서 개성 문제를 의미한다.

이 예술가는 초상화를 통해 집단주의에 이의를 제기한다. 그러나 이

역시 절대적이지는 않다. 코코슈카는 '프로메테우스 신화Prometheus Saga'
3부작(1950)이나 '테르모필레Thermopylae' 3부작(1954)에서 시대의 파노
라마를 보여주고자 했지만 베르너 튑케의 농민전쟁 파노라마처럼 전체
를 보여주는 그림은 아니었다. 코코슈카의 그림에서는 개별 인물들이
문자 그대로 그림에서 튀어나오며 두드러진다. 특히 〈프로메테우스〉는
자화상으로, 화가 자신이 나타난다.

　　코코슈카의 작품 중에는 〈빈첸초 팔로티St. Vinzenz Pallotti〉(1961/1962)처
럼 상상으로 그린 초상화도 있다. 코코슈카는 팔로티가 성인 명부에 오
르기 전인 제2차 바티칸공의회 중에 그의 초상화를 그려달라는 부탁을
받았는데, "한 줌의 점토"로 제작한 데스마스크를 바탕으로 그림을 그
려야 했다. 이 과제를 코코슈카는 다음과 같이 명확히 표현했다. "어떻
게 하면 이 재에 생명을 불어넣어 데스마스크가 우리의 눈을 보면서 우
리도 이웃을 도우라는 부름을 받았다는 사실을 상기시키는 얼굴이 되
게 할 수 있을까?"(DSW Ⅲ, 285) 코코슈카가 이 '초상화'에서 그의 큼직
한 손과 특유의 얼굴에 생명을 불어넣은 것은 분명했다. 상상으로 초상
화 그리기는 1850년에 죽은 사람에게 생명을 불어넣은 마스크와 동일
성을 확인하는 행위가 되었다.

　　늦어도 1909년 여름에 아돌프 로스는 코코슈카에게 초상화 그리기
에 매진해달라고 촉구했다. 그해 10월에 코코슈카는 로스뿐만 아니라
카를 크라우스와 페터 알텐베르크의 초상도 그렸다. 그 후 1919년 여
름쯤 코코슈카는 리나와 베시에 이어 로스의 세 번째 부인 엘지 알트만
로스도 그렸다. 엘지는 무용가이자 배우, 오페레타 가수였다. 엘지의 그
림에 코코슈카는 공기의 정령 또는 모반을 일으키는 천사, 악마의 처단
자를 의미하는 이름 아리엘Ariel을 적어 넣었다. 오늘날 빈시립박물관 로
스실에 걸려 있는 이 그림에서 우리의 눈을 사로잡은 것은 엘지의 눈이

다. 얼굴은 오로지 두 눈을 위해 있는 것처럼 보인다. 관찰자는 이 새가 만두 눈이 커지는 듯한 착각에 빠진다.

코코슈카는 젊지만 성숙한 여성의 얼굴과 시선을 보여준다. 이는 로스가 이상적으로 생각한 아이 같은 여성과는 거리가 있다. 로스의 첫 번째 부인 리나는 당시 18세 고등학생인 하인츠 랑과 관계를 맺었다. 뒤늦게 로스가 두 사람의 연애편지를 발견한 후에야 리나는 젊은 연인과의 관계를 급히 정리했다. 랑은 페터 알텐베르크의 조언에 따라 빈에서 멀리 떨어진 영국 중부 지방 도시 키더민스터에서 헛되이 리나를 기다리다 자살했다. 이 스캔들은 장안의 화제가 되었는데, 아르투어 슈니츨러가 이 사건을 소재로 희곡을 만들었을 정도였다. 하지만 슈니츨러는 친구 알텐베르크를 고려하여 비극《말Das Wort》(한마디 말이 일으킬 수 있는 불행)을 무대에 올리지 않았다. 이 작품은 1969년에야 요제프슈타트에 있는 극장에서 초연되었다.

로스와 그의 여인들이 있는 순백의 침실, 이 유명한 침실은 그가 소아성애적 성향을 드러내는 현장이기도 했다. 1928년에 로스는 8~10세 소녀 세 명을 대상으로 한 "아동 성추행 및 미수, 음란 행위 선동죄"로 기소되어 법정에 섰다.[8] 빈 모더니즘의 소아성애적 행태는 페터 알텐베르크의 행동뿐만 아니라 구스타프 클림트, 에곤 실레 그리고 초기 오스카 코코슈카의 작품에서도 엿볼 수 있다. 지적으로 뛰어난 예술가와 예술적 재능이 있는 지식인들은 아이처럼 순수한 여성이라는 환상에 집단적으로 빠진 듯했다. 이는 당시 베르타 폰 주트너나 교육학자 오이게니 슈바르츠발트로 대표되는 의식 교육을 통한 여성 행방이라는 개념과 대척점에 있었다. 로스가 자신의 수치스러운 행동을 교육학적으로 정당화한 것도 기이하기 짝이 없다. 로스는 법정에서 성적 학대를 통한 교육이었다고 진술했는데 상투어처럼 들린다. 로스는 또한 빈에는 이런 성도착적 행위를 하는 사람이 많다고 진술했다. 그는 법정에서 아이들의 순종적 태도를 지적하며 자신의 책임을 전가하려는 모습을 보였다. "어린이의 80퍼센트가 주거 환경이 열악해 성인과 침대를 함께 사용하는데, 어린이의 온갖 부도덕은 이러한 환경과 관련 있습니다."[9]

로스는 자신을 확고한 사명감의 소유자로 여겼다. 그는 사회 주택과 선택된 소수 예술가 후원이라는 고상한 이상을 추구했다. 로스는 건축 양식과 실내장식에서 19세기의 잔재를 폐기했으나 어머니를 향한 과도한 집착과 성도착으로 파멸했다. 로스는 사망하기 5년 전인 1928년에 법원에서 유죄 판결을 받았다. 이때도 친구들은 여전히 그를 두둔했는데, 그 이유가 신의 때문이었는지 아니면 자신들의 부도덕성에 대한 죄의식 때문이었는지는 불확실하다.

어쨌든 코코슈카는 하얀 침실이든 어두운 침실이든 아랑곳하지 않고 담배 연기 자욱한 빈의 커피하우스에서 주로 아르놀트 쇤베르크, 페터 알텐베르크, 안톤 폰 베베른의 '얼굴'을 습작했다고 밝혔다. 코코슈카의 '떠돌이 생활'은 헤르바르트 발덴과 파울 카시러에 의해 베를린 쿠르퓌어스텐담 거리에 있는 카페 그뢰센반에서 선명해진다. 코코슈카는 빈에서 발덴을 처음 만났다. 발덴은 빈에서 카를 크라우스와 함께 자신이 기획한 문예지 《슈투름》에 대해 의논했다. (크라우스가 발행하는 《파켈》지는 1909년 3월에 코코슈카와 인터뷰한 기사를 실었는데, 이는 그의 작품을 심층적으로 다룬 최초의 기사였다.) 코코슈카에게 발덴은 아내 엘제 라스커 쉴러와도 인연을 맺게 해주었다. 코코슈카가 만난 여성 중 쉴러는 베시 브루스 다음으로 극단적인 인물이었다. 흥미롭게도 코코슈카는 라스커 쉴러의 초상화를 그릴 수 없었다고 밝혔고 두 사람의 관계는 모호한 채로 남아 있다.

코코슈카는 보헤미안의 얼굴을 베를린에서 보았다. 그는 자신의 희곡 《살인자, 여자들의 희망》(1907)으로 무대 표현주의를 탄생시켰다. 더 정확히 말하자면 그는 "빈 모더니즘과 표현주의 사이"[10]에 일종의 연결 고리를 만들었으며, 스스로 이를 구현하고 있었다. 게오르게 그로스는 베를린의 밀랍 인형 전시실에서 있었던 일을 회상했다. 그곳에서 코코슈카는 살인자와 중범죄자를 본뜬 밀랍 인형들 틈에 앉아 있다가 갑자기 벌떡 일어나 방문객들을 소스라치게 놀라게 했다.

코코슈카는 베를린의 거친 생활과 분주함에서 벗어나 비교적 한가한 빈으로 돌아왔다. 옛 친구였던 빈의 화가 막스 오펜하이머(1885~1954)가 코코슈카를 모방하려 했다는 사실은 예술가로서의 그의 명성을 반영한다. 코코슈카의 명성은 바실리 칸딘스키가 프란츠 마르크에게 코코슈카를 우리 시대 예술가 중 한 명이라고 묘사했을 정도다. 라스커 쉴러는 《슈투름》에 게재한 글에서 코코슈카의 편에 서서 오펜하이머의 표절을 신랄하게 비난했다. 1911년 5월에 오펜하이머가 뮌헨의 탄하우저갤러리에서 전시회를 열었을 때(같은 갤러리에서 6개월 후 칸딘스키를 비롯한 청기사파 화가들이 '청기사Der Blaue Reiter'라는 이름으로 첫 전시회를 연다) 작가 에리히 뮈잠은 일기에서 이 '사내'가 "뻔뻔하게 주둥이"를 놀린다며 그를 "전형적인 프라하 유대인 소년"이라고 모욕했다. 뮈잠은 하인리히 만이 이 유대인과는 친하면서 코코슈카와는 인연을 끊었다는 데 놀라기도 했다.[11] 그렇다고 이 모든 악평이 오펜하이머의 전부는 아니다. 오펜하이머는 초기에 반 고흐의 영향을 받았다. 그가 코코슈카, 에곤 실레(1910년에 오펜하이머의 초상화를 그렸다), 알베르트 귀테르슬로의 영향을 받았다는 사실은 의심의 여지가 없다. 하지만 한동안 코코슈카와 실레 역시 예술적으로 표현이 유사했다고 말할 수 있으며, 코코슈카는 언제나 이를 부정하거나 적어도 극도로 최소화하려 애썼다. 오펜하이머 역시 초상화에 전념하여 토마스 만, 하인리히 만, 아르놀트 쇤베르크, 틸라 두리외의 초상을 그렸다. 코코슈카처럼 오펜하이머도 음악을 회화적으로 다루기 시작했고, 그 결과 구스타프 말러의 교향곡 제4번을 소재로 한 대형 작품 〈교향곡Die Symphonie〉이 탄생했다. 오펜하이머를 재평가해야 할 때가 된 것 같다. 그를 단순히 표현주의 표절자로 평가해서는 안 된다. 오펜하이머는 분명 앞서 언급한 화가들뿐만 아니라 리하르트 게르스틀과 함께 1910년경 빈 아방가르드의 일원이었다. 오펜하이머가 망명 중에 쓴 자서전《사람들은 자신의 화가를 찾는다Menschen finden ihren Maler》의 제목만 보아도 초상화가 그의 작품의 중심이었음을 알 수 있다.

초상화를 향한 이 같은 관심은 빈의 중요한 위치에서 비판적 평가를 받는데, 이는 1905년 4월 22일《노이에프라이에프레세》에 실린 게오르크 지멜의 '초상화의 미학Aesthetik des Porträts'이라는 글로 나타났다. 당시 빈 공예학교 학생으로서 특히 헤르만 헬러의 해부학 드로잉 강의를 들었던 오스카 코코슈카가 이 눈에 띄는 글을 못 봤을 리가 없을 것이다. 지멜은 이미 4년 전에 빈에서 보면 멀리 떨어진 함부르크의 독일 문화 주간지《로체Der Lotse》에 '얼굴의 미학적 의미Die ästhetische Bedeutung des Gesichts'라는 글을 쓴 적이 있었다. 지멜의 '초상화의 미학'은 문화 현상으로서 개인 표현에 대한 일종의 비판적 선언문이었다. 여기에는 코코슈카의 (초상화) 미술에 관한 마지막 글에까지 영향을 미쳤을 주장들이 포함되어 있다. 기본적으로 지멜과 코코슈카의 견해 사이에는 밀접한 유사성이 눈에 띈다. 지멜의 주장을 보자. "초상화는 통상적 관념이 외적 현상과 우리가 이것에서 정신적으로 인식하는 모든 것을 포함하는 인간 전체에서 그 가시성을 분리해낸다." 인간 현상의 의미를 "순수하게 표현해내는 것이 초상화의 주요 기능"이다. "따라서 얼굴 특징 사이에는 강한 연관성이 존재하며, 화가는 자신만의 표현 방식으로 우리를 설득한다." "항상 제기되고 대개 실현되는 초상화에 대한 요구, 즉 신체를 통해 정신을 표현한다는 주장을 어떤 이론도 부정할 수 없다."[12] '얼굴의 미학적 의미'에서 지멜은 얼굴의 대칭을 강조하면서, 얼굴이 다른 신체에 비해 "반도半島 같은" 특성이 있다고 했다.[13] "얼굴의 형성 가능성"이란 얼굴이 "내면 인격의 기하학적 자리"임을 말한다. 지멜은 "바로크미술의 지나치게 과장된 표현"을 비판했다. 지멜은 "인간적 특성, 즉 모든 디테일이 중심 자의 힘에 의해 무조건적으로 종속되기 때문에 바로크미술이 싫다"라고 한다.[14] 코코슈카가 '얼굴의 미학적 의미'를 접했다면 지멜의 비판에 동의하지 않았을 것이다. 앞서 언급한 바와 같이 평생 프란츠 안톤 마울베르치를 모범으로 삼아온 코코슈카가 마울베르치의 작품에서 감동받은 점이 바로 그런 과장된 표현이었기 때문이다.

더 나아가 지멜은 얼굴 대칭의 파괴로부터 부정적인 미학적 판단을 도출했는데, 이는 아방가르드적 초상화 기법이나 인물 묘사에 반하며 표현주의에 대한 핵심 비판을 예견하는 것이었다. "입을 벌리고 눈을 치켜뜬 것처럼 [얼굴에서 정신을 빼앗는 것이] 어느 정도 일어난 곳에서 이는 대단히 비미학적인 데 그치지 않는다. 이 두 움직임은 이제 이해할 수 있듯 정신의 마비와 정신에 대한 지배력의 일시적 상실이라는 '얼빠짐'의 표현이다."[15] 그 의미는 '캐릭터 두상' 또는 '두상 작품'으로 알려진 프란츠 크사버 메세르슈미트(1736~1783)의 자화상 흉상 52점에 잘 드러난다.[16] 이 일그러진 얼굴 표현 문제는 모더니즘 예술에서 (코코슈카가 특히 높이 평가한) 에드바르 뭉크의 작품을 통해 극명하게 드러났다. 1953년에 코코슈카는 "현대인의 무시무시한 시대상을 형상화한" 뭉크의 "표현주의 예술"에서 충격을 받았다고 회상했다.(DSW III, 173) 뭉크를 다룬 이 글에서 칸딘스키에 대한 언급은 일종의 비판이었다. 코코슈카에 따르면 "칸딘스키의 기획"은 "의식적으로 보는 능력"을 희생시켰다. 이 '기획'에 확실히 포함된 한 가지는 얼굴의 추상화다.

1910년 무렵에 칸딘스키의 얼굴들은 텅 비어버리는데, 더 정확히 말하면 얼굴에서 이목구비가 사라진다. 칸딘스키의 〈두 여인이 있는 실내Intérieur mit zwei Frauen〉가 그 예다. 칸딘스키는 당시 자신의 모습을 보여주는 초상화를 포함해 초상화 작품들을 연인이자 화가 가브리엘레 뮌터(1877~1962)에게 맡겼다. 칸딘스키가 1910년에 그린 다섯 번째 〈즉흥Improvisation〉에서도 텅 빈 얼굴을 볼 수 있다. 그림은 종교적 주제를 추상화한 작품으로, 그림의 오른쪽 아래 가장자리에 성모 마리아를 알아볼 수 있는 베일만 씌우고 얼굴은 보이지 않게 했다. 텅 빈 얼굴은 비슷한 시기 오딜롱 르동이 그린 〈꽃 사이에 있는 오필리아Ophélia au milieu des fleurs〉(1905~1908)에서도 나타나는데, 코코슈카는 이 같은 경향을 원칙적으로 거부했다. 이와 관련해 다양한 맥락에서 좀더 논의가 필요한 가설을 제시해보면 코코슈카는 구체적 모티브의 추상화, 즉 인식 가능한 삶의 세계를 추상화하는 데 불만이 있었으므로 실제 경험과 자신의 추상화가 불가능했다는 것이다. 코코슈카는 조형예술에서 실재하는 것을 강조함으로써 감각적 참여를 이끌어내고자 하는 모더니즘을 발전시켰다.

고트프리트 벤(《표현주의 10년의 서정시Lyrik des expressionistischen Jahrzehnts》, 1955)과 동시에 뭉크를 다룬 에세이에서 코코슈카는 표현주의를 평가했다. 코코슈카는 벤보다 훨씬 더 대화 지향적이었다. "표현주의는 경험을 형상화하며 이는 '나'가 '너'에게 전달하는 간접적 메시지다. 사랑처럼 두 사람이 있어야 한다. 표현주의는 상아탑에 있지 않다. 표현주의는 이웃에게 다가가 그들을 일깨운다."(DSW III, 175)

코코슈카의 예술은 언제나 논란의 대상이었다. 초상화도 마찬가지였다. 20세기 초반 20년 동안 모더니즘의 대가이자 프랑스, 영국, 독일 사이 문화 중재자로 활약한 하리 그라프 케슬러는 1927년 7월에 취리히를 방문했을 때 코코슈카의 그림들을 본다. 취리히미술관에서 열린 코코슈카의 전시회를 보고 케슬러는 일기에 복잡한 감정을 다음과 같이 적었다.

> 코코슈카의 재능은 인간의 감정이 가장 섬세하고 정교하게 표출되는 눈, 입, 손을 포착하는 데 있다. 하지만 그는 이와 어울리지 않게 투박하고 거칠게 이를 표현하다.[17]

섬세함과 투박함 사이의 이 같은 긴장감은 코코슈카의 초상화 작업에서 중요한 역할을 한다. 가령 초상화 속 인물의 손은 우악스럽게, 얼굴은 윤곽이 뚜렷하게 처리될 수 있는데, 이는 화구에 많은 영향을 받는다. 초기 작품에서 연필이나 펜으로 윤곽을 잡는 방식은 섬세한 형태를 만들어냈다. 그러나 코코슈카는 1912년 이후 초상화 작업에서 목탄이나 크레용을 두드러지게 사용하는데, 이는 얼굴 윤곽을 유화나 오일파스텔화처럼 표현해주었다. 목탄이나 크레용과 같은 화구는 수정, 덧그리기, 지우기 등의 작업을 하기 쉬웠다. 코코슈카는 이를 적극적으로 활용하여 유화 초상화에서 색층을 여러 겹 겹쳐 칠하는 표현 방식을 사용했다. 그러나 코코슈카는 학생들에게 인물의 체형을 담아낼 때 수채화를 권장하거나 심지어 강요하기도 했는데, 정작 그의 작품 중에는 수채화 초상화는 드물다.

초상화를 위한 사전 습작은 드물었다. 코코슈카는 작업 과정에서 점점 더 응축되는 인물의 자연스러운 인상을 중요시했다. 하지만 〈푸른 옷을 입은 여인Frau in Blau〉(1919)이라는 그림을 위해 3개월 동안 그린 150점이 넘는 습작은 예외다. 이 작품은 악명 높은 알마 인형의 기초가 되었다. 〈푸른 옷을 입은 여인〉은 억제할 수 없는 욕망의 상징인 '아니마anima*를 나타내는 한편, 다른 한편으로는 사물화되어 길든 대상을 상징하기도 한다. 특히 크레용 드로잉은 입체감이 두드러져 유화처럼 느껴진다. 습작 중에는 몸의 윤곽만 그려 매혹적인 여성을 대상화한 펜 드로잉도 있다.[18]

얼굴 앞에서

파울 하트파니는 '표현주의에 관한 에세이Versuch über den Expressionismus'에서 "표현주의에서 자아가 세상에 넘쳐난다"라고 썼다.[19] 자아는 중심이 되고, 증식하고, 어디에나 존재하고, 눈에 띄고, 주목받기를 원했다. 이 현상은 르네상스 시기부터 알려졌는데, 야코프 부르크하르트가 처음으로 역사적 맥락에서 이를 고찰했다.[20] 《초상화 미술Die Kunst des Porträts》(1908)이라는 저서를 통해 부르크하르트의 접근법을 모더니즘에 적용한 사람이 독일 미술사가 빌헬름 베촐트다. 코코슈카는 최소한 드레스덴 시절에 베촐트의 저서를 접했을 것이다. 베촐트에 따르면 초상화는 "인물의 내밀한 독백적 계시"를 드러낸다.[21]

프리드리히 군돌프는 이 현상에 좀더 경멸적인 태도를 보였다. 1922년에 군돌프는 "해방된 자아"라는 표현을 사용했다. 이는 1800년즈음 주관주의가 부상하는 가운데 특히 하인리히 폰 클라이스트를 겨냥한 표현이었으나[22] 1920년대 조형예술의 시대정신을 반영하며 코코슈카의 손에서 수많은 초상화(또는 자화상)가 탄생하는 흐름과 맞물린 것이기도 했다.

• 융이 제시한 원형의 한 요소로 남성 안에 있는 여성성을 의미한다.

코코슈카는 초상화 모델, 특히 모델이 된 예술가의 얼굴에 드러난 '내면의 본질'뿐만 아니라 얼굴의 가면 같은 특성에도 큰 관심을 가졌다. 이를 대표적으로 보여주는 작품이 〈어머니와 아이Mutter und Kind〉(1934)다. 여기서 어머니(트루틀)는 일본 전통 가면극 노能의 가면을 쓰고 아이 앞에서 위장하고 있다. 그는 초상화에서 얼굴 주변의 배경에도 소홀한 법이 없었다. 코코슈카는 자신이 소유한 특징적 물건들로 초상화의 배경을 채우고는 했다.[23] 그렇다고 코코슈카가 초상화 속 예술가를 광대로 묘사하는 일은 없었다.[24] 오히려 그가 초상화를 다루는 태도는 진지했다는 인상을 준다. 이러한 태도는 헤겔의 "낭만적 예술 형식의 해체"와 연결된다. 헤겔은 《미학강의》에서 예술은 앞으로 "초상화의 표현으로 완전히 해체될 것"이라고 했다. 헤겔은 이 과정을 "존재하는 것에 대한 주관적 예술 모방"이라고 했다.[25] 코코슈카의 예술은 이러한 식으로 발전한 것으로 보이며, 그가 차츰 구현하고자 한 인본주의 이데올로기를 제외하면 교조적 원칙이나 지향점은 언급되지 않았다.

코코슈카가 그린 도시 풍경이나 자연을 초상화로 보면 그의 예술이 초상화로 귀결된다는 인상은 더욱 강해지는데,[26] 이러한 경향은 〈맨드릴개코원숭이〉와 같은 동물 그림에서 두드러진다. 이는 150점 이상의 습작이 〈푸른 옷을 입은 여인〉이라는 초상화로 귀결되는 것과 마찬가지다.

프라하, 도버, 제네바 호수 등을 그린 그림은 각각 (도시) 풍경의 특성을 보여주는 거울이 된다. 사람은 풍경에 녹아들고 반대로 그 풍경 속에서 개인 초상화가 비롯한다. 프라하를 배경으로 그려진 마사리크의 초상화가 그 예다. 하지만 코코슈카는 이러한 풍경이나 도시 배경뿐만 아니라 그림에 포함한 사물들로 초상화 장르의 또 다른 차원을 시사했다. 코코슈카는 초상화 속 인물의 전기적 요소의 일부를 상징적으로 표현했다. 전기적 요소는 그의 자화상에서 두드러지며, 알마 말러나 그의 아내 올다와 같이 동일한 인물을 여러 차례에 걸쳐 여러 삶의 단계를 묘사하고 신화화한 초상화에서도 나타난다. 코코슈카의 자화상 그리기는 런던에서 앤트완 그래프 세일런을 위해 그린 연작 세 점으로 끝날 수도 있었다. 연작 중 마지막 그림 〈하데스와 페르세포네Hades und Persephone〉에서 코코슈카는 자신을 이미 저승에 있는 모습으로 그렸기 때문이다. 그러나 자아의 부정적 신격화 이후에도 수많은 자화상(주로 드로잉)이 그려졌는데, 이들 모두 1948년에 이탈리아 중부 피에솔레에서 그린 자화상의 매혹적 강렬함에 미치지 못한다. 화가는 자신의 초상화를 그리면서 놀랐을지도 모른다. 그는 유달리 빛나는 눈을 관찰자에게 고정한 채 정면을 응시하며 화구에 매달리듯이 두 손으로 긴 붓을 단단히 잡고 있다. 자화상에서 신들의 왕 보탄Wotan이 느껴지는데, 긴 붓은 이 방랑자의 지팡이일 수도 있다. 망설임도 의심도 모르는 이 얼굴은 군데군데 긁힌 자국이 있으며 재빠르고도 확신에 찬 붓놀림으로 그려졌다. 대체로 코코슈카의 자화상들은 〈'퇴폐'미술가의 자화상〉(1937)과 마찬가지로 전혀 흔들림이 없다. 〈모자를 쓴 자화상 Selbstbildnis mit Mütze〉(1932)처럼 녹색이 주조를 이루는 자화상에서 부드러운 이목구비가 드러나기도 하지만 이는 아주 극히 드문 예다. 이 예술가는 자화상을 통해 단호하고 통찰력이 뛰어나며 확신에 찬 모습을 드러낸다.

이는 코코슈카가 그린 모든 초상화에 해당한다. 초상화 속 인물들은 코코슈카가 부여한 개성과 존재감을 얻는다. 그려지는 행위를 통해 그들의 개성이 더욱 강화된다. 헨리 펄먼의 초상이든, 드로이다 백작 부인의 초상이든, 밸러리 굴딩의 초상이든 그림에 드러나는 개성은 언제나 어느 정도 코코슈카의 것이다. 코코슈카는 그가 그린 모든 얼굴의 표현에서 존재감을 드러낸다. 이러한 독특한 효과는 한 전시실에 코코슈카의 초상화 몇 점이 모여 있을 때 더욱 분명해진다. 〈자화상〉(피에솔레), 〈타마신의 베두인족 현자Der Marabout von Temacin〉, 〈어머니와 아이〉(1921), 〈아랍의 여인들과 아이들Araberinnen mit Kind〉(1929) 그리고 현저히 공들여 작업한 올다의 초상(이 그림에도 아이는 없다!) 등은 말 그대로 같은 눈높이에서 대화한다. 스위스 브베 예니슈미술관의 오스카코코슈카재단 전시실에서 1920년대 후반 작품인 〈타마신의 베두인족 현자〉와 1948년 작품인 〈자화상〉(피에솔레) 사이에 오가는 대화는 무척 흥미롭다. 이는 형태와 회화 기법의 대화이기도 하다. 〈타마신의 베두인족 현자〉는 수평의 붓질이 특징인 반면에 〈자화상〉은 수직 붓질로 그려졌다. 〈타마신의 베두인족 현자〉는 노란색과 황갈색으로 둘러싸여 있고, 현자의 왼손은 개방을 암시하지만 표정은 스스로 갇혀 있는 듯하다. 이와 달리 〈자화상〉은 자유로운 표현을 보여주며, 이때부터 후기 작품의 특징이 나타난다. 코코슈카는 후기로 갈수록 점점 더 선명한 색채를 사용해 작품의 생동감을 형성하는데, 그 예가 초상화 〈메리 던 부인Lady Mary Dunn〉(1973)이다.[27] 코코슈카의 후기 작품에서는 초연함이나 나이 듦에 따른 (자기)초월을 찾기 힘들다. 오히려 표현주의적 잔재와 신화적 몸짓이 서로 얽혀들어가며 선명한 색채가 그 입체성을 드러낸다.

코코슈카의 초상화 작품에서는 (특히 후기에) 2인 초상화가 두드러진다. 〈올다와 오스카 코코슈카〉(1963), 〈해밀턴 공작과 공작 부인The Duke and Duchess of Hamilton〉(1969)을 비롯해 두 사람을 한 화폭에 담지는 않았지만 크로프트 남매를 그린 〈마이클 크로프트〉(1938)와 〈포지 크로프트〉(1938) 등과 같은 2인 초상화가 있다. 2인 초상화 가운데 특별히 의미가 있는 작품은 〈존과 베티 콜스John und Betty Cowles〉(1949)로, 코코슈카는 올다에게 보낸 편지에서 이 대형 초상화에 대해 자세히 썼다.

1949년 9월 중순에 코코슈카는 미니애폴리스에서 올다에게 보낸 편지에 다음과 같이 썼다. "나는 매일 세 시간가량 그림을 그리고는 과하다 싶을 정도로 위스키를 연거푸 마신다."(Br Ⅲ, 230) 코코슈카는 존 콜스의 방대한 장서를 뒤지고, 경마를 보러 가고("더는 말을 탈 수 없다는 데 거의 울 뻔했어." 같은 곳), 갓 결혼한 "긴 금발에 푸른 눈을 가진 스무 살 귀여운 헝가리 여성"에게 홀딱 반한다. 코코슈카는 또한 그곳 대학에서 강연하며 "매년 3개월 동안 머물며 정치, 철학, 도덕의 자극제 역할을 해달라"는 제안을 냉큼 받아들인다.

어쨌든 당시 미니애폴리스에서 보수가 좋았던 작업은 콜스 부부를 그리는 일이었다. 코코슈카는 이 그림을 무사히 완성하고 싶었다. "하루 일을 마치면 술이 무척 당기지만 다음 날 아침 컨디션을 위해" 그 좋아하는 위스키마저 끊었다.(Br Ⅲ, 233)

1949년 10월 초에 코코슈카는 마흔 번이 넘는 작업과 "전체 이야기를 새로 그린" 세 번의 재작업 끝에 그림이 "완성되어 더는 의심의 여지가 없다"고 올다에게 전할 수 있었다. 돌이켜보면 이 콜스 부부의 초상을 그리는 작업은 이후 이어질 대형 연작들을 위한 예행연습에 불과했다. 이제 코코슈카가 설명하고 자평하는 내용을 살펴볼 텐데, 이는 그의 초상화 작업 전반을 이해하는 데 도움이 된다. 코코슈카에 따르면 새로운 '재작업', 즉 덧칠이 필요했던 이유는 "그림이 충분히 치밀하지 않고 개별 요소들이 미흡했기 때문이며, 이는 곧 색채로 구현되지 않았다는 의미다".(Br Ⅲ, 233) 코코슈카는 계속해서 다음과 같이 말했다.

화가는 항상 코나 눈꼬리, 팔, 몸, 공간조차도 이전에 존재하지 않았던 것처럼 창조해야 한다. (…) 이제 어제저녁에 위스키를 너무 많이 마셔 잠긴 목소리로 서로 웃음을 지어 보이고 (어설픈 배우처럼) 짐짓 쾌활하게 화기애애

한 부부인 척하는 나이 지긋한 두 사람과 함께 종일 그림을 그려야 해. 그러니 마침내 하루가 끝나갈 때쯤 내가 만든 아담과 이브를 홀연히 따뜻함과 자비로 바라보며, 앞에 앉아 있는 부부에게 이제 일어나 세상으로 나아가라고 명령할 때 얼마나 기쁠지 생각해봐. 결국 내가 그들을 만들었으니까 그렇지 않겠어, 내 소중한 사람?(Br III, 233)

창조로서의 초상화. 코코슈카가 초상화라는 장르에 대해 이보다 더 놀라운 방식으로 표현한 적은 없었다. 그가 바로 자신의 소중한 사람에게 보고한 바와 같이 기대한 효과는 빠짐없이 나타났다. 코코슈카는 액자에도 적지 않게 신경을 썼다. 코코슈카의 까다로운 고객은 분명히 완벽한 서비스를 기대했다.

내가 그림을 보여준 날 바로 내 히스테리가 끝났다는 것을 당신은 잘 알 거야. 앞서 베티는 대성통곡했어. 어쨌든 베티는 나이가 50이고 인생의 첫봄이 지나갔다는 것을 알고 있지. 남자들은 자신을 잘 유지하는 편이야. 아이 넷을 직접 출산할 일은 없으니까 말이야. 베티가 그림을 받아들인 이유는 화폭에 담긴 많은 구성과 놀라운 관계, 정신과 색채, 결의와 풍부함 때문이기도 하지만 무엇보다 존이 깊은 인상을 받았기 때문이지. 존은 밤에 이 초상화를 세 번이나 더 봤어. 나는 현대식 벽난로와 어울리게 (같은 돈을새김으로) 조지 왕조풍의 액자를 주문 제작했고, 오늘 막일꾼이자 운전사인 흑인 랜돌프와 함께 그 액자를 칠했어. 며칠 후 '집들이'에서 미니애폴리스 사람들은 한마디씩 할 거고 그 후에 그림은 손님들에게 익숙해질 거야.(Br III, 234)

참고로 랜돌프라는 막일꾼에 대한 언급은 결코 경멸적 어조가 아니었다. 미니애폴리스에서 쓴 편지를 보면 코코슈카는 "흑인 문제에 대단히 관심이 많았고" 1949년 10월 초 "침대차짐꾼동지회(중요한 흑인 노동조합) 집회"에 참석하기도 했다. 코코슈카는 흑인 문제와 관련해 "이 재능이 뛰어난 민족에게 도움을 주는 일은 사회적 갈등을 인도적으로 해결하기 위하여 기여함을 의미한다. 이 문제를 공산주의자만이 해결해야 하는 것은 아니다"라고 이해했다.(Br III, 232)

여기서도 드러나듯이 코코슈카는 인본주의적 관심과 '타자'에 대한 호기심을 결코 잊지 않았다. 이러한 편지 내용은 또한 코코슈카가 창조 행위를 수용자와 공유할 준비는 되어 있지 않았지만 볼프강 켐프가 말하는 의미에서의 관찰자를 창조 행위를 통해 그림 속에 끌어들이려 했음을 보여준다.[28] 코코슈카에게는 색채로 예술적 사실을 창조하는 것이 중요했다. 얼굴도 예술적 사실이 될 수 있었다. 코코슈카에 따르면 얼굴은 초상화에서 새로운 것이 되었다. 코코슈카는 1966년에 작곡가의 아내 니콜 미요와의 대화에서 "모든 얼굴은 사고의 세계에서 비롯한다"라고 했다. 코코슈카에게 얼굴은 "영혼의 이미지"[29]와 같았다. 이러한 맥락에서 코코슈카는 1949년 10월에 슈바르첸베르크 후작 요하네스에게 보낸 편지에서 그의 그림은 본질에서 "얼굴로 표현된 자신의 의식 상태"일뿐이라고 했다.(Br III, 236) 비슷한 시기에 코코슈카는 친구이자 미술상인 발터 파일헨펠트에게 콜스 부부 초상화 작업 때문에 신경쇠약에 걸릴 판이라고 털어놓았다. 그림은 "완성되어 희생자들에게 큰 만족을 가져다주었으나" 코코슈카 자신도 자신의 예술 창작의 희생자라고 느꼈으며 그것도 처음부터 그랬다고 한다.

새로운 초상화 작업에 들어갔다. 이번에는 기업가이자 수집가인 에밀 게오르크 뷔를레를 그려야 했다. 며칠간 12월의 안개 속으로 사라져버린 취리히에서 고되게 초상화 작업을 한 후 코코슈카는 다시 한번 자신을 돌아보았다. 코코슈카는 자신의 "가장 소중한 사람"에게 좋은 소식을 전할 수 없었다. "뷔를레 집에서 여섯 시간 동안 작업을 끝내고 손을 씻으며 거울을 보면 가면처럼 일그러진 얼굴, 유리 조각처럼 날카롭게 부릅뜬 눈, 반죽처럼 굳은 입을 한 내가 있어. 모두 집중한 탓이야. (…) 아무하고도 말하고 싶지 않아."(Br III, 259) 뷔를레의 초상화를 그리는 데는 걸림돌이 많았다. 인상파 작품을 세계에서 가장 많이 소장하고 있던 뷔를레는 초상화의 모든 면에 만족하지 않았다. 코코슈카는 1951년 크리스마스 전에 초상화를 완성했다고 생각했으나 이듬해 4월에 다시 뷔를레를 찾아가 문제가 된 부분을 수정해야 했다. 뷔를레의 가족은 여전히 회의적이었다. 뷔를레가 세상을 떠난 지 1년 반이 지난 1958년 7월에 취리히에서 뷔를레 소장품 일부가 처음 공개되었을 때 코코슈카가 그린 초상화는 전시되지 않았다.

뷔를레는 공작기계를 만들던 외를리콘 공장을 1924년 이후 무기제조 공장으로 전환한 덕분에 부를 쌓을 수 있었고 1937년에 스위스 국적을 취득했다. 뷔를레는 세계의 절반에 무기, 대포, 대공포를 공급했다. 중국 내전 중에는 장제스와 그 상대국인 일본에 무기를 공급했으며, 이후 영국, 프랑스, 발트해 국가들, 체코슬로바키아, 튀르키예, 소련, 북미와 남미에 무기를 공급했다. 심지어 뷔를레는 1941~1944년 스위스 당국의 제재 속에서도 히틀러의 독일에 무기를 공급했고, 1947년 이후 냉전 시기에는 미국과 거래를 통해 큰 수익을 올렸다.

뷔를레가 재산의 상당 부분을 예술에 투자한 것은 양심의 가책을 덜기 위한 방식으로 보인다.[30] 코코슈카는 이런 사실에 전혀 개의치 않았던 것 같다. 의뢰는 의뢰였다. 게다가 전후 시기였고 누구에게나 유지해야 할 체면이 있었다. 교양 높은 재벌 군수업자의 초상화에는 방화범은 없고 우직한 한 시민만 있다. 그림을 그린 곳은 아마도 취리히 외를리콘 공장의 사무실이었을 것이다.[31] 절제된 몸짓은 초상화 속 인물이 무언가 말하고 싶어 했음을 암시하는 듯하다. 뷔를레의 표정은 매우 평온하고 눈길은 예술가에게로 향해 있다. 그의 오른편에는 고대 이집트 권력의 상징인 파라오 장식관을 쓴 흉상이 있다. 뒤쪽에는 잎이 무성한 화분과 뷔를레의 건장한 얼굴에 반쯤 가려진 그림이 있다. 이 그림 속 그림은 페르디낭 호들러가 그린 제네바 호수(레만호)의 풍경이다. 그림은 징조라 했던가. 이 풍경화는 코코슈카에게 미래, 즉 빌뇌브로 이주를 예고하는 그림이었다.

뷔를레의 초상화에서는 푸른색 계열이 주를 이루고 있다. 파라오 머리 때문에 2인 초상화처럼 보인다. 하지만 뷔를레는 가장이자 부호, 미술 애호가로서 화폭을 장악하고 있다. 배경에 있는 마구 자란 듯한 식물은 화가가 생각하는 인물을 상징한다. 다시 말해 초상화 속 인물은 침착함과 우월감으로 가득한 겉모습과 달리 그 내면세계는 덜 정돈되어 있을지도 모른다.

어쨌든 코코슈카의 초상화는 그가 초기부터 보여준 '내면의 인간'을 향한 관심에서 비롯했을 것이다. 이는 코코슈카의 초기 초상화에서 볼 수 있는 투명성을 설명해준다. 이러한 투명성은 그의 꿰뚫어 보는 능력 덕분이다. 따라서 그는 초상화 속 인물들의 내적 결함과 (치명적) 운명을 화폭에 담아낼 수 있었다. 특히 1910년 무렵에 그린 〈베시 로스Bessie Loos〉, 〈빅트아르 드 몽테스큐 프장삭Victoire de Montesquiou-Fezensac〉, 〈조제프 드 몽테스큐 프장삭Joseph de Montesquiou-Fezensac〉, 〈베로나 백작Conte Verona〉 등이 그렇다. 에곤 실레의 초상화와 초기 유사성은 부인하기 어렵지만 단순히 그렇게만 볼 수 없다. 코코슈카 초상화의 독창성은 바로 상처받은 자아에서부터 생기 넘치는 여성 이미지에 이르기까지 인물을 형상화하는 놀라운 전개에 있다.

코코슈카는 처음에 표현주의 잡지 《슈투름》의 주변에서 활동하던 예술가들을 주로 그렸다. 그러나 초기 드레스덴 시절에 코코슈카가 그린 작가는 하젠클레버의 초상이 전부다. 이는 코코슈카를 숭배한 루트비히 마이트너와는 대조적이다. 코코슈카가 후기에 카를 추크마이어, 애거사 크리스티, 에즈라 파운드의 초상을 그리기 전까지도 작가를 그린 것은 1926년에 그린 클레르 골의 초상화뿐이다. 코코슈카는 클레르 골을 초상화에서 알마 말러 그로피우스의 뒤를 잇는 팜파탈로 묘사했다. 1930/1931년 파리 카멜리아빌라에서 둘이 함께 찍은 사진은 이들의 친밀한 관계를 분명히 보여준다. 늘 그럴 만한 이유로 질투에 불타는 남편 이반(그도 시인이다)에게 클레르가 1927년 여름에 보낸 편지에는 의미심장한 내용이 있다. 이 편지에서 클레르는 코코슈카를 '포식자'라고 표현한다. 코코슈카가 집에 오자 클레르의 샴고양이 '팡팡'이 이를 감지했다고 썼다.

> 나는 K를 위해 앉아서 자세를 취하고 있어. 아니, 사실은 누워 있지만 몹시 슬퍼. (…) 그러니까 나는 누워 있어. 당신이 알다시피 나는 가만히 앉아 있을 수가 없어. 아마 K에게도 그 순간이 올지 몰라. 그가 내 앞에 그림들을 찢어 던지는 순간 말이야. (…) K와 있으면 불안해. 아마도 아틀리에가 표현주의의 절망과 굶주림으로 가득 차 있기 때문인 것 같아.[32]

클레르 골에 따르면 코코슈카는 너무 수척해서 '달빛처럼' 창백하게 보였지만 자존심이 세서 그녀가 가지고 온 작은 케이크에는 손도 대지 않았다. 클레르는 코코슈카에게서 무엇을 느꼈는가? "비극과 혼란뿐이야. 통제 불가능한 폭발물 같아." 그러고는 짐짓 가장되고 경건한 희망을 덧붙인다. "K가 날 잡아먹지 않길, 그리고 내가 곧 다시 당신을 위해 누워 있길 바라."[33] 코코슈카는 클레르에게서 무엇을 보았는가? 코코슈카의 그림 속 클레르는 섬세하고 요염한 모습이다. 천진난만한 얼굴, 반쯤 벌어진 입을 한 클레르가 오른손으로 느긋하게 머리를 받치고 있는 모습을 주로 음영의 윤곽으로 표현했다. 초상화 속 클레르의 표정에서는 완성 도중의 기대와 준비가 보인다.

음악의 초상

코코슈카는 대체로 음악가의 초상을 그리는 일은 드물었지만 음악가와의 교류는 중요하게 생각했다. 스뱌토슬라프 리흐테르와 빌헬름 켐프는 특히 빌뇌브에서 가깝게 지냈다. 코코슈카는 빌뇌브에 정착해 마지막까지 머문 집을 델핀빌라라고 불렀는데, 이 집에서 열린 켐프의 사적 음악회를 위해 코코슈카가 손수 쓴 프로그램이 남아 있다.[34] 이 프로그램에 따르면 켐프는 델핀빌라에서 바흐의《평균율 클라비어곡집》1권의 D장조 푸가, 베토벤의 소나타 op.14와 op.110의 2악장 그리고 글루크의 오페라《오르페우스와 에우리디케》중 '오르페우스의 탄식Klage des Orpheus'과 '정령의 춤Reigen der seligen Geister'을 피아노곡으로 편곡해 연주했다. 파울 힌데미트와의 만남도 프로그램에 있었으나 성사되지는 않았다.

그림에서 소리가 들리게 할 수 있을까? 소리를 그림으로 옮길 수 있을까? 1924년, 코코슈카는 첼로 없이 첼로를 연주하는 아르놀트 쇤베르크의 초상을 그린다.

코코슈카의 작품에서 음악이라는 주제가 두드러지는데도 그 가치를 인정받기까지는 비교적 오랜 시간이 걸렸다. 이미 앞에서 살펴본 바와 같이 에른스트 크레네크가 코코슈카의 희곡을 오페라《오르페우스와 에

우리디케》, 1925)로, 고트프리트 폰 아이넴이 코코슈카의 회화시를 음악
《꿈꾸는 소년들》, 1971)으로 옮겨놓았다. 코코슈카는 〈음악의 힘〉이라는 제
목으로 두 차례(1918~1920, 1966~1976) 그림을 그렸다. 코코슈카의 작품
중에는 음악을 소재로 한 2인 초상화 〈사울과 다윗Saul und David〉(1966),
여성 관객에만 초점을 맞춘 석판화 연작 '음악회Konzert 1~5'(1921), 요
한 리스트의 가사에 바흐 칸타타 BWV 60을 바탕으로 한 석판화 연작
'오 영원이여, 그대 우레 같은 말씀이여'(1916/1917) 9점 또는 11점이 있
다. 여기에 모차르트의 《마술피리》에서 베르디의 《가면무도회》에 이르
기까지 오페라 공연을 위한 코코슈카의 무대연출과 무대장치도 고려해
야 한다. 그러나 여기서는 음악과 초상화의 관계, 좀더 정확히 말해 바
흐 칸타타 삽화 속 자화상을 중심으로 음악이 전해지는 초상화에 관해
서만 언급하고자 한다. 삽화 중 네 번째 그림은 맥락이 없는 자화상으
로, 음악을 듣는 듯 눈은 크게 뜨고 있으나 합창 칸타타와는 어울리지
않게 입은 다문 모습이 강조되어 있다. 여섯 번째 그림 〈뇌우 속의 방랑
자Wanderer im Gewitter〉 또한 코코슈카의 얼굴을 하고 있으며, 특히 일곱 번
째 그림 〈남자를 이끄는 여자Das Weib führt den Mann〉는 알마와 오스카를 암
시한다. 여덟 번째 그림에서는 코코슈카를 닮은 남자가 무덤에서 머리
를 내밀며 나오려 애쓰지만 무덤 위에는 알마를 닮은 여자가 앉아 있는
구도로, 이는 아홉 번째 그림의 무덤에 묻히는 주제를 반복하는 구도다.

코코슈카의 음악가 초상화를 다루기 전에 우리는 그의 희곡에 바탕
을 둔 크레네크의 오페라 《오르페우스와 에우리디케》와 관련하여 익
숙한 한 가지 상황에 주목해야 한다. 그것은 바로 자신이 창작적으로
참여할 수 없었던 음악이라는 매체에 접근할 수 있다는 기대에 부푼
화가이자 시인의 행복감이다. 이러한 감정은 고트프리트 폰 아이넴이
《꿈꾸는 소년들》을 작곡하는 데 관심을 보였들 때 일어났다. 이 계획은

1971년 여름에 윤곽을 드러냈다. 폰 아이넴은 다음과 같이 전했다. "어제 푸르트벵글러 부인이 하느님과 당신의 이름으로《꿈꾸는 소년들》이라는 아름다운 글에 곡을 붙이는 데 착수해야 한다고 내게 편지를 보내왔습니다."[35] 폰 아이넴은 11곡으로 구성될 선집을 메조소프라노를 위한 연가곡으로 할지, 무반주곡으로 할지, 관현악곡으로 할지 아직 모른다고 했다. 하지만 폰 아이넴은 이 작품이 코코슈카가 말했듯이 '연애편지'임을 아는 것이 중요하며, 바로 그 점이 "이 작업을 더욱 매력적으로" 만든다고 했다. 폰 아이넴은 다음과 같이 덧붙인다. "크레네크가 작곡한 당신의《오르페우스와 에우리디케》를 1950년에 잘츠부르크에서 공연하려던 계획을 실행에 옮길 수 없었던 일이 오늘날에도 여전히 나를 괴롭힙니다. 크레네크의 오페라《오르페우스와 에우리디케》는 쓰디쓴 최고 오페라입니다!" 그 후에 코코슈카의 회고록《나의 인생》이 끼어든다. 1971년 9월 16일에 폰 아이넴은 코코슈카를 안심시키는 편지를 보내온다. 폰 아이넴은《나의 인생》을 꼼꼼히 읽은 후 코코슈카의 주요 관심사와 자신의 작곡 원리를 일치시키는 데 말 그대로 성공했다고 전한다.

8월에 당신의 회고록을 찬찬히 읽었습니다. 당신의 작품과 이 책을 있게 한 고요하면서도 열정으로 길들인 통찰력에 매우 깊은 감명을 받았습니다. 문장 하나하나가 마치 금으로 빚어낸 정교한 화폐처럼 예술 작품입니다. 나는 아무것도 바라지 않는 섬세하고 진지한 구절들에 경탄했습니다. 이 모든 것과 관련하여 추상미술에 대한 당신의 반감이 호소력 없는 작곡 체계에 대한 나의 거부감과 비슷하다고 느꼈습니다. 불협화음이 사라지면 조화는 물론이고 양자 간 긴장에서 생기는 형식도 사라집니다. 나는 수학 공식은 중요하게 생각하지만 그 계산이 보증하는 과학적 절차는 좋아하지 않습니다.

코코슈카의 희곡에서부터 미술 작품에 이르기까지 곡을 붙이는 또 다른 재생 작업이 이루어진다. 폰 아이넴이 혼성 합창단과 클라리넷, 파곳을 위한 op.41(1972)을 완성한 지 2년 후에 일이다. "어제 다시 《꿈꾸는 소년들》의 삽화를 보고 감탄을 금할 수 없었습니다. 시대를 초월한 것을 이해하고 청춘을 승화하는 그 예지력과 힘이 정말 대단했습니다!"[36]

코코슈카와 베르너 에크의 음악, 특히 오페라 《아일랜드의 전설Irische Legende》(1955)과의 관계 역시 흥미롭다. 카를 오르프의 제자이자 푸르트벵글러의 후원을 받은 에크는 고트프리트 폰 아이넴과 젊은 한스 베르너 헨체와 함께 혁신적인 오페라 작곡가로 자리매김했다. 오페라 《아일랜드의 전설》은 윌리엄 버틀러 예이츠 시극 《백작 부인 캐서린The Countess Cathleen》을 바탕으로 한 작품이다. 에크는 코코슈카에게 《아일랜드의 전설》을 본 청중이 코코슈카의 삽화집 《안 엘리차 레트Ann Eliza Reed》를 떠올릴 것이라고 전했다. 에크는 코코슈카에게 자신의 오페라를 위해 "펜화 또는 석판화 다섯 점"을 그려달라고 부탁했고 코코슈카는 이에 선뜻 응했다. 폰 아이넴나 에크와의 관계에서 보듯 코코슈카는 초상화를 그리지 않았더라도 작곡가들과 긴밀하고 생산적인 상호작용을 했다.

음악을 초상화로 보고 (특히 연주회장의 청중이) 그 추상성에 얼굴을 부여하고 더 정확히 말해 음악의 작용을 얼굴로 마주한다는 생각이 바로 코코슈카가 연주자의 수많은 초상화를 그리는 데 동기가 되었을 것이다. 1723년 바흐 칸타타는 페루초 부소니의 제자 레오 케스텐베르크가 희곡 《오르페우스와 에우리디케》의 연주를 맡았을 때 코코슈카에게 바흐 음악에 대해 이야기한 것도 계기가 되었다.[37]

코코슈카는 음악의 힘 또는 클라이스트의 성녀 체칠리아 전설에서 음악의 '폭력'을 묘사할 때 이를 상징하고자 관악기 샬마이나 트럼펫을 택했다. 이런 유형의 두 번째 그림이 〈아침과 저녁Morgen und

Abend〉(1966~1976. 〈음악의 힘 II〉)이다. 그림에서 음악은 아침에 할당된다. 저녁은 수동적으로 다소 황홀하게 음악을 듣는 여자의 형상으로 그려져 있다. 〈아침과 저녁〉에서 악기를 둘러싸거나 악기에서 흘러나오는 어두운 주황색이 '소리'를 나타낸다고 언급되고는 하는데, 이는 지나친 해석이다. 거듭 말하지만 코코슈카는 추상적인 음악을 조형적 구도로 전환하는 데 집중했다.

 〈아침과 저녁〉을 완성하는 데 코코슈카는 이례적으로 오래 걸렸는데, 이는 음악이라는 주제에 관하여 늦었지만 강렬하고도 심층적인 탐구가 있었음을 암시한다. 1966년 4월에 이탈리아 카데나비아에서 코코슈카가 정치가 콘라드 아데나워의 초상화를 그렸을 당시 음악, 연극, 미술 교육과의 관계 관해 니콜 미요와 나눈 대화가 음악을 회화적으로 탐구하는 데 어느 정도 촉매 역할을 했을 것이다. 미요와의 대화에서 코코슈카는 당대 음악계와의 관계나 초상화 두 점을 그린 작곡가 안톤 폰 베베른과의 우정을 회고했다. 코코슈카는 또한 어린 시절 마리아 트로이퍼아리스트교회 합창단원으로서의 경험, 교회의 마울베르치 천장화가 불러일으킨 천국의 비전과 이와 함께 갑작스럽게 찾아온 변성기 그리고 구스타프 말러가 빈국립오페라극장에서 지휘한 《트리스탄과 이졸데》 공연(처음에 '트리스탄과 이졸데'라 불리던 2인 초상화 〈바람의 신부〉 역시 음악을 회화로 옮긴 작품으로 간주해야 한다)을 이야기했다. 그뿐만 아니라 빌헬름 푸르트벵글러와 만년의 우정을 회상했다. 푸르트벵글러는 델핀빌라 아틀리에에서 '테르모필레' 3부작을 보며 깊은 생각에 잠겼다고 한다. 1955년 1월, 푸르트벵글러의 부고 기사에서 코코슈카는 다음과 같이 분명히 밝혔다. "[푸르트벵글러는] 선견자였다. 그가 '테르모필레' 앞에서 말하기 시작했을 때, 분명하고도 단호하지만 사실상 더는 이 세상 사람이 아닌 것처럼 혼잣말하기 시작했을 때 갑자기 나는 손님의 은밀

한 지시를 들었다고 생각했습니다."(Br VI, 40)

코코슈카가 텔아비브미술관에 기증한 〈사울과 다윗〉 역시 1966년 작품이다. 이 작품은 하프를 연주하는 다윗, 즉 음악의 힘이 권력자 사울에게 미치는 영향을 다시 한번 보여준다. 사울은 창을 내려놓은 채 음악을 들으며 골똘히 생각에 잠겨 있다. 원숭이와 공작의 이미지, 다윗의 미소와 사울의 기이하고 명상적인 미소로 더해진 밝은 분위기는 오르페우스 신화와 연관성을 의식적으로 드러낸다.

1966년, 음악에 관한 대화에서 코코슈카는 모차르트뿐만 아니라 음악계 셰익스피어인 베토벤을 새롭게 인정하기도 했다. 코코슈카는 이들이 "인간이 경험하는 세세한 감정을 모두" 알고 있다고 했다. 바흐의 화성을 그는 "추상적이고 기하학적인 이슬람 미술의 무한한 무늬"에 비유했다. 그는 추상성이라는 주제에서는 바흐와 쇤베르크와 관련해서만 긍정적으로 언급한다.

> 쇤베르크는 귀, 청각, 상상력이 수학적으로 최고 경지에 이르렀을 것이다. 나는 바흐가 '추상'의 의미를 가장 잘 보여준다고 생각한다. 모든 현상은 추상적이며, 우리는 실재에 관해 아무것도 알지 못하기 때문이다.[38]

하지만 코코슈카의 음악적 실천을 언급하기에는 이것만으로는 부족하다. 80세가 된 이 예술가가 빌뇌브의 집에 피아노를 들여놓자 빌헬름 켐프나 언도르 푈데시 같은 뛰어난 연주자들이 방문해 연주를 들려주었다. 한번은 푈데시가 코코슈카를 위해 베토벤의 '비창'을 연주한 일이 있었다. 코코슈카는 첫 소절이 시작되자마자 종이를 한 장 쥐더니 연주가 끝나자 초상화 스케치를 푈데시에게 건네주었다는 기록이 남아 있다.[39] 코코슈카는 음악에서 자극을 받아 창작 과정에 들어갔는데, 이

때 연주자 묘사에 초점을 맞췄다. 예후디 메뉴인은 코코슈카를 "인간적 메시지를 전달하는" 전령으로 보았다. 메뉴인은 특히 코코슈카의 런던 그림과 풍경화에서 깊은 인상을 받았다. "시간이 흐름에 따라" 코코슈카가 "무게감과 형태"의 '색채'를 위해 디테일을 도외시했다고 메뉴인은 지적한다.[40] 그 인본주의가 코코슈카를 에스파냐의 독재자 프랑코의 적이자 현자 파우Pau*이자 위대한 첼리스트인 파블로 카살스와 연결 지어주었다. 1954년 가을에 코코슈카가 스위스 시에르에서 그린 카살스 초상화 두 점은 첼로를 연주하는 이 인본주의자의 영광을 말없이 증언한다. 두 초상화 모두 그림의 구도는 악기 몸체와 연주자 몸의 상호작용에 초점을 맞추고 있다. 두 작품 모두 수평의 활이 그림에서 하단의 경계를 형성하지만, 두 번째 초상화는 연주자를 더 가까이 두고 악기가 좀더 크게 보이도록 하며 악기의 머리에 해당하는 스크롤이 연주자의 머리 위로 우뚝 솟아 있다. 연주자를 더 가까이 두고 그렸다고 해서 디테일이 모두 잘 보이는 것은 아니다. 메뉴인의 지적처럼 현絃을 제외한 나머지 디테일은 더 잘 보이지 않는다. 예술가의 커다란 대머리, 첼로의 윗부분 그리고 코코슈카의 여느 자화상과 마찬가지로 움켜쥔 노인의 손이 그림을 압도한다. 윤곽선보다는 옅은 채도를 통해 드러나는 얼굴은 열려 있는 동시에 닫혀 있는 듯한 인상을 준다. 얼굴은 연주되는 곡에 따라 배경처럼 밝게 나타나는 것으로만 반응한다. 마치 첼로 소리가 후광처럼 퍼져나가는 듯 보인다. 그렇지 않으면 초상화 속 연주자의 얼굴은 음악에 감동받지 않을 것이다. 첼로 브리지가 얼굴과 왼쪽 귀에 가까이 있는 원근법적 거리, 첼로와 유사한 연주자의 형체, 옷의 청색과 나무의 갈색에 가한 수직의 붓질은 독주자와 악기 사이의 깊은 친밀

• 파우는 카살스의 애칭이다.

감을 보여준다. 연주자는 자신이 연주하는 곡을 경청하고 있으며, 이는 카살스의 연주 모습이 담긴 수많은 사진이 주는 인상과도 일치한다. 얼굴은 분명 카살스를 닮았지만 단순히 암시로 구성된 듯 보이기도 한다. 얼굴은 집약적이면서도 삶과 경험의 깊은 흔적으로 이루어져 있다. 화가는 얼굴의 특징을 부드럽게 다듬기를 의도적으로 피한 듯 보인다.

코코슈카의 작품 중에는 음악가임을 잊게 하는 음악가의 초상화도 있다. 코코슈카가 개인적으로 매우 존경했던 마이클 티펫의 초상화(1963)가 그렇다. 이는 아마도 안나 칼린이 서로에게 소개했기 때문일 텐데, 티펫의 초상화에는 그가 《우리 시대의 어느 어린이A Child of Our Time》(1944)라는 오라토리오를 작곡한 음악가임을 나타내는 흔적이 전혀 없다.

음악가를 그린 초상화에서 코코슈카는 음악의 추상성을 한 인물로 구체화했으며 악보 뒤의 인간을 볼 줄 알았다. 어쩌면 이것이 초상화 장르에 대한 그의 특별한 관심을 설명해줄지도 모르겠다. 그가 예술에서 추상성을 완강히 거부했음을 고려할 때 안톤 폰 베베른과 아르놀트 쇤베르크의 음악에는 귀가 열려 있었다는 것은 꽤 놀라운 사실이다. 코코슈카는 쇤베르크의 '현악 4중주' 제3번과 제4번을 듣고는 그에게 경의를 표하는 편지를 써야겠다는 충동을 느꼈다.

바흐, 베토벤, 쇤베르크는 광물, 식물, 생물체 등 자연이 창조하는 것처럼 유기적 세계를 대변할 수 있는 음악의 구조를 구축한 마지막 작곡가입니다. 이들의 음악은 모두 인위적으로 자극을 받아 만들어진 민속음악(기술의 진보라는 철마가 나라와 대륙을 차례로 '같게 만든' 이후 더는 창의적으로 생각되지 않습니다)이거나 청중을 끌어들이기 위해 기묘한 소리와 묘한 효과를 내는 추상적 음의 기하학입니다.(Br III, 226~227)

이 모든 것을 볼 때 코코슈카는 모더니즘과의 관계에서 이 특수한 긴장을 분명히 의식하고 있었다. 놀랍게도 코코슈카는 음악을 예로 들어 이러한 긴장을 해결 불가능한 내적 모순으로 만들지 않고 이해하려 했다. 그는 1962년 11월에 '한 고등학교 졸업생'에게 보낸 편지에서 이를 가장 인상적으로 표현했다. 이 편지는 교육적 의도로 쓰였으며 코코슈카의 계명인 '보는 법 배우기'에 부합한다. 무엇보다도 코코슈카가 발견한 것은 다음과 같다. "인류의 어떤 시대에도 (…) 대상이 없는 시각 예술은 없었습니다. 대상이 없다는 것은 형태가 없다는 것과 같은 뜻입니다. 그것은 곧 혼돈입니다. 창조적인 사람은 모두 인간의 미지의 발전 가능성을 인식하는 정신적 과정에 충실해야 합니다."(Br IV, 132) 그런 다음 코코슈카는 음악적 경험, 특히 안톤 폰 베베른에게 관심을 돌린다.

> 어제 우연히 이탈리아 사중주단이 연주하는 베베른 '작품 28'과 베토벤 현악 사중주 제11번 op.95를 들었습니다. 후기 베토벤과 너무 일찍 세상을 떠나 미완으로 남은 베베른의 작품 모두에서 이 두 창작자 이전에는 결코 형성되지 않았던 자연이 예술 작품의 대상으로 인식되고 형성되었습니다. 감정생활의 모든 자연 이미지들(몽상, 불안, 겸손한 헌신, 사랑의 부드러움과 광기, 치명적 우울, 심지어는 기이한 오만, 순전히 수학적 이론에 기반하거나 전자 기계의 우연에 의지하는 음향 효과 그리고 기계화된 문명 세계에서 인간 군중의 소음, 나아가 민속음악까지)이 마침내 스펀지로 지운 듯 칠판에서 사라졌습니다.(Br IV, 133)

코코슈카는 문명을 비판하려는 의도에서 실존적 경험의 자연 이미지에 관심이 있다. 그리고 더욱 중요한 것은 다음과 같다.

번개, 우레, 바다의 포효와 같은 자연의 원초적 힘에 대한 인식은 여기서 추상화되거나, 아니면 더는 인간과 관련이 없는 것처럼 보입니다. 마치 인간이 자연과 자신을 버린 것처럼 보입니다. 사랑하는 벗이여, 이제 두 작곡가의 작품과 존재가 대상을 가지지 않는 오늘날 사회의 정신 자세를 비교한 후 그 본질적 차이를 눈여겨보세요. 그 차이는 눈雪과 재灰의 차이와 같습니다. 둘 다 색을 바래게 하지만 눈 아래에서는 초록이 자라고 재 아래에서는 무언가가 죽습니다.

나는 음악가는 아니지만 오존이 풍부한 공기 속에서 숨 쉬는 청력을 잃은 노년의 베토벤과 살해당한 베베른[41]의 음악 언어에서 풀과 갈대 줄기가 서로 스치는 소리와 저항하는 대기층에 떨어지는 무거운 질량 같은 화음을 듣습니다. 오직 새들에게만 의미 있는 새의 언어와 같은 표현이며, 목적과 관련된 것은 더는 작동하지 않고 알 수도, 볼 수도, 들을 수도 없을 때 내 벌거벗은 모습 위로 베일이 하나씩 떨어지는 듯한 지각입니다.(같은 곳)

코코슈카가 초상화에서 자연을 다루고 화폭에 동물을 포함한 것은 작품을 통해 현대인의 기원을 자연적 맥락으로 되돌리려는 시도다. 동물은 그 자체로 비추상적 피조물이다. 추상은 본능과의 연관성을 잃어버렸기 때문이다.

동물의 초상

이제 코코슈카의 창작 모티브 가운데 동물을 살펴보자. 음악에서 동물로 시선을 옮겨가는 것은 오르페우스적 관점에서 볼 때 자연스러운 일이다. 오르페우스는 자신의 노래, 즉 천상에서 영감을 받은 자연 음악으로 들짐승을 길들일 줄 알았기 때문이다. 오르페우스는 들짐승의 파장에 맞춰 이들을 감응시켰다. 코코슈카는 자신의 예술에서 **온갖** 형태의 피조물을 포착하려 했다. 1968년 3월에 독일 미술사학자 하인츠 슈펠만은 코코슈카가 알마 말러를 위해 제작한 부채의 의미를 전반적으로 파악하는 작업을 하고 있었다.[42] 당시 슈펠만과의 대화에서 코코슈카는 부채가 "그림 언어로 쓰인 연애편지"이길 바랐으며, 이는 "플랑드르의 기도서"와 "아일랜드의 초기 인쇄물"에서 영감을 받았다고 했다. 특히 초기 부채들은 "장식적 의미보다 《켈스의 서》처럼 인간, 동물, 식물, 정령, 날개 달린 생물의 유기적 접목"이었다고 덧붙였다.(Br IV, 203)

코코슈카는 일찍부터 이 '접목'을 추구했으며, 그 결과 동물이 정물화에도 등장한다. 스핑크스 같은 〈고양이Katze〉(1910), 〈한 쌍의 연인과 고양이〉(1917), 런던공원의 수조 주변에 있는 사슴(1926), 야생성을 힘들게 길들인 〈맨드릴개코원숭이〉(1926)와 〈타이곤〉(1926)이 생각난다. 〈개와 함께 있는 광대Clown mit Hund〉(1948)도 떠오른다. 코코슈카는 스코틀랜드의 엘리그에서는 폐허 앞 〈붉은 말Pferde in Rot〉을, 폴페로에서는 우의적 게를 그린다. 《꿈꾸는 소년들》의 삽화 속 소년들 근처에는 물고기가 있다. 〈고양이와 함께 있는 소녀Mädchen mit Katze〉에서처럼 동물은 부속물로 등장하기도 하지만 〈악의에 찬 눈Mal'occhio〉(1973/1974)에서처럼 주변에서 지배적 요소가 될 수도 있다. 이 그림에서 개구리와 새는 악의에 찬 눈의 대상이자 결과인 듯 보인다.

정물화 〈푸토와 토끼가 있는 정물〉은 초현실적 표현이 돋보이는 작품이지만 제목이 부적절하다. 작품에서 중요한 역할을 하는 고양이가 제목에서 빠져 있기 때문이다. 일반적으로 이 그림은 코코슈카가 아르누보의 장식성을 뒤로하고 이후 작품에서 색채의 폭발을 예고하는 작품으로 여겨진다. 〈푸토와 토끼가 있는 정물〉은 또한 알마와의 관계가 불안정함을 우화적으로 표현한 작품이라도 한다. 이제 그림을 있는 그대로, 묘사된 대로 살펴보자. 집토끼와 고양이는 색채와 분방한 붓질이 유사하다. 고양이는 호랑이처럼 칠했다. 토끼의 털을 훨씬 밝고 두드러지게 표현했다. 그림의 왼쪽 가장자리에 있는 헐벗은 나무줄기에 밀려 있지만 유달리 눈에 띄게 밝게 묘사한 푸토는 두 동물에게서 등을 돌린 채로 생각에 잠겨 있다. 푸토는 천사와 거리가 먼 표정을 짓고 있다. 위협하듯이 눈을 부릅뜨고 있어 험악해 보인다. 배경은 어둡다. 우뚝 솟은 산은 사화산을 떠올리게 하고 적갈색의 집은 황량함을 풍긴다. 정물화속 탁자 같은 구조물도 암시적이지만 오른쪽 전경을 차지하고 있다. 이 그림에서 핵심은 정물화의 대상이 매우 활기차게 보인다는 것이다. 특히 호랑이 같은 고양이는 정물화에 어울리지 않는 생동감을 주는데, 꼬리를 힘차게 치켜세우고 있고 왼쪽 앞발은 안쪽을 향해 있으며 머리는 토끼 쪽을 향해 있어 두 동물이 관심 어린 소통을 하는 듯 보인다. 이 소통에서 푸토는 완전히 물러나 있다. 프랑스어로 정물화는 '나튀르 모르트nature morte'로, 직역하면 죽은 자연이라는 뜻이다. 그림에서 이에 부합하는 유일한 대상은 헐벗고 비스듬히 솟은 나무줄기뿐이며, 이는 고양이에 응집된 생동감과 대조를 이룬다.

아델 애스테어의 초상화(1926)와 엘차 테마리의 누드화(1926/1927)에 등장하는 다소곳한 개처럼 동물은 아이러니한 역할을 할 수도 있다. 동물과 야만적 정치가 상호작용하는 정치적 우의화 〈붉은 달걀〉(1940/1941)은 아이러니와 신랄함을 갖췄다. 프라하의 도시 실루엣을 배경으로 깃털이 뽑히고 칼이 꽂힌 닭이 1938년 뮌헨회담 탁자 위에 붉은 달걀을 낳고 힘겹게 날아간다. 테이블 아래에 누워 있는 커다란 고양이는 프랑스를 상징하는데, 영국의 사자와 두 독재자처럼 달걀을 탐낸다. 고양이는 아래서 머리를 들어 탁자 위를 볼 수 있는 것 같다. 그러나 탁자 가장자리에 있는 쥐는 보지 못한다. 쥐는 권력을 탐하는 인물들에게 둘러싸인 뮌헨회담의 희생양 체코슬로바키아를 상징한다.

코코슈카는 제2차 세계대전 중에 스코틀랜드에서 물고기, 양, 소를 더욱 주의 깊게 바라본다. 1943/1944년에 작업한 작품 중 수채화 〈총에 맞은 물오리Abgeschossene Wildente〉와 〈죽은 꿩Toter Fasan〉이 특히 인상적이다. 이 작품들은 무분별한 살육을 상징한다. 작품 속 동물들의 비행 능력과 화려함은 터무니없는 살해 욕구에 희생된 것처럼 보인다.

코코슈카는 들라크루아와 마찬가지로 그림에서 교묘하게 또는 무분별하게 희생당한 생명체로서 동물의 삶을 전형적으로 묘사했다. 이 화가는 동물을 결코 부수적인 요소가 아니라 초상화로 그릴 가치가 있다고 여겼다. 우리는 코코슈카가 의도한 대로 〈맨드릴개코원숭이〉와 〈타이곤〉을 인간 초상화와 동등한 초상화로 볼 수밖에 다른 도리가 없다. 1926년, 코코슈카는 동물원에 갇힌 이 동물들을 각 종種(타이곤은 혼종)의 주권자로 보았다.

권력의 초상

간디가 죽기 전에 (…) 그의 초상화를 그려야 합니다. (…) 나는 이 초상화를 그려야 합니다. 이 초상화가 성화로 찬양을 받고 복제되어 수십만 점이 퍼지면 사상의 변화를 가져올지도 모릅니다. 국가경찰, 강제수용소, 군대, 함대, 은행자본, 관직 등 권력 수단에 의존하지 않고도 세계의 정부를 모두 합친 것보다 더 큰 권위를 가진, 세계 평화를 위해 희생하는 신과 같은 사람을 지금 그릴 수 있는 사람은 나뿐입니다. 그는 기적입니다! 우리는 그가 굶어 죽을 때까지 기다리려서는 안 되며, 러시아와 미국의 분쟁이 사람들을 무감각하게 만들어 형제애라는 인간적이고도 신성한 이념에 더는 귀를 기울이

지 않기 전에 행동해야 합니다.(Br III, 192)

1947년 9월에 시에르 벨뷔호텔에서 코코슈카는 편지를 쓰며 자신의 가장 중요한 초상화가 되어야 할 이 정치가의 초상화에 대해 이렇게 설명하고 정당화했다. 그러나 잘 알려진 대로 4개월 뒤 간디가 힌두 민족주의자에게 암살당하며 초상화 그리기는 실현될 수 없었다. 그 사이 시에르에서 코코슈카는 뮈조성의 성주이자 빈터투어 예술의 수호자 베르너 라인하르트의 초상을 그렸다. 라인하르트는 한동안 릴케를 후원하기도 했다.

코코슈카는 같은 편지에서 고백했듯이 "그림이 거의 완성된" 마지막에 항상 본질적인 것을 발견한다. 동시에 그는 마터호른산의 장엄한 모습을 그대로 그린 풍경화에서 풍경의 초상화와 관련한 자신의 예술적 비밀을 밝혀냈고 이 '그림'은 전혀 다른 작품으로 탄생했다. "유리처럼 투명하면서도 갑작스럽고 다채로운 색채와 엄청난 깊이와 높이로 놀라움을 선사합니다. 이는 그림의 수평선 아래 교차점에 있는 시점의 명확한 축 설정에 기반합니다."(Br III, 191) 집중적인 작업 시기에 코코슈카는 초상화와 풍경화를 말 그대로 함께 그렸다. 코코슈카는 라인하르트의 초상화를 그리면서 '론강 풍경화'도 그렸다.

우리는 이미 코코슈카의 작품에서 이러한 경향을 여러 번 목격했다. 코코슈카는 간간이 권력자 또는 적어도 유력자를 그려달라는 요청을 받았는데, 이는 후기에 더욱 빈번해진다. 권력자나 유력자들이 그를 찾았기 때문이다. 이들은 한때 '야생의 대가'였던 사람에게 초상화를 의뢰하고 싶어 했다. 권력자의 아우라와 예술가의 아우라가 겹쳤다. 마사리크와 마이스키를 작업했을 때와 마찬가지로 코코슈카는 1950년 이후에도 정계의 거물들과 대등한 입장에서 만났다.

코코슈카는 1926년 1월에 베를린 아들론호텔에서 다음과 같이 추측했다. "아마도 나는 힌덴부르크를 그릴지도 모릅니다."(Br II, 149) 그러고 나서 코코슈카가 그린 사람은 〈타마신의 베두인족 현자〉(1928)였다. 1950년 12월 초에 코코슈카는 라인강 본에 있는 연방 대통령 관저에서 테오도르 호이스의 초상화를 그렸다. 코코슈카는 연방 대통령에게 "모델로서 이상적"이었다고 한다.(Br III, 246) 그런데 모델은 한술 더 뜬다. 1951년 1월 말에 호이스는 편지에서 "황홀한 시간이었다"고 말하며 다음과 같이 이어간다. "옛 오스트리아의 정신을 느꼈습니다. 내 초상화를 보고 어떤 사람은 찬탄했고 어떤 사람은 내가 아니라고 했습니다. 코코슈카 당신은 '선생님'을 포착하려 했다고 했습니다." 코코슈카에 대한 호이스의 판단은 탁월했다.

> 나는 개인적으로 코코슈카를 에드바르 뭉크 사후 현대미술에서 가장 중요한 예술가로 생각한다. 사람들이 박물관에 걸기 위해 내 초상화를 코코슈카에게 의뢰하자고 제안했을 때 기뻤다. 그림은 놀랍도록 다채롭다. 초상화 속 인물은 호이스이자 코코슈카다. 모든 초상화는 화가 자신에 대한 진술이다. 과거의 초상화에서 우리가 관심을 가지는 것은 무엇인가? 바로 초상화를 그린 화가다. 우리는 흔히 초상화 속 인물에 대해 아무것도 모르기 때문이다.[43]

마사리크와 마찬가지로 코코슈카가 초상화를 그리면서 호이스와 코메니우스에 관한 이야기를 나누었다는 직접적 기록은 없다. 그러나 간접적으로 추론할 수는 있다. 두 사람 사이에서 위대한 체코 사상가이자 인본주의자인 코메니우스가 언급되었을 가능성은 충분히 있다. 1951년에 독일 국제 관계 기관에서 행한 연설에서 호이스는 "외국과의 교류를 위한 초등학교"를 설립해야 한다고 주장했다. 이후 이어진 발언은 코코슈카나 코메니우스의 발언과 흡사하다. "외국과의 이 교류는 아름답고 창의적이며 생산적인 문제이므로 어떤 식으로든 세계관의 틀에 억지로 끼워 넣어서는 안 됩니다."[44]

코코슈카는 테오도르 호이스와 함부르크 시장 막스 브라우어, 나중에는 콘라트 아데나워, 루트비히 에르하르트 그리고 열렬한 코코슈카 숭배자 헬무트 슈미트의 초상을 그렸다. 슈미트는 1975년에 코코슈카에게 중국 여행에 동행해달라고 요청했으나 코코슈카는 건강 문제로 거절했다(나중에 슈미트는 "막스 프리슈가 귀하의 자리를 훌륭하게 채워주었습니다"[45]라고 코코슈카에게 전해왔다). 이 외에도 이스라엘 정치가, 즉 골다 메이어 총리에서부터 예루살렘 시장 테디 콜렉에 이르기까지 '예루살렘의 얼굴들'을 그리면서 코코슈카는 정치적으로 분명한 입장을 취했다. 이는 그가 초상화를 그린 후 해당 정치가들과 주고받은 편지에서 명확히 드러난다. 아데나워와 에르하르트의 초상화를 제외하면, 대부분은 1952년 6월 3일에 취리히에서 친구 아돌프 아른트(독일 사회민주당 소속 연방 하원 의원)에게 보낸 편지에서처럼 "유럽의 젊은이"가 "유럽 이념"에 '냉소적'으로 변하지 않도록 하는 데만 신경 썼던 자유주의 좌파 유럽인의 인식을 반영한다.(Br III, 265)

코코슈카는 냉전 시기 유럽에 관한 관심만큼이나 이스라엘 국가의 존속을 걱정했다. 코코슈카는 언론인 악셀 스프링거와 함께 예루살렘에서 초상화를 그린 사람들과 교류했으며 파리의 이스라엘 기금을 지원했다.(Br IV, 196) 코코슈카는 특히 아데나워가 독일과 이스라엘의 화해를 위해 노력한 점을 높이 샀다.

코코슈카는 영국의 대유럽 정책에 냉정함을 보였다. 1952년 6월에 코코슈카는 영국의 정책은 "유럽 국가 연합을 장려하지도 용인하지도 않을 것"이라고 했고, 그 이유를 1953년 12월 2일에 테오도르 호이스에게 보낸 편지에서 헨리 8세가 종교개혁을 단행한 이후 영국이 남다른 행보를 보여왔기 때문이라고 한다. 영국은 '지역주의'로 고립되고 편협해져 "운명 공동체로서의 유럽을 거의 망각하고 있다"고 했다.(Br IV, 13) 그 반면에 코코슈카는 유럽 문제를 해결해야 할 과제로 여겼다. 1958년 3월에 코코슈카는 막스 브라우어에게 보낸 편지에 다음과 같이 썼다. "유럽인이란 언제나 항상 자기 안의 야만인과 싸우는 것을 의미합니다."(Br IV, 78)

지금까지 살펴본 정치인들의 초상화만 보아도 코코슈카에게는 고도의 정치적 감각이 있었음을 알 수 있다. 코코슈카는 결핵에 걸려 요양원에 있는 귀족이 아닌 세계적 정치인의 초상을 그리는 데 초점을 맞춘 지 오래였다. 과거 초상화 속 인물이 이른 죽음을 맞으며 코코슈카에게 명성을 가져다주었을지언정 그는 고령의 나이에도 여전히 결단력 있는 정치인에게 관심을 쏟았다. 물론 그사이에 2인 누드화 〈실연한 연인Der verschmähte Liebhaber〉(1966)이나 〈고양이와 함께 있는 소녀〉(1975)와 같은 그림을 가끔 그리기도 했고 이 모티브는 뿌리 깊게 자리 잡았다. 하지만 후기 작품들의 토대는 '프로메테우스 신화' 3부작(1950)이나 '테르모필레' 3부작(1954)과 같은 작품이다. 이 작품들을 바탕으로 〈함부르크 해일Sturmflut in Hamburg〉(1962), 〈선원의 신부Die Seemannsbraut〉(1967/1968), 〈자, 손님! 시간이 됐어요TIME, Gentlemen, please〉(1971/1972), 〈에케 호미네스Ecce Homines〉(1972년) 등이 그려졌다. '테르모필레' 3부작은 '헤로도토스가 이야기하다'라는 제목을 붙여도 좋을 것이다. 이야기는 코코슈카에게 그 어느 때보다 더 중요해졌기 때문이다. 1947년 5월에 코코슈카는 시에르에서 프라하에 있는 여동생에게 보낸 편지에서 '이야기' 작업을 밤늦게까지 하고 있으며, "만족할 때까지"계속 고쳐 쓰고 있다고 했다. "이 분야에서 대중에게 문외한이나 불청객으로 비춰질 위험을 무릅쓰고 싶지 않기 때문이다."(Br III, 188) 코코슈카는 1956년에 《모래 속의 발자국Spur im Treibsand》이라는 제목으로 자신의 소설집이 출간되자 오랜 친구 안나 칼린에게 보낸 편지에서 다음과 같이 말했다. "오늘날 아무도 이렇게 쓰고, 이렇게 말하지 않지!!!"(Br IV, 128) 이 문장은 리하르트 바그너가 《트리스탄과 이졸데》 악보에 적은 "그럼에도 나보다 더 나은 사람은 없다"[46]라는 말을 떠올리게 하지만 코코슈카의 말은 모든 면에서 옳았다.

코코슈카는 자신의 예술에 대해서 왈가왈부할 수 없다고 거듭 단언했지만 두 3부작에 대해서는 자세히 말해야 했다. 게다가 코코슈카는 문예지 《타임스리터러리서플먼트The Times Literary Supplement》의 '유럽의 교류European Exchanges'라는 특집 주제를 위해 표지 그림으로 헤로도토스를 그려 보낼 만큼 헤로도토스라는 인물을 중요하게 생각했다. 이는 유럽은 신화 내용과 신화와 관련한 의식 없이는 존재할 수 없다는 코코슈카의 신인본주의적 견해에 기반한다.[47] 스케치에서 코코슈카는 이야기하는 역사가 헤로도토스를 자화상처럼 그려 주변 인물로 배치했다. 완성된 그림에서 헤로도토스(그리고 코코슈카)는 예언자 메기스티아스로 등장한다.

신화의 초상

"나그네여, 스파르타에 가거든 전해주오./우리가 조국의 명대로 여기 누워 있는 것을 보았노라고." 프리드리히 실러의 비가 '산책Der Spaziergang'(1795)에 나오는 이 시구는 독일인의 문화 의식에 비극적이고 영웅적인 헬레니즘을 부활시키는 데 영감을 불어넣었다.[48] 이 시구는 기원전 480년, 스파르타 왕 레오니다스의 지휘 아래 스파르타인 300명, 테스피아인 700명, 테베인 400명이 몇 배나 군사력이 우세한 페르시아에 맞서 좁은 골짜기 테르모필레를 방어하려 전투를 벌인 일을 떠올리게 한다. 이 전투에서 살아남은 이들은 테베인뿐이다. 대개 사람들은 레오니다스 왕과 스파르타인만 언급한다. 그리스는 이후 테미스토클레스의 지휘 아래 살라미스해전에서 대성공을 거둔다.

무엇보다도 헤로도토스는 《역사》에서 수적으로 훨씬 열세인 그리스 연합군의 업적을 강조하기 위해 페르시아군의 규모를 어마어마한 것으로 묘사했다.

(민족) 신화는 끊임없이 다시 쓰이기 마련이다. 헤로도토스는 추방당한 스파르타의 전왕 데마라토스를 페르시아의 왕 크세르크세스의 대화 상대이자 고문으로 설정하여 재구성한다. 레오니다스 편에서는 예언자 메기스티아스가 돋보인다. 메기스티아스는 앞으로 닥칠 재앙을 보고도 왕 곁을 떠나지 않는다. 헤로도토스는 스파르타 전사자 300명의 이름을 모두 기억한다고 썼다. 이로써 헤로도토스는 파멸로도 지워지지 않은 개개인을 언급한다.

독일에서 '조국을 위한 죽음'이라는 테르모필레 신화는 미심쩍은 경과를 보였다. 테르모필레 신화는 이른바 니벨룽족의 충성심과 더불어 나치 선전에서 인내의 은유가 되었다. 예를 들어 제6군이 스탈린그라드에서 항복하기 직전인 1943년 1월 30일에 헤르만 괴링은 라디오 연설에서 다음과 같이 말했다. "독일에 가는 사람들은 그대들이 우리의 명예와 지도부가 명하는 바에 따라 스탈린그라드에 누워 있는 모습을 보았노라고 전할 것이다."[49] 1945년 2월에 히틀러는 제국의 처지를 테르모필레와 비교했다. "레오니다스와 스파르타의 전사 300명을 생각하라."[50]

망명 중 코코슈카는 어떤 테르모필레 신화를 접했을까? 1950년에 출간된 하인리히 뷜의 짧은 이야기 모음집 《나그네여, 스파르타에 가거든…Wanderer, kommst du nach Spa…》을 읽었을까? 이 작품은 테르모필레 신화를 다른 어떤 텍스트보다도 강하게 뒤흔들어놓았다. 소설에서는 중상을 입은 독일의 한 젊은 병사가 끊임없는 포격으로 파괴되기 직전인 도시의 임시 병원으로 실려 간다. 그는 끔찍한 고통과 열병에 시달리면서도 임시 수술실이 예전에 자신이 다니던 인문 고등학교의 미술실이라는 것을 알아차린다. 칠판에는 그가 쓴 "나그네여, 스파르타에 가거든…"이라는 문구가 아직도 남아 있었다. 그는 자신이 쓴 문구처럼 되었다(두 팔과 오른쪽 다리를 잃었다). 전쟁으로 불구가 된 그는 휴식 시간에 우유를 팔던 전의 건물 관리인에게 마지막으로 도움을 받는다.[51]

코코슈카는 스파르타인을 벌거벗었지만(이를테면 순수한) 투구를 쓴 영웅으로 묘사한 자크 루이 다비드의 〈테르모필레의 레오니다스Léonidas aux Thermopyles〉(1814)를 알고 있었을까?

문화적 기억을 시로 나타낸 것과 달리 신화를 그림으로 그린 초상화는 개별 초상화로 이루어진다. 이를 통해 코코슈카는 전사한 스파르타인의 이름을 모두 알고 있다고 한 헤로도토스와 유사한 말을 한다. 코코슈카는 신화적 허구 속에서도 개인은 중요하다고 한다. 여러번 손질한 석판화 연작 '헬라스에 대한 고백Bekenntnis zu Hellas'(1961~1967)에서 코코슈카는 "세계대전이라는 잘못된 정치"로 "성숙할 기회가 주어지기도 전에" 희생된 "젊은이들의 허망한 죽음"을 한탄한다.(DSW III, 307) 코코슈카는 이들을 추모하기 위해 '테르모필레' 3부작을 제작했을 것이다. 이 작품에서는 개인이 얼굴을 드러내거나 가운데 그림 〈전투Der Kampf〉에서 창에 찔린 아이처럼 얼굴 없는 존재로 등장하기 때문이다.

여기서 자연스럽게 러시아 시인 오시프 만델스탐의 말이 떠오른다. "우리 위에는 야만의 하늘이 걸려 있지만 우리는 헬라인이다."[52] 코코슈카의 '테르모필레' 3부작은 이 관계를 뒤집는다. '테르모필레' 3부작에서 하늘은 그 아래에서 어떤 만행이 벌어지든지 간에 그리스 특유의 하늘빛으로 온통 밝은색을 띠고 있다.

'테르모필레' 3부작에는 빛나는 자태가 있다. 우선 왼쪽 그림 〈작별을 고하는 레오니다스Abschied des Leonidas〉에는 밝은 목가적 풍경이 있다. 이곳에서 레오니다스는 상상조차 할 수 없는 공포 속으로 향하기 전 아내에게 작별을 고한다. 레오니다스의 방패에는 상징적 눈이 있는데, 보호와 형안을 나타내는 듯하다. 중앙에 있는 〈전투〉의 배경에는 빛나는 자태의 아폴로가 외면당하는 듯하면서도 분명한 희망의 전령으로 등장한다. 오른쪽 그림 〈야만인Die Barbaren〉에는 자유의 수호신이 사슬에서 풀려나고 사냥개에게 해를 당할 수 없는 반은 아폴로, 반은 오르페우스의 모습으로 공포에서 벗어난다. 두 벌거벗은 순수한 빛의 형상에게 예전의 레오니다스의 카리스마가 그대로 옮겨졌다. 〈야만인〉의 배경에서는 그리스를 해방시킨 살라미스해전이 벌어지고 있다.

구성상 다비드의 〈테르모필레의 레오니다스〉와 실제로 유사하다. 다만 다비드의 벌거벗은 레오니다스는 코코슈카의 그림에서 벌거벗은 아폴론과 자유의 수호신으로 바뀐다. 두 그림 모두 배경에 상서로운 밝음이 있다. 하지만 코코슈카는 레오니다스, 아폴로, 자유로 구성된 역사적이고 극적인 삼위일체를 제시하며, 가운데 그림에서 또 다른 이질적인 삼위일체를 드러낸다. 메기스티아스, 불충한 바보 에피알테스, 모반자가 음흉하게 꾀는 순박한 젊은 전사가 눈에 띈다.

코코슈카가 왜 당시(1953/1954)에 헤로도토스의 기록에서 하필 이 부담스러운 신화를 택했는지 의문이 든다. '테르모필레' 3부작이 함부

296

르크대학 강의실에 걸려 있다는 사실은 이 작품이 어떤 의미를 지니는 지 말해준다. 또한 지휘자 빌헬름 푸르트뱅글러가 뛰어난 고고학자인 아버지 아돌프 푸르트뱅글러와 그 친구인 루트비히 쿠르티우스에게서 얻은 고고학 지식을 바탕으로 코코슈카의 델핀빌라에서 이 3부작을 보 았을 때, 과거 게오르크 트라클이 〈바람의 신부〉를 보았을 때와 마찬가 지로 조용히 또는 혼잣말하며 감상했다는 사실도 중요하다.

분명 코코슈카는 이 그림을 통해 '냉전' 초기 불안과 희미한 희망을 보여주고 있다. 당시의 동서 갈등을 '테르모필레' 3부작에 투영하는 것 은 잘못이지만 시대적 상황에서 완전히 분리할 수는 없는 일이다. 헤로 도토스에게 중요한 문화와 야만의 대립은 코코슈카의 그림과 바로크적 색채와 형태의 강렬함을 통해 다시 상대화된다. 예컨대 앞서 말한 빛나 는 자태, 그리스적 의미에서는 야만인이 아닌 스파르타의 배반자인 요 괴 같은 에피알테스와 같은 인물이 그렇다. 예언자 메기스티아스의 숙 명적 무위無爲는 오히려 문화를 보여주기보다 위험 앞에서의 실패를 보 여준다. 코코슈카는 잘 알려진 모티브를 다루면서도 장난스럽게 변형 을 가했다.

> 고대의 것을 모티브로 그림을 그릴 때는 대상을 약간 비틀어주는 게 좋다. 그러면 고전주의 규칙에 따라 창작자가 숨겨둔 감정적 요소를 고대 문서에 서 끌어낼 수 있다.(DSW III, 308)

반인반수의 실레노스 같은 에피알테스는 이러한 '비틀기'를 구현하고 있다. 빌헬름 푸르트뱅글러는 에피알테스에 유달리 관심이 많았다고 한다("푸르트뱅글러는 코코슈카가 배신자 에피알테스를 그릴 때까지 말없이 그를 바라보 았다"[53]).

코코슈카는 '테르모필레' 3부작에서 위태로운 시대를 묘사했다. 코코슈카는 그 어떤 영웅적 에토스도 없이(《작별을 고하는 레오니다스》에서 아내와 고향을 떠나는 레오니다스는 모든 형태의 영웅주의와 작별한다!), 이 신화를 다루는 데 뵐과 같은 과격함 없이 주어진 신화적 구조를 유지하면서도 놀라운 희망의 징표로 가득 찬 그림을 그렸다.

코코슈카는 오랜 친구 파울 베스타임에게서 이 3부작에 대한 가장 인상 깊은 찬사를 받았다. 베스타임은 멕시코 망명 중이던 1955년 4월에 코코슈카에게 다음과 같이 썼다.

나의 벗 코코슈카!
'테르모필레' 화집은 잘 받았습니다. 고맙습니다. (…) 얼마나 위대한 작품이고 얼마나 웅대한 비전인지 모르겠습니다! 신비와 감각, 전문성을 보여주는 그림입니다. 당신이 서문에서 강조한 기꺼이 영광을 누리는 승리자의 야만성이라는 표현에 감동했습니다. 승리의 결과로 비참과 절망에 빠진 자들 없이는 승자도 없다고 영웅을 미화하며 자신과 많은 청중을 즐겁게 하는 자들을 향해 거듭 외치고 싶습니다. 위대한 화가 반 고흐는 "인간이 생명을 희생시키는 것은 야만적이며, 나는 그것을 존중하지 않는다"라고 썼습니다. 아직 이데올로기가 지배하던 시대가 아니었고 여전히 인간의 생명이 가치 있던 시절이었습니다.
자, 그렇다면 그리스인들은 정말 인간을 만물의 척도라 믿었을까요? 다르게 볼 수도 있습니다. 그리스인들은 저 믿음을 빌미로 고대 아시아의 신들을 몰아내고 삶의 장식으로 만들었습니다. 마법과 신화의 힘을 뛰어넘을 수 있다고 믿는 이 합리주의는 분명 '진보'에 기여했습니다. 하지만 그것이 바로 야만의 시작은 아니었을까요?
이 3부작은 끊임없는 창작을 보여주는 새로운 증거입니다. "내면이 형상으로 가득 차 있다"라고 한 뒤러의 말이 생각납니다. 축하합니다.

그대의 베스타임[54]

코코슈카는 자신이 이해받고 있음을 알았다. 미술평론가 발터 케른은 '테르모필레' 3부작을 더욱 객관적으로 해석했다. 베스타임이 편지에서 언급한 화집은 케른이 펴낸《오스카 코코슈카, 테르모필레Oskar Kokoschka, Thermopylae》다. 이 화집에는 '테르모필레' 3부작과 함께 코코슈카와 케른의 글이 실려 있다.[55] 코코슈카는 '테르모필레'를 제작하는 동안 케른과 순전히 기술적인 문제로 의견을 나눈 적이 있었다. 잘 알려져 있듯 장인 정신과 재료, 공정에 관한 지식은 마지막까지 코코슈카의 예술 창작에 불가결한 토대로 남았다. 그런데 '테르모필레'에 기포가 생겼다. 어떻게 해야 할까? 빈터투어 출신의 신뢰할 만한 친구 케른이 해결책을 알고 있었다. 1953년 12월 5일에 케른은 다음과 같이 권했다.

> 렘브란트수정바니시를 한 병 보냈습니다. 취리히에서 보냈어요. 캔버스의 부풀어 오른 곳을 주걱으로 긁어내고 필요하면 사포로 문질러 보세요. 그러고 나서 붓으로 바니시를 발라보세요. 금세 마를 것입니다. 그러면 그 위에 다시 그릴 수 있을 거예요. 캔버스가 크면 이런 과정이 번거롭게 느껴질 것입니다. 바니시가 몇 병 더 필요할 거예요. 이 바니시가 효과가 있다면 말해주세요. 몇 병 보내겠습니다. 한창 작업 중인 캔버스를 버려야 한다면 안타까울 것입니다.[56]

케른의 조언이 도움이 된 것으로 보인다. 그렇게 완성된 작품은 당시 야만적 행동과 인간적 행동이 충돌하는 시대를 정확하게 그려낸 우의

화라 부를 수 있을 것이다. '테르모필레'에 대한 성찰에서 코코슈카는 미학과 윤리의 궤변적 분리를 해소하는 문제로 곧바로 나아갔다. 그는 강력한 질문으로 성찰을 시작한다. "왜 페르시아의 폭군[크세르크세스]은 레오니다스의 시신을 훼손하고 십자가에 못 박았는가?"(DSW III, 321) 동시에 코코슈카는 헤로도토스가《역사》7권에서 테르모필레전투를 서술함으로써 무엇을 성취하고자 했는지를 묻는다.[57] 이 질문은 코코슈카 자신에게도 해당한다. 헤로도토스가 서술한 것을 자유롭게 그림으로 표현함으로써 코코슈카는 이 그리스 역사가의 의도를 자신의 것으로 만들었기 때문이다. 코코슈카는 다음과 같이 말한다.

> 야만인은 역사가 없고, 따라서 시대를 초월한다. 그래서 야만인은 어느 시대에나 있으며 우리 시대도 예외는 아니다. 불굴의 의지, 자유애, 인류애라는 말이 의심스럽게 들리는 시대인데, 이는 표준화된 대중적 사고방식을 만들어내지 않기 때문이다. 전체주의 국가는 이러한 성격의 사람들을 반드시 청산한다.(DSW III, 322)

제2차 세계대전이 끝난 지 10년 후 코코슈카는 "서구의 자기 파괴에 대한 냉소적 자만을" 언급한다. "우리의 영혼은 이제까지 인류애로 여겨졌던 모든 것을 조롱하고 거부하는 예술에서 자신의 모습을 본다. 이는 우리 영혼의 상태를 보여준다."(같은 곳) 이는 '테르모필레'가 아니라 다시 한번 모더니즘의 징후로서 추상성을 언급한 것이다.

발터 케른은 '테르모필레' 3부작으로 코코슈카가 도덕적, 교육적 효과를 달성하려 했다고 강조했다. 하지만 케른은 인상적인 언어 비유를 통해 이 작품에서 예술이 우선함을 보여준다.

눈에는 보이지 않지만 맛을 보면 느낄 수 있는 물속 소금처럼 도덕적 이념은 예술가의 이념에 녹아든다. 이야기는 녹아들어서 눈과 감각에 전달되는 형태로 나타난다.[58]

한편 케른은 1955년 크리스마스에 코코슈카에게 자신이 새로 출간한 허먼 멜빌의 소설 《필경사 바틀비》(1853/1856)를 보냈다. 《필경사 바틀비》는 뭐든 거부하는 한 남자의 이야기다. 바틀비는 코코슈카와는 대조적인 인물이다. 월가의 법률 사무소에서 일하는 바틀비는 날이면 날마다 계약서를 베끼느라 사무실을 떠나지 않다가 마침내 경찰에 끌려간다. 바틀비에 관한 내력은 알 수 없다. 바틀비에 대해 알려진 것은 그가 배달이 불가능한 우편물을 처리하는 기관에서 일한 적이 있다는 게 전부다. 고골과 카프카가 떠오르는 작품이다. 발터 케른은 이 소설이 코코슈카에게 의미가 있으리라 진심으로 믿었다. 이 무렵에 케른은 '테르모필레' 3부작에 관해 화가보다 더 잘 알고 있었을 것이다.

서덜랜드가 처칠을 그렸을 때

원래 코코슈카는 거물 4인, 즉 스탈린, 트루먼, 드골, 처칠의 초상을 모두 그리려고 했다. 이는 알려진 바와 같이 실현되지 않았다. 코코슈카의 믿을 만한 친구 빅토어 마테이카(빈의 문화 담당 시의원이자 공산주의자)는 이를 애석해하며 다음과 같이 말했다. "그들은 예술가이자 사람, 시인, 작가, 정치가인 오스카 코코슈카의 전기에서 빠져 있다."[59] 결과적으로 코코슈카는 정치인들과 비교적 수월하게 초상화를 작업한 덕분에 소모적인 일들을 면할 수 있었던 것만은 확실하다. 테오도르 호이스와의 작업은 진정한 우정으로 이어졌다. 오스트리아 대통령을 지낸 테오도르 쾨르너, 콘라트 아데나워, 테디 콜렉과도 우정에 가까운 관계를 맺었다.

모델과 화가 사이의 이 같은 협력은 결코 당연한 것이 아니었다. 특히 이는 그레이엄 서덜랜드의 예를 보면 알 수 있다. 서덜랜드는 전후 영국에서 가장 중요한 초상화가였다. 두 화가 모두 1980년에 사망했는데, 서덜랜드는 2월 17일에, 코코슈카는 그로부터 5일 후에 사망했다. 두 예술가의 가장 큰 차이점은 단번에 드러난다. 서덜랜드는 권력자를 찾아간 반면에 코코슈카는 그 반대로 권력자와 유명 인사들이 그를 찾아왔다. 애거사 크리스티가 코코슈카에게 초상화를 의뢰했을 때 코코슈카는 중개자 역할을 한 화랑 주인이자 저술가인 볼프강 게오르크 피셔에게 세계적으로 유명한 범죄 소설가에게 두 가지 사실을 전해달라고 했다. 하나는 상당한 비용이 든다는 것과 다른 하나는 크리스티의 초상화 의뢰를 받으려고 노력했던 그레이엄 서덜랜드에 관한 소문이다. 아데나워에게 들은 바에 따르면 서덜랜드는 "초상화를 그릴 때 보통 사진가 두 명을 동반한다".(Br IV, 215) 코코슈카의 관점에서 이는 가장 비난할 만한 일이었다. 서덜랜드가 왜 사진가를 데리고 다니기 시작했는지 코코슈카가 알고 있었는지는 불분명하다. 서덜랜드는 1954년 가을에 처칠의 초상화 작업을 하며 사진을 찍었다. 이 이야기는 초상화 역사에서 '서덜랜드 사건'으로 알려져 있다.[60] 이 이야기는 초상화 작업이 얼마나 어려운지, 특히 모델이 단순한 정치인이 아니라 스스로 그림에도 조예가 깊다고 생각하는 인물이면 얼마나 어려운지 보여준다.

1954년 11월 30일에 있을 처칠의 팔순 축하 행사를 위해 하원 의원이 서덜랜드에게 초상화를 공식 의뢰해왔다. 켄트주에 있는 처칠의 시골 저택 차트웰에서 초상화 작업을 시작했다. 가을의 채광은 서덜랜드가 작업하기에 적합하지 않았다. 참고로 코코슈카는 아데나워의 초상화를 제작할 때 코모 호수 가 라콜리나빌라에서 봄의 채광 덕을 톡톡히 보았다. 게다가 서덜랜드는 매우 변덕스럽고 무뚝뚝한 모델과 작업해야 했다. 따라서 서덜랜드는 엘스베스 주다가 찍은 사진이 필요했다.

처칠은 서덜랜드에게 행사에 적절하지 않은 그림이라고 통보할 정도로 서덜랜드가 그린 초상화를 싫어했다. 처음 초상화를 그리기 시작할 때 처칠은 화가에게 "나를 어떻게 그릴 거요? 불도그로 그릴 거요, 아니면 천사로 그릴 거요?"라고 물었다. 그런데 결과물은 불도그에 가까웠다. 떡 벌어진 체구의 처칠이 꼼짝도 안 하고 거기에 앉아 있다. 두 발은 잘려나간 것처럼 보이며, 국가의 영웅이라기보다 심술궂고 고집스러운 총리처럼 보였고 얼굴 전체에 세월의 흔적이 선명했다. 오히려 서덜랜드가 습작으로 제작한 얼굴 그림과 스케치가 훨씬 더 정교한 작품으로 평가받는다.

처칠은 그림 없이 행사를 진행하라고 했지만 서덜랜드가 그린 초상화는 결국 웨스트민스터사원 행사장에 걸렸고 상원과 하원의 의원이 모두 모인 자리에서 공개되었다. 처칠은 답례 연설에서 이 초상화를 두고 '현대예술'의 명백한 모범이라는 조롱 섞인 말을 했다. 바로 그 자리에 서덜랜드가 있었다. 서덜랜드는 귀빈석 맨 뒷줄에 앉아 BBC 카메라 앞에서 이러한 모욕을 참아내야 했다.

설상가상으로 이 그림은 의회의 계획과는 달리 웨스트민스터사원에 걸리지 못하고 차트웰로 옮겨져 정원에서 불태워졌다. 소각을 재촉한 사람은 처칠의 아내 클레먼타인이다. 코코슈카가 처칠의 초상화를 그렸다면 이 노년의 총리가 어떤 말을 했을지 상상해본다. 미하엘 함부르거는 서덜랜드 사건을 바탕으로 모더니즘 문제와 이를 대중적으로 다루는 방식에 대하여 세 부분으로 구성된 서정적 독백 시 '죽은 화가가 죽은 정치인에게Toter Maler an toten Staatsmann'를 썼다. 함부르거는 두 번째

부분에서 당시(1950년대) 모더니즘 담론을 결정했고 오늘날에도 여전히
유효한 명제와 질문으로 이 복잡한 문제를 서슴없이 드러낸다.

> 작품, 인물, 이름 –
> 그들을 가르는 심연은 얼마나 깊은가!
> 화가가 말없이 작업대에 앉아
> 그리지 못한 선, 맞추지 못한 단어, 들리지 않는 음에만 몰두한다.
> 아무도 접근하지 않는 곳,
> 그 누구도 발을 디딘 적 없는 곳에서부터
> 그 음들이 자신에게 닿을 때까지.
> (…)
> 아니면 아직 육신을 가진 그 사람은
> 자기 이름을 위해
> 이것을 할지 저것을 할지 곱씹고는
> 자문한다, 그것이 나인가라고.
> 작품은 일찍이 이용한 적이 있는
> 손을 다시 조종할 것인가?
> 그래서 의뢰는 '현대인'에게, 나와 동시대인들에게
> 당신과 나의 유령 같은 역할을 위해
> 작업은 연습이 되고 리허설이 된다.
>
> '모던하다고?' 그것은
> 시대에 뒤떨어진 우리 같은 사람에게 무엇을 의미할 수 있는가?
> 휴가 중인 화가여, 그대는 시골을 택했는가?
> 거기서 작업한 '현대인'을

본받아 경치를 그리는가?

작업이지 휴양이 아니다. 이 둘은 다르다.

일요일의 정치인이 아닌 그대는 그것을 알고 있었다.[61]

모더니즘이란 무엇인가? 모더니즘 작가의 작품에는 현대성을 극복하는 요소가 존재하는가? 그 같은 극복은 필연적인 것인가, 아니면 수사적이고 논쟁적 제스처에 지나지 않는 것인가? 소박한 재능을 지닌 풍경화가 윈스턴 처칠이 공개적으로 비난한 예술가는 제이컵 엡스타인, 존 파이퍼, 바바라 헵워스, 프랜시스 베이컨과 함께 베네치아비엔날레와 런던, 뉴욕에서 작품을 전시하고 1951년에 영국 페스티벌에도 참여한 경력이 있었다. 서덜랜드는 추상적이거나 극단적인 모더니스트들과는 달리 처칠 초상화에서 그 대상의 생명력을 부정하는 심오한 사실주의를 보여주었는데, 이는 코코슈카가 초상화에서 비할 데 없이 잘 표현해낸 예술적 요소였다. 서덜랜드는 표현 방식에서 청교도적 단순함을 추구했지만 코코슈카는 초상화와 풍경화에서, 특히 1945년 이후로 다른 것을 시도했다. 바로 색채 언어를 바로크적으로 재해석한 것이다. 이는 모더니즘의 발전에 코코슈카가 불만을 표한 것이기도 했다. 알다시피 코코슈카는 초기 모더니즘의 대표 주자였다.

7장

만년의 삶과
시각 학교

"젊은이들에게 이러한 시각 학교을 통해 새로운 자극을 준다니 얼마나 멋진 일입니까. 이는 결국 보기에만 국한되지 않고 모든 젊은이에게 영향을 미칠 것입니다." 이는 사업가이자 화가, 미술평론가, 작가인 발터 케른(1898~1966)이 코코슈카에게 보낸 편지에 쓴 자신의 생각이다. 당시 그는 생갈대학 현대미술사 객원 강사이자 빈터투어인쇄소 이사였다. 케른은 중요한 편지와 수집한 원고를 후대에 남길 작정이었다. 무엇보다도 케른은 화가 한스 아르프와 막스 에른스트, 작가 헤르만 헤세와 로베르트 발저, 야코프 하링거와 친분이 있었다. 1955년 코코슈카의 '테르모필레' 3부작에 대한 케른의 연구는 이 예술가의 개별 작품에 관한 가장 중요한 해석으로 평가받는다. 케른은 코코슈카의 이 대형 그림을 어떤 조건으로 어디에 전시할 것인지를 두고 함부르크시와 논의할 때 중재자 역할을 하기도 했다. 아울러 케른은 코코슈카와 '비구상미술'이라는 코코슈카를 괴롭힌 문제에 관해 대화를 나누는 상대였다. 코코슈카의 시각 학교는 바로 이러한 '비구상미술'에 맞서고자 했다. 그가 비구상미술을 맹렬히 반대하자 일면식도 없는 사람이나 하찮은 예술가가 찾아와 지원을 요청하는 일이 종종 생겼다. 바덴바덴에서 활동하는 화가 한스 뮌히는 아방가르드에 골몰하는 그곳 예술가 조합이 추상주의에 반대하는 강의를 막는다며 코코슈카에게 고충을 토로했다. 뮌히는 자신의 소책자 《비구상미술의 사고 오류Der Denkfehler der gegenstandslosen Kunst》(1960)를 공개적으로 지지해달라고 했지만, 코코슈카는 침묵으로 일관했다. 발터 케른은 클라이스트의 친구 코코슈카에게 뮌히를 "완전히 콜하스˙ 같은" 사람이라고 했는데, 이는 칭찬인 동시에

• 콜하스는 하인리히 폰 클라이스트의 단편 소설 《미하엘 콜하스》의 주인공 이름이다. 근면한 말 중개상 미하엘 콜하스는 지방 성주의 횡포를 겪으며 이를 바로 잡으려다 한계를 느끼자 스스로 법을 집행하는 수밖에 없다고 결심하고 군대를 꾸려 폭도로 변하는 인물이다.

경고로도 해석할 수 있는 이중적 의미로 코코슈카 역시 그렇게 받아들였을 것이다.

점진적 회복 또는 상실의 한가운데서

코코슈카는 예술 문제에서 교조주의를 가장 경멸했다. 그러나 때로는 이러한 반교조주의가 코코슈카에게 교조적인(이를테면 '콜하스적인') 성격을 띠기도 했다. 1950년대와 1960년대에 쓴 에세이나 편지에서 코코슈카는 추상주의에 반대하는 주장을 펼치지 않은 적이 거의 없었다. 그가 보인 추상성에 대한 격렬한 반응은 나치의 사이비 문화 정책으로 작품이 '퇴폐'미술로 낙인찍힌 경험 때문에 생긴 트라우마의 결과일 수 있다. 코코슈카는 미술평론가, 특히 1945년 이후 추상 모더니즘의 가장 중요한 옹호자였던 빌 그로만(1887~1968)[1]을 비롯한 화랑 주인과 미술상으로 구성된 무리가 활동하는 것을 보았다. 이들은 구체성이나 사실주의의 흔적을 모두 조악하거나 구식이라고 배척했다. 코코슈카는 비구상주의를 신조로 삼는 빌리 바우마이스터[2]의 작품과 1955년 이후의 영향력을 비인간적인 것으로 간주했다. 이 무렵 코코슈카는 추상미술가들도 히틀러 문화 정책의 표적이라는 사실을 무시하는 것 같았다. 그는 전후 1946년에 드레스덴에서 열린 첫 '독일미술전시회'와 1955년에 카셀에서 열린 첫 도큐멘타전에서 주로 구상적이거나 사회비판적 예술가들의 작품이 전시되었다는 사실도 간과했다.[3]

그로만은 코코슈카가 드레스덴 시절부터 알고 지냈던 인물로, 에른스트 루트비히 키르히너, 카를 슈미트 로틀루프, 오토 딕스, 파울 클레, 바실리 칸딘스키의 예술 작업을 적극적으로 옹호했다. 특히 그로만은 이를 뒷받침하기 위해 1924년에 드레스덴에서 시작된 키르히너의 드로잉 작업을 시작으로, 이 예술가들을 개별적으로 다룬 연구서를 발표했다. 하지만 이 추상파 화가들의 대변자와 코코슈카 사이에는 접촉과 상호 존중이 있었다. 1951년 12월에 한 편지에서 그로만은 베를린에서 열린 코코슈카의 회고전을 호평했고 코코슈카에게 알반 베르크의 오페라《보체크》를 베를린에서 연출해보라고 제안하기도 했다. 코코슈카는 그로만의 이 편지로 "나치 시대 이후 명예를 회복했다"는 위안을 얻었으며, 1935년에 고인이 된 친구의 오페라를 연출하는 일은 "실제로 매우 흥미로울 것"이라고 답했다.(Br III, 258) 비록 아무 결과도 얻지 못했지만 편지 교환은 코코슈카와 추상파 화가들 사이의 모든 다리가 끊어진 것은 아니었음을 증명한다. 코코슈카는 예술이란 보이는 것을 재현하는 것이 아니라 그것을 보이게 시각화하는 것이라는[4] 파울 클레의 유명한 말에 동의했을 수도 있다. 코코슈카는 파울 클레의 이 말을 알았을 것이다. 표현주의 소설가 카시미어 에트슈미트가 1920년에 출간한 예술가 어록집에 이 말을 실었기 때문이다. 하지만 문제는 가시화하는 **방법**이었다. 추상성은 색채와 화가의 동일시에서 출발하는[5] 클레의 추상화조차도 코코슈카의 관점에서는 인간적인 것에 대한 배신이었다. 코코슈카는 그로만과 전후에 다시 결성된 독일예술가동맹의 회장 카를 호퍼 간에 벌어진 추상화와 구상화의 가치를 둘러싼 격렬한 논쟁에 끼어들지 않았다. 이 논쟁이 얼마나 격렬했는지는 오랜 병환으로 고생하던 호퍼가 1955년에 논쟁 직후 뇌졸중으로 사망한 비극적인 사건에서 잘 드러난다.[6]

호퍼는 초기 표현주의적 경향 이후 구스타브 프리드리히 하르틀라우프가 1925년에 만든 용어인 '신즉물주의'로 점차 기울어졌지만, 이 용어는 이전의 '구舊'즉물주의가 무엇이었는지를 명확히 밝히지 않았다. 그 무렵 호퍼는 19세기 자연주의적 풍경화에 기반을 두고 있으면서도 그 표현은 양식화된 방식을 추구했는데, 이는 〈태생 풍경Tessiner Landschaft〉(1925/1927)에서 잘 드러난다. 호퍼는 크리스티안 아르놀트, 이반 바비, 카로 멘제와 함께 활동했지만 코코슈카와 같은 대담한 풍경화와는 거리를 두었다. 코코슈카는 풍경을 처리할 때 풍경에 색채를 부여하거나 색채가 풍경이 되는 경향을 보였다. 프란츠 렝크에서 한나 나겔, 콘라트 펠릭스뮐러에서 루돌프 슐리히터, 브루노 포이크트에서 헤르베르트 피셔 그라이징에 이르기까지 신즉물주의 화가들의 초상화는 코코슈카의 자유로운 초상화 구도와 비교조차 할 수 없을 정도로 진부하고 엄밀했다. 따라서 코코슈카가 자신의 문제에만 집중하고 아카데미 논쟁을 피한 것은 당연했다. 그는 아카데미가 있어야 한다면 자신이 직접 설립해야 한다고 생각했고 이 계획을 1953년에 '잘츠부르크 국제여름미술아카데미Internationalen Sommerakademie in Salzburg'라는 형태의 시각 학교로 실현했다. 코코슈카는 현대미술의 비구상성을 단호히 반대했다. 그는 젊고 과격한 조각가이자 그래픽 예술가이자 작가인 귄터 그라스와 견해를 같이했다. 신즉물주의의 유산은 또 다시 코코슈카에게 너무 구상적이었다.

전후 코코슈카의 태도에는 모순이 없지 않았다. 코코슈카는 문화에서 성性을 강조하는 데 반대했다. 이는 그의 과거를 고려하면 상당히 위선적인 태도다. 코코슈카는 점점 실레의 예술을 단순히 음란물로 간주했다. 그렇다면 코코슈카가 1953년에 그린 드로잉 〈누워 있는 누드Liegender Akt〉는 무엇인가? 아니 더 나아가 초기 작품들에 대해서는 무엇이라 하겠는가?《살인자, 여자들의 희망》과 같은 코코슈카의 희곡은 성적 실현에 대한 갈망이 에로틱한 매력을 잃고 어떻게 범죄로 변질될 수 있는지를 보여주지 않았던가? 그는 글과 그림을 통해 성性이 문화적 세

런미를 모두 흡수한다는 것을 보여주지 않았는가?[7] 코코슈카의 경우 만년의 자기반성을 찾아볼 수 없다. 예를 들어 회고록《나의 인생》에서도 마찬가지다.

증오와 각성 사이를 오르내리는 전후 유럽의 분위기와 지적 흐름은 충분히 자주 묘사되어왔다. 보수적 문화비관주의와 복원 시도(정확히 무엇을 복원하려 했는지는 대부분 불분명했다)는 1918년 이후의 상황과 유사했다. 그러나 제1차 세계대전 이후와 달리 민족의식은 어느새 한물간 것이 되었다. 서구에서의 새로운 이상은 가능한 한 기독교적 인본주의 기치 아래에서 재건과 유럽의 통합이었다. 서구는 이제 슈펭글러의 예측대로* 몰락할 게 아니라 새로운 성찰의 장이 되어야 했다. 그 사이 나치에 영향을 받은 부르겐란트 출신 미술사학자 한스 제들마이어[8]는《중심의 상실》에서 잃어버린 중심을 한탄했다. 이 책은 나치 시대에 빈에서 쓰이고 1948년에 잘츠부르크에서 출간되어 보수의 새로운 교과서로 여겨졌다. 제들마이어는 자신의 연구를 "모더니즘의 병리학"으로 보았다.[9] 제들마이어는 또한 코코슈카를 뮌헨으로 초청하여 강연하게 하려고 안간힘을 썼다. 나중에는 제자 디터 헨리히를 동원하기도 했다. 이 악명 높은 미술사학자는 1955년 10월 28일 자 편지에서 이 세계 정상급 예술가에게 아첨했지만 부질없는 짓이었다.

선생님이 이곳에 오시면 많은 좋은 일을 할 수 있고 균형추 역할을 하게 될 것입니다. 이제 미술사학자는 침묵하고 젊은이들이 위대한 예술가에게서 예술에 대한 생각을 직접 듣고 배울 때가 되었습니다. 선생님의 몇 마디가

• 오스발트 슈펭글러는《서구의 몰락》에서 문화는 유기체와 마찬가지로 발생, 성장, 노쇠, 사멸의 과정을 밟는다고 했다.

많은 이야기보다 더 큰 영향을 미칠 것입니다.[10]

홀로코스트에 대한 지식, 제2차 세계대전에 따른 유럽의 황폐화, 핵무기의 위협, 동서 분단과 이에 따른 마지막 제3차 세계대전의 발발 가능성은 불안의 병기창이 되었다. 악과 인간의 가능성에 대한 종래의 관념이 훨씬 덜 두려웠다. 이렇듯 지옥 같은 배경을 앞에 두고 미적으로 새로운 방향을 모색하거나 예술적으로 발전을 지향하는 것은 한편으로는 터무니없어 보였지만 코코슈카와 같이 예술을 통해 인간의 가치를 새롭게 확립하려는 예술가들에게는 필수불가결한 일이었다. 이는 코코슈카가 인간의 얼굴을 묘사하는 데 더욱 관심을 두게 된 이유 중 하나이자 다시 신화적 세계를 탐구하게 된 이유이기도 하다. 이 '묵시록적 종말을 준비하는 시대'에 코코슈카가 알브레히트 알트도르퍼의 〈알렉산더대왕의 전투Alexanderschlacht〉와 주세페 아르침볼도의 기계적 인간상에 주목한 것은 당연한 귀결로 보인다.

제들마이어의 연구서 《중심의 상실》은 1950년에 마틸다 언덕에서 열린 제1회 다름슈타트 심포지엄에 '우리 시대의 인간상Das Menschenbild in unserer Zeit'과 현대미술에 관한 주요 주제어를 제공했지만 코코슈카를 움직인 것은 전통과 가치의 상실 속에서 작업해야 한다는 감정이었다. 코코슈카의 아르침볼도에 관한 연구(1951)와 알트도르퍼의 〈알렉산더대왕의 전투〉에 관한 연구(1956)는 인상적 성찰을 제공한다. 두 연구는 코코슈카의 예술에서 점진적 회복이라 부를 수 있는 것의 본질을 보여준다. 이는 호프만스탈에게서 기원한 창조적 또는 보수적 혁명의 변형이면서도 정치적으로는 좌파적 색채를 띠며, 좌파적 인본주의와 존재의 관점을 통찰하는 시각적 이해를 결합한 실존과 미학의 혼합체라 할 수 있다.

두 텍스트는 거의 의식적 방식으로 현대미술에서 추상 기법을 비판하며 시작한다. 여기서 코코슈카는 더우 정교한 주장을 펼치는데, 이는 정확한 통찰을 가능하게 한다. 코코슈카는 주세페 아르침볼도 (1527~1593)를 성찰하며 기계적 인간상에 불편한 심기를 드러낸다. 아르침볼도는 이탈리아 밀라노 출신으로, '합스부르크 왕가의 기인' 루돌프 2세를 섬기는 궁중화가로 일했으며 초현실주의의 창시자로 불린다. 이 밀라노의 예술가는 프라하 흐라트차니성에 있는 놀라운 방이라는 뜻의 분더캄머Wunderkammer를 보완했다. 이 수집 공간은 "히로니뮈스 보스의 별난 그림들"로 가득했다.(DSW III, 103) 코코슈카 역시 수집가였다. 빌뇌브에 있는 델핀빌라에 일종의 '분더캄머'를 만들어놓기도 했다.[11] 이 방에는 인도 신상 다섯 점, 마오리족의 파투patu, 신석기 여성 형상의 조각, 고개를 까딱거리는 당나귀 등이 포함된 다양한 목재 수집품이 있었다. 하지만 코코슈카는 주로 앞으로 그릴 대상을 수집했고 이러한 수집품들을 자신의 작품에 그려 넣었다.

코코슈카에 따르면 아르침볼도의 초현실주의에서 인간은 "실체의 총합"이다. "인간은 자신이 먹는 것이 곧 자신이며, 존재하는 것 또는 인간이 생각하는 것의 총화다."(DSW III, 102) 이러한 예술에서 삶은 "마치 ~처럼"으로만 상상된다. 그의 가장 큰 우려는 다음과 같다. "초현실주의 예술은 그림에서 인물을 지워버렸다. 이는 전체주의 국가가 마치 인간이 존재하지 않는 것처럼 작동하는 것과 마찬가지다."(DSW III, 101) 아르침볼도의 그림은 더는 "정신 상태"가 아니라 사물을 뜯어 맞춘 브리콜라주bricolage일 뿐이다. "만약 아르침볼도의 그림에서 인간상이 무작위로 모인 사물들의 집합체로 이루어졌다면 우리는 기계화된 산업화 시대에서 인간의 비인격화, 즉 조립라인에서 끊임없이 생산되는 인간을 떠올릴 것이다."(DSW III, 103) 예술은 인류학이 아닌 군중학(군중에 관한 이론)을 보완한다. 이는 코코슈카가 한스 귄터 아들러, 엘리아스 카네티, 헤르만 브로흐, 오르테가 이 가세트와 함께한 견해였다(이들은 군중에 관한 이론이나 그 개념을 비판하고 발전시켰으며 접근 방식은 브로흐의 군중 히스테리에서 아들러의 수용소 경험, 오르테가의 군중 동원까지 다양하다).

코코슈카에 따르면 아르침볼도가 그림을 통해 제시한 인간상이 초래한 결과는 "인간에 대한 연민보다 사물을 우선시하는" 태도다. 결론에서 코코슈카는 아르침볼도의 필생의 업적인 "색조 음계론"을 언급하며 사실관계를 확인하지 않고 이렇게 덧붙인다. "프랑스혁명 중에 한 프랑스인이 색 피아노를 만드는 데 영감을 주었다."(DSW Ⅲ, 108) 실제로 이야기는 다음과 같다. 프랑스 예수회 신부이자 수학자인 루이 베르트랑 카스텔(1688~1757)은 1722년경 시각 악기들과 함께 시각 클라브생 clavecin oculaire 이론을 고안해냈다. 건반을 누르면 뒤에서 조명을 받은 반투명 비단 리본이 나타나는 방식이었다. 하지만 이는 카스텔이 사망한 후에나 구현된다. 1757년에 영국의 아서 몰리가 이른바 시각 하프시코드ocular harpsichord를 선보였는데, 이 하프시코드는 수백 개의 작은 조명이 들어 있는 상자에 기계장치를 연결하여 건반을 누르면 불이 켜지는 구조다.[12] 이를 기반으로 이번에는 알렉산드르 스크랴빈이 시각 피아노를 만들었다. 음의 울림이 색을 투영하는 방식이었다. 코코슈카는 연간지 《블라우에라이터Der Blaue Reiter》에 실리기 전에 칸딘스키의 종합 예술 작품 '노란 소리Der gelbe Klang'(1912)를 읽었으므로 이러한 시각 피아노의 발전을 훤히 꿰고 있었을지도 모른다.

이것이 코코슈카와 어떤 관련이 있냐고 묻는다면, 그도 색의 음가에 관심이 있었기 때문이라고 답하겠다. 이는 코코슈카가 1950년대에 미술을 다룬 글에서 바흐, 베토벤, 쇤베르크 세 작곡가를 중심으로(모차르트는 코코슈카에게 특별 현상으로 여겨져 경쟁에서 제외되었다) 음악과의 유사성을 설정한 이유를 설명해준다. 이로써 코코슈카는 자신의 후기 작품 전체를 특징짓는 창작 전통의 포괄적 맥락을 구축하려 했던 것으로 보인다. 여기서 후기 작품이란 회화 작업뿐만 아니라 무대 디자인, 에세이, 편지, 문학 작품 그리고 만년의 희곡《코메니우스》수정까지 포함한다.

'다리우스의 눈Das Auge des Darius'(1956)이라는 글에서 코코슈카는 어느 일요일 폭격으로 폐허가 된 뮌헨에서 "히틀러가 세운 '폭격에도 끄떡없는' 하우스데어쿤스트에서" 알트도르퍼의 〈알렉산더대왕의 전투〉를 본 것에 관해 이야기한다.(DSW III, 87) 코코슈카는 그림 앞에서 다음과 같은 질문을 던졌다. "리얼리티란 무엇이며 어디에서 시작되고 어떻게 제한되는가?" 그에 따르면 추상미술은 이 근본적인 질문에 대답하지 못한다. 그는 추상미술이 이 질문을 회피한다고 생각하고 이를 경멸한다.

> 오늘날의 추상미술가는 과거의 예술가와 달리 텅 빈 머리로 작품에 접근한다. 이들은 자아 인식이나 주변의 구체적 현실에 대한 감각적 인식에서 영감을 얻으려 하지 않는다. 그 대신 이들은 이성 너머에서 자신을 놀라게 하는 행위, 즉 무의식의 발현을 통해 작품을 만든다.(DSW III, 86)

코코슈카는 이러한 현실 회피에 반대되는 예로 알트도르퍼의 〈알렉산더대왕의 전투〉를 제시한다. 이 그림은 1529년에 오스만제국이 처음 빈을 포위 공격할 당시 뮌헨에서 의뢰한 작품이다. 알트도르퍼는 기원전 333년 이소스전투라는 역사적 사건을 우화적 의미로 표현하기보다는 거의 풍경화처럼 묘사하기를 택한다. 넓은 시야와 바람에 휘몰아치는 구름 낀 하늘에서 수평선이 사라지는 모습은 전장의 혼란스러운 움직임과 대조를 이룬다. 알트도르퍼는 분명 높은 곳에서 내려다보는 시점으로 그렸다. 이런 식의 거리 두기와 시선의 개입은 잔뜩 긴장된 상호 관계를 형성한다. 이러한 거리는 그림과 그 안에서 벌어지는 일에 더 가까이 다가가고 싶은 욕망을 불러일으키는 동시에 전장의 한가운데서 '다리우스의 눈'이 볼 수 없는 전반적 조망을 제공한다. 흥미롭게도 코코슈카는 '다리우스의 눈'이라는 표현을 제목으로 붙였지만 정작 본문에서는 이를 언급하지 않는다.

역사적으로 볼 때 알렉산더대왕이 페르시아인에게 승리를 거둔 이소스전투는 기원전 480년 테르모필레전투의 결과를 뒤집은 사건으로 여겨진다. 코코슈카는 '테르모필레' 3부작을 구성할 때 알트도르퍼의 〈알렉산더대왕의 전투〉를 본 시각적 경험을 떠올렸을 것이다. 하지만 결정적 차이점은 관찰자가 거리를 둘 가능성을 차단하는 일종의 근접 촬영과 같은 기법을 사용했다는 것이다.

코코슈카는 〈알렉산더대왕의 전투〉를 "절대적 회화 작품"으로서 최초의 바로크회화라고 칭송한다.(DSW Ⅲ, 88) 이 작품이 절대적인 이유는 그림 안에서나 '관찰자' 안에서 "소재 자체의 분출, 넘쳐흐름, 경외감, 응축, 식물의 발아와 성장, 물의 요동, 뱀처럼 구불거리 몸을 뻗는 돌과 바위, 자연재해를 방불케 하는 분위기 속 허리케인 같은 긴장과 폭발"이 지속해서 효과를 발휘하기 때문이다. 코코슈카는 덧붙인다. "언어로 표현할 수 있는 모든 것, 오늘날 '주제'라 불리는 것이 제거된 후에야 비로소 작품은 그 자체의 생명력, 즉 형태을 얻기 시작한다."(DSW Ⅲ, 89) 그에 따르면 소재는 형태와 형상이 되며 이를 통해 그림은 단순히 어떤 과정을 시작하는 게 아니라 그 자체가 과정이 된다.

논의의 다음 단계에서 코코슈카는 알트도르퍼의 그림 구성을 전반적인 창작의 관점에서 작곡에 비유한다.

이 작품은 마치 푸가처럼 무언가가 발전하는 형태를 이루기 위해 싸우고 있지만, 이는 절대적 시각에서 출발하며 앞에서 언급한 계몽된 화가가 눈을 뜨게 해준 것과는 다른 실제 영역을 연다. 푸가에서 서로 다투는 모티브가 조화를 이루어 해소에 이르는 시간의 경과는 그림에서 내용이 된다.(DSW III, 89)

코코슈카는 알트도르퍼의 그림 구성에서 대위법적 과정을 보았다. 이 비유는 코코슈카가 염두에 둔 푸가, 즉 베토벤 현악사중주 '대푸가 op.133'을 언급할 때 분명해진다. 코코슈카는 이 곡의 도입 부분에서 "고집스럽게 주장된 개별적인 몇 마디"를 언급하며 "두 가지 사고 범주", 즉 "생각하는 행위와 보는 행위"가 표현된다고 한다. 이는 그가 도시를 그릴 때나 풍경화를 그릴 때 두 개의 소실점을 적용하는 것과 같다. 그에 따르면 이 "두 가지 행위"와 "두 가지 가치 척도"는 알트도르퍼의 〈알렉산더대왕의 전투〉에서 그 표현을 발견한 "세계 드라마의 이율배반"을 의미한다.(같은 곳)

코코슈카는 밝고 다채로운 색채로 가득한 후기 스타일로 전환하며 창의적 발전을 보였다. 하지만 당시 그가 개입한 미학적 논쟁은 이념의 지뢰밭이었다. 그 결과 코코슈카는 미심쩍은 인물들로부터 찬사를 받기도 했는데, 알로이스 멜리하가 그런 경우다. 멜리하는 오스트리아 작곡자이자 지휘자로, 프란츠 슈레커 학파에 속하며 나치 시절 영화 음악을 작곡하여 성공을 거두었고 1945년 이후에는 나치 문화 정책에서 자신의 역할을 은폐하려고 했다.[13] 멜리하는 논쟁적 저서《모더니즘 극복Überwindung des Modernismus》(1954)[14]에서 코코슈카를 미학적 수정주의의 선두 주자로 내세운다(오토 딕스는 이 책을 헤멘호펜에서 읽었다고 한다). 멜리하는 1945년 이후 표현주의, "무조주의와 추상주의"가 되살아난 이유는 나치 체제에서 이러한 예술 사조를 싸잡아 비난했기 때문이라고 한다. 1930년경 "유럽에서 가장 진보적인 도시였던" 베를린에서는 이미 이들 사조가 "예술사적으로 죽은" 상태였다는 것이다.[15] 이러한 포괄적 판단을 할 때는 신중해야 한다. 1945년 이후 표현주의에 대한 평가는 더디게 시작되기 때문이다. 예를 들어 동독에서는 표현주의에 대한 비난이 계속되었다. 게오르그 바젤리츠는 스승 카를 슈미트 로틀루프는 "완전히 고립된" 상태였으며, 1905년 키르히너와 헤켈, 슈미트 로틀루프가 결성한 전설적인 표현주의자 단체 '브뤼케'의 유산은 더는 아무런 역할도 하지 못했다고 밝혔다.[16]

멜리하는 빈의 작가 한스 바이겔에 대해서도 혹독하게 비판했다. 멜리하는 바이겔을 "공명심에 들떠 비분강개하고 모욕감을 느끼게 하는 데 탁월한 감각"을 지닌 "조그마한 빈의 글쟁이"라고 부르며 표절과 악의적 고발을 일삼는다고 했다. 멜리하는 특히 빈에서 새로운 아방가르드를 옹호하는 바이겔이 푸르트벵글러를 "지휘대 위의 창녀"라고 부르고 베토벤과 브람스의 교향곡만을 지휘하며 명성을 팔아먹고 있다고 비난한 것을 매우 불쾌하게 여겼다.[17]

멜리하는 1953년에 주르캄프에서 출간한 빌 그로만의 영향력 있는 연구서 《조형예술과 건축Bildende Kunst und Architektur》을 자세히 논하는데, 특히 이 책에서 코코슈카를 언급한 부분을 집중적으로 다룬다. 그로만은 책에서 어떤 예술가도 코코슈카처럼 "거리낌 없이" 말하지 않는다고 하면서 모호한 찬사를 바친다. 그로만이 코코슈카를 다룬 부분에서 마지막에 던진 수사적 질문은 거만하다 못해 주제넘기까지 하다. "그는 우리 시대의 특별한 사례이자 모순이며, 들라크루아의 환생이거나 바로크의 재등장이다. 이 새로운 바로크를 음악의 신고전주의와 함께 인정하면 어떨까?"[18]

그로만은 책에서 1945년 이후 코코슈카가 '갑자기' 다시 성공을 거두게 된 이유와 작품의 매력은 어디에 있는지 묻는데, 이에 대해 멜리하는 서슴없이 대답한다. "코코슈카는 진정한 화가이고 그의 위대한 예술은 정당하고 온전한 예술적 수단을 써 우리 시대를 표현한다! 후세는 그의 그림에서 추상적 소시민의 유치한 색채 놀음이 아닌 우리 시대의 위대한 주제와 징후, 고뇌와 격동을 발견할 것이다!"[19]

멜리하는 그로만의 코코슈카나 헤켈이나 샤갈에 대한 공격은 새로운 음악 미학, 특히 그 대표자인 테오도르 아도르노가 스트라빈스키나 프로코피예프, 에크, 폰 아인엠을 비난한 것과 유사하다고 하는데, 이는 어느 정도 타당한 주장이다. 아도르노의《신음악의 철학》은 전반적으로 '복고적' 스트라빈스키에 대한 비판을 담고 있으며 추상적 무조음악에 대한 지침으로 자리 잡았다. 아도르노는 스트라빈스키가《봄의 제전》이후, 리하르트 슈트라우스가《살로메》와《엘렉트라》이후 무조음악으로 전환하지 않은 것을 용서할 수 없었는데, 이는 그로만이 코코슈카의 고집스러운 구상주의를 조롱한 것과 바를 없었다.

코코슈카의 경우 멜리하가 말하는 다소 추상적 고찰의 의미에서 '온전한 예술적 수단'이라고 하기는 어렵다. '정당성'이라는 의심스러운 미학적 범주에 대해서는 더 말할 나위도 없다. 코코슈카는 여러모로 상처를 입은 사람이었고, 그의 예술적 수단과 삶의 경험에서 드러나는 상처는 다른 방식으로 표현되었다. 이러한 표현은 〈원자력 에너지의 해방 Entfesselung der Atomenergie〉(1946/1947)에서와 같이 종종 우의적 형태를 띠었다. 이에 대해서 코코슈카는 그로만의 말처럼 '거리낌 없이'라기보다는 생생하게 말한다. 〈원자력 에너지의 해방〉에서 코코슈카가 달성한 강렬한 생동감은 상징적인 것이 된다. 그림에서 광대는 소품처럼 큰 열쇠를 손에 들고 있다. 광대는 장난삼아 열쇠로 호랑이 우리 문을 연다. 호랑이는 특정 주유소 브랜드의 로고가 되기 전으로, 해방된 원자력 에너지를 상징한다. 곡예사 가족은 자신들에게 무슨 일이 벌어지고 있는지 전혀 모르는 듯하다. 오직 하얀 비둘기만이 이 위협을 감지하고 화들짝 놀라 날아오른다.[20]

시각 학교, "자신의 눈을 떠라"

무익한 예술 논쟁의 나락에서 모더니즘의 함정을 넘어서는 방법은 무엇인가? 카프카 이후 알려진 것처럼 교활한 적에게만 유리한 방향 전환인가? 새로운 시각이나 관점의 변화나 논점의 증가인가? 끊임없이 달라지는 외관 아래 우리의 눈을 노리는 것은 누구 또는 무엇인가? 우리는 여전히 시각의 주인인가, 아니면 조종당하는가? 우리의 시각은 여기저기 방황할 뿐인가, 아니면 고정될 수 있는가? 색채의 강렬함과 형태의 응축은 뜻밖의 관점을 만들어내는가, 아니면 우리가 특정 시각과 충돌하여 다칠 수 있는가?

코코슈카의 교육학적 에토스는 에로스를 통해 작용했는데, 스스로 설명한 바에 따르면 "인간에 대한 사랑, 작품에 대한 사랑, 구상에 대한 사랑, 삶에 대한 사랑"이라는 "네 가지 사랑"으로 평생 나타났다.[21] 삶에 대한 사랑은 심지어 자살 충동에 맞설 만큼 강했다. 나이가 들어감에 따라 자신의 '인형들'을 향한 투명하면서도 세속적인 사랑도 코코슈카를 자극하던 사랑에 속했다. 매년 여름, 전 세계에서 인형들이 호헨잘츠부르크에 있는 코코슈카의 아카데미에 모여들었다(물론 젊은 남성들도 환영받았다). 이런 존재들 덕분에 코코슈카는 1953년부터 10년 동안 여름미술아카데미에 매달릴 수 있었으며 행정적 어려움도 기꺼이 감수했다.

영국 북부에서 온 한 '인형'은 많은 것을 대변하듯 여름미술아카데미를 마치고 몇 달이 지난 후에도 여전히 달뜬 마음으로 코코슈카에게 편지를 보내왔다. "선생님께서 제게 '눈을 뜨고 삶의 충격을 체험하라'라고 말씀해주셨을 때 선생님과 '삶'에 대해 알고 싶었던 모든 것을 저는 깨달았습니다. 선생님은 나이가 많으시지만 여전히 삶의 상징입니다. 그렇다고 제가 선생님을 후광이 있는 성자로 보는 것은 아닙니다. 선생님은 훨씬 더 복잡하면서도 단순한 존재입니다. 추신. 저는 선생님을 몹시 사랑합니다(하지만 저 자신도 사랑합니다)."[22]

예술, 더 정확히 말하면 예술적 재능을 위한 요새라 할 수 있는 잘츠부르크 국제여름미술아카데미를 코코슈카가 설립했다. 예술적 재능을 위한 요새라는 정신은 2004년에 개관한 묀히스베르크 현대미술관 건축물로 이어졌다. 이 건축물은 노출된 고층 벙커와 같아서 호헨잘츠부르크성과 눈높이를 맞추려 했지만 실패한 듯 보인다.

코코슈카는 시각 학교를 잘츠부르크 여름미술아카데미의 중심으로 선언하고 이 '학교'를 축제와 함께 운영하는 실험을 통해 보는 법을 가르침으로써 새롭게 보는 법을 개발한다는 초기의 꿈 하나를 마침내 실현했다. 코코슈카의 접근법은 분명히 이론에 기반을 두고 있었다. 특히 촉각을 강조한 예술가 코코슈카는 아일랜드의 대표 철학자 조지 버클리의 인식론인《새로운 시각 이론에 관한 시론》(1709/1733)에 몰두했다. 이 책에서 버클리는 시각과 촉각을 차별화한다. 코코슈카는 버클리가 이 새로운 시각 이론을《인간 지식의 원리론Treatise Concerning the Principles of Human Knowledge》(1710)의 토대로 이해했다는 데 특히 관심을 가졌을 것이다. 코코슈카에게 중요한 영감을 준 또 다른 연구는 1953년에 출판된 알베르트 에리히 브링크만의《예술의 세계Welt der Kunst》다. 이 책은 방향을 제시하는 말로 시작한다. "조형예술은 우리 모두에게 무엇보다도 눈을 통한 체험이다. 시각은 인간 전체를 자극하는 감각이자 예술이라는 경이로운 세계를 인식하고 이해하고 즐기기 위한 전제 조건이다."[23]

코코슈카가 잘츠부르크의 화랑 주인이자 친구인 프리드리히 벨츠 없이는 이 계획을 실행할 수 없었으리라는 사실은 '나치 시대' 벨츠의 타협적인 행동보다 더 잘 알려져 있다.[24] 벨츠는 이 여름미술아카데미의 영감 제공자이자 '비서'로서 역할을 했다. 벨츠는 코코슈카의 중요한 미술상 중 한 명이었다. 코코슈카는 친구 벨츠가 나치 시대에 저지른 매우 의심스러운 일들에 대해 얼마나 알고 있었을까? 벨츠는 발제르베르크 라이히스아우토반(제국고속도로) 건설 기공식을 기념하여 1938년 4월에 순회 전시회 '총통의 도로Die Straßen des Führers'를 열었고 오스트리아의 새로운 나치 권력자들과 문화 정책 문제에 관해 긴밀히 협력했다. 벨츠는 1940년에 헤르만 괴링의 비호 아래 나치가 총애하던 마카르트 전시회를 개최했다. 벨츠는 발두어 폰 시라흐에게서 위임받아 점령지 파리에서 예술품을 사재기했는데, 이는 약탈이라고 부를 만한 행위였다. 그렇다면 코코슈카는 벨츠의 이런 만행들을 몰랐을까, 아니면 알고 싶지 않았을까?[25] 1945년 5월 단 몇 주 만에 벨츠를 글라젠바흐수용소에서 석방한 미군 장교들처럼, 코코슈카도 혹시 벨츠의 평생에 걸친 거짓말을 믿었던 것일까?

이러한 맥락에서 1941년에 케른텐 미술 전시회에서 벨츠가 '퇴폐미술'을 지키기 위해 노력한 것은 어떻게 평가해야 할까? 이는 권력자에 대한 자신의 가능성을 탐색하려는 시도이자 만용이었을까? 아니면 벨츠는 이 작품들을 미래 투기 대상으로 본 것일까? 벨츠의 의심스러운 행동은 코코슈카와 시각 학교의 구상에 얼마나 영향을 미쳤을까? 벨츠는 여름미술아카데미의 국제성을 강조하며 이를 자신의 면죄부쯤으로 여겼을까? 나치 정권의 선도적 미술상이었던 인물이 어떻게 오스트리아 제2공화국에서 존경받는 문화 후원자이자 미술 출판업자로 변신할 수 있었을까?[26] 오스트리아 제2공화국은 처음 약 40년 동안 여러 가지 문제로 복잡했다. 벨츠 문제 역시 복잡하다. 잘 알려지지는 않았지만 코코슈카와 벨츠는 1934년 여름부터 이미 아는 사이였다. 벨츠는 잘츠부르크 '미술품 상점'(훗날 벨츠갤러리)에서 자신이 처음으로 큐레이팅한 '오스트리아 현대미술Österreichische Kunst der Gegenwart'(1934)이라는 전시회를 열었는데, 여기서 코코슈카의 〈어머니와 아이(노 가면을 쓴 트루들)〉와 〈소녀가 있는 빈 풍경Wiener Landschaft mit Mädchen〉을 선보였다. 그 후 1935년과 1936년에 코코슈카는 벨츠를 통해 〈춤추는 한 쌍Das Tanzpaar〉(1913), 〈오르페우스와 에우리디케〉(1917), 〈런던London〉(1926), 〈정원의 석상 Steinfigur im Garten〉(1933), 〈아마릴리스Amaryllis〉(1933) 등의 작품을 선보였다. 벨츠는 빈 리프하르츠탈에서 코코슈카와 그의 어머니를 처음 만났는데, 이 만남이 있고 얼마지나지 않아 그녀는 세상을 떠났다. 벨츠는 이 만남을 1977년에 다음과 같이 회상했다.

나는 코코슈카의 됨됨이에 대해서는 빈에서 떠도는 이야기 외에는 잘 알지 못했다. 그가 베를린과 드레스덴에서 큰 성공을 거둔 이후로 악의적인 공격은 잠잠해지고 존경받기 시작했다.

처음 만난 순간부터 우리 사이에는 따뜻한 교감이 형성되었다. 1층 방은 그리 넓지 않았고 이젤 위에는 아직 완성되지 않은 그림 '방문Der Besuch'이 놓여 있었다. 선반에는 책들이 있었다. 벽면 진열장에는 주로 이집트와 소아시아 여행에서 수집한 것으로 보이는 작은 동물상과 신상이 있있다. 방은 다소 어수선했지만 아늑한 인상을 주었다. 노부인, 즉 코코슈카의 어머니가 들어와 커피를 가져다줄까 하고 물었다. 코코슈카는 거절하면서 앞에 가득 찬 위스키 병을 가리키며 이걸로 시작하자고 했다. (…) 코코슈카의 됨됨이로부터 자연스러운 매력이 뿜어져 나왔다. 그는 세상에서 가장 사랑하는 어머니에 관해 이야기하고 자기 자신에 대해 농담하며 장난기 어린 표정을 드러냈다. 그는 내 내면의 깊이를 재려는 듯이 나를 찬찬히 바라보았다. 코코슈카는 맞은편에 앉아 있는 내게 자꾸 술을 권했다. 나는 독주에 익숙하지 않아서 그의 속도를 따라갈 수 없었다. 그는 느긋해지자 이내 당시 오스트리아 정세에 대해 말하기 시작했다. 돌푸스 정권과 향토 방위대를 크게 걱정했다.[27]

벨츠는 사람들과 교류하는 데 능했다. 이는 벨츠보다 열여덟 살이나 많은 코코슈카도 마찬가지였다. 코코슈카는 1963년에 벨츠의 예순 번째 생일 축하 편지에서 사고로 시력이 손상되었음에도 여전히 "보는 법"을 안다고 인정해주었다.(Br IV, 147) 1945년 이후 코코슈카는 나치 정권하에서 유대계 오스트리아인들의 예술 작품을 이용해 이득을 본 벨츠가 자신의 후원자이자 공산주의 옹호자 빅토어 마테이카와 현저히 대조되는 인물이라는 사실을 간과할 수 없었을 것이다. 사실 마테이카가 망명 중인 코코슈카에게 다시 벨츠와 연락을 취하라고 조언했을 가능성도 있다. 이 점에 대해서는 억측과 추측이 난무한다. 정황을 정확히 알지 못한 채 판단하기 일쑤이므로 나는 이를 삼가고자 한다.

하지만 1950년대[28] 잘츠부르크의 보수적 또는 반동적 분위기에서 단순히 시각적 환영에 대한 교육을 넘어 '시각 학교'를 설립하기란 결코 쉬운 일이 아니었음은 분명하다. 코코슈카는 자신이 감행하는 일의 의미를 추호도 의심하지 않았다. "나는 과거의 살아 있는 유산으로서 평생 우리를 둘러싸는 동시에 모든 재능 있는 존재에게 창조적 순간을 새로 마련해주는 세계에 대한 유럽적 관념에 입각해 잘츠부르크에 국제여름미술아카데미를 설립한다."[29] 이는 분명 문화에 대한 보수적 표현이었고 도시와 주 정부가 바라는 바에 완벽하게 부합했다. 그러면서 코코슈카는 젊은이들이 "자기 자신의 눈으로 보는 법"을 배우는 것을 인식해야 한다고 강조했다.

세계는 관념의 산물이므로 이를 독자적 시각을 통한 자기 결정의 결과로 보는 것은 비순응주의 대한 인정이자 요구처럼 보였다. 코코슈카는 인간의 움직임을 '순식간에' 포착하는 법을 가르치고자 했다. 그것도 수정할 수 없는 수채화 물감으로 말이다. 이로써 코코슈카는 예술 체험에 대한 이해를 이끌어냈다. 이는 1900년 무렵의 미학 논쟁, 특히 빌헬름 딜타이의 체험이라는 미학적 범주를 분명히 떠올리게 했다. 근시로 고생한 예술가가 새로운 시각을 교육적 구호로 내세웠다는 사실이 아이러니한가? 코코슈카가 근시였음이 지금까지 제대로 검증된 적이 있는지도 의문이다. 그는 가끔 그것도 주로 지나가는 말처럼 언급했다. 예를 들어 1972년 10월에 하인츠 스필만에게 보낸 편지에서 코코슈카는 "특히 베즐레에서 근시 때문에" 부르고뉴 교회들의 기둥머리를 볼 수 없었다고 고백했다.(Br IV, 245) 1950년 이후 거의 모든 활동이 사진으로 남아 있는 이 예술가는 안경을 쓴 채 사진에 찍히는 것을 피하려 했다. 코코슈카의 만년 작품들의 윤곽이 유달리 불분명한 이유가 이 시력 손상 때문일지도 모른다. 그는 이러한 중요한 시각적 약점을 예술적 장점으로 승화하는 특별한 능력이 있었다.

시각 학교에 관해서는 조직상의 어려움뿐만 아니라 코코슈카와 관련하여 해결해야 할 특정 조건들도 있었다. 친구 벨츠는 '정직한 중개인'으로서 역할을 했다. 벨츠는 세계적으로 유명한 이 예술가를 위해 헌신했는데, 이 예술가가 좌파 사상으로 기운 인물이라는 사실은 널리 알려져 있었다. 게다가 공산주의자 빅토어 마테이카를 빈에서 후원자로 삼은 인물은 잘츠부르크의 보수적 주지사이자 이후 오스트리아 총리가 된 요제프 클라우스에게 기독교적 서구 문명의 지킴이로서 쉽게 받아들여질 수 없었다. 그러나 벨츠는 당시 클라우스가 1950/1951년의 '베르톨트 브레히트 사건'으로 예민했음에도 시각 학교와 관련한 허가를 받아내는 데 성공했다. 브레히트는 작곡가 고트프리트 폰 아이넴이 주선하여 잘츠부르크 축제에 참여하는 조건으로 1950년 4월에 오스트리아 시민권을 미리 받았다. 하지만 브레히트는 1951년에 동독으로 이주를 결정했다. 클라우스와 축제 운영위원회는 폰 아이넴에게 책임을 물으며 분노했다. 이로 인해 폰 아이넴이 축제 운영위원회에서 제명당하는 우스꽝스러운 일이 벌어졌다.[30]

이런 곤혹스러운 경험을 한 잘츠부르크는 정치적으로 신뢰할 수 없는 사람과 다시는 함께하지 않으려고 했다. 이를 염두에 둔 벨츠는 잘츠부르크 당국에 코코슈카를 독일어권 유럽 인문주의의 주요 인물로 소개했다. 코코슈카는 브레히트처럼 변절할 인물이 아니며 그의 예술에 대한 이해는 철저히 보수주의에 바탕을 두고 있다는 점을 강조했다.

코코슈카의 잘츠부르크 시각 학교는 1945년 이후 미국의 보호 아래 실질적으로 새롭게 시작된 잘츠부르크 페스티벌과 맥을 같이했다. 이 축제의 초기 주역들은 고트프리트 폰 아이넴, 오스카 프리츠 슈, 카스파르 네어였다. 1947년 8월 6일에 고트프리트 폰 아이넴의 오페라 《당통의 죽음》을 초연하며 화려하게 시작했다.[31] 이 공연에서 '듣기' 학습과 '보기' 학습은 특히 브레히트의 친구 네어가 디자인한 무대장치를 통해 상호작용했다. 새로운 잘츠부르크 축제를 위해 새 호프만스탈을 찾고자 했으며,[32] 처음에는 브레히트에게서 이를 발견했다고 생각했으나 나중에는 코코슈카를 동료로 삼을 수 있었다. 그런데 정작 코코슈카는 시각 학교가 축제 일부로 여겨지는 것을 원하지 않았다. 잘 알려진 바와 같이 코코슈카에게는 거리감과 예술적 독립성이 가장 중요했기 때문이다.

코코슈카는 잘차흐강 근처에 자신과 올다를 위해 (어쩌면 동생 보후슬라프를 위해서도) 거주지를 마련해달라고 했으나 당국은 들어주지 않았고 그 대신 여름미술아카데미를 위해 호헨잘츠부르크성을 제공했다. 이에 따라 코코슈카는 매년 7월과 8월에 참여하기로 계약을 맺었고 다양한 강좌의 강사들을 직접 선정하고 임명하려고 했다. 그는 이 강사들을 교수일지라도 자신의 조교로 여겼다. 이러한 절차는 이후 몇 년 동안 당국과 코코슈카 사이에 긴장이 고조되는 원인이 되었다.[33] 그러나 얼마 지나지 않아 코코슈카는 자신의 프로젝트가 어떤 영향을 미칠지에 대해 회의적 발언을 하기 시작했다. 그는 제1차 세계대전이 있기 전부터 빈에서 알고 지냈던 사회교육자 마르가레타 베르거 하머슐라크에게 1955년 4월에 보낸 영어 편지에서 "순전히 기술 지향적 문명"이 인간의 위상을 상실하게 만든다고 썼다. 코코슈카는 사람들이 "자신의 눈으로 보는" 능력을 점점 잃어가고 있다고 했다. 또한 현대의 교육 방식은 "개인에게 시각적 진부함뿐만 아니라 간접 경험적 사고를 제공한다"라고 덧붙였다. 이어서 코코슈카는 합리적 통찰은 독립적 시각에서 비롯한다고 주장했다.[34]

코코슈카는 1953년부터 시각 학교 학생들에게 잘츠부르크를 바라보는 방법을 가르치기 위해 1950년에 완성한 그림 〈잘츠부르크, 카푸치너베르크에서 바라본 풍경Salzburg, Blick vom Kapuzinerberg〉을 통해 그 기초를 마련했다. 잘츠부르크를 그린 어느 현대 그림도 이 도시의 신화를 이보다 더 깊이 각인시키지 못했다.[35] 카푸치너베르크에서 바라본 잘츠부르크는 집, 교회, 산, 호헨잘츠부르크성과 함께 땅거미 진 하늘이 조화롭게 어우러진 모습으로 눈앞에 펼쳐진다. 잘차흐강은 고여 흐르지 않는 것 같다. 이 도시는 화려한 색채 속에서 스스로를 찬미하는 듯하다. 〈잘츠부르크, 카푸치너베르크에서 바라본 풍경〉에서 사람의 흔적은 전혀 보이지 않으며 건축의 앙상블과 자연만이 서로 어우러져 살아 숨 쉬고 있다.

5년 후 그린 〈린츠, 페닝베르크에서 바라본 풍경Linz, Blick vom Pfenningberg〉은 다르다. 이 도시는 사실상 주변부로 밀려나 넓은 수평선이 되어버리고 자연과 농사일이 도나우강과 함께 전경을 지배하며 주목을 끈다. 1955년 4월에 코코슈카는 린츠에서 프라하에 있는 여동생 베르 타에게 보낸 편지에서 이 도시가 자신을 어떻게 우울하게 했는지를 언 급했다. 그는 린츠를 잘츠부르크 그림처럼 그릴 수 없었다. "풍경이 너 무도 밋밋해서 첫날에는 정말 절망스러웠다"라고 했다. 이어서 그는 드 물게도 자신의 그림을 설명한다.

> 그림의 가장자리와 평행하게 도나우강이 있고 그 위로는 길고 넓은 녹색 들 판이 펼쳐져 있으며 왼쪽에는 미국식 산업 단지가 있다. 멀리 중심부에는 미니어처처럼만 보이는 도시가 있고 맨 오른쪽에는 항구 시설이 메마른 나 무들과 함께 그림을 테두리 짓는다. 이렇게 지루한 풍경은 본 적이 없지만 뭔가 그려보려고 한다.(Br IV, 47~48)

〈린츠, 페닝베르크에서 바라본 풍경〉에서 두드러진 황량함은 초기 풍 경화를 생각나게 한다. 이 그림에 매력을 더하는 간간이 보이는 빛의 효과가 아니었다면 〈헝가리 풍경Ungarische Landschaft〉(1908)에서와 같은 암 울함이 느껴졌을 것이다. 〈린츠, 페닝베르크에서 바라본 풍경〉은 사라 져가는 도시를 보여준다. 1955년 4월에 코코슈카가 이 사라져가는 도 시를 그리던 곳에서는 바람이 불어 "캔버스가 글라이더처럼" 흔들렸지 만 그림 속 린츠는 정적 그 자체다.(Br IV, 47)

회화에서 다양한 양식은 시각의 다양성을 전제로 하는데, 이는 결국 눈을 뜨고 보는 것을 훈련해야 가능해진다. 20세기 초 파리에서 릴케의 소설 속 주인공 말테 라우리츠 브리게가 보는 법을 배웠다고, 또는 센 강 변의 대도시가 그에게 보는 법을 가르쳤다고 말한 이래로 모더니즘 의 의식은 이러한 발견을 하나의 명령으로 여기며 발전해왔다. 빈국립 오페라극장, 쾰른의 라인강 변, 쾰른대성당 내부, 심지어 분단된 베를린 의 모습과 제네바 호수와 델피 등 여러 시각이 담긴 그림들은 코코슈카 가 나이가 들어서도 여전히 시각의 교사이자 학생으로서 새로운 시각 을 실험하고 원근법과 조망을 탐구하고 색채에 자신만의 시각을 부여 하고 보이는 것에 대한 경이로움을 표현하는 데 지치지 않았음을 보여 준다.

시각 학교는 코코슈카가 학생들에게 개인으로서 보는 법을 지도하 는 동시에 이 보는 행위를 공동의 체험으로 이해할 수 있도록 했다는 점에서 특별하다. 시각심리학에서 이러한 접근 방식, 즉 "인간 시각 모 델로서 시선 결합"은 이제 선구적인 것으로 여겨진다.[36] 더 나아가 코코 슈카의 접근법은 폴란드의 지식 이론가 루드비히 플레크가 발견한 것 을 입증했다.

> 새로운 것, 예컨대 미래파의 그림이나 낯선 풍경 또는 처음 현미경 앞에 서 있는 자는 '무엇을 봐야 할지 모른다'. 그는 기존의 아는 것과 비슷한 점을 찾으며 정작 새로운 것, 비교할 수 없는 것, 특수한 것을 간과한다. 그 역시 도 먼저 보는 법을 배워야 한다.[37]

코코슈카는 비슷한 점을 찾는 범주적 시각을 제한적으로만 허용했다. 그에게는 **무엇을** 보고 **어떻게** 묘사(표현이 아니다!)해야 하는지 전달하는 문제도 중요했다. 시각 학교에 대한 절박함은 그에게 의심의 여지가 없었으며, 이는 나치의 선전 때문에 시각이 좁아진 데서 비롯했다. 그래서 "자신의 눈을 떠라"는 여름미술아카데미의 모토가 되었다.(Br IV, 30) 코코슈카는 잘츠부르크의 문화 당국과 달리 시각 학교가 정규 아카데미로 전환되기를 원하지 않았다. 그는 예술 창작을 가르치는 데 관심이 없었기 때문이다. 그는 평생 예술 창작의 아카데미화를 단호히 거부했다.

잘츠부르크 프로젝트와 관련해 코코슈카가 쓴 편지들에는 시각을 탐구한 실존적이면서도 예술적인 학습 자료로서 그의 생각이 잘 드러나 있다. 그는 시각이 정치적 의미를 지니고 있다고 공공연히 밝혔다. "보는 것과 꿰뚫어 보는 것을 배우는 것이 언제나 시작이었습니다. 유럽사의 모든 논쟁과 분열은 이론을 들고 와서 동쪽에서 해가 뜨고 서쪽에서 해가 지는 동일한 태양 아래에 있는 것을 보려 하지 않았을 때 생겨났습니다."(Br IV, 8) 코코슈카는 테오도르 호이스에게 보는 것을 추상화하지 않고 "보는 것을 다시 현대화하고" 싶다고 썼다.(Br IV, 14) 코코슈카는 푸르트벵글러를 기리며 '테르모필레' 그림들 앞에서 보여주었듯이 그는 '선견자'였다고 회상했다.(Br IV, 40) 코코슈카는 제2차 세계대전 이후 오스트리아에서 가진 첫 인터뷰에서 겸손하게 자신을 선견자라고 칭하기도 했다.[38]

1955년 8월에 코코슈카는 "시각 학교"를 일종의 "성인을 위한 보행 학교"라고 칭하며 눈이 걸음마를 배우는 곳이라고 설명했다.(Br IV, 52) 이는 특히 현대 사회에서 사람들이 "보거나 꿰뚫어 보기보다 대충 보고 지나가는" 교육만 받으므로 더욱 필요하다고 1963년 9월에 잘츠부르크에서 활동을 끝낸 후 벨츠에게 보낸 편지에서 언급했다.(Br IV, 147)

인정할 만하지만 불충분하기도 한 네 권짜리 서간집은 코코슈카가 말한 세계의 시각적 상태에 대한 발언으로 끝난다. 두 차례의 세계대전과 핵전쟁을 암울하게 전망한 후에 코코슈카는 "우주의 더러운 성운"이라고 표현한다. "나는 몽상가가 아니어서 진보주의자의 시각을 공유하지 않습니다! 편견 없이 눈을 뜨고 일상을 보면 얼마나 놀라운 세상인지 알게 될 것입니다! 불행히도 대다수는 다른 사람들의 말을 듣는 데만 의존할 뿐입니다."(Br IV, 270)

코코슈카의 시각 학교 개념에서 일종의 실용 예술론이 나왔다. 이는 일상의 '경이로움'과 일상의 경험에서 파생되었다. 인간이 두 개의 눈을 가지고 있다는 확고한 사실로부터 코코슈카는 자신의 풍경화에서 "두 개의 소실점을 가진 타원형 구도"의 필요성을 도출해냈다(물론 이 통찰을 초상화에는 적용하지 않았다). 그는 시각 학교가 영구적인 아카데미로 제도화되지 않기를 바랐다. 아카데미는 '비전'을 단순한 '논리'로 대체하는 경향이 있다고 생각했기 때문이다.(Br IV, 226) 앞서 언급한 것처럼 코코슈카는 스스로를 '순간의 사람'으로 표현했는데, 이는 시각 학교라는 맥락에서 특별한 의미가 있었다. 시각 학교 학생은 순간이 무엇을 가져다주는지, 그것을 어떻게 다루고 구현해야 하는지 배워야 했다.

뒤늦게 코코슈카의 친구가 된 배우 빌 크바트플리크는 1979년 7월에 잘츠부르크에서 헤르만 헤세의 작품을 낭독하는 행사에 참여하면서 '시각 학교' 시절을 거의 애틋하게 회상했다. 크바트플리크는 코코슈카에게 다음과 같이 썼다. "잘츠부르크 시절은 코코슈카의 '시각 학교' 덕분에 활기와 온정으로 가득했습니다. 이제 얼어붙은 세계는 고지식한 완벽주의와 사회의 허튼소리에 점점 더 경의를 표하고 있습니다."[39]

교육학자 에두아르트 슈프랑거는 논문집 《우리 시대의 예술Die Kunst

unserer Tage 》에 코코슈카가 기고해준 데 감사를 표하며 이 조형예술가의 작업을 "예술에서 세계 상실"을 저지하기 위해 "눈의 세계를 철저히 연구한다"라고 표현했다.[40]

코코슈카가 시각 학교의 기본 틀을 마련할 무렵 취리히미술관에서 에드바르 뭉크의 대규모 회고전이 열렸다. 코코슈카는 이 전시를 이 노르웨이 표현주의자에 깊은 존경을 표할 기회로 삼았다. 코코슈카는 시대의 발전을 향한 신념에서 뭉크가 "세계의 가공할 만한 불안을 진단했다"라고 한다.(DSW III, 168) 코코슈카는 이 글에서 뭉크를 자신이 보기에 문제가 있는 칸딘스키와 견주어보았다고 언급한다. 코코슈카는 '체험'에 바탕을 둔 뭉크의 "상징적 표현주의"를 "직접적인 감각 인식을 배제한" 칸딘스키와 대조했다. 뭉크는 관찰자가 눈으로 직접 예술을 마주하게 한다.

코코슈카는 실제로 아돌프 로스에게서 보는 법을 배웠다고 말했다. 로스는 코코슈카에게 "자신의 눈으로 삶을 그리고 그림을 일종의 체험 일기로 생각하며 이를 통해 미래의 세계관을 형성하라"고 가르쳤다.(DSW III, 182) 코코슈카는 시각 교육 프로그램에서 시각이 시대를 참작함을 중요시했다. 다시 말해 기술 발전에 따른 시각적 기만을 꿰뚫어 볼 수 있어야 한다는 것이다. "영화에서는 장미가 싹 트고 피어나는 것이나 인구 수백만의 도시가 그 자리에서 완전히 파괴되는 모습을 몇 분 만에 볼 수 있다."(DSW III, 163) 그는 오락 산업이 "필요한 시각적 틀"만 제공하며 이는 단지 '수용적'이기만 할 뿐 창의적이지 않다고 여겼다.(DSW III, 232) 그는 "시각 감각의 쇠퇴는 기계화된 문명에 적응한 사회의 특징"이라고 단언한다.(DSW III, 231)

사상적으로 코코슈카는 평생 코메니우스로부터 출발한 교육 프로젝트를 추구했는데, 이 교육 프로젝트와 꿰뚫어 보는 법을 배우는 학교 사이의 연관성을 염두에 두면 우리는 가장 교육적이고 구체적인 유토피아와 마주하게 된다. 1935년 무렵 코코슈카가 떠올렸던 "인본주의에 입각한 국제초등학교연맹"은 괴테 스타일의 교육 도시 잘츠부르크에서 보는 법을 배우는 데 중점을 두는 방식으로 실현되었다. 1947년 11월에 코코슈카는 다음과 같이 털어놓았다.

> 나는 젊은이들이 인간다운 삶을 꾸릴 수 있게 명확한 세계상을 얻는 데 격려와 도움을 주고 싶다. 그래서 나는 300년 전 국제초등학교를 구상한 인문주의자 아모스 코메니우스의 정신에 따라 행동한다. 시간이 지나면서 초등학교는 모든 곳에서 생겨났으나 잘못된 방향으로 나아갔다. 초등학교는 간접 경험으로 쌓은 지식이나 들어서 아는 지식을 퍼뜨리는 곳이어서는 안 된다. 사람들이 당연한 양 제3차 세계대전을 말하고 이에 대비하는 현실이 그 잘못된 초등학교 교육의 증거다.[41]

코코슈카의 개념에 따르면 모든 사람은 예언적이지 않은 의미에서 선견자가 되어야 했다. 그는 시각을 통해 얻은 통찰을 진지하게 받아들이는 사람만을 배운 사람으로 간주했다. 예술을 이해하는 데도 마찬가지였으며, 이를 통해 코코슈카는 예술이 통찰의 기회를 제공해야 한다고 요구했다. 1957년에 작성된 공개되지 않은 글은 그가 '우리 시대의 예술'을 얼마나 가차 없이 다루었는지를 보여준다.

> 조형예술은 이미지, 보거나 만질 수 있는 기호로 된 언어이며, 경험 기반의 형성에 관한 지식이다. 이를 통해 예술가의 비전은 가까운 사람과 후대에 보편적 인간성과 존재를 경험하게 한다. 조형예술은 언어와 마찬가지로 전달을 위해서는 인지할 수 있는 상징들로 표현되어야 한다. 조형예술은 음

악, 무용, 수학, 심지어는 모스부호와도 공통점이 있는데, 바로 관습과 합의에 기반한 자체 법칙을 따라야 한다는 것이다. 따라서 조형예술의 내용은 다른 예술의 법칙에 따라서 표현될 수 없다.

오늘날 현대미술은 인류 역사상 처음으로 명확한 표현 방식이라는 법칙에서 독립할 특권을 요구하고 있다. (…) 하지만 더욱 우려스러운 점은 사회가 인정한 바와 같이 해석을 통해서만 이해할 수 있는 비구상예술이 전 세계에 선전되고 있다는 것이다. 설명적 표제, 심오한 이론, 마음을 사로잡는 선전, 사용 설명서 역할을 하는 문헌은 인간의 모습을 배제하고 인간 환경의 인지 가능한 사물 없이, 다른 사람이 경험할 수 있는 시각 없이 존재하려 하면서도 단순히 장식으로 간주하지 않기를 원하는 예술에 대한 이해를 구하고 있다.[42]

사후 남겨진 메모들을 보면 코코슈카는 '시각의 역사Geschichte des Sehen'를 계획하고 있었다. '시각의 역사'는 인간 유형론으로, 코코슈카는 이를 통해 조형예술에서 벌어지고 있는 추상을 통한 예술 표현의 '비인간화' 현상을 개탄하며 저지하고자 했던 것으로 보인다. 이 계획은 처음에 'Vision through Times'(시대를 관통하는 비전)라는 영어 제목으로 시작되었다. 메모를 보면 그는 시각을 역사적 과정에 종속시켜 각 시대의 특정 개인들의 시각적 성취가 어디에 있는지를 규명하고자 했던 것으로 보인다. 그가 이 시각의 역사를 언어적으로 명확히 하고자 얼마나 고심했는지를 보면 흥미롭다. 이러한 메모에서는 잘츠부르크 여름미술아카데미 강의의 기초가 되었을 사고 흐름에 대한 단서도 찾을 수 있다. 발표되지는 않았지만 코코슈카가 정의한 시각 유형을 제시해보고자 한다. 여기에는 시각의 미학적 문제에 관한 그의 사고 과정이 잘 반영되어 있기 때문이다.

목적 지향적 시각 – 공리주의적 물질주의/심리학

합성 물질의 미학적 자주권은 주어진 대상(예컨대 기계)이 어느 정도 성숙기에 이르면 최대 효용에 도달한다는 사실로 나타나며, 이는 대부분 눈(및 다른 감각)에도 해당 대상이 '아름답다'고 느껴지게 한다. 자연적 시각에 의해 아름답다고 인식되는 자연의 원형 외에도 기계적 대상의 소재가 궁극적으로는 자연에서 비롯되는 범위 내에서만 자연의 영향을 받는 시각, 즉 기술의 요구가 기준이 되어 물질을 자신의 욕망에 따라 변화시키는 시각이 형성된다.

시각 분할의 일종인 이중 시각은 보이는 것에 두 가지 기준을 적용할 수 있을 때 발생한다. 공리주의자와 이상주의자의 오랜 갈등은 개인에게도 해당한다. 이제 무제한의 물질주의에 이르는 길이 열린다.

컬러 사진과 실제 색채
고속으로 보기, 시공간 압축
이제 이러한 효과 없이는 사람들을 집 밖으로 유도할 수 없다(선정주의).
파스텔, 분필, 붉은 콩테, 잉크, 수채 물감이 거의 사라지고 있다(이와 유사한 상황은 음향학 또는 청각 변화에 관한 책에서도 볼 수 있다). 인공조명, 밤의 도시, 네온사인 – '물질주의적' 색채.[43]

시각의 범주화와 색채 기능에 대한 이러한 고찰은 괴테가 체계화한 색채 이론과 유사하다. 괴테의 색채 이론은 '심리적 시각' 현상과 함께 뉴턴의 광학을 거부한다. 코코슈카가 (윌리엄 터너와 마찬가지로) 괴테의 색채 이론의 열렬한 지지자였다는 사실은 전혀 놀라운 일이 아니다. 과학자로서의 시인과 시인으로서의 과학자가 직접 체험한 것을 논의의 중심에 놓았기 때문이다. 코코슈카는 1965년 4월 말에 함부르크에서 열린 전시회에서 인사말을 통해 다음과 같이 말했다. "내 작품은 시각 학교 그 이상도 이하도 아닙니다. 나는 오직 보는 것을 통해서만 배웁니다. 우리는 꿰뚫어 볼 때 비로소 인간이 됩니다."[44]

코코슈카는 시각 교육과 이를 통한 물질성을 강조했는데, 이는 카를 마르크스가 1844년에 《경제학·철학 초고》에서 제시한 논의와 놀랍게도 유사하다. 특히 마르크스가 "인간은 사고뿐만 아니라 모든 감각을 통해 대상 세계에서 인정된다"라고 주장한 이후 부분이 그렇다. 마르크스는 계속해서 다음과 같이 말한다.

> 인간 본성의 대상적 형태로 풍부를 통해서만 비로소 주체적이고 인간적인 풍부한 감성이, 음악을 들을 줄 아는 귀가, 형태의 아름다움을 볼 줄 아는 눈이, 요컨대 인간에게 즐거움을 줄 수 있는 감각, 즉 인간적인 본질 능력으로서 감각이 생겨난다. 단순히 오감뿐 아니라 이른바 영적 감각과 (의지나 사랑 등의) 실천적인 감각, 한마디로 인간적인 감각, 여러 감각의 인간성은 그에 알맞은 대상의 존재, 즉 의인화된 자연을 통해 비로소 생겨나기 때문이다. 지금까지의 세계사 전체의 작업은 오감의 형성이다.[45]

오감에 대한 마르크스의 기본 개념에 따르면 인간이 온전히 인간으로 존재할 수 있을 때야 비로소 감각은 제 역할을 한다. 이는 실러가 《미학적 교육에 관한 편지》에서 놀이의 중요성에 대해 제기한 주장과 맞닿아 있다. 실러는 오감이 온전히 그 본래의 기능을 발휘할 때만 인간이 온전히 인간다울 수 있다고 주장했다. 여기서 우리는 코코슈카가 시각과 감각의 교육에 대해 때로는 강박적으로 요구하는 핵심도 파악할 수 있다.

더 나아가 코코슈카에게는 문학도 이러한 교육에 속했다. 이는 문학이 순전히 추상적으로 표현되기 어려운 예술 형식이기 때문이다. 따라서 문학을 특별히 살펴볼 필요가 있다.

다시 쓰는 그림, 덧칠하는 언어

코코슈카는 "제네바 호수 근처 새로 지은 작은 집"에 있는 아틀리에를 특별히 '작업장'이라고 부르거나 빌뇌브의 작은 빌라에서 쓴 첫 번째 편지에서처럼 '도서관'이라고 불렀다.(Br IV, 7) 창작과 독서가 같은 공간에 이루어진다는 상징적 융합을 통해 문학과 미술 사이의 연관성을 이보다 더 잘 표현할 수는 없을 것이다. 이 도서관이 상당 부분 보존되어 있다는 사실은 그야말로 행운이다. 이를 통해 코코슈카의 문학, 역사, 예술학, 문화학 자료들을 비롯해 독서 방식이나 취향을 엿볼 수 있기 때문이다.[46] 이 예술가의 삶과 작품을 고찰하는 과정에서 늘 마주한 한 가지 사실은 코코슈카는 창작 영역을 명확히 구분하는 게 무의미하다는 것이다. 그의 글쓰기와 그림 그리기는 종종 서로 얽혀 있다. 특히 그의 편지에서 '글자 그림Schriftbild'이라는 단어가 구체적 의미를 얻듯이 글이 그림으로 변하고는 했다. 코코슈카는 희곡을 쓸 때 처음부터 시적 무대장치를 이미지로 그려 풍부하게 표현했다.

하지만 여기서는 코코슈카의 독서 목록을 나열하기보다 막스다우텐다이* 협회 명예 회원이자 알프레트 몸베르트의 난해한 서정시에 정통했던 이 예술가가 문학에 얼마나 생산적으로 접근했는지, 즉 코코슈

• 막스 다우텐다이는 독일의 소설가이자 시인이다.

카가 시에서 무엇을 보고 무엇을 이해했는지를 살펴보고자 한다. 기억해보면 초기에 코코슈카를 발견한 것은 문학계였다. 카를 크라우스, 쿠르트 힐러 그리고 특히 엘제 라스커 쉴러가 1910년 7월 11일부터 21일까지 베를린 빅토리아거리에 있는 카시러갤러리에서 열린 첫 전시회 때부터 코코슈카에게 주목했다. 코코슈카는 카를 크라우스를 비롯해 이바르 폰 뤼켄, 발터 하젠클레버, 카를 추크마이어 등 문인들의 초상화를 그렸다. 아마도 시인 게오르크 트라클의 초상화도 그렸을 것이다. 코코슈카는 서정 시인을 여동생으로, 실패한 작가를 남동생으로 두고 있었다. 그는 문인들의 내면세계를 잘 알았다. 그는 (특히 영국 망명 중에) 많은 문인과 교류하며 이들을 관찰해온 데다 그 자신도 문인이었기 때문이다.

코코슈카는 문학작품을 집중적으로 탐구했는데, 처음부터 문학적으로 작업해온 조형예술가의 관점에서 이루어졌다. 문학작품의 에피소드를 소재로 한 드로잉과 석판화는 해당 작품을 음악적으로 해석한 것과 비교할 수 있는가? 그 효과 면에서 그렇다고 보기 어렵다. 드로잉이나 석판화는 소리를 내지 않고 읽은 내용을 시각적으로 해석하는 방식을 통해 암시만 하기 때문이다. 코코슈카의 문학 석판화는 삽화와 다른 점이 한 가지 있다. 그의 문학 석판화는 오히려 재구성이나 다른 매체로의 전환에 가깝고 때로는 새로운 표현 형식으로 변형되기도 한다.

무엇보다도 잊지 말아야 할 사실은 코코슈카가 자신의 근본을 문학에 두었다는 것이다. 그는 언제나 시인으로서, 작가로서 문학과 함께 시각적으로 작업했으며 때로는 그림 작업보다 글쓰기를 더 많이 한 시기도 있었다. 특히 프라하 시절과 런던에서의 초기가 그랬다. 코코슈카의 문학 작품들, 즉 희곡, 소설, 회고록은 모두 표현주의적 접근을 소화하고 발전시킨 결과물로서 독창적인 무대 작업과 서사적인 긴 호흡을 보여준다. 이는 그의 자서전적 작품뿐만 아니라 서사적 희곡《코메니우스》나 소설《키프로스에서의 부활절Ostern auf Zypern》에서도 확인할 수 있다. 특히《키프로스에서의 부활절》은 놀랍게도 애거사 크리스티에게 큰 찬사를 받았는데, 이는 코코슈카를 고무시켰을 것이다. 1968년 5월 19일 자 편지에서 이 전설적인 범죄 소설 작가는 코코슈카에게《키프로스에서의 부활절》은 묘사에서 색채감이 두드러지며 "인쇄된 그림"처럼 읽힌다고 썼다.[47] 더욱 놀랍게도 크리스티는 자신의 집 벽난로 위에 오버아머가우산 나무로 만든 천사상이 있다고 코코슈카에게 털어놓는다.[48] 코코슈카는 아일랜드 시인의 동생이자 동시대 화가인 잭 버틀러 예이츠(1871~1957)에게 좀처럼 잘 하지 않는 칭찬을 했다. 코코슈카는 편지에서 예이츠에게 "오늘날 그림을 통해 이렇게 감동적인 이야기를 할 수 있는 사람은 당신뿐입니다!"라고 했다.[49] 여기서 그림은 예츠가 1942년에 그린 〈두 여행자The Two Travellers〉를 가리킨다. 이 그림은 색채와 회화 기법(반대 방향으로 쳐올리는 붓질) 그리고 고립 상태에서 서로 연결된 사람들에 대한 주제의식 측면에서 코코슈카의 작품과 일정한 유사성을 보여준다.

미술에 대한 깊은 이해를 지닌 소설가 존 버거가 코코슈카에게 보낸 편지에서 코코슈카의 소설을 영어로 번역하겠다는 뜻을 피력했다. 이는 코코슈카의 소설이 세계 체험의 시각화와 얼마나 깊은 관련이 있는지 다시 한번 보여준다.[50]

언어 표현과 미술 표현 사이의 관계는 코코슈카의 회고록에서도 드러난다. 고트프리트 폰 아이넴은 1971년 9월 27일 자 편지에서《나의 인생》을 읽고 나서 자신의 창작 원리와 연관 지으며 다음과 같이 썼다. "이 글은 당신의 위대한 풍경화나 엄청난 초상화와 같습니다. 자신의 모습을 직시하고 있는 그대로 인정하는 용기입니다."[51] 코코슈카의 친

구이자 교양을 두루 갖춘 경제학자 에드가 잘린도 《나의 인생》을 읽고
나서 예술가의 "흥미로운 자화상"이라고 표현했다.[52] 헤르만 브로흐는
코코슈카를 만나서 자신의 소설 《몽유병자들》과 《베르길리우스의 죽
음》에 관해 의견을 나누고 싶어 했다.

　코코슈카가 문학을 그림으로 표현한 작품 중 가장 중요한 예만 꼽
아도 그 범위는 상당하다. 동생 보후슬라프의 작품과 여동생 베르타의
시를 위한 수많은 석판화를 제외하고도 1945년 이후 작품만 보자면 석
판화집 《오디세이Odyssee》(1965)와 《사울과 다윗Saul und David》(1969)에서부
터 아리스토파네스의 희극 《개구리》를 소재로 한 석판화 연작 '개구리
Die Frösche'(1969)와 크누트 함순의 소설 《목신 판》을 소재로 한 석판화 연
작 '판Pan'(1978)까지 다양하다. 또한 석판화 연작 '헬라스에 대한 고백'
(1961~1967), '아풀리아Apulien'(1964), '마라케슈Marrakesch'(1966) 그리고 드
로잉 모음집 《드로잉Handzeichnungen 1906~1965》등 문학에 준하는 작품
들도 있다. 한스 빙글러와 프리드리히 벨츠가 편집한 석판화 작품집은
1975년부터 출간되었다. 벨츠는 초기 석판화(1906~1912)를 모아 특별
히 따로 출간했다(1977). 여기에는 또한 코코슈카가 무대와 의상을 디
자인한 모차르트의 《마술피리》(1954/1955), 페르디난트 라이문트의 희
곡(1960/1962), 베르디의 오페라 《가면무도회》(1969) 등이 포함된다. 하
지만 하인리히 폰 클라이스트의 비극 《펜테질레아》(1969/1970)와 잘 알
려지지 않았지만 지크프리트 렌츠의 소설 《아인슈타인, 함부르크 엘베
강을 건너다Einstein überquert die Elbe bei Hamburg》(1976)에 대한 코코슈카의 석
판화 작업은 특히 중요하다.

　에칭과 드라이포인트 기법으로 표현한 《펜테질레아》에 대한 판화
10점은 코코슈카가 이 희곡에 오랫동안 몰두해온 결과물의 정점을 이
룬다. 코코슈카와 《펜테질레아》의 관계는 학창 시절까지 거슬러 올라간

다. 코코슈카의 초기 희곡 작품은 분명 클라이스트의 전前 표현주의적 또는 초超표현주의적 시에서 영향을 받았다.《살인자, 여자들의 희망》은 클라이스트의 희곡에서 영감을 받았을지도 모른다. 코코슈카의 도서관에는 보급판부터 고급 한정판까지, 청소년판부터 성인판까지 다양한 《펜테질레아》판본이 있었다.[53] 그는《펜테질레아》에 대한 이해와 알마 말러에 대한 감정 사이의 직접적 연관성을 공개적으로 드러낸 적이 있다. 1969년 봄, 코코슈카는 알마 말러를 위해 제작한 부채를 재현해 출판하자는 요청을 받았을 때 〈펜테질레아 앞에서 달아나는, 파멸 직전의 아킬레우스Achill vor dem Abgrund, auf der Flucht vor Penthesilea〉를 표지로 사용했다.[54] 극작가 클라이스트는 코코슈카의 삶에서 계속해서 존재감을 나타냈다. 코코슈카는 망명 중에도 클라이스트를 읽으려고 노력했다. 그는 옥스퍼드 블랙웰서점에서《암피트리온》을 구입하거나《홈부르크 공자》에 관심을 기울였지만《펜테질레아》만큼 그 묘사와 감정에 빠져들지 못했다.《펜테질레아》를 표현할 때 그는 "처음부터 극적 요소와 등장인물 간 대화에 집중했다".[55]

코코슈카가 남긴 메모 중에는 1951년 6월에 함부르크에서 한 강연의 토대가 된 기록이 남아 있는데, 이는 클라이스트의《펜테질레아》를 향한 주저 없는 고백이다. 이 메모를 편집 없이 그대로 제시하고자 한다. 이 메모들은 다시 한번 코코슈카의 사고 흐름을 엿볼 수 있게 해줄 뿐만 아니라 논증 방식의 순서와 비약을 잘 보여주기 때문이다. 그는 강연을 다섯 부분으로 나누고 무대에 관한 근본적 질문을 던진 다음 신화적 차원의 주제로 넘어간다.

1) 독일 언어권 최고의 걸작 하인리히 폰 클라이스트의《펜테질레아》를 공연할 수 있는가?

죽음에 이르는 사랑놀이

용맹한 아킬레우스는 사랑에 정신이 팔려 [기꺼이] 발이 작은 아마존 여인 [펜테질레아]의 포로가 되어버린다. 아르테미스가 화살로 붉은 뿔을 가진 적 악타이온을 죽이고 사냥개들이 사지를 찢듯이, [펜테질레아는] 자신의 마음을 너무 깊이 본 상대[아킬레우스]를 죽인다.

이후 코코슈카는 신화를 소재로 한 희곡, 이를테면 클라이스트의 비극을 통해 인습적 표현에 새로운 무게와 존재의 깊이를 부여하는 방법을 묻는다.

2) 오늘날 누가 감히 메두사의 얼굴에서 사랑을 보는가?

다른 한편으로 펜테질레아는 사랑받는 타자를 신으로 만드는 신화다. 모든 신화는 수수께끼일 수밖에 없다. 영원한 신들을 창조할 필요성이 언제나 존재했기 때문이다.
감정에서 새로 길어낸 인간화로 영원한 가면의 뻣뻣한 얼굴에 다시 생기를 불어넣는다. 이렇게 해서 인간을 닮은 모습은 창조자의 힘으로 불멸한다.

하지만 점차 보통의 개념어가 되어버린 수동적인 언어에서 얼굴 개념은 어디에서 나타나야 하는가? 단어가 더는 세계상이 되려고 하지 않는다면, 언어는 단순히 표면적 세계를 반영할 뿐이라면 말이다.

하지만 이 언어와 모든 시대사상의 토대가 되는 인과율이 인간에게서 우위를 차지하면 시인은 사라지고 세상사는 인간의 행위와 독립적으로 진행되어 운명이 되고 인간 자체가 추상화된다. 예컨대 경제적 인간 등으로 전락하게 된다.

과연 우리 시대에도 펜테질레아처럼 눈물을 흘릴 수 있는 자가 있을까? 펜테질레아는 끔찍한 행위를 저지른 후 정신을 되찾아 인간의 언어로 반성하고 마찬가지로 사랑하는 대상을 먹어치울 수 있었던 신격화된 존재의 얼굴을 응시할 수도 있었을 것이다.

더 나아가 코코슈카는 습관화 현상과 두 번의 세계대전으로 몇 배로 증폭된 광기에 대해 묻는다. 그래서 우리는 클라이스트의 《펜테질레아》를 달리 보는가? 이 세 번째 부분의 끝에서 코코슈카는 스스로에게 아마존의 여왕 펜테질레아에게 프로토가 한 마지막 말을 낭독하라고 적는다. "그녀는 너무 도도하고 흐드러지게 꽃피었기 때문에 파멸했습니다!/말라죽은 참나무는 폭풍우 속에 서 있지만/건강한 나무는 쓰러져 땅에 버려집니다./폭풍이 우듬지를 붙잡을 수 있기 때문입니다."[56] 코코슈카는 이 부분을 인용하고 무엇을 말하려 했을까? 오직 죽은 것만이 살아남는다는 의미일까, 아니면 모든 게 끝없이 피어날 것이라는 망상일까?

3) (…) 우리 현대인에게 언어의 의미는 얼마나 얄궂게 눈짓하는가? 사랑해서 다른 존재를 흡수한다는 것은 누군가를 산 채로 먹고 싶다는 의미인가? 펜테질레아는 의식이 되돌아오자 스스로 목숨을 끊는다. 있는 그대로의 사실은 견디기 어렵다. 외양은 거짓이다. 그녀는 사랑하는 이를 죽일 수 없었을 것이다!! 오늘날 사회가 이러한 즉물성을 용인한다는 게 기묘하고 이상하다. 두 차례의 세계대전이라는 비극적 현실 앞에서 문명화된 인류가 인

육을 먹는 원주민 이하로까지 추락했을 때 미쳐버린 사람은 극소수에 불과했다.

이는 우리의 모든 상상력을 초월하는 일이었다. 아직 정신을 되찾지 못한 이유는 수동적 언어가 우리의 행동을 표현할 수 없기 때문이다. 우리의 언어 구문은 주어를 목적어처럼 바꾸어버린다.

(희곡의 마지막 문장, 즉 프로토에의 마지막 대사를 낭독한다.)

그러고 나서 코코슈카는 무대에서 인습적 사고의 현재 문제를 다루며, 흔히 시도되는 현대화 시도를 지나치게 억지스럽고 투명하다고 비판한다. 코코슈카에게 중요한 것은 특히 무대에서 언제나 인간 문제다.

4) 우리는 여전히 신고전주의에 깊이 빠져 있다. 오늘날의 무대는 루이 18세 때부터 요구되었던 시간과 공간의 통일 같은 외형적 법칙을 견지하고 있다. 우리는 어떤 문제, 즉 성性 문제나 사회경제적 속임수 게임과 같은 인과적 문제를 해결하는 데 만족할 뿐이다. 이는 마치 정해진 게임 규칙에 따라 풀어나가는 체스와 같다. 우리의 무대는 계획적으로 행동하는 인간을 보여준다. 심지어 무의식조차도 법칙을 따라야 한다. 계획된 세계에서는 이론적 물리학의 세계관에 부합하는 계획적으로 행동하는 인간을 전제로 한다.
이 법칙에 순종하는 현대의 극작가는 존재하지 않는 극중 인물에게 현실 문제를 논하게 하고 담배를 피우게 하며 전화를 사용하게 하고 기관총을 발사하게 하는 등 생명을 불어넣으려 애쓰지만 실패한다.
그리스 영웅들은 우리에게 여전히 고유한 인물로 남아 있지만 그들은 인간이다! 호머는 아킬레우스의 용맹을 깎아내리지 않으면서 이를 코에서 떨어지지 않으려는 파리의 끈기에 비유한다. 영웅들은 소리치고 욕하고 울어도 된다. 이들은 인간적이고 시인은 이들을 인간으로 체험하기 때문이다.

고트홀트 레싱은 통굽 신발을 신고 거닐던 볼테르의 꼭두각시 같은 등장인물들을 셰익스피어의 등장인물과 비교하며 그 안에서 비극과 희극이 절묘하게 뒤섞여 있음을 발견한다. 이러한 대비를 통해 그들은 우리의 공감을 얻는다.

코코슈카는 마지막으로 "클라이스트를 향한 고백"이라고 표현하는데, 이는 너무나 인간적인 것에 불타오르는 (극적) 언어의 독립성에 기반한다. 이를 통해 코코슈카는 시대의 제약을 받는 체험의 특징적 범주를 사용한다.

> 5) 이 체험의 내적 진정성은 모든 바로크 시대 극작가들을 비롯해 영국의 말로와 웹스터, 제2슐레지엔파 시인 호프만스발다우 그리고 무엇보다 하인리히 폰 클라이스트에게 고유한 것이었다.
>
> 우리 시대가 내적 자유 대신 존재를 규정하는 기계론적 법칙을 따르기를 선호한다면 그림은 말 없는 시가 되고 시는 말하는 그림이 되어야 한다는 레싱의 말에 우리는 당연히 회의적일 수밖에 없다.
>
> 인간의 언어가 지닌 프로메테우스의 불꽃에 대한 나의 믿음은 클라이스트를 향한 나의 고백과 일치한다. 죽음에 이르는 사랑놀이.[57]

클라이스트의 《펜테질레아》에 대한 코코슈카의 이 고백은 (무대) 미학에까지 이르는 여러 가지 근본적인 문제 제기와 함께 인간 문제를 일관되게 관심의 중심으로 옮겨놓았다. 코코슈카가 남긴 간단한 메모들은 다섯 개의 '프로메테우스의 불꽃'으로 응축된다. 이는 파토스 없이

도 타오를 수 있는 말들로, 펜테질레아처럼 사랑을 파괴할 때조차도 무조건적 사랑을 고백하는 것으로 뒷받침된다. 코코슈카는 사랑의 수수께끼를 '죽음에 이르는 사랑놀이'라는 모호한 표현으로 풀어낸다. 이 표현은 사랑놀이를 죽음에 이르기까지 하라는 명령형으로 이해될 수도 있고, 극한까지 사랑놀이를 하라는 의미일 수도 있다. 코코슈카는 클라이스트의 고통스러운 사랑의 비극에 관해 이러한 언급을 하며 분명 알마 말러와의 관계에서 겪은 사랑의 아픔을 다시 한번 떠올렸을 것이다. 1961년 5월의 한 편지에는 코코슈카에게서 보기 드문 성경적 표현인 '보라'라는 말로 시작하는 대목이 있다. "보라, 사람들은 여전히《펜테질레아》를 이해하지 못하고 알지도 못하는 것을."(Br IV, 188) 코코슈카는 클라이스트의 이 비극을 시각적으로 표현해 이해를 돕고자 했을 것이다.

'펜테질레아' 에칭 연작은 코코슈카의 후기 작품임을 잊게 할 정도로 표현력이 대단하다. 코코슈카는 극적 움직임이나 사랑의 광기, 파괴에 대한 감정을 섬세하고도 대담하게 한 장면으로 담아 그 정수를 보여준다. 이 연작은 그 강렬함과 소재의 날카로운 부조화에도 불구하고 일관성 있는 선과 윤곽 덕분에 코코슈카의 후기 작품의 정점이라 할 수 있다. 특히 펜테질레아의 안쪽 팔 선과 훼손된 아킬레우스의 두개골 선을 하나로 표현한 장면이 인상적이다.

'펜테질레아' 연작처럼 죽음과 비극적인 사랑놀이로 일그러진 인간을 보여주는 것도 코코슈카에게는 인간을 표현하는 한 방식에 속했다. 1923년에 코코슈카가 비츠토르 디르스터이(1884~1935)의 소설《피할 수 없는 사람Der Unentrinnbare》에 매료되어 삽화를 그린 이유도 마찬가지일 것이다. 이 삽화 작업에서는 구스타프 말러의 음악에 심취한 소설 속 인물의 생김새를 표현하는 게 문제였다. 독자는 빈의 뮤지크베라인

강당에서 말러 교향곡 제3번을 듣다가 좌절하는 현장을 지켜본다. "곧 음들은 서로 상쇄하려는 듯이 조화를 이루지 못하고 흩어진다. 귀로는 그저 불협화음만 들릴 뿐이었다."[58] 소설 속 화자는 "무관한 음의 연속"에 쫓겨 싸구려 영화관으로 달아난다. 거기서 그는 자신이 스크린 위에 있음을 본다. 그의 '내가 되는 것'은 영화와 관련된 사건으로 밝혀진다. 소설 속 이러한 현상과 매체 전환뿐만 아니라 영화의 자기 투사 장면에서 화자가 스크린에 자신과 나란히 또 한 번 등장하는 자기 이중화라는 주제도 코코슈카에게는 매력적이었다. 이 자기 이중화는 1948년, 알프레트 쿠빈이 표도르 도스토옙스키의 소설 《분신》에 삽화를 그려 넣을 때 인상 깊게 다룬 주제다.

본다는 것은 사물을 있는 그대로 받아들이는 게 아니라 보는 과정에서 그 사물을 새롭게 창조하여 세계에 대안을 만들어내는 것을 의미한다. 보는 행위는 덧없음에 맞서기 위해 에너지를 방출한다. 더욱이 화가는 자신의 인격을 끌어들여 드러낼 것을 주장한다. 자신을 무시하는 자는 타인의 진실을 알기 어렵다. 그 자신이 이미 그 진실의 일부가 되었기 때문이다. 이러한 통찰은 지크프리트 렌츠의 거의 알려지지 않은 에세이 '예술가 오스카 코코슈카에 대해Über den Künstler Oskar Kokoschka'에서 볼 수 있다. 이 에세이는 1976년에 코코슈카의 90번째 생일과 렌츠의 50번째 생일을 기념하여 발행한 카세트테이프에 수록되어 있다.[59] 이 카세트테이프는 코코슈카가 작가나 음악가들과 함께 작업하며 풍부한 삶을 살아왔음을 기록한 또 하나의 예다. 렌츠는 에세이에서 마흔 살 연상의 이 예술가를 얼마나 정확히 이해했는지를 보여준다. 그는 코코슈카가 그림을 통해 대상을 이해했음을 알았다. 그는 코코슈카와 함께 언어가 세계상이 되어야 한다는 견해를 공유했을 뿐만 아니라 이 예술가의 작품에서 또 다른 무언가를 발견해냈다. "예술가는 안주하지 않는다. 코코슈카는 주어진 현실에 이의를 제기한다. 그는 현실로서의 세계를 거부하고 세계를 자신의 것으로 만들어 재창조한다."[60]

코코슈카는 '세 문장으로 된 이야기Geschichte in drei Sätzen'라는 부제가 달린 《아인슈타인, 함부르크 엘베강을 건너다》(1969)를 택했다. 늘 본질을 잘 파악하는 코코슈카는 이 단편에서 다섯 가지 모티브, 즉 '배의 난간 위에서 본 풍경', '늙은 승객', '부부', '넘어지는 여인', '진통 중인 여인'을 석판화의 소재로 삼았다. 이때도 렌츠가 코코슈카에게서 본 것을 확인할 수 있다. "이 예술가는 우리에게 말로 할 수 없는 것의 의미에 대해 눈을 뜨게 해준다(이 점에서 코코슈카는 작곡가와 같다)." 코코슈카의 보기는 발견과 고양에 가깝다. 이와 동시에 코코슈카는 원작의 다양성을 '정복'하는데, 이는 렌츠에 따르면 진정한 장인의 표식이다.

'아인슈타인, 함부르크 엘베강을 건너다' 석판화 연작은 '펜테질레아'나 '판' 연작과 달리 선 사용을 절제한 점이 눈에 띈다. 이러한 그림들은 그 소재로부터 추상화된다는 점에서 코코슈카에게 있어 최후의 금기일 수 있는 것으로, 주로 암시만으로 만족하는 절제주의다. 그런데도 모티브 자체는 너무나도 인간적인 순간들과 관련이 있다. 일시적 대상인 배에서 본 바깥 풍경, 나이 듦, 말없이 병원으로 가는 중인 부부, 재난, 고통 속에서 새로운 삶에 대한 전망 등이 그것이다.

코코슈카는 렌츠의 소설 《아인슈타인, 함부르크 엘베강을 건너다》에서 시각적 울림을 들었을 것이다. 이야기의 시각적 시작은 코코슈카에게 직접 영감을 주었음이 틀림없다. "이것은 읽고 찾고 다시 발견하기 위한 사진이며 몇 마디 말로는 이러한 광각을 설명할 수 없고 광각은 눈에 많은 제안을 하는데 (…)." 이는 "이야깃거리가 많은 엘베강", "여름의 항구 풍경", '철회색'(백색이 아닌) 머리카락의 노인('아인슈타인')에 관한 이야기다. 이야기를 따라가다 보면 갑판 위에서 출산의 고통에 시달리는 임신부도 등장하지만 정작 화자와 독자의 주의를 끄는 것은 노인이다. 마지막 장면에서는 마치 "무엇이 사실인지 결정하는 사람"처럼 "여름의 항구 풍경"에서 걸어 나오는 노인을 본다.[61] 이 짧은 이야기에 얼마나 멋진 결말인가! 코코슈카가 이 이야기를 달리 생각했다면, 다섯 개의 모티브와 장면으로 작업할 엄두를 내지 못했을 것이다. 게다가 렌츠가 암시한 임신부의 운명은 코코슈카 자신의 가장 중요한 이야기《안 엘리차 레트》를 생각나게 했을 것이다.《안 엘리차 레트》에서 주인공은 임신으로 목숨을 잃게 된다. 코코슈카는 또한 이 작업을 하면서 자신이 사랑하는 함부르크에서 다시 한번 작업할 수 있었다. 1965년 4월 29일에 전시회 개막식에서 코코슈카는 "나는 결정적인 순간마다 언제나 함부르크에 왔다"고 하며 "세계로 향하는 문이 재가 되었을 때도 홍수로 엄청난 재해를 입었을 때도 이곳에 있었다"고 덧붙였다. 익명의 후기로 전해지는 코코슈카의 이 연설은 죽지 않는 바닷가재에 관한 이야기로 이어졌다.[62] 곧잘 그랬듯이 그는 자신의 신념과 과학에 대한 비판으로 이야기를 포장했다. "세상을 연다는 것은 사람을 여는 것이다. 내가 보기에 이것은 언제나 유럽인의 본질이었다. (…) 두 차례의 세계대전 이후 우리는 삶에 대한 두려움으로 달로 도피했고 물리학이나 과학, 수학에 매료되었다."[63]

코코슈카는 유럽인임을 강조했다. 호프만스탈, 요제프 로트, 슈테판 츠바이크와 마찬가지로 유럽인이라는 코코슈카의 인식은 오스트리아를 다원주의적 문화 의식의 나라로 이해하는 관점에 뿌리를 두고 있다. 코코슈카는 유토피아적 사고를 거부했다. 그러나 코메니우스의 정신에서 비롯한 평화 교육의 이상과 함께 오스트리아에 대한 희망은 평생 코코슈카를 이끌어온 또 다른 이상이었다. 오스트리아를 하나의 정신적 삶의 형태로 보는 이러한 문화의 유토피아를 그는 나라에 실망하거나 절망할 때조차 놓은 적이 없었다. 그는 유럽의 중심에 있는 이 나라의 젊은이들에게 희망을 걸었다. 어쨌든 조국에 절망해본 적이 없는 자는 이제 그 의미조차 희미해져버린 고향이라는 말을 입에 올려서는 안 된다. 1937년 11월에 코코슈카는 체코에서 친구 알베르트 에렌슈타인에게 보낸 편지에 다음과 같이 썼다. "그저 조국의 규정을 내세우는 세관원만 있을 뿐 실제 고향은 없다."(Br III, 57)

오스트리아, 상처와 영광의 땅

코코슈카는 수없이 대서양을 넘나들었지만 생활환경과 사고의 지평은 옛 오스트리아와 유럽의 영향을 받았다. 테오도르 호이스는 이를 정확히 꿰뚫어 보았다. 코코슈카는 제2공화국의 발전에 관심이 많았다. 그는 오스트리아를 유럽의 핵심이라 여기며 이를 중요시했다. 따라서 인도적 정책을 포기한 오스트리아 파시즘에 그는 경악할 수밖에 없었다. 코코슈카는 쿠르트 폰 슈슈니크가 오스트리아 정치를 다시 문명화하기 위해 필사적으로 노력했음을 어느 정도 인정했다. 코코슈카는 히틀러가 1937년 7월 19일에 열린 '퇴폐미술전' 개막 연설에서 현대미술을 모욕한 데 대응하여 1937년 8월 3일에 오스트리아 연방 총리에게 편지로 "오스트리아 시민"으로서 법적 보호를 요청했다. 코코슈카는 1936년에 "오스트리아 연방국과 독일제국"이 체결한 문화 협정을 근거로 "독일 정부로부터 자신의 예술 작품을 반환받을 수 있게" 해달라고 '그의' 총리에게 요청했다.(Br III, 54) 코코슈카는 "현재 독일에는 현대미술 창작을 탄압하는 분위기가 만연"하여 "그림 파괴"와 대규모 "숙청 작업"이 예상되므로 오스트리아 정부가 나서 자신과 작품을 보호하기 위해 "외교적 조치"를 취해달라고 했다.

코코슈카가 정치적 현실을 잘못 읽은 것일까? 아니면 슈슈니크가 코코슈카 자신을 위해 애써주리라 진지하게 믿었을까? 개인적으로 코코슈카의 개입을 어떻게 평가하든 간에 예술가의 주장에서 다시 한번 눈길을 끄는 것은 법적 태도다. 미래 장인을 통해 알고 있던 시민권 문제는 당시 코코슈카에게 독이 되었다. 체코슬로바키아로 이주한 후 코코슈카는 일찍이 1935년에 체코슬로바키아 시민권을 신청할 생각이었다. 그러면 그는 당시 체코 법에 따라 오스트리아 시민권을 포기해야 했다. 1933년에 제정된 체코슬로바키아 헌법은 이중 국적을 허용하지 않았다. 코코슈카는 오스트리아인이었고 또 오스트리아인으로 남으려 했으며, 제1공화국이 쓰라린 종말을 맞을 때까지 오스트리아인이었다. '합병' 후 불과 사흘 만에 코코슈카는 체코슬로바키아 시민권 신청서를 당국에 제출했다. 1938년 7월 21일에 승인이 났다. 코코슈카는 이제 공식적으로 코메니우스 나라의 일원이자 '프라하 시민'이 되었다. 체코슬로바키아 시민이자 '우호적 외국인'으로서의 지위는 영국 망명 중에도 계속되었다. 코코슈카는 좀더 자유로운 여행을 위해 1947년에 영국 시민권을 취득했다.

코코슈카가 오스트리아를 보는 시각은 빈에서 감당해야 했던 초기의 적대시 때문에 흐려지고 계속 부담이 되었다. 그러나 사람들은 그의 작품을 이해했다. 뮌헨에서 '퇴폐미술전'이 열리기 두 달 전인 1937년 5월, 빈에 있는 오스트리아응용예술박물관은 오스트리아에서 처음으로 코코슈카 회고전을 열었다. 코코슈카의 전 창작 시기에 걸쳐 회화 38점, 드로잉 및 판화 64점을 전시하는 대규모 회고전이었다. 이보다 더 광범위한 회고전은 바젤에서 10년 후에나 열릴 수 있었다. 바젤 회고전에서 코코슈카는 그림, 언어, 글에 관한 강연을 했고, 새로 창간된 주간지《차이트Die Zeit》는 그를 "뢴트겐선(엑스레이)의 시선을 가진 화가"라고 했다.

1937년 3월에 미술사박물관 큐레이터이자 현대미술진흥협회 공동 설립자인 에른스트 부슈베크(1889~1963. 1939년 런던으로 망명)는 코코슈카에게 다음과 같은 편지를 보냈는데, 이는 '합병' 이전의 오스트리아에서 이 예술가가 어떤 위치에 있었는지 보여준다.

존경하는 교수님!

오스트리아 정부가 국립박물관과 함께 올해 봄, 4월 24일부터 6월 13일까지 파리에서 오스트리아 대표 미술 작품을 대규모로 전시할 예정인데 알고 계시는지 모르겠습니다. 이번 전시회에서 교수님의 작품은 중요합니다. 하지만 동시에 개최되는 카를 몰의 분리과 전시회에 교수님의 작품 일부가 전시된다는 것이 여간 아쉬운 일이 아닙니다. 현재 볼프 크니체 부인이 파리에서 소장 중인는 교수님의 수학자 야니코프스키 초상화를 비롯한 다른 작품들을 전시할 가능성이 생겼지만 이 작품들은 교수님이 승인하지 않으면 전시할 수 없습니다. 볼프 크니체 부인은 교수님을 난처하게 만들고 싶지 않다고 했습니다. 그래서 이번에 교수님의 작품을 전시할 수 있게 허락해주실 것을 진심으로 부탁드립니다. 국가 소장품 가운데 중세 이후 오스트리아 미술을 대표하는 작품을 대규모로 전시하는 이번 기회에 교수님의 작품이 빠진다면 큰 불행이 될 것입니다. 전시 작품은 몰과 조율할 생각입니다. 몰과 협의하에 전시를 진행할 것임을 말씀드리고 싶습니다.[64]

1937년과 1938년에 코코슈카가 오스트리아를 바라보는 시각은 젊은 골로 만과 유사했다. 골로 만은 1938년 6월, '합병'에 대해 격월간지 《마스운트베르트Mass und Wert》에 기고하면서 "오스트리아의 운명은 1938년이 아닌 1918년에 결정되었으며, 연합국이 아닌 히틀러가 그

운명을 완수한 것이다"라고 언급했다. 작은 오스트리아는 인공적 구조물이었다. 하지만

인공적인 구조물이라 할지라도 현명하고 도덕적인 지도로 번영할 수 있었다. 어쩌면 이 오스트리아라는 나라는 중앙 유럽의 새로운 질서 내에서 어떤 역할을 할 수 있었을지도 모른다. 오스트리아는 자력으로 어려움을 헤쳐나가야 했다. 비극적인 역사, 아름다운 풍경과 사람들을 간직한 이 나라는 가난과 혁명적 격변 속에서 살아갔다. 자연스러운 [독일제국과의 합병] 과정은 거듭되는 반대에도 점진적으로 진행되었으며, 1929년 무렵 독일과 오스트리아 사이 국경은 사실상 사라진 상태였다.[65]

골로 만은 직위의 패배가 예고된 자리에 있던 슈슈니크 총리를 동정했다.

슈슈니크가 세운 체제가 아니었다. 그는 불행한 상황을 물려받은 자다. 슈슈니크는 소국이 대국에 맞서려면 무엇보다도 도덕적으로 독일과 달라야 함을 인식했을 것이다. (…) 재앙이 닥치기 직전 몇 주 전에야 사람들은 오스트리아의 저항을 새삼 양심적으로 인정할 수 있었다. 위기가 최고조에 달했을 때 그 지도자는 전임자들이 결코 포기하지 않았을 인간적 언어를 발견했다. 외국의 원조를 전혀 받지 못한 채 가공할 만한 대국에 맞서 끝까지 다른 것, 더 좋은 것을 지키려는 한 사람을 보면 감동적인 무언가가 있기 마련이다.[66]

이러한 통찰 중 많은 부분이 당시와 그 이후에 코코슈카가 오스트리아와 관련해 암시했던 내용과 일치한다. 그 자신의 영혼이 상처를 입은 것

처럼 조국의 영혼도 상처를 입었다. 코코슈카는 다면적인 코메니우스 프로젝트를 통해 본질적으로 17세기 전반기의 합스부르크 왕가와 그들이 남긴 유럽적 유산에 몰두했다. 코메니우스의 교육 프로젝트는 세계를 구축하고자 한 합스부르크 왕가의 이상에서 비롯했기 때문이다.

물론 코코슈카 작품에서 오스트리아의 풍경화는 그리 눈에 띄지 않는다. 잘츠부르크와 린츠의 도시 풍경화나 빈국립오페라극장을 묘사한 그림을 제외하고는 오스트리아의 풍경은 그다지 등장하지 않는다. 빈의 도시 풍경은 카를 몰의 영역이었다. 오스트리아의 다른 도시는 예술가로서 코코슈카의 관심 밖에 있었다. 그는 아터제 호수는 클림트에게, 볼프강 호수는 관광객에게 남겨두었다. 그는 스위스에 있는 알프스를 더 선호했다. 그는 1947년 11월에 "다시 빈에서 살고 싶다"라고 하지만 그 전에 "대형 미술관 여섯 곳에서 동시에 내 그림을 전시하고 있는" 미국에 가야 한다고 기록했다.[67] 이는 1945년 이후 빈과의 관계가 주로 교육에 중점을 두었음을 암시한다. "빈에서 나를 교사이자 후원자, 보호자로 여기고 내게 의지하는 젊은이들을 보면 언제나 행복하다."[68] 코코슈카가 빈의 굶주리는 아이들을 위해 노력한 이야기는 앞에서 언급했다. 1947년 10월 말에 코코슈카는 오스트리아의 젊은 전상자를 위해 미국을 통해 의수를 제공하려 했다. 이는 그의 실천적 인본주의를 보여준다.

코코슈카는 빈에 빅토어 마테이카 외에도 루트비히 뮌츠라는 진정한 후원자를 두었다. 루트비히 뮌츠는 빈조형예술대학 회화관 관장이었다. 1948년 3월 6일에 뮌츠는 한 라디오 방송에서 다음과 같이 말했다.

오랜 공백 후 처음으로 코코슈카의 그림이 이번 전시회를 통해 다시 빈의 대중을 만납니다. 전시회를 보면 누구나 코코슈카가 오스트리아 예술에서 어떤 의미를 차지하고 있는지 스스로 판단할 수 있을 것입니다.

오스카 코코슈카는 조국에 깊은 애착을 두고 있었습니다. 하지만 그에게 조국은 작품이 아무리 훌륭하고 놀라워도 쉬운 곳이 아니었습니다. 첫 전시회부터 그는 박해와 조롱을 받았고, 나치 정권은 그를 퇴폐미술가로 낙인찍었습니다. 이는 명예로운 칭호입니다. 올해 베네치아비엔날레에서도 오스트리아인 코코슈카의 예술은 또 다른 '퇴폐'미술가 반 고흐와 함께 유럽 예술의 위대함과 존엄성, 진실성을 증명할 것입니다. 이번에 전시되는 작품들은 베네치아비엔날레에서도 전시될 예정이며 특히 오스트리아에서 제작된 초기 작품도 다수 포함하고 있습니다. 이 작품들은 당시 코코슈카를 지지했던 우리에게 직접성과 선의 표현력 그리고 생생한 색채감을 고스란히 전해줍니다. 이 작품들은 깊은 인간적 이해의 진정한 증거들로 남아 있습니다.[69]

뮌츠는 코코슈카에게 매우 중요한 인물이었다. 1955년 12월 3일에 뮌츠는 이 예술가 친구에게 가혹한 편지 한 통을 보냈다. 코코슈카는 편지를 받았으나 답장은 하지 않았다. 편지에서 뮌츠는 거짓 친구들, 특히 프리드리히 벨츠와 같은 인물에 대해 경고했다. 뮌츠는 코코슈카에게 누군가와 사귈 때 더욱 신중해야 한다고 했다. 특히 상대가 과거에 나치와 관련된 인물이라면 더 주의를 기울여야 했다. 코코슈카는 1955년 11월 4일부터 8일까지 빈을 방문했고, 새롭게 연출한 베토벤의《피델리오》로 시작을 알린 빈국립오페라극장 재개관식에 참석했다. 당시 빈을 방문하고 코코슈카는 어느 때보다 만족했다. 이 무렵에 열린 빈 분리파 회고전은 코코슈카의 회화 48점, 수채화 및 인쇄물 65점을 전시함으로써 그에게 경의를 표했다. 한 달 후 뮌츠는 다음과 같이 썼다.

빈 체류는 겉으로는 성공적이었을지 모르지만 지금보다 훨씬 더 어려운 시기에도 언제나 당신을 지지하고 인류애와 순수를 위해 싸웠던 사람들에게 여러 면에서 실망을 안겨주었습니다. 당신은 결정적인 순간에 곁에 있어준 오랜 친구가 모든 것을 말할 수 있게 해야 합니다. 물론 당장 쓸모 있는 사람과 함께하는 것도 당신의 권리입니다. 하지만 나에게는 인류애를 위해 싸우는 오스카 코코슈카가 이 인류애를 심각하게 저버린 사람들과 어울린다는 사실이 깊은 충격으로 남을 것입니다.[70]

뮌츠는 더 직설적으로 말했다.

빌뇌브에서 이미 당신에게 말했듯이 나는 히틀러 시절 반유대주의를 이용해 이득을 취한 벨츠 같은 사람을 혐오합니다. 벨츠는 예술 작품을 아리안화했습니다. 애당초 당신이 벨츠와 어울리지 않았다면 더 높은 평가를 받았을 것입니다. 그림시츠 박사도 반유대주의 이론을 숭상했습니다. 예술 작품의 보호만큼이나 인간 존재를 위한 보호와 투쟁도 중요합니다. 노포트니 교수는 오스트리아갤러리에서 함께 일한 블라우엔슈타이너 박사를 그림시츠가 보호하지 않은 일을 당시에도 이후에도 비난했습니다. 블라우엔슈타이너는 러시아에서 탱크 운전병으로 전사했습니다…. 그림시츠는 지금 전향했을지도 모릅니다. 하지만 몇 안 남은 오랜 친구 중 한 사람이 이렇게 옛 인연을 잊을 수 있다고 믿어야 한다는 게 나를 몹시 고통스럽게 합니다. 나를 믿으세요. 카를 크라우스도, 아돌프 로스도, 페터 알텐베르크도, 아르놀트 쇤베르크도 당신의 새 친구들을 이해하지 못할 것입니다![71]

뮌츠가 언급한 케른텐 출신의 미술사학자이자 갤러리 관장인 브루노 그림시츠(1892~1964)는 아마도 빈에서 개최한 분리파 회고전을 계기로 코코슈카와 재회했을 것이다. 그림시츠는 벨베데레오스트리아갤러 관장(1939~1945)으로 재직하면서 빈의 개인 미술 수집품을 아리안화하는데 핵심 역할을 했다. 그림시츠는 1945년에 모든 직위에서 해임되었지만 10년 후 다시 대학에서 가르치는 자격을 얻어 사망하기 1년 전까지 그 자리를 지켰다.[72] 코코슈카는 1935년 3월 3일 자 편지에 "그림시츠 박사"라고 언급한다. "상급 관청"에서 박사는 "코코슈카? 오스트리아에서는 아무도 코코슈카에 관해 이야기하지 않는다"라고 들었다.(Br III, 17) 이를 통해 코코슈카가 당시부터 그림시츠와 어느 정도 친밀한 관계였음을 추측할 수 있다.

뮌츠의 이러한 직설은 빈조형예술대학과 분리파 사이의 내부 갈등에서 비롯했을 가능성이 크다. 이는 이어지는 뮌츠이 발언을 통해 추측할 수 있다.

나는 오스트리아로 돌아온 후 지금보다 훨씬 어려운 시기에도 젊었을 때처럼 당신의 예술을 위해 줄기차게 싸웠습니다. 올봄에는 가장 심한 저항을 무릎 쓰고 당신의 작품이 '유럽 예술의 어제와 오늘'이라는 전시회에서 리베르만, 코린트, 케테 콜비츠의 작품과 함께 전시되게 했고 뭉크의 전시실과 함께 당신의 전시실이 주목받게 했습니다. 빌뇌브에서 말했듯이 예술대학은 지금 당신이 (풋내기) 클레를 중심으로 한 분리파 전시회를 칭찬하더라도 당신을 위해 전혀 다른 기념식과 전시회를 준비했을 것입니다.

(…)

막스 리베르만과 알베르트 에렌슈타인이 이미 세상을 떠난 지금, 당신과 젊은 시절부터 함께해온 마지막 남은 유대인 친구로서 오늘날 내가 느끼는 혼란을 정확히 말하는 것이 의무라고 생각합니다. 지금까지 위대했던 것은 당신이 큰 실수를 하고 불가능한 상황에서도 항상 길을 찾았기 때문입니다.

그리고 나는 이번에도 당신이 다시 당신의 자신으로 돌아가는 길을 찾고 새롭게 인식된 의식에서 작품을 만들어내리라 확신합니다. 그러면 사람들은 히틀러 시대에 기꺼이 이익을 얻고자 한 사람들과 당신이 쉽게 어울렸던 일을 잊을 것입니다. 개인적으로 나는 이들 중 그 누구에게도 복수심을 가지고 있지 않습니다. 오히려 그들이 시민으로서 생계를 꾸려나가기를 바랍니다. 하지만 나는 오스카 코코슈카가 가령 반유대주의 자주동맹VdU의 기관지나 나름없는 《잘츠부르거나흐리히텐Salzburger Nachrichten》의 주변 인물들과 어울리는 것을 반대합니다. 진정한 평화는 모든 형태의 인종적 광신주의를 단호히 거부하는 데서 비롯합니다.

인생에는 비록 친구가 아무리 위대한 예술가라 하더라도 진실을 명확히 말해줄 힘과 용기를 가져야 하는 순간이 있습니다.[73]

더 나아가 뮌츠는 나치에 연루된 린츠의 화랑 주인 구를리트가 코코슈카 아카이브를 설립하려는 계획을 비난하고 잘츠부르크 여름미술아카데미를 "잘츠부르크의 초월 극장"이라고 하며 코코슈카에게 "심오한 의미에서 불행"이라고 했다. 뮌츠가 이러한 방식으로 코코슈카의 양심에 호소한 이유는 그 자신이 빈에 잔존한 나치 사상으로 인해 고통받았기 때문일 것이다. 이 편지를 쓰고 2년 후 뮌츠는 심장마비로 사망했다. 뮌츠의 미망인은 1957년 4월 14일에 코코슈카에게 감동적인 감사 편지를 보냈다. 이 편지에서 코코슈카가 교육부 장관에게 뮌츠가 겪은 부당하고 비열한 처우에 항의했다는 사실이 드러난다. 유력한 미술사가 뮌츠는 1947년에 거짓 약속을 믿고 런던에서 빈으로 유인되어 전차 차장 수준의 임금을 받으며 빈조형예술대학 회화관을 이끌었다. 마리아 뮌츠는 교육부 측의 제재와 빠듯한 연금이 남편을 죽음으로 몰고 갔다고 분명히 밝혔다. 뮌츠는 대규모 렘브란트 학회가 열리는 중에 뮌헨에서 사망했다. 마리아 뮌츠는 계속해서 다음과 같이 말했다.

> 최근 며칠 동안 1940년 시절을 자주 떠올렸습니다. 내가 당신을 방문했을
> 때 루트비히는 맨섬에 [억류되어] 있었고 올다의 부모님은 체코슬로바키아
> 에서 막 도착한 상태였습니다. 당신과 올다는 세인트존스우드에 있는 작은
> 아파트 1층에 살았죠. 그때 당신은 루트비히를 비롯한 몇몇 친구를 위해 처
> 칠에게 바로 편지를 써서 [억류의] 부당함을 알리며 항의했습니다.[74]

코코슈카는 영국 당국에 요청해 알프레트 존 레텔의 석방을 도왔다. 레
텔은 1941년 1월 30일 자 편지에서 코코슈카에게 감사의 뜻을 전했
다.[75] 빈 당국이 뮌츠에게 보인 이러한 행동은 전혀 놀랍지 않다. 이로
인해 코코슈카는 전후 오스트리아에 긍정적 이미지를 기대할 수 없었
다. 그러나 빈 사람들은 코코슈카를 더욱 적극적으로 초청하려 했다.
빈 시의회는 1948년 9월 16일에 코코슈카에게 다음과 같은 편지를 보
냈다.

> 존경하는 거장에게!
> 이 편지에 서명한 지도부는 집행위원장 빅토어 마테이카 박사의 지시에 따
> 라 프리츠 노포트니 교수의 제안을 받아들여 빈 시청 역사박물관에서 귀하
> 의 작품 전시회를 개최하고자 합니다. 빈시는 현대 회화의 가장 중요한 거
> 장인 귀하를 초청하여 대중에게 작품을 선보이고자 하니 부디 거절하지 말
> 아 주십시오.[76]

당시 빈 음악협회 회장이었던 루돌프 감셰거는 열렬한 코코슈카 숭배
자로서 클래식 음악의 성지에서, 게다가 모차르트의 해인 1956년에 코

코슈카 전시회를 개최하려 했다. 감셰거는 심지어 음악협회 대강당에 코코슈카의 출연까지 염두에 두고 있었다. 친구 마테이카가 다음과 같이 부추겼다. "당신의 그림이 이제 진정한 음악적 환경에 놓이게 되는 것입니다. 그곳은 빈에서 푸르트벵글러의 본거지며, 카를성당에서 쾰른까지 다 보입니다." 그러나 코코슈카는 에둘러 제안을 거절하고 라인 강 변에 머무르며 쾰른대성당 내부를 그리고 전쟁으로 황폐해진 도시의 곧 유명해질 전망을 높은 곳에서 그렸다.

그 사이 1951년 3월에 빈은 세계적으로 유명한 이 예술가에게 시의 명예 반지를 수여하고자 했다. 그러나 코코슈카는 이런 '겉치레'에는 관심이 없었다. 마테이카는 그런 허접스러운 상을 거부하라고 개인적으로 코코슈카에게 충고했다. 마테이카가 한 말은 별도의 설명이 필요 없었다.

[그동안] 수많은 얼간이와 바보가 50세나 55세, 60세에 빈의 명예 반지를 수십 년에 걸쳐 받아왔습니다. 지금 이 삼류 상을 받으면 당신의 인격과 업적을 완전히 깎아내리는 것입니다. 나는 당신의 60번째 생일을 맞아 빈의 최고위 얼간이들에게 당신이 누구인지 그리고 얼마나 비범한 업적을 달성했는지 설명하기 위해 최선을 다했습니다. 1918년 이후 예술 분야에서 유일한 명예시민은 외국인 리하르트 슈트라우스밖에 없다는 사실을 강조했습니다. 이는 빈 사람들이 자국의 인물을 제대로 평가할 능력이 없다는 증거입니다.[77]

1951년 10월에 코코슈카는 빈에서 자신의 희곡을 공연하기 위해 프란츠 테오도어 크조코어에게 다시 연락을 취했다. 하지만 크조코어는 이런저런 거절에 몹시 환멸을 느끼고 있었다. 예를 들어 크조코어는 최근

부르크극장에서 연극 '빌라도Pilatus' 공연을 거절당했다. 크조코어는 코코슈카에게 보낸 답장에서 마테이카 못지않게 입장을 분명하게 밝혔다. "오스트리아 사람들은 종종 방해물이 곁들여진 가시밭길을 걷는다는 것을 당신도 잘 알지 않습니까!"[78]

코코슈카를 유달리 기쁘게 한 것은 오스트리아 펜클럽[*] 명예 회원으로 임명된 일이었는데, 이는 힐데 슈필이 주선한 덕분이었다. 언어유희의 기회를 놓치는 법이 없는 코코슈카는 슈필[**]을 '나의 사랑스러운 놀이 친구'라고 불렀다.

코코슈카는 전후 오스트리아가 1956년 봉기 후 5만 명이 넘는 헝가리 난민을 수용한 방식을 높이 샀다. 코코슈카가 테오도르 호이스에게 보낸 또 다른 편지에서 오스트리아 총리 율리우스 라프를 언급하며 이렇게 말했다. "율리우스 라프는 옛 가톨릭의 인도주의 문화가 현대 사회의 빈말 문화와 어떻게 다른지 보여주었습니다. 고개를 모래 속에 파묻고 '나는 아니다'라고 하며 다른 사람들과 함께 살아가는 것도, 동료 인간이 추상적인 존재가 아니라는 것도 인식했습니다. 공산주의 선동가들이 그들 사이에서 어떤 주장을 하더라도 말입니다."(Br IV, 68)

코코슈카가 간혹 오스트리아에 신랄한 태도를 보인 이유는 그 유산에 대한 실망에서 비롯한다. 그는 오스트리아의 유산을 유럽의 핵심으로 보았다. 하지만 유럽은 문화의 미국화로 스스로를 포기할 위험에 처했다. 그는 특히 1945년 이후 미국을 여러 차례 방문하면서 미국 문화에 대한 반감이 점점 더 커졌다. 코코슈카는 1964년 3월에 볼프강 게오르크 피셔에게 서슴없이 극단적 비유를 들며 다음과 같은 편지를 보냈다.

• PEN Club. 런던에 설치된 국제작가협회로, 세계에서 가장 역사가 깊은 인권 단체이자 문인 단체다.
•• Spiel. 독일어로 '놀이'를 의미한다.

우리는 더욱 암울하고 더욱 야만적인 미래에 인간적 과거의 몇몇 흔적을 남기기 위해 곧 책을 낼 것입니다. 히로시마, 포르노그래피, 흘러내리는 물감 방울 그림[잭슨 폴록을 겨냥한 말이다] 같은 미국의 육체적, 도덕적 황폐화가 유럽 사회의 살 속에 너무 깊숙이 파고들었습니다. (…) 아시아는 유럽의 선교사를 또는 모든 마비 속에서도 여전히 먹을 수 있는 무언가를 웃으며 기다리고 있습니다.(Br IV, 155)

그렇다고 해서 두려움에 얼어붙어서는 안 되며, 볼테르의《캉디드》처럼 자신의 정원을 계속 가꿔나가야 한다. 코코슈카에게 오스트리아는 가꿔야 할 정원이었다. 따라서 시각 학교가 있어야 할 곳은 오스트리아뿐이었고 이는 곧 유토피아의 실현이었다.

  1945년 이후의 오스트리아는 비록 벨츠와 구를리트 같은 의심스러운 인물들이 중심에 있었지만 코코슈카에게 자신의 예술을 선보일 새로운 기반이었다. 오스트리아, 즉 바로크풍의 잘츠부르크에 시각 학교가 자리 잡았다. 오스트리아, 특히 빈에서 동생 보후슬라프는 리프하르츠탈에 있는 부모님 집을 반환받기 위해 어려운 협상을 벌이고 있었다. 빈에서 코코슈카는 전후 빈의 첫 시장 테오도르 쾨르너의 초상을 그렸으며, 세계 정치 무대에서 중재자로서 존경스러운 업적과 예술적 안목을 지닌 브루노 크라이스키와 뒤늦게 우정을 맺었다. 그러나 오스트리아는 코코슈카에게 상처의 땅이기도 했다. 코코슈카가 초기 활동지, 예를 들어 과거 작업실이나 뉴욕에 사는 알마와 함께했던 장소를 다시 찾았는지는 알려지지 않았다. 1960년 4월에 코코슈카는 빈에서 알마를 생각하면서 '아나콘다'라 부르던 기타 페를 발레르슈타인에게 알마에게 전화를 걸어 자신의 이름으로 안부를 전해 질투심을 유발해달라고 부탁했다. 코코슈카는 편지에서 알마가 자신에게 "아주 뜨거운 편지"

를 거의 매주 보내오고 있다고 했지만 이는 과장된 말이다. 코코슈카는 기타에게 보내는 편지 마지막에 "너를 사랑해. 어디서든 키스를 보낸다 I love you and kiss you everywhere"는 말로 서명했다.(Br Ⅲ, 106) 아마 이때는 올다가 코코슈카를 대신해 편지를 쓸 때가 아니었을 것이다.

코코슈카는 어떤 기억을 떠올렸을까? 1921년에 드레스덴에서 어린 기타 발레르슈타인과 함께 찍은 사진을 가지고 있었던 것일까? 사진 속 두 사람은 마치 아버지와 딸처럼 보이기도 한다. 코코슈카가 갈망했지만 얻지 못한 아이와 같다. 우아한 예술가가 편안하게 앉아 큰 리본을 머리에 묶고 있는 어린 소녀, 발레리나가 되려는 소녀에게 오른손을 써가며 마치 삶을 설명해주는 듯한 자세를 취하고 있다. 코코슈카는 이 소녀의 초상화를 그렸다. 1921년에 그린 그림 중 가장 파란색 그림으로, 엘베강과 하늘의 푸르름이 기타의 옷으로 옮겨가고 살짝 암녹색을 띠는 눈은 화사한 얼굴과 토끼 이빨을 살짝 가린 입술과 대조를 이룬다. 팔과 손은 어린 소녀의 움직임에 대한 감각을 드러낸다. 기타는 열살 반이던 그 드레스덴에서의 부활절을 다음과 같이 기억한다.

유달리 잘생긴 남성적 외모, 강렬하게 반짝이는 그만의 광채, 장난스러움을 즐기는 모습과 웃음 그리고 대부분 '보통' 사람들이 간과했던 '사물 보기', '사물에 감동받기' 때문에 그는 항상 특별해 보였다. 사람의 내면을 읽어내는 소름 끼치는 그의 능력이 특히 내게 강한 인상으로 남아 있다.[79]

어린 기타를 에워싼 파란색은 표현주의자의 파란색도, 청기사파의 파란색도 아니었다. 하지만 그것은 에른스트 블로흐가 《유토피아의 정신 Geist der Utopie》(1919)에서 언급한 파란색, 즉 "명백한 사실이 사라지는" 곳에서 "참되고 실체가 있는 것"을 추구하기 위해 구축하고자 했던 파란색과 관련이 있을지도 모른다.[80] 아니면 그것은 우리가 일제 아이힝거의 《더 큰 희망》(1948)에서 읽게 될 파란색의 이중성을 미리 예감한 것일까? "하늘은 파란색으로 웃었다. 하지만 그들은 더는 속지 않았다! 이 깨끗하고 진솔한 파란색, 하늘의 파란색, 용담의 파란색, 푸른 용기병龍騎兵의 파란색은 둥근 태양 속에서 우주의 검은색을 반사한다! 이 끝없는, 상상할 수 없는 경계 너머 검은색을."[81]

어떤 경우든 낙관적이면서도 심오한 것, 하늘을 바라보면서도 몽상에 잠기는 것, 사진과 초상화의 시각적 대비 등이 1960년 4월에 기타 페를 발레르슈타인과 다시 연결되었을 때 기억났을지도 모른다. 하지만 기억은 희망을 품게 하는가, 아니면 기억과 함께 희망도 사라지는가?

나가며 — 코메니우스, 영원한 스승

제2차 세계대전 이후 첫 10년만 생각해보더라도 코코슈카의 영향력을 기술할 만한 표현으로 '세계적 인물'보다 적절한 말은 없다. 그는 거의 모든 곳에서 후기 작품을 창작하며, 베네치아에서 뉴욕, 빈에서 보스턴까지 어디에나 작품이 걸렸다. '프로메테우스 신화' 3부작은 제26회 베네치아비엔날레에서 열광적 반응을 얻었고 이후 '테르모필레' 3부작도 마찬가지였다. 특히 이탈리아가 코코슈카를 주목했다. 코코슈카는 연구차 베네치아, 피렌체, 로마에서 여러 차례 체류하며 이탈리아의 무궁무진한 예술 세계에 몰두했다. 따라서 1949년에 미켈란젤로 마시오타가 코코슈카에 관한 중요한 연구서를 출간한 것은 놀라운 일이 아니다. 마시오타는 파울 베스타임, 한스 플라체크, 에디트 호프만 야포, 제임스 플라우트에 이어 코코슈카의 삶과 작품을 포괄적으로 개관한 연구서를 내놓았다.

하지만 1953년 9월 9일에 코코슈카가 빌뇌브에 있는 작은 빌라로 이사한 날부터 이곳은 그의 처음이자 마지막 안식처가 되었다. 코코슈카는 떠난 지 오래되었지만 델핀빌라의 정원에서 반짝이는 제네바 호수를 바라보는 그의 눈길은 여전히 느껴진다. 몽트뢰와 시옹성 위로 피어오른 아지랑이가 눈앞에 아른거린다.

1920/1921년 겨울, 릴케가 취리히 이르헬에 있는 베르크성에서 쓴 암호 같은 글 '유언Das Testament'에서 "전망이 감화를 주었다"라고 썼듯이 빌뇌브 역시 마찬가지였다. 호수 위 중간 높이에 위치한 이곳

의 전망은 코코슈카가 여러 번 그림으로 담아내길 기다렸다. 그는 이미 1923년에 블로네에서 어두운 제네바 호수의 풍경을 담은 그림 두 점을 그렸고 1956년에는 밝은 채색 석판화 〈제네바 호수 풍경Genfer See Landschaft〉을, 3년 후에는 〈제네바 호수Genfer See〉를 그렸다. 이 그림들은 몽트뢰시에서 벗어나 자연만을 담고 있으며, 유일한 인간 문명의 흔적은 배 한 척뿐이다. 제네바 호수를 그린 그림들은 프리드리히 휠덜린의 시 '저녁의 환상Abendphantasie'의 한 구절 "노년은 평화롭고 즐거워라"를 떠올리게 한다. 코코슈카는 분명히 세상의 격정적 삶을 뒤로하고, 평화롭고 조용한 삶을 바랐던 것 같다.

풍경은 이후 코코슈카가 오직 이곳만 그릴 수밖에 없었으리라 여겨질 정도다. 코코슈카는 정원의 가장 좋아하는 자리에서 연필과 붓으로 비밀을 풀어내고 종종 위스키를 즐기며 시간을 보냈을 것이다. 이 풍경은 그에게 스코틀랜드에서의 시간을, 점점 더 위협적으로 다가오는 거대한 바깥 세계를 떠올리게 했을 것이다. 제네바 호수 풍경은 거대하지만 조용한 내면세계와 같았고 그에게 온갖 음영의 색채와 남쪽의 무성한 식물들을 제공해주었다.

코코슈카는 "존경하고 사랑하는 국가 지도자" 테오도르 호이스에게 보낸 감사 편지에서 "나는 70세에 '유명해지기'보다 20세에 '악명 높아지기'를 몹시 원했다"라고 털어놓았다. 코코슈카는 예의 그 자부심으로 다음과 같이 덧붙인다.

젊은 여성들은 '추상' 예술가 무리에 돈키호테처럼 맞서 싸우다 스스로 웃음거리가 된 내게서 다른 무언가를 보았습니다. 현대의 문명화된 대중 속에서 그 본능을 누가 거스를 수 있겠습니까! 하지만 감사하게도 방황하는 기사가 되기란 정말로 즐거운 일입니다. 그래서 나는 지적 투쟁에서 당당히 고개를 들고 있는, 특히 당신과 같이 이 나라의 몇 안 되는 고결한 사람들에게 특별히 감사드립니다.(Br IV, 61)

빌뇌브 라만차의 방황하는 기사는 자신이 시대에 뒤떨어졌다고 느꼈다. 하지만 적어도 겉으로는 그다지 걱정하지 않았다. 위 발언을 보면 코코슈카는 예술에서 추상주의를 비판하는 자신이 괴짜로 보이고 웃음거리가 될 위험 소지가 있음을 분명히 인식했다.

한편 젊은 여성들에 대한 영향력은 전과 같았으므로 코코슈카는 이에 대한 불평은 하지 않았다. 여전히 코코슈카를 알아보는 젊은 여성들이 있었다. 이에 대한 이상적 예는 소설가 루이제 린저(1911~2002)가 보낸 편지에서 볼 수 있다. 코코슈카는 만년에 루이제 린저에게서 가장 통찰력 있는 팬레터를 받는다. 따라서 1950년 9월 5일에 쓰인 이 편지의 전문을 인용해본다.

존경하는 코코슈카 선생님,

선생님께서 제 작업물을 보내달라고 하셨죠. 예의상 하신 말씀이었겠지만, 어쩌면 오늘날 독일에서 만들어진 무언가에 관한 관심 때문이었을지도 모르겠다고 생각했습니다. 아마도 선생님께서는 제 글쓰기 방식이 마음에 드실지도 모르겠습니다. 저는 1940년에 첫 책을 썼고 책은 S.피셔출판사에서 출간되었습니다(지금도 이곳에서 내고 있습니다). 그러다 출간이 금지되었고 급기야 (기근 시절 후에) 수감되었습니다. 전쟁이 끝나지 않았다면 저는 지금 여기에 살아 있지 않을 것입니다. '대역죄'(저항 운동)를 이유로 베를린 특별재판소에서 끔찍한 재판을 받았기 때문입니다. 무엇보다도 제게 두 아이가 있고 아이 아빠(힌데미트의 제자였습니다)는 1942년에 러시아에서 전사했습니다.

선생님은 여기서 전형적인 운명 하나를 겪습니다. (저는 선생님의 운명을 알고 있습니다. 제 친구들처럼 망명 생활이 얼마나 힘드셨을지 알고 있습니다. 제가《얀 로벨Jan Lobel aus Warschau》을 헌정한 사람은 1946년에 미국인으로서 다시 독일에 돌아와 '평화'에 실망하여 자살했습니다.)

이제 저에 대해서 말씀드리면, 저는 일하고 있습니다. 어제 선생님께서 한 어리석은 기자에게 "벽의 균열을 다른 사람들보다 먼저 보는 것이 예술가의 임무다"라고 하신 말씀이 제 심금을 울렸습니다. 선생님께서는 이미 수십 년 전에 그 균열을 보셨습니다. 저는 선생님의 초상화에서 그것을 알 수 있습니다. 제가 진정 사랑하고 두려워한 선생님의 첫 그림은 판이한 두 얼굴을 가진 카를 크라우스의 초상화였습니다.

저는 이제 당신을 직접 뵙게 되어 기쁩니다. 선생님은 선생님의 그림과 같습니다. 선생님은 사악한 것조차 속속들이 들여다보는 눈을 가지셨지만 눈 자체는 아주 순수합니다. 천진난만함과 극도로 예리한 시선이 서로 나란히 존재하는 게 신기합니다. (그러나 이는 전혀 신기하지 않습니다. 둘은 서로 어울립니다.)

당신의 루이제 린저[1]

카를 추크마이어의 찬사에도 코코슈카는 1948년에 출간된 린저의 소설《얀 로벨》에서보다 린저의 편지에서 더 깊은 인상을 받았을 것이다. 소설에서는 제2차 세계대전의 마지막 주에 이송을 모면한 강제수용소 수용자와 사랑에 빠지는 1인칭 화자가 '여성 화가'인데도 그녀의 예술이나 예술적 재능에 대해 아무것도 드러나지 않기 때문이다. 그 대신 그녀는 정원사로 일한다. 코코슈카는 그녀의 시각적 재능이 드러나는 다음과 같은 장면에서만 만족했을 것이다.

마지막 빗방울이 떨어지자마자 저녁 빛이 강력한 빛줄기로 구름을 뚫고 들어왔다. 정원은 깊고 싱그러운 초록빛으로 빛났고 그 속에서 떨어진 재스민 꽃잎이 노란 크림처럼 빛났다. (…) 가지와 잎 가장자리 수천 개 물방울에서 빛이 떨렸다.[2]

이후 수십 년 동안 대규모 회고전이 이어졌다. 코코슈카는 1980년대까지 전 세계 미술계에서 주변부적 중심인물로 영향력을 유지했다. 그 이후로 영향력은 다소 감소했지만 그의 예술, 특히 후기 작품에서 전해지는 신선함과 직접성은 여전히 주목의 대상이었다. 그의 예술적 성취는 초기 아방가르드와 보수적 시각 사이의 긴장에서 비롯했으며, 이는 세계적 위협의 시대에 인간 존재의 조건을 해명하는 미학적 변증법을 만들어냈다.

이런 통찰 중 일부는 1955년 여름 잘츠부르크에서 열린 코코슈카의 '최신작' 전시회에 관한 젊은 토마스 베른하르트의 비평을 관통한다. 베른하르트는 코코슈카의 파블로 카살스 초상화에 경탄했다. 베른하르트는 카살스를 첼로를 '무기'로 삼은 "이 세상의 전사"로 보았다. "카살스, 이는 확고부동을 의미한다. 다시 말해서 괴로움 속에서 창조를 사랑한다는 것이다. 이 모든 것을 이 강력한 그림이 말해준다." 베른하르트는 파블로 카살스 초상화에 대해 재차 "여기서 색채는 철학이 되었고, 철학은 인간의 문제가 되었다"라고 말한다.[3] 그러나 베른하르트는 "기념비적 3부작 '테르모필레'"에 대해서는 비판하며, 이를 '미완'의 작품으로 평가한다.

인간의 카오스를 보여주는 거친 색채. 모든 문화의 허구적 섬멸. 그것이 그의 세계관을 묘사했을지라도 코코슈카는 이 묘사에서 피카소가 마지막 드로잉들을 통해 보여준 지혜에는 도달하지 못했다. (…) 이 세 점의 초대형 그림에서는 현대 지옥의 공포가 녹색, 빨간색, 노란색으로 점멸하고 있다. 그리스의 몰락을 예언한 메기스티아스가 있는 중간 그림이 가장 감동적이다. 이 3부작은 크게 세 가지를 시도하고 있다. 아마도 그 완성은 이 위대한 예술가의 계획에 아직 남아 있을지도 모른다.[4]

이와 달리 베른하르트는 런던과 린츠의 풍경은 완성된 작품으로 간주하지만 "올해의 잘츠부르크 페스티벌에서 《마술피리》 무대 스케치 같은 다소 무의미한 것들은 완전히 빼는 게 좋았을 것"이라고 한다.[5] 그나마 위안이 되는 것은 이 젊고 아직 완전히 무명인 작가의 격렬한 비평이 실린 가톨릭 잡지 《푸르헤Die Furche》를 코코슈카가 읽었을 가능성은 매우 낮다는 점이다.

잘츠부르크 전시회와 함께 코코슈카의 만년작을 대규모로 전시하는 회고전이 열리기 시작했다. 이 회고전은 유럽 전역과 일본까지 이어졌다. 특히 독일과 오스트리아와 스위스의 경계에 있는 브레겐츠의 퀸스틀러하우스에서 열린 회고전(1976)은 포괄적이면서도 가장 의미가 있었다. 코코슈카의 후기 작품들은 대중에게 큰 인기를 끌며 마케팅 측면에서도 성공을 거두었다. 텔레비전도 코코슈카를 주목했다. 빈 외각의 작은 마을 쾨흘라른에 도착한 코코슈카는 인터뷰와 다큐멘터리 영상에 자주 등장했다. 그는 세계시민으로서 풍부한 제스처와 강한 사투리를 쓰며 때로는 순진하고 의뭉스러운 노인의 모습으로 시청자들에게 다가갔다. 가령 코코슈카가 현대식 기계의 폐해에 대해 말한 내용은 1845년경 기계식 직조기에 반대하여 봉기했던 슐레지엔 직공의 입에서 나올 법한 이야기였다. 아울러 변함없이 인간적 행동을 위해 노력했는데, 이는 텔레비전 녹화 때도 드러나 이념적으로 재무장한 고도의 문

372

명 시대에 개인의 가치를 인정받기 위한 (예술가의) 고투가 고스란히 느껴졌다.

　게다가 코코슈카는 대중의 인식 속에서 피카소의 대안으로 자리매김했으며, 스스로를 그렇게 표현하기도 했다. 유명하고 정력적인 카탈로니아 라이벌 피카소를 코코슈카는 무어라 비난했는가? 코코슈카는 피카소의 피상성과 상업주의, 무절제한 자기 연출을 비난했다. 이러한 의견에 동의하는 사람도 많았는데, 저명한 조각가이자 판화가 게르하르트 마렉스(1889~1981)가 그랬다. 마렉스는 1958년 12월에 에른스트 라테나우에게 보낸 편지에서 코코슈카의 '테르모필레' 3부작에 대해 다음과 같이 평했다. "나는 그 그림이 대단하다고 생각했습니다. 어쨌든 피카소의 〈게르니카Guernica〉보다 더 마음에 와닿았습니다."[6] 코코슈카의 피카소에 대한 반감은 확실히 강박에 가까웠다. 코코슈카의 오랜 친구인 에른스트 라테나우는 올다 코코슈카와 엘리자베트 푸르트벵글러에게 이 점에 대해 남편과 친구에게 자제하도록 설득하며 사람들 앞에서 피카소를 비난하는 발언을 삼가 달라고 조언하기까지 했다.

　몇 년 전에 나는 코코슈카에게 피카소에 대해 이제 아무 말도 하지 않겠노라고 맹세했습니다. 피카소의 청색 시대와 장밋빛 시대 그림들과 많은 판화 작품은 우리 시대가 낳은 걸작 중 하나입니다. 그래서 나는 그런 신문 기사들이 코코슈카에게 해를 끼친다고 생각합니다.[7]

코코슈카는 특히 오랫동안 마음이 담긴 편지를 주고받은 친구 베노 가이거에게 엽서를 받고 불쾌감을 느꼈을 것이다. 1957년 5월에 작가이자 번역가, 예술가이자 미술사학자인 베노 가이거는 베네치아에서 코코슈카에게 피카소의 깃털이 빠진 평화의 비둘기 콜롬바가 그려진 엽서를 보냈다. 코코슈카가 만년에 찍은 사진에는 점토로 만든 평화의 비둘기를 손으로 보호하는 모습이 있는데, 이는 피카소의 깃털이 빠진 평화의 전령에 대한 답장처럼 보인다. 나중에 코코슈카의 제자 미하엘라 크리너(1915~2006)는 급강하하는 평화의 비둘기를 손으로 채색한 동판화를 제작하기도 했다.

코코슈카는 만년에도 예술을 위해 많은 도전을 했다. 그는 화구를 가지고 위험한 구조물에 기꺼이 올랐다. 심지어 그는 1961년 6월에 크레인 바구니를 전망대 삼아 함부르크 항구의 풍경을 그렸다. 어쨌든 그에게 함부르크는 폭풍과 폐허 속에서 다시 태어난 세계의 문처럼 느껴졌다. 코코슈카는 언제나 기어코 가장 높은 곳에 올라갔다. 그래서 그는 함부르크(와 베를린)에 있는 악셀스프링거출판사의 고층 건물에서 바라본 전망을 그림으로 남겼다. 함부르크에서 코코슈카는 1958년 9월에 '테르모필레' 3부작을 대학에 설치하는 것을 감독했다. 그는 또한 파괴된 성니콜라이교회를 위해 〈에케 호미네스〉를 모자이크로 제작해 1974년 4월에 함부르크에 직접 전달했다. 함부르크에서는 하인츠 슈필만의 선구적 노력 덕분에 코코슈카의 문학 및 에세이 작품이 전체 4권(1973/1974)으로 출판되었다. 그의 희곡 《코메니우스》가 영화 제작된 곳도 함부르크다.

오스카 코코슈카의 작품에는 여러 주제가 있다 해도, 코메니우스와 얽힌 주제만큼 강렬한 것은 없다. 코코슈카는 코메니우스가 1668년에 공동 설립한 런던왕립학회에 보낸 "더 높은 지식"을 잊지 말라는 충고를 자신의 것으로 삼은 듯 보인다. 코메니우스에 따르면 이는 범신론적 경험주의 원칙, 즉 "신은 하나인 동시에 모든 것이며, 모든 것인 동시에 하나다"라는 원칙을 포함한다. 하지만 코메니우스는 이를 신학적 원리로 이해하지 않았다.

코코슈카는 희곡《코메니우스》로 돌아가 1972년에 대대적으로 수정했는데, 이는 문학에 대한 그의 관심을 보여준다. 사실 희곡《코메니우스》는 그가 프라하에서 1936~1938년에 시작해 완성한 작품이다. 그의 극작품 중《코메니우스》는 독특한 작품이다.《코메니우스》에서는 표현주의적 초기 창작을 떠올리게 하는 부분이 없으며《꿈꾸는 소년들》이나《살인자, 여자들의 희망》,《욥》,《불타는 가시덤불》,《오르페우스와 에우리디케》와 같은 작품들의 흔적을 찾아볼 수 없다. 코코슈카의 희곡이라고 하면 으레 격정적 초기작을 떠올린다. 그러나《코메니우스》는 그림 같은 장면으로 이루어진 4막의 성숙한 작품으로, 그는 이 작품이 어떤 장르에 속하는지 거듭해서 자문했다.

코코슈카는 에드가 잘린에게《코메니우스》가 희곡인지, 그렇다면 이를 무대에 올릴 수 있겠는지 묻는다. 이에 잘린은《코메니우스》의 본질과 작가의 역사관을 언급하며 다음과 같이 답한다.

그러한 질문을 하는 이유는 지적으로는 감명 깊지만 무대에 올리기에는 적합하지 않은 대목이 많기 때문일 것입니다. 내 생각에는 이 작품은 무대보다 위대한 이탈리아 영화감독의 대작으로서 더 적합할 것 같습니다. 만약 감독이 정신적 요소와 정치적 요소를 잘 살려 명배우에게 이를 표현하게 한다면《코메니우스》는 합스부르크 제국의 해체를 흥미진진하게 묘사한 작품이 될 것입니다. 이 작품이 흥미로운 이유는 장면의 강렬함 때문만 아니라 아마도 어떤 역사학자도 보여주지 못한 통찰을 보여주기 때문일 것입니다. 다시 말해서 합스부르크 제국, 곧 신성로마제국은 프란츠 요제프와 제1차 세계대전이 아닌 이미 30년전쟁과 합스부르크 왕가의 마지막 황제 카를 5세 때부터 몰락했다는 사실입니다. 그리고 이 파편들로 이후 4세기 동안이나 버텨왔다는 것은 사실상 세계의 기적 중 하나라 할 수 있습니다.[8]

《코메니우스》는 토마스 만의 《피오렌차Fiorenza》처럼 읽는 희곡, 즉 서재극이다. 그렇다고 해서 공연이 불가능하다는 의미는 아니다. 오히려 이러한 작품들은 각색 등을 통해 연극이나 영화로 시도되고는 하는데, 《코메니우스》가 이러한 방식으로 1973/1975년에 영화화되었다. 슈타니슬라프 바라베스는 독일 제2텔레비전방송을 위해 《코메니우스》를 텔레비전 드라마로 제작했다. 이를 위해 코코슈카는 자신의 석판화 연작과 상징적인 공간 및 무대 설계를 제공했다. 이로써 코코슈카는 《코메니우스》라는 작품을 완성할 수 있었다.

《코메니우스》를 살펴보면 코코슈카가 예술, 교육, 정치에 대한 주요 관심사를 해석 가능한 형태로 표현하는 데 성공했음을 알 수 있다. '테르모필레' 3부작과 〈에케 호미네스〉가 그의 회화적 유산을 대표하듯, 《코메니우스》는 문학적 의미에서 같은 역할을 한다. 그 과정에서 코코슈카는 자신의 코메니우스를 이상화하려는 유혹에 빠지지 않았다. 오히려 코코슈카는 점점 더 환상이 사라지는 시대에 코메니우스의 이상주의가 직면한 문제와 이 모라비아의 현자가 교육을 통해 더욱 평화롭고 더욱 인간적인 미래를 만들 수 있다는 희망에 의지함으로써만 극복 가능했던 망명 생활의 어려움을 보여준다.

《코메니우스》는 4막에 상응하는 네 개의 주요 무대가 펼쳐진다. 카푸친 교단의 성직자 무덤과 아말리엔궁이 있는 빈 호프부르크왕궁, 모라비아–슐레지엔의 지방 도시 풀네크, 스톡홀름의 왕궁, 암스테르담의 렘브란트 아틀리에가 그것이다. 우리는 종교 전쟁과 합스부르크 가문의 권모술수(마티아스와 페르디난트 간의 갈등)에 빠져든다. 모라비아에서는 민중의 목소리를 듣고 프라하 창문 투척 사건을 접하며, 스웨덴 여왕의 정치적 계략을 목격한다. 우리는 또한 베스트팔렌조약으로 독립을 박탈당한 보헤미아의 배신감과 예술가 중의 예술가 렘브란트 판 레인 집에서의 긴장감을 경험한다. 코메니우스는 1막에서 등장하지 않지만 1막 끝부분에서 잠시 언급된다. "보헤미아의 형제들에게 평화의 복음서를 읽도록 가르친" 코메니우스가 결국 옳지 않았는가 하고 독백하는 발렌슈타인에 의해 그의 존재가 드러난다.(DSW I, 209) 1막에서는 경쟁자인 마티아스를 축출한 페르디난트와 "궁정 유대인" 스휠로크와의 대화가 중심을 이룬다. 페르디난트의 이발사인 스휠로크는 유대인 상황을 권력자의 구현된 "나쁜 양심"으로 냉철하게 묘사한다. 페르디난트와 만토바의 엘레오노라의 결혼을 둘러싼 음모도 등장한다. 1막은 30년전쟁이 발발하기 직전의 궁정을 보여준다. 이 속에서 자신의 꼭두각시와 이야기하며 정치적 상황에 대한 진실을 들려주는 광대이자 복화술사인 드라비크도 등장한다. 우리는 발렌슈타인의 망설임과 마티아스를 제거하고 잔인한 수단과 교회의 이름으로 모라비아에서 다시 '질서'를 창출하려는 페르디난트의 결단력을 엿볼 수 있다.

2막에서는 10년이 지난 후 보헤미아와 모라비아의 개혁자들이 무자비하게 박해를 받아 난민이 되었거나 곧 그렇게 될 위기에 처한 절망적인 상황을 자세히 보여준다. 코메니우스는 자신이 입양한 눈먼 소녀와 함께 등장하지만 도망 중에 소녀를 잃어버리고 줄곧 찾아다닌다. 코메니우스는 믿음의 형제들에게 다음과 같이 외친다. "유대인들처럼 우리의 운명도 사방에 흩어지는 것입니다. 결코 다시는 내가 태어난 땅을 밟지 못할 것입니다. 나는 세계시민이 될 것입니다."(DSW I, 236) 코메니우스는 모세의 유명한 말을 인용하면서도 자신은 약속의 땅을 보지 못할 것이라고 한다. 이후 코메니우스는 스웨덴이 정치적 망명을 허용해주려고 한다는 소식을 듣는다. 그 전에 코메니우스는 젊은이들과의 대화에서 맹목적인 개혁주의를 반대한다는 신념을 드러낸다.

성경이 번역되어 시장에서 팔리고 있는데도 구세주는 여전히 십자가에 못 박히고 있습니다. 형제들이여! 현대의 새로운 정신에서 이 자유를 되새겨봅시다. 보통 사람에게 읽고 쓰는 법을 가르칠 수 있지만 과거에 생긴 굳은살은 그의 정신에 박혀 있습니다. 우리는 모두 새로운 시대로 도망치고 있는 같은 인간이 아닙니까? 인간이 이성을 배우지 않는 한 새로운 시대는 우리의 고향이 되지 않을 것입니다. 동물도 길이 드는데 인간만이 살인자로 남아야 합니까?(DSW I, 237)

코메니우스는 스웨덴 궁정에서 "스웨덴의 교육자"라는 직책을 제안받고 민족 간 평화로운 해결을 위한 그의 사상이 다른 국가 지도자들에게까지 퍼졌음을 알게 된다. 하지만 개혁자들의 보헤미아는 사라졌다. 스웨덴은 합스부르크 왕가와 평화조약을 체결하고 리슐리외 추기경의 이익을 인정함으로써 유럽에서 프랑스의 이익을 인정하고 반종교개혁에 더는 맞서지 않으려고 한다.

코메니우스는 스웨덴에서도 머물 수 없었다. 코메니우스는 자신의 범지학 학교를 리슐리외가 승인해주었지만 파리에서도 머물지 않았다. 코메니우스는 런던에서도 큰 존경을 받았지만 머물 수 없었다. 변화무쌍한 런던의 정치 상황이 그의 지속적인 노력을 좌절시켰기 때문이다. 마침내 우리는 렘브란트와 함께 있는 코메니우스를 보게 되는데, 코메니우스의 믿음의 형제들이 렘브란트에게 초상화를 의뢰한 것이다. 마치 우연히 그려진 듯한 초상화는 술에 찌든 대가의 위대한 후기 작품 중 하나로 탄생한다. 하지만 4막의 진짜 중요한 주제는 인간적이고 너무나 인간적이다.

우리는 렘브란트가 헨드리키에 스토펠스와 함께 있는 모습을 본다. 스토펠스는 렘브란트의 초라한 가정을 돌보며 그가 우울증에 빠질 때

성적 만족을 제공한다. 지문에 따르면 〈야경De Nachtwacht〉이 "이젤 위에서 천둥이 치는 듯한 조명 아래 음산하게 빛나고 있다". 이 위대한 예술가는 시력 문제로 고통받고 있다. "그림에 흰 쥐들이 보입니다. 내 눈이 나를 배신하는 것 같습니다."(DSW I, 254) 이는 화가의 원초적 두려움이다. 화가는 시각이 자신을 속일까 두렵고 작곡가는 청력을 잃을까 두렵고 작가는 글쓰기가 막힐까 두렵다.

코메니우스와 렘브란트 사이에서 위대한 대화가 펼쳐진다. 렘브란트는 코코슈카처럼 요란스럽지 않게 이야기를 나누며 코메니우스를 그린다. 이 과정에서 렘브란트는 비록 믿음이 깊지 않지만 성경에 정통한 모습을 보여준다. 렘브란트에게 성경의 언어는 예술의 척도다. "대담하기 그지없고 진심 어린 이야기와 비유가 말씀의 모든 회화적 힘으로 전달되는데, 이는 예술이 미화하고 위장하는 데 그쳐서는 안 된다는 것을 분명히 해줍니다."(DSW I, 259) 렘브란트는 코메니우스의 저작에 정통한 독자임을 밝히고 코메니우스는 자신을 영원한 유대인에 비유한다. "나는 아하스베르처럼 40년 넘게 이 나라에서 저 나라로 떠돌아다니며 귀머거리에게 설교하며 내가 태어나고 오해받고 잊힌 보헤미아, 외국 용병들에 의해 황폐해진 보헤미아를 향한 향수를 가슴에 품고 살아갑니다."(DSW I, 263) 코메니우스가 "이성의 빛"을 높이 들어 "세상의 미로"에서 벗어나려고 하는 동안, 렘브란트는 빛과 그림자, 어둠과 밝음의 단계적 변화를 통해 이미지를 만들어낸다. 코메니우스가 마침내 체념한 듯한 상황("인간 정신의 서광은 실로 사막에서 말라 죽는 신기루였습니다." DSW I, 264)에서 렘브란트는 놀라운 현실주의적 조언을 한다. "세상을 있는 그대로 받아들이십시오!"(DSW I, 265)

코메니우스가 자신을 유대인과 계속해서 비교한 끝에 사람들은 그를 유대인으로 생각하기에 이른다. 코메니우스는 잃어버린 양녀 크리스틀을 떠올리게 하는 소녀에게 말한다. "유대인의 표식을 달고 있지 않아도 나를 신뢰할 수 있을 거야. 외국 옷만 입어도 사람들이 나에게 돌을 던지지. 넌 영리한 아이지, 한나 아니 크리스틀? 이해하겠니? 오늘날 사람들은 호기심에 장난감을 가지고 노는 아이처럼 인간을 가지고 놀아, 부서질 때까지."(DSW I, 268)

시민군이 렘브란트의 아틀리에에서 코메니우스를 체포한다. 코메니우스가 '유대인'으로서 암스테르담에 불법체류하며 유대인이면 반드시 달아야 하는 "옷에 노란 표식"을 달고 있지 않았기 때문이다. 〈야경〉을 그리고 있던 렘브란트는 자신의 집을 어지럽히는 이러한 부당한 행동에 아무런 저항을 할 수 없었다. 코메니우스가 끌려간 후 렘브란트는 어둠 속에서 계속 그림을 그리는데, 게토 출신의 수수께끼 같은 소녀의 초상을 코메니우스와 공유하듯이 그린다. 그리하여 코코슈카의 희곡에서는 이 유명한 〈야경〉에 닭을 들고 있는 소녀가 등장한다.

소녀의 음성 또는 아이의 음성으로 다음과 같은 해설이 들린다. "당신의 그림 속에서 나는 그의 자비심의 증인으로 서 있습니다. 모두가 인간다움이 무엇인지를 볼 수 있게 말이죠."(DSW I, 272) 소외되고 버려진 게토의 소녀는 적어도 렘브란트의 그림에서는 시민군에게 보호를 받고 있다고 느낀다. 그 시민군은 한나 또는 크리스틀의 실제 보호자인 유대인으로 오해받는 코메니우스를 체포한 사람들이다. 마지막까지도 세상의 모순된 상황이 코코슈카의 희곡을 관통한다. 이 희곡의 신랄함과 파괴력은 오늘날까지도 유효하다.

코코슈카는 긴 삶과 창작 기간 덕분에 생전에 작품이 다시 주목받는 상황을 경험했다. 그는 마지막까지 자화상에 충실했다. 사망하기 몇 년 전 그는 눈 수술(1973)을 받은 후 다시 한번 크레용으로 자신을 그렸다. 마치 여전히 자신을 바라볼 수 있음을 스스로 입증하고 싶었던 것 같다. 그의 얼굴 특징은 힘찬 손과 마찬가지로 그대로였다. 그 해에 코코슈카는 불운한 작가였던 동생 보후슬라프의 죽음(1976)으로 큰 충격을 받았다. 코코슈카에게 자기 확인이 절실했던 시점이었다.

코코슈카의 부고가 있고 6년 후 탄생 100주년을 맞아 추모와 칭송 글들이 쏟아졌다. 자연은 기획한 듯 출생일(3월 1일)과 사망일(2월 22일)을 거의 일치시켰다. 사람들은 "색채의 마법사" 코코슈카를 기리며 "엑스레이 눈을 가진 화가"(불프 쇤)로 기억했다. 클라라 멘크는 "선동가에서 고전주의자"로 변모한 코코슈카의 긴 여정을 흥미롭게 여기며 "무시무시한 기적"과 같은 창작에 관해 이야기했다. 로미오 기거는 탄생 100주년을 기념하는 글에서 예술의 가치를 인정하며 코코슈카가 작품을 통해 인간은 만물의 척도라고 재차 선언했다고 주장한다. 기거는 코코슈카의 풍경화에 비록 사람이 거의 등장하지 않지만 여전히 그곳은 인간적인 장소라고 정확히 지적한다. "코코슈카의 풍경화는 희망 없이 파괴적 허무주의에 골몰한 표현주의자들의 풍경화처럼 익명적이거나 삶에 적대적이지도 않다. 그의 그림은 '인간다움을 회복'하려는 신념과 (…) 절망적 세계관의 디오니소스적 야만성에서 벗어날 수 있다는 확신에서 힘을 얻는다".[9]

페터 자거는 코코슈카의 창작과 활동을 심도 있게 다루면서 영국 미술비평가 허버트 리드가 언급한 말을 상기시켰다. 리드는 코코슈카의 "표현주의는 실질적으로 치열한 인본주의였다"라고 했다. 리드는 자신 저서 《인본주의의 창조적 본질The Creative Nature of Humanism》을 코코슈카에게 헌정하며 "그의 창조적 인본주의에 대한 나의 무한한 존경의 표시로"라는 말을 덧붙였다.[10] 페터 자거는 코코슈카의 활동을 이렇게 요약했다. "여기 또 한 명의 화가가 바로크적 시각의 쾌락과 보편적 포부로 세계 구상을 시도했다."[11] 이 '세계 구상'이라는 모험이 얼마나 인상적이며 압도적이었는지는 1986년에 런던 테이트갤러리에서 열린 코코슈카에 대한 포괄적인 전시회에서 여실히 드러났다. 이 전시는 이후 취리히와 뉴욕에서도 열렸으며, 2014년에 볼프스부르크와 2014/2015년에 레겐스부르크와 프라하에서 열린 대규모 회고전으로까지 이어졌다. 런던에서 기획된 이 전시는 유증의 성격을 띠었으며 큐레이터이자 미술사학자 리처드 칼보코레시가 맡은 선구적 도록과 폭넓은 미디어 보도는 기준을 세우는 역할을 했다.

런던에서 시작된 이 전시는 예술에서 인간성을 옹호하고 이를 새롭게 형성하는 것이 불가능하다고 여겼던 시대에 **다시 한번** 더 이에 도전한 인물이 코코슈카라는 핵심 메시지를 전달하고자 했다. 미술사가이자 나중에 함부르크미술관 관장이 된 베르너 호프만은 코코슈카 생전에 다음과 같이 평가했다.

> 당신은 자연의 신화에 인간의 역사성과 도덕적 책임으로 맞섰습니다. 당신은 개인에게 그 윤리적 의무를 다시 상기시키며 어두운 본능을 인간다움의 빛으로 정화하고, 인간과 연관된 에로스를 형상화했습니다![12]

이 예술가의 탄생 100주년에 즈음한 평가에서 호프만은 코코슈카가 평생 그린 작품은 "방랑하는 그림"으로 이루어졌다고 주장했다. 이렇게 해서 코코슈카는 60년 동안 "그림으로 그린 방랑기"를 완성했다.[13] 호프만은 코코슈카의 《코메니우스》 희곡에서 다음과 같은 문구를 인용했다. "네, 저는 40년 동안 국경에서 국경으로 쫓겨 다닌 망명자입니다. 착한 시민들은 안전하게 난로 뒤에 몸을 숨기며 전염병에 걸린 환자를 보듯 저를 피합니다." 호프만은 또한 코코슈카가 태어난 1886년 9월에 니체가 《인간적인 너무나 인간적인》 2권의 서문을 마무리 지었다고 언급했다. 서문에서 니체는 현대에서 자신의 표현력에 관한 주관성의 회의를 다룬다. 하지만 코코슈카는 반대다. 그의 작품, 즉 조형예술과 문학, 정치적 글에서는 이러한 회의주의와는 정반대의 모습이 드러난다. 그는 작품을 통해 인간다움을 드러내고 자신의 신화를 내세우며, 이를 절대로 바래지 않는 색채와 형상으로 구현해냈다.

되돌아보며

되돌아본다는 것은 다가오는 것들을 보려는 시도이자 시간의 창을 통해 한 사람의 삶의 공간을 들여다보려는 시도다. 하지만 그 삶을 완전히 꿰뚫어 볼 수는 없다. 이는 어린아이가 유리창에 얼굴을 대고 손을 망원경 모양으로 만든 다음 창문에 기대어 안에서 무슨 일이 벌어지고 있는지 보려는 모습과 같다. 어떤 면에서 게오르크 트라클의 시 '밤'은 내게 그런 유리창과 같았다. 게오르크 트라클에 대한 내 연구에서 오스카 코코슈카로 관심이 자라났다. '밤'은 〈바람의 신부〉가 그려질 당시, 즉 시인과 화가가 가장 밀접하게 연결된 시기에 쓰였다. 그때야 비로소 1986년에 봤던 런던에서의 대규모 회고전이 기억났고 내가 코코슈카에 관한 온갖 텍스트를 체계적이라기보다는 우연히 모아두었음을 깨달았다. 따라서 그렇게 시작한 작업은 무엇보다도 퇴적물에 생기를 불어넣는 것이었다.

자연스럽게 나는 오스카 코코슈카의 망명지였던 런던에서 출발하여 평생에 걸친 그 엄청난 창작을 독려한 것이 무엇인지를 찾아내려 했다. 여기서부터 길은 자꾸 잘츠부르크, 빈, 프라하, 파리, 레만 호수 그리고 마지막으로 코코슈카의 출생지 푀흘라른으로 이어졌다. 부단히 흐르면서 때로는 무섭게 범람하는 도나우강 변에 자리 잡은 푀흘라른은 매우 오래된 마을로, 이 작은 마을이 감당하기에는 너무 큰 니벨룽겐이라는 유산에 눌려 졸고 있는 듯했다.

어떤 시점에서는 모든 지방에서 세계시민이 태어나는 것처럼 보인다. 이 인물은 바깥세상으로 내몰리는 기분을 느끼며 자신을 넘어서는 존재가 되고 등장하는 곳이 어디든 자신의 분야에서 길잡이가 된다. 코코슈카는 인간의 이름으로 당황케 하고 일깨우며 그 누구도 무관심할 수 없게 만드는 조형예술의 가능성을 탐구하는 안내자가 되었다.

코코슈카를 향한 여정에서 놀라웠던 것은 정치적 의식과 예술적 전통에 대한 공격적 접근 방식 그리고 동시에 유희적이고 분노에 찬 태도였다. 이러한 태도는 그의 작품에 깊이 새겨져 있다. 코코슈카는 예술가로서, 일찍이 횔덜린이 소크라테스 이전 철학자 엠페도클레스에게 돌린 '문화 혐오'가 낯설지 않았다.

코코슈카는 색채와 형태를 통해 문화의 연원으로 돌아가려 했다. 이는 정치인들과 이들에게 조종당한 자들이 일으킨 두 차례의 문명적 재앙을 겪었고 그의 삶과 사랑이 혹독한 시련을 겪었기 때문이다. 그를 단지 빌뇌브의 별장에 거주하며 전 세계에서 찾아오는 당대의 거물들과 함께 평온한 자연 속에서 그림을 그린 예술가로만 본다면 본질을 간과하는 것이다. 그는 마지막까지도 흔적을 남기는 자로서 그림을 그렸다.

코코슈카와 함께 살며 아내 올다는 그의 "억제할 수 없는 분노"(올다의 표현)와 불안정한 행동, 별난 견해, 끝없는 애정 문제 등을 견뎌야 했다. 하지만 이는 코코슈카의 삶의 색깔이었다. 이를 그의 명민한 아내 올다보다 더 잘 아는 사람은 없었다. 이 책을 쓰는 동안 내 눈에 올다가 점점 더 위대해 보였다. 올다는 런던 망명을 가능하게 해 코코슈카의 생명을 구했고, 가정을 이루어 그가 제네바 호수에서 부드러운 색조의 전원 풍경을 창조할 때조차도 여전히 어떻게 해서든지 격렬한 창작을 가능하게 했다.

코코슈카의 삶과 작품을 연구하는 동안에도 트라클의 시가 끊임없이 끼어들었다. 트라클의 시는 찬가처럼 들리면서도 심오한 공포를 묘

사하고 있다. 트라클은 코코슈카가 그리는 그림의 맥락에서 시를 썼을
뿐만 아니라 시와 함께 이 예술가의 삶과 창작의 본질을 포착했다. 이
서정시의 모티브는 코코슈카의 그림이었다. 이 시의 급격한 감정 변화
는 코코슈카를 거듭 따라잡았다. 미국 어딘가에 걸려 있거나 잊힌 채
트렁크에 처박혀 있을 코코슈카의 트라클 초상화를 볼 수 있다면 얼마
나 좋을까? 그래서 이 책은 독자들이 트라클의 이 시를 마음에 간직하
거나 더욱 효과적으로는 시를 스스로 조용히 읽어보는 것으로 끝맺을
수밖에 없다.

　밤

　나는 그대를 거친 균열이라 노래하리,
　밤의 폭풍 속에
　우뚝 솟은 것.
　그대의 회색 탑들은
　지옥의 낯짝으로,
　사나운 짐승으로,
　거친 양치류, 전나무로,
　수정 같은 꽃들로 넘쳐흐른다.
　끝없는 고통에
　그대는 신을 갈구한다.
　부드러운 정신,
　폭포 속에,
　물결치는 소나무들 속에서 신음하나니.
　종족들의 불이 사방에서

금빛으로 타오르고,

거무스름한 낭떠러지에서

죽음에 취해 뛰어내리네

불타오르는 바람의 신부가

빙하의

파란 물결,

계곡의 종들이

힘차게 진동한다.

불꽃, 저주,

그리고 환락의

어두운 유희,

돌로 변한 머리 하나가

하늘로 오른다.[1]

생생한 언어로 그려진 이 시는 가파른 글씨로 연필과 잉크로 쓰였다. 코코슈카는 이 시를 색 견본으로 장식할 수 있었고 그렇게 해서 어둠 속에서도 빛나게 만들 수 있었을 것이다. 코코슈카 역시 '균열이 있는' 조형예술가이자 작가였다. 그는 폭풍의 밤을 알았고 '지옥의 낮짝'과 '사나운 짐승'은 모티브가 되었다. 동물적인 것은 때로는 정교한 '환락의 유희'으로 변모했다. 하지만 코코슈카가 그린 '머리'가 돌처럼 굳었다는 말은 할 수 없다. 오히려 그 반대로 머리는 살아 있고 개성이 강하며 보색과 대조되는 색상들로 채워졌다. 그녀는 그에게 붙어 있다. 그녀는 '바람의 신부' 알름쉬*, 알마 말러 베르펠이다. 알마는 죽기 6년 전인

• Almschi. 알마의 애칭이다.

1958년, 오래 기다린 회고록을 내며 이렇게 썼다. "코코슈카 이전에 나는 아직 반쯤 어린아이였을 때 추상적인 인물과 결혼했다. 하지만 내가 원한 모든 것은 프란츠 베르펠과 함께 이루어졌다." '추상'적인 인물은 구스타프 말러를 의미했다. 코코슈카는 말러 이전과 이후 사이 기준점일 뿐이었다. 이와 달리 베르펠은 충족 그 자체였다. 코코슈카는 자신의 책에 여전히 알마와 대화를 나누는 것처럼 "그러니 그것에 만족하라"라고 썼다. 코코슈카가 남긴 도서관에는 베르펠의 책이 한 권도 없다는 사실도 언급하지 않을 수 없다.

트라클은 시에서 '바람의 신부'를 '죽음에 취한' 것으로 묘사했지만, 그녀와 함께 그림 속에 누워 있는 예술가는 그렇게 보지 않았다. '시커먼 낭떠러지' 너머로 떨어지는 것은 그가 아니라 그녀다. 그러나 두 사람은 삶에서나 예술에서나 낭떠러지 너머로 떨어지는 추락을 각자의 방식으로 견뎌냈다. 횔덜린은 '휘페리온의 운명의 노래Hyperions Schicksalslied'의 마지막 연에서 삶에 대한 더 깊은 진리를 다음과 같이 표현했다. 트라클이 알았고 코코슈카가 어렴풋이 느꼈던 진리는 다음과 같다.

　　그러나 우리에겐 어디고
　　　쉴 곳 없고
　　　　고뇌하는 인간들
　　　　　눈먼 채 시간에서
　　　　　　시간으로 떨어져내리도다,

● 횔덜린의 시는 《횔덜린 시 전집 1》, 장영태 옮김, 책세상, 2017에서 인용했다.

마치 물줄기 절벽에서

절벽으로 내동댕이쳐져

를 거듭하며 미지의 세계로 떨어져내리듯이.[2]

주

들어가며

1   Oskar Kokoschka, *Mein Leben*. Vorwort und dokumentarische Mitarbeit v. Remigius Netzer. München 1971, S.31. 이하 본문에서는 쪽수와 함께 ML(《나의 인생》)로 표기하고 인용한다. 강조는 저자.

2   같은 곳.

3   이에 관해서는 다음의 훌륭한 연구 참조. Roberto Calasso, *Das Rosa Tiepolos*. Aus dem Italienischen v. Reimar Klein. München 2010.

4   *Hugo von Hofmannsthal-Harry Graf Kessler, Ein Briefwechsel 1898~1929*. Hg. v. Hilde Burger, Frankfurt am Main 1968, Nr.12.

5   Carl Einstein, *Die Kunst des 20. Jahrhunderts*. Berlin 1926, S.144.

6   같은 곳.

7   같은 곳, S.148.

8   Max Dauthendey, Norsland in allen Farben. *Max Dauthendey, Frühe Prosa*. Aus dem handschriftlichen Nachlaß hg. v. Hermann Gerstner unter Mitarbeit v. Edmund L. Klaffki. München/Wien 1967, S.225.

9   *Ernst Barlach, Dramen: Der Tote Tag*. Hg. und mit einem Vorwort v. Helmar Harald Fischer. München/Zürich 1988, S.162. 토마스 만은 1924년에 이 희곡에 관해 다음과 같이 평했다. "신의 영웅적 아들이자 질투심에 사로잡힌 대지의 응석받이로 영원히 남을 인간의 비극." 같은 곳, S.12.

10   Oskar Kokoschka, *Das schriftliche Werk in vier Bänden*. Bd. IV. Hg. v. Heinz Spielmann. Hamburg 1973~1976, S.116. 이하 본문에서는 권수 및 쪽수와 함께 DSW(저작집)로 표시한다.

11   Thomas Anz, Michael Stark(Hg.), *Expressionismus. Manifeste und Dokumente zur deutschen Literatur*. Stuttgart 1982, S.685 f.

12   Alfred Lichtwark, *Übungen in der Betrachtung von Kunstwerken nach Versuchen mit*

einer Schulklasse. Hg. v. der Lehrervereinigung zur Pflege der künstlerischen Bildung. Dresden 1898. 카프카는 1916년 9월 26일에 펠리체 바우어Felice Bauer에게 보낸 편지에서 베를린 유대서민관에서 펠리체가 벌인 교육 활동과 관련해 리히트바르크의 이 저서를 추천했다. *Franz Kafka, Briefe an Felice und andere Korrespondenz aus der Verlobungszeit*. Hg. v. Erich Heller und Jürgen Born. 11. Auflage, Frankfurt am Main 2009, S.709.

1장 — 길 위에서

1   Oskar Kokoschka, *Briefe in vier Bänden*. Bd. 1. Hg. v. Olda Kokoschka und Heinz Spielmann. Düsseldorf 1984 ff., S.10(v. 11. August 1909). 이하 본문에서는 권수 및 쪽수와 함께 Br(편지)로 표시한다.

2   Hugo von Hofmannsthal, *Gesammelte Werke in zehn Einzelbanden: Reden und Aufsätze II(1914~1924)*. Hg. v. Bernd Schoeller in Beratung mit Rudolf Hirsch. Frankfurt am Main 1979, S.55~68.

3   Heinz Spielmann, *Oskar Kokoschka. Leben und Werk*. Köln 2003, S.14.

4   Elias Canetti, *Party im Blitz. Die englischen Jahre*. Aus dem Nachlaß hg. v. Kristian Wachinger. Mit einem Nachwort v. Jeremy Adler. München/Wien 2003, S.168.

5   Spielmann, *Oskar Kokoschka* 2003, S.108.

6   Stefan Zweig, *Die Welt von Gestern. Erinnerungen eines Europäers*. 38. Auflage, Frankfurt am Main 2010, S.15~44.

7   Michiko Mae, Elisabeth Scherer(Hg.), *Nipponspiration–Japonismus und japanische Populärkultur im deutschsprachigen Raum*. Wien/Köln/Weimar 2013 참조.

8   Inga Rossi-Schrimpf, George Minne. *Das Frühwerk und seine Rezeption in Deutschland und Österreich bis zum Ersten Weltkrieg*. Weimar 2012 참조.

9   Hans Maria Wingler, *Kokoschka-Fibel*. Salzburg 1957, S.22.

10 Christian Brandstätter(Hg.), *Die Welt von Gestern in Farbe*. Wien 2009.

11 Franz Pfeuffer, Die neue Franzensbrücke über den Donau-Canal in Wien. *Zeitschrift des Österreichischen Ingenieur-und Architekten-Vereins*. 18(1900).

12 Pjotr A. Fürst Kropotkin, *Moderne Wissenschaft und Anarchismus*. Berlin 1904. 수많은 밑줄이 그어진 인쇄본이 빈응용예술대학 기록보관소의 오스카코코슈카센터에 있는 코코슈카유고도서관에 있다.

13 같은 곳, S.41.

14 Willi Reich, *Alban Berg. Leben und Werk*. München/Zürich 1985, S.24 참조.

15 Egon Friedell, *Ecce Poeta*. Berlin 1912, S.22 f. 헌정본이 코코슈카유고도서관에 있다.

2장 ― 바람의 신부

1 Johann Amos Comenius, *Orbis Sensualium Pictus*. Hg. v. Johann Kühnel. Faksimile des Originals von 1658. Leipzig 1910. 인쇄본은 코코슈카 유고도서관에 있다. 이곳 센터장인 베르나데트 라인홀트 박사 덕분에 관련 자료를 열람하고 검토할 수 있었다.

2 Ernst Klee, *Das Kulturlexikon zum Dritten Reich. Wer war was vor und nach 1945*. Frankfurt am Main 2007, S.249~253 참조.

3 Hermann Köstler, Oskars guter Geist. Zum Tod von Olda Kokoschka. *Neue Zürcher Zeitung* v. 26. Juni 2004.

4 Canetti, *Party im Blitz*, S.165.

5 같은 곳.

6 Köstler, *Oskars guter Geist*.

7 Canetti, *Party im Blitz*, S.166.

8 Alma Mahler-Werfel, *Mein Leben*. Vorwort von Willy Haas. Frankfurt am Main 1980, S.50.

9 Karl Kraus, *Worte in Versen*. Leipzig 1916. 헌정본이 코코슈카유고도서관에 있다.

10 크라우스와 코코슈카의 관계에 관해서는 다음 참조. Régine Bonnefoit, Bernadette Reinhold, Die Nachlassbibliothek von Oskar Kokoschka-neue Perspektiven in der Kokoschka-Forschung. Régine Bonnefoit, Ruth Häusler(Hg.), *Spur im Treibsand*. Oskar Kokoschka neu gesehen. Briefe und Bilder. Petersberg 2010, S.35~61 중 특히 S.46~48.

11 Walter Muschg, Von Trakl zu Brecht. W. M., *Die Zerstörung der deutschen Literatur und andere Essays*. Hg. v. Julian Schütt und Winfried Stephan. Mit einem Nachwort v. Julian Schütt. Zürich 2009, S.690.

12 예를 몇 개만 들자면 다음과 같다. 브루스 베레스포드Bruce Beresford 감독의 영화 '바람의 신부Die Windsbraut'(2001), 파울루스 만케르Paulus Manker 감독의 '알마ALMA'(2007), 힐데 베르거Hilde Berger의 소설 《이런 사랑은 증오인가?Ob es Haß ist, solche Liebe?》, Wien/Köln/

Weimar 2008.

13 Oliver Hilmes, *Witwe im Wahn*. München 2004, S.34 ff. 참조.

14 Johann Wolfgang v. Goethe, *Hamburger Ausgabe*. Hg. von Erich Trunz. München 1988, Bd. I, S.122.

15 Spielmann, *Oskar Kokoschka* 2003, S.140.

16 Henning Mankell, *Treibsand. Was es heißt, ein Mensch zu sein*. Aus dem Schwedischen v. Wolfgang Butt. Wien 2014, S.103.

17 Spielmann, *Oskar Kokoschka* 2003, S.143.

18 Alma Mahler-Werfel, *Mein Leben*, S.53.

19 같은 곳.

20 Heinz Spielmann, *Osker Kokoschka. Die Fächer für Alma Mahler*. Hamburg 1969, S.30.

21 Rüdiger Görner, *Georg Trakl. Dichter im Jahrzehnt der Extreme*. Wien 2014, S.176~180 참조.

22 Wolfgang Schneditz, Kokoschkas Erinnerungen an Trakl. *Die Presse*. Wien. Nr.42 v. 21. Oktober 1950, S.6.

23 Georg Trakl, *Dichtungen und Briefe*. Bd. I. Hg. v. Walther Killy und Hans Szklenar. 2. ergänzte Aufläge, Salzburg 1987, S.475.

24 같은 곳, S.499.

25 Klaus Manger, Trakl und die 'Franziska Kokoschkas'. *Neue Zürcher Zeitung* v. 3./4. August 1985 (Nr.177), S.47~48.

26 Marie Luise Kaschnitz, *Gesammelte Werke*. Hg. v. Christian Büttrich und Norbert Miller. Bd. 5: *Die Gedichte*. Frankfurt am Main 1987, S.245 f.

27 같은 곳, Bd. VII: *Die essayistische Prosa*, S.279. Brigitte Raitz(Hg.), "Ein Wörterbuch anlegen". Marie Luise Kaschnitz zum 100. Geburtstag. Mit einem Essay v. Ruth Klüger. *Marbacher Magazin* 95/2001, S.102~104(Eintrag Windsbraut) 참조.

28 Alma Mahler-Werfel, *Mein Leben*, S.49.

29 같은 곳, S.50.

30 같은 곳, S.55.

31 August Stramm, *Du. Liebesgedichte*. Berlin 1916, S.5. die Ausgabe: August Stramm, *Die Dichtungen. Sämtliche Gedichte, Dramen, Prosa*. Hg. und mit einem Nachwort v. Jeremy Adler. München 1990, S.28~29 참조.

32 이 인쇄본은 코코슈카유고도서관에 있다.

33 Zentralbibliothek Zürich, Nachlass Kokoschka, Sig. 271.4.

34 같은 곳.

35 Zenralbibliothek Zürich, Nachlass Kokoschka, Sig. 346.18.

3장 — 전쟁과 예술

1 https://www.bl.uk/collection-items/kokoschka(abgerufen am 5. Juli 2017).

2 August Stramm, *Die Dichtungen*, S.110.

3 Nachlass Leonard Forster. Box 130: Oskar Kokoschka. Senate House Library, London.

4 레너드 포스터Leonard Forster의 최초 통지, An unpublished letter from Rilke to Kokoschka. *German Life & Letters* 15(1961) 1, S.21~24 중 특히 S.21.

5 Herman Meyer, Die Verwandlung des Sichtbaren. Die Bedeutung der modernen bildenden Kunst für Rilkes späte Dichtung. Rüdiger Görner(Hg.), *Rainer Maria Rilke. Wege der Forschung*. Bd.638. Darmstadt 1987, S.131~184 중 특히 S.156.

6 같은 곳, S.156 f.

7 Rainer Maria Rilke, *Werke. Kommentierte Ausgabe in vier Bänden*. Bd.2: *Gedichte 1910 bis 1926*. Hg. v. Manfred Engel und Ulrich Fülleborn. Frankfurt am Main/ Leipzig 1996, S.548. Darin auch das Gedicht S.148~151.

8 Rainer Maria Rilke, *Haßzellen, stark im größten Liebeskreise. Verse für Oskar Kokoschka*. Hg. v. Joachim W. Storck. Marbach 1988, S.13.

9 Rainer Maria Rilke, *Werke* Bd.2, S.148 u.149(V.1 u. V.31 f.).

10 같은 곳, S.150(V.45~48).

11 같은 곳, (V.53~56).

12 같은 곳, (V.57~60).

13 August Stramm, *Die Dichtungen*, S.97.

14 Albrecht Scholz, Ärzte und Patienten in Dresdner Naturheilsanatorien. *medizin–bibliothek–information* 4(2004), Nr.1, S.13~19.

15 George Grosz, *Ein kleines Ja und ein großes Nein*. Hamburg 1955, S.135.

16 Donata Kaman, *Theater der Maler in Deutschland und Polen*. Münster 2001, S.102 f.

17 Camill Hoffmann, Kokoschkas Dichtung und Theater. *Das Kunstblatt*. Jahrgang 1917,

Heft 7, S.219~221 중 특히 S.221.

18 Hugo Zehder, Dresdner Theater. *Tägliche Rundschau* v. 6. Juni 1917.

19 Camill Hoffmann, Kokoschkas Bildnisse und Phantasien. *Die Dame*(1917), Heft 3, S.6~7 중 특히 S.7.

20 Gertrud Pott, *Die Spiegelung des Sezessionismus im österreichischen Theater*. Wien 1975, S.46~56; Donata Kaman, *Theater der Maler in Deutschland und Polen*, S.104~107 참조.

21 Knut Hamsun, *Pan. Aus Leutnant Thomas Glahns Papieren*. Roman. Aus dem Norwegischen übersetzt v. Ingeborg und Aldo Keel. Nachwort v. Aldo Keel. Zürich 2009, S.193.

22 Adalbert Stifter, *Der Nachsommer*. Mit einem Nachwort und Auswahlbibliographie v. Uwe Japp. Anmerkungen und Zeittafel v. Karl Pörnbacher. Düsseldorf/Zürich 2005, S.89.

23 같은 곳, S.89 f.

24 Ingrid Mesterton u. a.(Hg.), *Ernst Josephson. 1851~1906. Bilder und Zeichnungen*. Städtisches Kunstmuseum, Bonn 1979 참조.

25 이에 관해 중요한 연구는 다음과 같다. Judith E. Bernstock, *Under the Spell of Orpheus. The Persistence of a Myth in Twentieth-Century Art*. Southern Illinois University Press 1991.

26 Reinhard Kapp, Zum Stand der Bearbeitung des Orpheus-Stoffes in den zwanziger Jahren. Jürg Stenzl(Hg.), *Ernst Křenek, Oskar Kokoschka und die Geschichte von Orpheus und Eurydike*. Ernst Křenek-Studien. Bd.1. Schliengen 2005, S.33~47 참조.

27 Brief von Oskar Kokoschka an Ernst Křenek v. 17. Juli 1923. Sig. IN220.969 in der Wienbibliothek im Rathaus der Stadt Wien. 마르셀 아체Marcel Atze 박사의 허락을 받아 인용.

28 Der Herkules. Cassel v. 4. Dezember 1926. Die Kritiken finden sich gesammelt im Ernst Křenek-Institut, Krems.

29 Ernst Křenek, *Im Atem der Zeit. Erinnerungen an die Moderne*. Aus dem amerikanischen Englisch v. Friedrich Saathen. Revidierte Übersetzung v. Sabine Schulte. Wien 2012, S.458.

30 같은 곳.

31 같은 곳, S.459.

32 같은 곳, S.471.

33 Brief v. 6. Januar 1923. Sig. IN220.968. Wienbibliothek im Rathaus Wien.

34 Ernst Křenek, *Im Atem der Zeit*, S.473.

35 Insa Fooken, *Puppen–heimliche Menschenflüsterer. Ihre Wiederentdeckung als Spielzeug und Kulturgut*. Göttingen 2012 참조. 마인츠의 엘리자베트 콜러Elisabeth Kohler 박사 덕분에 이 자료를 알게 되었다.

36 Nathan J. Timpano, *Coinstructing the Viennese Modern Body: Art, Hysteria, and the Puppet*. New Work 2017, S.167 f.

37 E. T. A. Hoffmann, *Der Sandmann. Historisch-kritische Edition*. Hg v. Kaltërina Latifi. Frankfurt am Main 2011, S.114. Zur Interpretation vgl. Latifi('Das ganze ist eine sattsam aüsgefuhrte Allegorie'. Täuschung und Enttäuschung des Lesers in E. T. A. Hoffmanns *Sandmann*), 같은 곳, S.149~178 중 특히 S.171 ff.

4장 — 방랑자

1 Fritz Löffler, Dresdner Sezession Gruppe 1919. *Expressionismus: die zweite Generation 1915~1925*. München 1989, S.61~83; Fritz Löffler, Emilio Bertonati, Joachim Heusinger von Waldegg(Hg.), *Dresdner Sezession 1919~1923*. Ausstellungskatalog Galleria del Levante. München/Mailand 1977.

2 Heinrich von Kleist, *Sämtliche Werke und Briefe in vier Bänden*. Hg. v. Ilse-Marie Barth, Klaus Müller-Salget, Stefan Ormanns und Hinrich C. Seeba. Bd.4: *Briefe von und an Heinrich von Kleist 1793~1811*. Frankfurt am Main 1997, S.221(Nr. 47), Brief v. 4. Mai 1801.

3 같은 곳, S.172(Nr.33), Brief v. 29. u. 30. November 1800.

4 Die subtile Würdigung von Karl-Markus Gauß, *Wann endet die Nacht. Über Albert Ehrenstein–ein Essay*. Zürich 1986 참조.

5 Albert Ehrenstein, *Werke*. Hg. v. Hanni Mittelmann. Bd.V: *Aufsätze und Essays*. Göttingen 2004, S.226.

6 같은 곳, S.229.

7 베네치아 신화가 독일어권 예술가 및 작가에 미친 영향은 Klaus Bergdolt, *Deutsche in Venedig. Von den Kaisern des Mittelalters bis zu Thomas Mann*. Darmstadt 2011 참조.

8 1986년 런던 테이트갤러리에서 열린 대규모 회고전 도록《오스카 코코슈카 1886~1980Oskar Kokoschka 1886~1980》의 도록에는 '리츠호텔에 묵었다면'이 "리츠호텔에 묵지 않았다면"으로 잘못 번역되어 있다. The Tate Gallery London 1986, S.347.

9 Josef Bard, The Leading Expressionist. Oskar Kokoschka in London. *The Forum*. September 1927, S.410~416.

10 Edith Wharton, *In Morocco*. London 1920. Neuausgabe 1927.

11 George Padmore, *Afrika unter dem Joch der Weissen*. Erlenbach-Zürich/Leipzig 1937.

12 Abd el Krim, *Memoiren. Mein Krieg gegen Spanien und Frankreich*. Übersetzt v. Artur Rosenberg. Dresden 1927.

13 So Heinz Spielmann in Br II, S.326, Anm. zu S.278.

14 Armin A. Wallas, *Albert Ehrenstein. Mythenzerstörer und Mythenschöpfer*. München 1994; Kap.XIII: Der Weg zum Matriarchat, S.485~516 참조.

15 야야 엘자가 쓴 서문도 참조할 만하다. Johann Jakob Bachofen, *Mutterrecht und Urreligion*. Hg. und neu eingeleitet v. Yahya Elsaghe. 7. überarbeitete Auflage, Stuttgart 2015, S.IX~LXV.

16 E. H. Gombrich, Kokoschka in his Time. Lecture given at the Tate Gallery on 2 July 1986. London 1986, S.9.

17 Victor Freiherr von Weizsäcker, *Seelenbehandlung und Seelenführung nach ihren biologischen und metaphysischen Grundlagen betrachtet*. Gütersloh 1926, S.57.

18 Sigmund Freud, *Studienausgabe*, Bd.9: *Fragen der Gesellschaft, Ursprünge der Religion*. Hg. v. Alexander Mitscherlich, Angela Richards, James Strachey. Frankfurt am Main 2000, S.287~444(Erstausgabe Wien 1913).

19 E. H. Gombrich, *Kokoschka in his Time*, S.21 참조.

20 Hans Vaihinger, *Die Philosophie des Als Ob. System der theoretischen, praktischen und religiösen Fiktionen der Menschheit auf Grund eines idealistischen Positivismus. Mit einem Anhang über Kant und Nietzsche*. Berlin 1911. 1923년 보급판은 9판과 10판을 토대로 간행되었다.《의제로서의 철학》은 프로이센 고등학생용 교과서판이 있을 뿐만 아니라 12개국어로 번역되기도 했는데, 이는 파이잉거의 상대화된 가치 철학과 과학적 허구의 의미에 대한 질문이 널리 퍼진 이유를 설명해준다.

21 같은 곳, S.11. 이 외에도 Matthias Neuber(Hg.), *Beiträge zu Hans Vaihingers 'Philosophie des Als Ob'*. Würzburg 2014 역시 참조할 만한 연구다.

22 Thomas Mann, *Tagebücher 1933~1934*. Hg. v. Peter de Mendelssohn. Frankfurt am Main 1977, S.294.

23 *Der Wiener Kunstwanderer*. Offizielles Organ der Notgemeinschaft für Kunst und Schrifttum in Österreich. 1(1933), Heft 10(November), S.4~26.

24 den Eintrag zu Thomas Mann von Marina Rauchenbacher Konstanze Fliedl, Marina Rauchenbacher, Joanna Wolf(Hg.), *Handbuch der Kunstzitate: Malerei, Skulptur, Fotografie in der deutschsprachigen Literatur der Moderne*. Bd.2. Berlin/Boston 2011, S.517~521 참조.

25 die grundlegende Studie von Katrin Bedenig-Stein, *Nur ein "Ohrenmensch"? Thomas Manns Verhältnis zu den bildenden Künsten*. Bern [u. a.] 2001. Zur Forschungsliteratur vgl. Rauchenbacher, Thomas Mann. *Handbuch der Künstzitate*, S.521.

26 *Der Wiener Kunstwanderer*, S.5.

27 Thomas Mann, *Tagebücher 1933~1934*, S.245.

28 Thomas Mann, *Gesammelte Werke in dreizehn Bänden*. Bd.X: *Reden und Aufsätze 2*. Frankfurt am Main 1990, S.915 f.[Über Oskar Kokoschka]. Die nachfolgenden Seitenangaben im Text beziehen sich auf diese Ausgabe.

29 Thomas Mann, *Tagebücher 1933~1934*, S.249.

30 Thomas-Mann-Archiv, Zürich. Signatur:B-II-KOKO-1. Der Abdruck erfolgt mit freundlicher Genehmigung des TMA.

31 같은 곳, S.324.

32 Jutta Hülsewig-Johnen(Hg.), *Oskar Kokoschka. Emigrantenleben. Prag und London 1934~1953*. Katalog zu der 1994/1995 in der Bielefelder Kunsthalle und der Nationalgalerie Prag gezeigten Ausstellung. Bielefeld 1994; Werner Haftmann, *Oskar Kokoschka–Exil in der Tschechoslowakei und Großbritannien*(II. Prag), S.55~74.

33 Joseph Roth, Prag. Spaziergang in einer verzauberten Stadt(1932). *Frankfurter Allgemeine Sonntagszeitung* v.25. November 2012, Nr.47, S.57.

34 Régine Bonnefoit, Oskar Kokoschkas pazifistisches und politisches Engagement in Prag. *Stifter-Jahrbuch*, NF 29(2015), S.161~188. 본푸아는 프라하 시기를 '망명'으로 기술하지 않은 것을 중요하게 생각한다. '망명'이라는 표현은 법적으로는 맞지만 코코슈카 자신은 다르게 보았다.

35 Christiane Heuwinkel, Die sichtbare Welt. Oskar Kokoschka und Jan Amos

Comenius. Jutta Hülsewig-Johnen, *Oskar Kokoschka. Emigrantenleben*. Prag und London 1934~1953, S.91~98 참조.

36 Silvio Vietta, *Die Weltgesellschaft. Wie die abendländische Rationalität die Welt erobert und verändert hat*. Baden-Baden 2016, S.31 f. 참조.

37 Raoul Hausmann, Rückkehr zur Gegenständlichkeit in der Kunst. *Dada Almanch 1920*, S.147~151.

38 Heiko Christians, Gesicht, Gestalt, Ornament. Überlegungen zum epistemologischen Ort der Physiognomik zwischen Hermeneutik und Mediengeschichte. *Deutsche Vierteljahrsschrift für Literaturwissenschaft und Geistesgeschichte*(2000) 74(1), S.84~110 참조.

5장 — 영국 망명

1 http://www.kunstzitate.de/bildendekunst/manifeste/beckmann1938. htm(abgerufen am 23. Mai 2016).

2 Edith Hoffmann-Yapou, *Kokoschka–Life and Work*. London 1947, S.223. 강조는 저자.

3 Marian Malet, Oskar Kokoschka and the Freie Deutsche Kulturbund. The "Friendly Alien" as Propagandist. *'I didn't want to float'; I wanted to belong to something. Refugee Organisations in Britain 1933~1945*. Hg. v. Anthony Grenville und Andrea Reiter. *The Yearbook of the Research Centre for German and Austrian Exile Studies*. Vol.10(2008), S.49~66 참조. 자유독일문화연맹의 활동에 대한 개요는 Charmian Brinson und Richard Dove, *The Continuation of Politics by Other Means: The Free German Leage of Culture in London, 1939~1945*. Middlesex 2010 참조.

4 현재까지 울만에 관한 포괄적인 연구는 Anna Plodeck, *The making of Fred Uhlman: life and work of the painter and writer in exile*. 2 Bände. Dissertation. University of London(Courtauld Institute of Art) 2004에 잘 정리되어 있다.

5 Aufsatz von Anna Müller-Härlin, Rebellious and supportive: the collector Michael Croft and artists in exile in Great Britain. Andrew Chandler, Katarzyna Stoklosa, Jutta Vinzent(Hg.), *Exile and Patronage: Cross-cultural Negotiations Beyond the Third Reich*. Berlin 2006, S.45~54 참조.

6 Fred Uhlman, *The Making of an Englishman*. Erinnerungen eines deutschen Juden.

Hg. und aus dem Englischen übertragen v. Manfred Schmid. Zürich 1998, S.260.

7 Heinz Spielmann, Oskar Kokoschka in Prag und England. Jutta Hülsewig-Johnen(Hg.), *Kokoschka, Emigrantenleben*, S.177~189 중 특히 S.182~188.

8 Fred Uhlman, *The Making of an Englishman*, S.266.

9 Rüdiger Görner, Reality as fiction or: fashioning of the self. Fred Uhlman–The artist as writer. Nicola Baird(Hg.), *The Making of an Englishman. Fred Uhlman. A Retrospective*. London 2018, S.102~119.

10 Zentralarchiv Zürich, Nachlass Kokoschka, Sig. 312.8.

11 Anna Müller-Härlin, Die Artists' International Association und 'refugee artists'. *'I didn't want to float'; I wanted to belong to something. Refugee Organisations in Britain 1933~1945*. Hg. v. Anthony Grenville und Andrea Reiter. *The Yearbook of the Research Centre for German and Austrian Exile Studies*. Vol.10(2008), S.27~48 중 특히 S.38.

12 Panikos Panayi, *The Enemy in our Midst. Germans in Britain During the First World War*. London u. a. 1991 참조.

13 A. J. Sherman, *Island Refuge. Britain and Refugees from the Third Reich 1933~1939*. Berkeley and Los Angeles 1973; Ronald Stents, *A Bespattered Page? The Internment of His Majesty's 'most loyal enemy aliens'*. London 1980; Connery Chappell, *Island of Barbed Wire. Internment on the Isle of Man in World War Two*. Michigan 1984; Colin Holmes, *John Bull's Island: Immigration and British Society 1871~1971*. Abbingdon 1988 참조.

14 Zentralbibliothek Zürich, Nachlass Kokoschka, Sig. 325.3.

15 Zentralbibliothek Zürich, Nachlass Kokoschka, Sig. 364.

16 같은 곳.

17 Brief an J. P. Hodin vom 3. Oktober 1939; J. P. Hodin, Einige frühe Briefe Kokoschkas aus der Emigration. *Literatur und Kritik*, September 1978, Heft 128, S.458~462 중 특히 S.459.

18 같은 곳, S.460. 전체 4권으로 구성된 이 서한집(Br III, S.98 f.)에는 이 구절이 이상하게도 생략되어 있다.

19 Silvia Höller(Hg.), *Hilde Goldschmidt, 1897~1980. Zwischen Kokoschka, Exil und Kitzbühel*. Innsbruck/Wien 2005.

20 Josef Paul Hodin, *Spuren und Wege. Leben und Werk der Malerin Hilde*

Goldschmidt. Hamburg 1974.

21 Werner Haftmann, Oskar Kokoschka. Exil in der Tschechoslowakei und Großbritannien. Jutta Hülsewig-Johnen(Hg.), *Kokoschka, Emigrantenleben*, S.27~45 중 특히 S. 38.

22 같은 곳, S.44.

23 Heinz Spielmann, *Kokoschka in Prag und England*, S.185.

24 Edith Hoffmann-Yapou, *Kokoschka–Life and Work*, S.234.

25 Lun Yu, *Gespräche*. Düsseldorf/Köln 1975, Buch 12, Abschnitt 1, S.121; Wolfgang Mieder, "Nichts sehen, nichts hören, nichts sagen". Die drei weisen Affen in *Kunst, Literatur, Medien und Karikaturen*. Wien 2005 해설 참조.

26 Edith Hoffmann-Yapou, *Kokoschka–Life and Work*, S.236.

27 Richard Calvocoressi, Kokoschka und Schottland. Hülseweg-Johnen(Hg.), *Kokoschka, Emigrantenleben*, S.153~159 중 특히 S.155.

28 이반 마이스키에 관해서는 그의 일기가 일부 출간된 이후 좀더 자세히 알 수 있었다. Die Maiski-Tagebücher. *Ein Diplomat im Kampf gegen Hitler, 1932~1943*. Hg. v. Gabriel Gorodetsky. Aus dem Englischen von Karl Heinz Siber. München 2016. 'Der Werdegang eines sowjetischen Diplomaten', S.32~60; 'Ende einer Ära: Maiskis Abberufung', S.761~784 중 특히 S.766~769에 코코슈카와의 초상화 작업에 관해 자세히 언급되어 있다.

29 Zitiert mit freundlicher Genehmigung des Tate Gallery Archive, Sig. TGA844/2–41.

30 같은 곳.

31 같은 곳.

32 James Stourton, *Kenneth Clark. Life, Art and Civilization*. London 2016, S. 208.

33 모두 테이트갤러리아카이브Tate Gallery Achive(TGA844/2–41)의 허락을 받아 인용.

34 Paul Westheim, *Oskar Kokoschka*. 2. Auflage, Berlin 1925(Erstausgabe 1918).

35 같은 곳, S.15.

36 같은 곳, S.21, 50.

37 같은 곳, S.99.

38 같은 곳, S.100.

39 같은 곳, S.79.

40 Die Retrospektive in der Hamburger Kunsthalle anlässlich von Kokoschkas 100. Geburtstag; Serge Sabarsky, *Oskar Kokoschka. Die frühen Jahre 1906~1926*.

Aquarelle und Zeichnungen. Mit Beiträgen v. Werner Hofmann und Willi Hahn. München 1986, S.Abb.1~8.

41 Jutta Hülsewig-Johnen(Hg.), Kokoschka, S.170, 171.

6장 — 표현 형식으로서의 초상화

1 Johann Wolfgang v. Goethe, Der Sammler und die Seinigen. *Werke.* Hamburger Ausgabe, Bd.12. Hg. v. Erich Trunz. München 1988, S.85.

2 Barbara Honigmann, *Das Gesicht wiederfinden. Über Schreiben, Schriftsteller und Judentum.* München/Wien 2006, S.137 f., S.139.

3 같은 곳, S.93 f.

4 Anselm Haverkamp im Interview mit Juliane Rebentisch und Susanne Leeb. *Latenzzeit. Die Leere der fünfziger Jahre. Texte zur Kunst.* 12(2003), Heft 50, S.45~53 중 특히 S.50.

5 Carl Einstein, *Die Kunst des 20. Jahrhunderts.* Berlin 1926, S.145.

6 같은 곳, S.146.

7 Albert Soergel, *Dichtung und Dichter der Zeit. Eine Schilderung der deutschen Literatur der letzten Jahrzehnte. NF: Im Banne des Expressionismus.* 5. Auflage, Leipzig 1927, S.737.

8 Hanno Rauterberg, Architektur und Verbrechen. *Die Zeit* v. 13. August 2015(Nr.31).

9 같은 곳; Christopher Long, *Der Fall Loos.* Salzburg 2014 참조.

10 Michael Navratil, 'Den Schauer des Mythos neu schaffen'. Die kreative Rezeption von Nietzsches 'Geburt der Tragödie' in der Wiener Moderne. *Sprachkunst* XLII(2011), 2. Hlb., S.268(S.245~269, 코코슈카 특히 S.262~268).

11 Erich Mühsam, *Tagebücher 1910~1924.* Hg. und mit einem Nachwort v. Chris Hirte. 2. Auflage, München 1995, S.37.

12 Georg Simmel, *Aufsätze und Abhandlungen 1901~1908.* Bd.1. Gesamtausgabe, Bd.7. Hg. v. Rüdiger Kramme, Angela und Ottheim Rammstedt. Frankfurt am Main 1995, S.321~332 중 인용 부분은 S.321~325.

13 같은 곳, S.36~42 중 특히 S.37.

14 같은 곳, S.38.

15 같은 곳.

16 연구에 대한 개요는 Maraike Bückling(Hg.), *Die phantastischen Köpfe des Franz Xaver Messerschmidt*. München 2006 참조.

17 Harry Graf Kessler, *Tagebücher 1918 bis 1937*. Hg. v. Wolfgang Pfeiffer-Belli. Frankfurt am Main/Leipzig 1996, S.551 f.

18 Hans Maria Wingler, *Kokoschka-Fibel*, S.46, 116 참조.

19 Otto F. Best(Hg.), *Theorie des Expressionismus*. Stuttgart 1978, S.68~73 중 특히 S.68.

20 Jacob Burckhardt, Das Porträt in der Malerei. J. B., *Werke*. Kritische Gesamtausgabe, Bd.6, München 2000, S.147~281. 또한 Manuel Gasser, *Das Selbstbildnis. Gemälde grosser Meister*. Zürich 1961; Stephen Greenblatt, *Renaissance Self-Fashioning. From More to Shakespeare*. Chicago 1980; Ulrich Pfisterer, Valeska von Rosen(Hg.), *Der Künstler als Kunstwerk. Selbstporträts vom Mittelalter bis zur Gegenwart*. Stuttgart 2005(놀랍게도 이 책에는 코코슈카에 대한 언급이 없다) 참조.

21 Ulrich Pfisterer, Valeska von Rosen(Hg.), *Der Künstler als Kunstwerk*, S.13.

22 Friedrich Gundolf, *Heinrich von Kleist*. Berlin 1922, S.87.

23 Régine Bonnefoit, Roland Scotti(Hg.), *Wunderkammer/Cabinet de curiosités*. Gottingen 2011.

24 Jean Starobinski, *Porträt des Künstlers als Gaukler. Drei Essays*. Aus dem Französischen v. Markus Jakob. Frankfurt am Main 1985 참조.

25 Georg Wilhelm Friedrich Hegel, *Vorlesungen über die Ästhetik. Erster und zweiter Teil*. Mit einer Einführung und hg. v. Rüdiger Bubner. Stuttgart 1977, S.662.

26 Oskar Kokoschka, *Städtebilder und Landschaften*. Einführung v. Walter Urbanek. München 1990 참조.

27 Véronique Mauron, *Werke der Oskar Kokoschka-Stiftung*. Aus dem Französischen v. Kathrin Braunschweig-Geller, Pascal Steenken und Heike Gieche Wenger. Vevey 1994, S.208 f.

28 Wolfgang Kemp(Hg.), *Der Betrachter ist im Bild. Kunstwissenschaft und Rezeptionsästhetik*. Berlin 1991 참조.

29 Heinz Spielmann, *Oskar Kokoschka, Lebensspuren. Ausgewählte Gemälde, Aquarelle, Zeichnungen der Kokoschka-Stiftung Vevey aus den Jahren 1906 bis 1976. Mit unveröffentlichten Gesprächen des Künstlers aus dem Jahre 1966*. Flensburg 1992, S.33.

30　*The Passionate Eye. Impressionist and Other Master Paintings from The E. G. Bührle Collection*, Zürich/München 1990; Margit Hahnloser-Ingold, Emil Georg Bührle. A Student of Art History Turned Industralist and Art Collector. 같은 곳, S.17~34에는 뷔를레의 사업 행태에 관한 내용이 전혀 포함되어 있지 않다. 이에 반해 2016년 9월 23일부터 2017년 1월 29일까지 쾰른의 발라프리하르츠미술관에서 열린 '뒤러에서 반 고흐까지' 전시는 이와 관련해 더 많은 자료를 제공해주는데, 뷔를레와 나치 고객 간의 연결 고리를 보여주는 문서가 포함되어 좀더 솔직하고 풍부했다. 이 전시회 도록 *Von Dürer bis van Gogh. Sammlung Bührle trifft Wallraf*, Stuttgart 2016 참조.

31　같은 곳, Bildnummer 85.

32　Iwan Goll/Claire Goll, *Briefe*. Mit einem Vorwort von Kasimir Edschmid. Mainz und Berlin 1966, S.48.

33　같은 곳, S.49.

34　Zentralbibliothek Zürich, Nachlass Kokoschka, Sig. 336.41.

35　Zentralbibliothek Zürich, Nachlass Kokoschka, Sig. 316.27.

36　Gottfried von Einem, 같은 곳.

37　Régine Bonnefoit, Kokoschka, la musique et les musiciens. R. B.(Hg.), *Kokoschka et la musique*. Vevey 2007, S.30.

38　Heinz Spielmann, *Lebensspuren*, S.13.

39　Régine Bonnefoit, Kokoschka, la musique et les musiciens, S.44.

40　Yehudi Menuhin, *Unvollendete Reise. Lebenserinnerungen*. Übersetzt v. Isabella Nadolny und Albrecht Roeseler. 6. Auflage, München 1976, S.238 f.

41　베베른은 1945년 9월 15일에 첼암제 미터질에서 미국 병사의 실수로 총에 맞아 사망했다. 베베른의 사위가 암시장 거래 혐의를 받아 가택 수색이 진행되던 중 치명적 총격이 발생했다.

42　Heinz Spielmann, *Oskar Kokoschka. Die Fächer für Alma Mahler*.

43　두 인용문은 Eberhard Pikart unter Mitarbeit von Dirk Mende, *Theodor Heuss. Der Mann. Das Werk. Die Zeit*. Veröffentlichungen des Schiller Nationalmuseums, Nr.17. Hg. v. Bernhard Zeller. Stuttgart 1967, S.339에서 가져왔다.

44　Hildegard Hamm-Brücher, *Kulturbeziehungen weltweit. Ein Werkstattbericht zur Auswärtigen Kulturpolitik*. 2. Auflage, München/Wien 1980, S.24 f.

45　Brief Helmut Schmidts vom 9. Dezember 1975. Zentralbibliothek Zürich, Nachlass Kokoschka, Sig. 314.44. 1년 후 코코슈카의 모자이크 작품이 함부르크의 성니콜라이교회에 봉헌되었을 때 슈미트는 그에게 국빈급 예우를 제안했다. "함부르크 시민들은 당신을 이 도시

의 일부로 여깁니다. 당신이 함부르크에서 그린 그림, 특히 테오도르 호이스, 막스 브라우어, 콘
라트 아데나우어 등을 그린 초상화들 덕분이죠. 이를 떠나서도, 독일 전역과 함부르크에는 당신
의 예술을 존경하고 당신을 이 도시의 손님으로 환영할 팬이 많습니다."

46 Richard Wagner, *Tristan und Isolde*. Faksimile des Autographs. Hg. u. kommentiert v.
Ulrich Konrad. Kassel 2012(Sig. A II a 5).

47 Katja Schneider, Stefan Lehmann(Hg.), *Oskar Kokoschkas Antike. Eine europäische
Vision der Moderne*. Mit Beiträgen v. R. Bonnefoit, A. und D. Furtwängler, A.
Gutsfeld, St. Lehmann, Chr. Mileta, H. Spielmann, P. Weidmann. München 2010,
sowie bes. zu den *Thermopylen*: Heinz Spielmann, *Oskar Kokoschka* 2003,
S.402~405.

48 이에 대한 자세한 내용은 Mischa Meier, Die Thermopylen–'Wanderer, kommst Du nach
Spa(rta)'. Elke Stein-Hölkeskamp, Karl-Joachim Hölkeskamp(Hg.), *Die griechische
Welt. Erinnerungsorte der Antike*. München 2010, S.98~113 참조.

49 같은 곳, S.98 f.

50 같은 곳, S.99.

51 Heinrich Böll, *Wanderer, kommst du nach Spa… Erzählungen*. 43. Auflage, München
2007, S.45~56.

52 Ralph Dutli, *Meine Zeit, mein Tier. Ossip Mandelstam. Eine Biographie*. 2. Auflage,
Zürich 2003, S.182.

53 Heinz Spielmann, *Oskar Kokoschka* 2003, S.405.

54 Zentralbibliothek Zürich, Nachlass Kokoschka, Sig. 390.7.

55 Oskar Kokoschka/Walter Kern, *Thermopylae. Ein Triptychon*. Winterthur 1955.

56 Zentralbibliothek Zürich, Nachlass Kokoschka, Sig. 337.3.

57 Vollständig abgedruckt in der Übersetzung von Theodor Braun als Beilage Kokos-
chka/Kern, *Thermopylae*, S.1~6(Stücke 201~238).

58 같은 곳, S.8.

59 Barbara Wally, Neue Aspekte zur Gründungsgeschichte der Sommerakademie:
Kokoschkas 'Schule des Sehens' im Kunstkontext der 50er Jahre. Barbara Wally(Hg.),
*Oskar Kokoschka in Salzburg. Die Gründung der Internationalen Sommerakademie
für Bildende Kunst. Vor fünfzig Jahren*. Salzburg 2003, S.9~62 중 특히 S.45.

60 Simon Schama, *The Face of Britain. The Nation through its Portraits*. London 2015,
S.1~21.

61 Michael Hamburger, Toter Maler an toten Staatsmann. Deutsch von Hanno Helbling. *Neue Zürcher Zeitung* v. 18. Mai 1990, Fernausgabe Nr.113, S.44.

7장 — 만년의 삶과 시각 학교

1 Martin Schieder, Der Kritiker ist für die Kunst. Will Grohmann und die Moderne, 1914~1968. Regula Krähenbühl(Hg.), *Avantgarden im Fokus der Kunstkritik. Eine Hommage an Carola Giedion-Welcker(1893~1979)*. Zürich 2011, S.205~222; Konstanze Rudert(Hg.), *Will Grohmann. Im Netzwerk der Moderne*. Katalog zur Ausstellung in den Staatlichen Kunstsammlungen–Kunsthalle im Lipsiusbau Dresden. München, 2012; Konstanze Rudert(Hg.), *Will Grohmann. Texte zur Kunst der Moderne*. München, 2012; Konstanze Rudert(Hg.), *Zwischen Intuition und Gewissheit. Will Grohmann und die Rezeption der Moderne in Deutschland und Europa 1918~1968*. Dresden 2013.

2 Brigitte Pedde, *Willi Baumeister 1889~1955. Schöpfer aus dem Unbekannten*. Berlin 2013; Jörg-Heiko Bruns, *Willi Baumeister*. Dresden 1991 참조. 바우마이스터에 대한 기초적 논의는 Wolfgang Kermer, Der schöpferische Winkel–Willi Baumeisters pädagogische Tätigkeit. *Beiträge zur Geschichte der Staatlichen Akademie der Bildenden Künste Stuttgart*. Hg. v. Wolfgang Kermer. Bd 7. Ostfildern-Ruit 1992를 참조.

3 Barbara Wally, *Neue Aspekte*, S.40.

4 Paul Klee, Schöpferische Konfession. *Tribüne der Kunst und der Zeit. Eine Schriftensammlung*, Band XIII, hg. v. Kasimir Edschmid. Berlin 1920, S.28.

5 'Die Farbe hat mich. Ich brauche nicht nach ihr zu haschen. Sie hat mich für immer. Das ist der glücklichen Stunde Sinn: ich und die Farbe sind eins. Ich bin Maler.' *Tagebücher 1898~1918*. Hg. v. Felix Klee. Köln 1957, S.307.

6 Christine Fischer-Defoy(Hg.), *Ich habe das Meine gesagt!–Reden und Stellungnahmen von Karl Hofer zu Kunst, Kultur und Politik in Deutschland 1945~1955*. Berlin 1995.

7 Frank Krause, *The Phallic Woman as Sacred Mother in Plays by Kokoschka and von Unruh: Ritualistic Body Phantasms in Expressionist Approaches to Gender*. Goldsmiths Performance. Research Pamphlets. No.5. London 2014 참조.

8 제들마이어의 전기에 대해서는 Gert Kerschbaumer, Karl Müller, *Begnadet für das Schöne. Der rot-weiß-rote Kulturkampf gegen die Moderne*. Wien 1992, S.178 f. 참조.

9   Barbara Wally, Neue Aspekte, S.38.

10   Zentralbibliothek Zürich, Nachlass Kokoschka, Sig. 374.8.

11   Régine Bonnefoit, Roland Scotti(Hg.), *Oskar Kokoschka*.

12   Corinna Caduff, Fantom Farbenklavier. Das Farbe-Ton-Verhältnis im 18. Jahrhundert
     oder Vom Einspruch gegen das clavecin oculaire und seinen ästhetischen
     Folgen. *Zeitschrift für deutsche Philologie* 121, 2002, S.481~509; Albert Wellek,
     Farbenharmonie und Farbenklavier. Ihre Entstehungsgeschichte im 18. Jahrhundert.
     Archiv für die gesamte Psychologie 94, 1935, S.347~375.

13   Fred K. Prieberg, *Musik im NS-Staat*. Frankfurt am Main 1982, S.22 f.

14   Alois Melichar, *Überwindung des Modernismus. Konkrete Antwort an einen
     abstrakten Kritiker*. Wien/Frankfurt am Main/London 1954.

15   같은 곳, S.32.

16   Christine Eichel, Heimatkunde. Interview mit Georg Baselitz. *Cicero* 1(2010),
     S.110~119 중 특히 S.115.

17   같은 곳, S.34.

18   같은 곳, S.46.

19   같은 곳, S.47.

20   Heinz Spielmann, *Oskar Kokoschka* 2003, S. 403, 404.

21   Zentralbibliothek Zürich, Nachlass Kokoschka, Sig. 5.34.

22   Zentralbibliothek Zürich, Nachlass Kokoschka, Sig. 313.9.

23   Régine Bonnefoit, Bernadette Reinhold, *Die Nachlassbibliothek*, S.46.

24   Gert Kerschbaumer, *Meister des Verwirrens. Die Geschäfte des Kunsthändlers
     Friedrich Welz*. Wien 2000; Barbara Wally(Hg.), *Oskar Kokoschka in Salzburg*, S.9~62;
     dar Robert Hoffmann, Goldene Jahre oder falsche Fuffziger? Salzburg um 1953,
     S.71~90.

25   Gert Kerschbaumer, *Meister des Verwirrens*.

26   Oliver Rathkolb, *Die paradoxe Republik. Österreich 1945~2015*. Aktualisierte und
     erweiterte Neuausgabe. Wien 2005 und 2015 참조.

27   *Ausblick–Rückblick II. Österreichische klassische Moderne und Kunst nach 1945*. Hg.
     v. Franz Eder. Galerie Welz. Salzburg 2000, S.8.

28   Dazu ausführlich Kerschbaumer, Müller, *Begnadet für das Schöne*; Oliver Rathkolb,
     Die paradoxe Republik. S.348 f.

29 Barbara Wally, *Neue Aspekte*, S.54.

30 이 사건에 대해서는 Joachim Reiber, *Gottfried von Einem. Komponist der Stunde null*. Wien 2017, S.64~73에 상세히 언급되어 있다.

31 Joachim Reiber, 같은 곳, S.9~27.

32 잘츠부르크 축제에서 호프만스탈의 중요성에 대해서는 특히 Norbert Christian Wolf, *Eine Triumphpforte österreichischer Kunst. Hugo von Hofmannsthals Gründung der Salzburger Festspiele*. Salzburg 2014 참조.

33 같은 곳, S.50~60.

34 Brief von Oskar Kokoschka an Margareta Berger-Hammerschlag v. 2. April 1955. University of London, Senate House Library/Archive. Zitiert mit freundlicher Genehmigung von Ms. Andrea Ludowisy.

35 Robert Hoffmann, *Mythos Salzburg. Bilder einer Stadt*. Salzburg/München 2002.

36 Helmut Pape, Wir können nur gemeinsam sehen. Die Verschränkung der Blicke als Modell humanen Sehens. Horst Bredekamp, John M. Krois(Hg.), *Sehen und Handeln. Berliner Schriften für Bildaktforschung und Verkörperungsphilosophie*. Bd.1. Berlin 2011, S.117~140.

37 Ludwik Fleck, *Denkstile und Tatsachen*. Hg. v. Sylwia Werner und Claus Zittel. Berlin 2010, S.53.

38 Oskar Kokoschka, Ich bin ein Seher. *Österreichisches Tagebuch* v. 28. November 1947. Zentralbibliothek Zürich, Nachlass Kokoschka, Sig. 5.12.

39 Zentralbibliothek Zürich, Nachlass Kokoschka, Sig. 363.9.

40 Zentralbibliothek Zürich, Nachlass Kokoschka, Sig. 379.10.

41 Oskar Kokoschka, Ich bin ein Seher.

42 Die Kunst unserer Tage(1957). Zentralbibliothek Zürich, Nachlass Kokoschka, Sig. 5.14

43 Zentralbibliothek Zürich, Nachlass Kokoschka, Sig. 5.25.

44 Zentralbibliothek Zürich, Nachlass Kokoschka, Sig. 5.34.

45 Karl Marx, Ökonomisch-philosophische Manuskripte('Pariser Manuskripte' 1844). MEW Bd.40. Berlin 2005, S.541 f.

46 Régine Bonnefoit, Bernadette Reinhold, *Die Nachlassbibliothek von Oskar Kokoschka*, S.35~62.

47 Zentralbibliothek Zürich, Nachlass Kokoschka, Sig. 312.21.

48 같은 곳, Brief v. 18. Juli 1977.

49 Zentralbibliothek Zürich, Nachlass Kokoschka, Sig. 36.23(Brief v. 11. November 1956).

50 Brief von John Berger an Kokoschka v. 7. Februar 1960. Zentralbibliothek Zürich, Nachlass Kokoschka, Sig. 307.8.

51 Zentralbibliothek Zürich, Nachlass Kokoschka, Sig. 316.27.

52 Zentralbibliothek Zürich, Nachlass Kokoschka, Sig. 369.29.

53 코코슈카는 다음과 같은 판본을 소장하고 있었다. Heinrich von Kleist, Penthesilea. *Ein Trauerspiel*. Nummerierte Vorzugsausgabe. Julius Hoffmann Verlag, Stuttgart 1923. Hergestellt in den Graphischen Werkstätten der Württembergischen Staatlichen Kunstgewerbeschule Stuttgart. In der folgenden Ausgabe unterstrich er: Heinrich von Kleist, *Penthesilea*. Reclam-Ausgabe, Leipzig 1927: Achilles, 21. Auftritt: "Ja. Doch eine Grille, die ihr heilig,/Will, daß ich ihrem Schwert im Kampf erliege;/Eh'nicht in Liebe kann sie mich umfangen."

54 Lise Lotte Möller, *Kokoschkas Radierungen zu 'Penthesilea'. Eine Einführung*. Frankfurt am Main 1970, S.8; Günter Busch, *Kokoschkas Radierfolgen*. Frankfurt am Main 1970.

55 Lise Lotte Möller, *Kokoschkas Radierungen zu 'Penthesilea'*, S.20.

56 Heinrich von Kleist, *Sämtliche Werke und Briefe in vier Bänden*. Hg. v. Ilse-Marie Barth, Klaus Müller-Salget, Stefan Ormanns und Hinrich C. Seeba, Bd.2: *Rahmen 1808~1811*, S.256.

57 Zentralbibliothek Zürich, Nachlass Kokoschka, Sig. 5.30.

58 Victor Dirsztay, *Der Unentrinnbare*. Roman. Mit Zeichnungen v. Oskar Kokoschka. München 1923, S.67.

59 Verlegt von Hoffmann und Campe in Hamburg. Staatsbibliothek München/ Handschriftenabteilung, Sig. 2. L. sel III. 414–1.

60 같은 곳.

61 Siegfried Lenz, *Einstein überquert die Elbe bei Hamburg. Erzählungen*. München 1978, S.73~81.

62 Zentralbibliothek Zürich, Nachlass Kokoschka, Sig. 5.34.

63 같은 곳.

64 Zentralbibliothek Zürich, Nachlass Kokoschka, Sig. 303.36.

65 Golo Mann, *Zeiten und Figuren. Schriften aus vier Jahrzehnten*. Frankfurt am Main 1979, S.8.

66 같은 곳, S.9.

67 Zentralbibliothek Zürich, Nachlass Kokoschka, Sig. 5.12.

68 같은 곳.

69 Zentralbibliothek Zürich, Nachlass Kokoschka, Sig. 353.20.

70 같은 곳.

71 같은 곳.

72 Monika Mayer, Bruno Grimschitz und die Österreichische Galerie 1938~1945. Eine biografische Annäherung im Kontext der aktuellen Provenienzforschung. Gabriele Anderl, Alexandra Caruso(Hg.), NS-Kunstraub in *Österreich und die Folgen*. Innsbruck 2005, S.59~79.

73 Zentralbibliothek Zürich, Nachlass Kokoschka, Sig. 353.20.

74 같은 곳.

75 Zentralbibliothek Zürich, Nachlass Kokoschka, Sig. 376.6.

76 Zentralbibliothek Zürich, Nachlass Kokoschka, Sig. 349.15.

77 같은 곳.

78 Zentralbibliothek Zürich, Nachlass Kokoschka, Sig. 357.24(Brief v. 7. Oktober 1951).

79 skar Kokoschka, *Gitta Wallerstein, 1921*. Hg. v. Kulturstiftung der Länder und Staatliche Kunstsammlungen Dresden. *Albertinum. Patrimonia* 380. Dresden 2015, S. 14; Michael Zajonz, Mädchen in Blau. Oskar Kokoschkas Kinderporträt 'Gitta Wallerstein' kehrt nach Dresden zurück. *Arsprototo* 10 (2014) Heft 3, S.42~45.

80 Ernst Bloch, *Geist der Utopie*[Erste Fassung]. Frankfurt am Main 1969, S.9.

81 Ilse Aichinger, *Die größere Hoffnung*. Roman[Erste Fassung]. Amsterdam 1948, S.141.

나가며

1 Zentralbibliothek Zürich, Nachlass Kokoschka, Sig. 367.6.

2 Luise Rinser, *Jan Lobel aus Warschau. Erzählung.* 18. Auflage, Frankfurt am Main 2012, S.45.

3 Thomas Bernhard, *Der Wahrheit auf der Spur. Reden, Leserbriefe, Interviews, Feuilletons.* Hg. v. Wolfram Bayer, Raimund Fellinger und Martin Huber. Berlin 2011, S.24.

4 같은 곳.

5 같은 곳, S.25.

6 Zentralbibliothek Zürich, Nachlass Kokoschka, Sig. 364.

7 같은 곳(Brief v. 26. Januar 1971).

8 Zentralbibliothek Zürich, Nachlass Kokoschka, Sig. 357.24.

9 Romeo Giger, Der Mensch ist das Mass der Dinge. Zum 100. Geburtstag von Oskar Kokoschka. *Neue Zürcher Zeitung* v. 28. Februar 1986, S.39.

10 Herbert Read, *The Creative Nature of Humanism*. Zürich 1958. Das Widmungsexem plar befindet sich in der Nachlassbibliothek Kokoschkas.

11 Peter Sager, Alter Wilder. Großer Oskar. Ein Pärtrat. *ZEIT Magazin*, Nr.9 v. 21. Februar 1986, S.20~31 중 특히 S.26.

12 Privatbrief an Kokoschka, 같은 곳, Zentralbibliothek Zürich, Nachlass Kokoschka, Sig. 442.6.

13 Werner Hofmann, Der irrende Ritter. *Die Zeit* v. 28. Februar 1986.

되돌아보며

1 Georg Trakl, *Dichtungen und Briefe*. Bd.1, S.475.

2 Friedrich Hölderlin, *Sämtliche Werke und Briefe in drei Bänden*. Hg. v. Jochen Schmidt. Bd.2. Frankfurt am Main 1994, S.157 f.

참고문헌

Ilse Aichinger, *Die größere Hoffnung*. Roman [Erste Fassung]. Amsterdam 1948.

Thomas Anz, Michael Stark(Hg.), *Expressionismus. Manifeste und Dokumente zur deutschen Literatur*. Stuttgart 1982.

Ausblick–Rückblick II. Österreichische klassische Moderne und Kunst nach 1945. Hg. v. Franz Eder. Galerie Welz. Salzburg 2000.

Johann Jakob Bachofen, *Mutterrecht und Urreligion*. Hg. und neu eingeleitet v. Yahya Elsaghe. 7. überarbeitete Auflage, Stuttgart 2015.

Josef Bard, The Leading Expressionist. Oskar Kokoschka in London. *The Forum*. September 1927.

Ernst Barlach, *Dramen: Der Tote Tag*. Hg. und mit einem Vorwort v. Helmar Harald Fischer. München/Zürich 1988.

Katrin Bedenig-Stein, *Nur ein 'Ohrenmensch'? Thomas Manns Verhältnis zu den bildenden Künsten*. Bern u. a. 2001.

Klaus Bergdolt, *Deutsche in Venedig. Von den Kaisern des Mittelalters bis zu Thomas Mann*. Darmstadt 2011.

Hilde Berger, *Ob es Haß ist, solche Liebe? Oskar Kokoschka und Alma Mahler*. Wien/ Köln/Weimar 2008.

Thomas Bernhard, *Der Wahrheit auf der Spur. Reden, Leserbriefe, Interviews, Feuilletons*. Hg. v. Wolfram Bayer, Raimund Fellinger und Martin Huber. Berlin 2011.

Judith E. Bernstock, *Under the Spell of Orpheus. The Persistence of a Myth in Twentieth-Century Art*. Southern Illinois University Press 1991.

Otto F. Best(Hg.), *Theorie des Expressionismus*. Stuttgart 1978.

Ernst Bloch, *Geist der Utopie*[Erste Fassung]. Frankfurt am Main 1969.

Heinrich Böll, *Wanderer, kommst du nach Spa··· Erzählungen*. 43. Auflage, München 2007.

Régine Bonnefoit, Kokoschka, la musique et les musiciens. Régine Bonnefoit(Hg.),

Kokoschka et la musique. Vevey 2007.

Régine Bonnefoit, Oskar Kokoschkas pazifistisches und politisches Engagement in Prag. *Stifter-Jahrbuch*, NF 29(2015), S.161~188.

Régine Bonnefoit, Bernadette Reinhold, Die Nachlassbibliothek von Oskar Kokoschka– neue Perspektiven in der Kokoschka-Forschung. Régine Bonnefoit, Ruth Häusler(Hg.), *Spur im Treibsand. Oskar Kokoschka neu gesehen. Briefe und Bilder*. Petersberg 2010, S.35~61.

Régine Bonnefoit, Roland Scotti(Hg.), *Oskar Kokoschka. Wunderkammer. Cabinet de curiosités*. Göttingen 2011.

Christian Brandstätter(Hg.), *Die Welt von Gestern in Farbe*. Wien 2009.

Charmian Brinson, Richard Dove, *The Continuation of Politics by Other Means: The Free German Leage of Culture in London, 1939~1945*. Middlesex 2010.

Jörg-Heiko Bruns, *Willi Baumeister*. Dresden 1991.

Maraike Bückling(Hg.), *Die phantastischen Köpfe des Franz Xaver Messerschmidt*. München 2006.

Jacob Burckhardt, Das Porträt in der Malerei. Jacob Burckhardt, *Werke. Kritische Gesamtausgabe*, Bd.6. München 2000, S.147~281.

Günter Busch, *Kokoschkas Radierfolgen*. Frankfurt am Main 1970.

Brief von Oskar Kokoschka an Ernst Křenek v. 17. Juli 1923. Sig. IN 220.969 in der Wienbibliothek im Rathaus der Stadt Wien.

Corinna Caduff, Fantom Farbenklavier. Das Farbe-Ton-Verhältnis im 18. Jahrhundert oder Vom Einspruch gegen das clavecin oculaire und seinen ästhetischen Folgen. *Zeitschrift für deutsche Philologie* 121, 2002, S.481~509.

Roberto Calasso, *Das Rosa Tiepolos*. Aus dem Italienischen v. Reimar Klein. München 2010.

Elias Canetti, *Party im Blitz. Die englischen Jahre*. Aus dem Nachlaß hg. v. Kristian Wachinger. Mit einem Nachwort v. Jeremy Adler. München/Wien 2003.

Connery Chappell, *Island of Barbed Wire: Internment on the Isle of Man in World War Two*. Michigan 1984.

Heiko Christians, Gesicht, Gestalt, Ornament. Überlegungen zum epistemologischen Ort der Physiognomik zwischen Hermeneutik und Mediengeschichte. *Deutsche Vierteljahresschrift für Literaturwissenschaft und Geistesgeschichte* 74(2000) 1,

S.84~110.

Johann Amos Comenius, *Orbis Sensualium Pictus*. Hg. v. Johann Kühnel. Faksimile des Originals von 1658. Leipzig 1910.

Max Dauthendey, Norsland in allen Farben. Max Dauthendey, *Frühe Prosa*. Aus dem handschriftlichen Nachlaß hg. v. Hermann Gerstner unter Mitarbeit v. Edmund L. Klaffki. München/Wien 1967.

Der Wiener Kunstwanderer. Offizielles Organ der Notgemeinschaft für Kunst und Schrifttum in Österreich. 1(1933), Heft 10 (November), S.4~26.

Victor Dirsztay, *Der Unentrinnbare*. Roman. Mit Zeichnungen von Oskar Kokoschka. München 1923.

Ralph Dutli, *Meine Zeit, mein Tier. Ossip Mandelstam. Eine Biographie*. 2. Auflage, Zürich 2003.

Albert Ehrenstein, *Werke*. Hg. v. Hanni Mittelmann. Bd. V: *Aufsätze und Essays*. Göttingen 2004.

Christine Eichel, Heimatkunde. Interview mit Georg Baselitz. *Cicero* 1(2010), S.110~119.

Carl Einstein, *Die Kunst des 20. Jahrhunderts*. Berlin 1926.

Christine Fischer-Defoy(Hg.), *Ich habe das Meine gesagt!–Reden und Stellungnahmen von Karl Hofer zu Kunst, Kultur und Politik in Deutschland 1945~1955*. Berlin 1995.

Ludwik Fleck, *Denkstile und Tatsachen*. Hg. v. Sylwia Werner und Claus Zittel. Berlin 2010.

Konstanze Fliedl, Marina Rauchenbacher, Joanna Wolf(Hg.), *Handbuch der Kunstzitate: Malerei, Skulptur, Fotografie in der deutschsprachigen Literatur der Moderne*. Bd.2. Berlin/Boston 2011.

Insa Fooken, *Puppen–heimliche Menschenflüsterer. Ihre Wiederentdeckung als Spielzeug und Kulturgut*. Göttingen 2012.

Leonard Forster, An unpublished letter from Rilke to Kokoschka. *German Life & Letters* 15(1961) 1, S.21~24.

Leonard Forster, Nachlass, Box 130. Senate House Library London.

Sigmund Freud, *Studienausgabe*, Bd.9: *Fragen der Gesellschaft, Ursprünge der Religion*. Hg. v. Alexander Mitscherlich, Angela Richards, James Strachey. Frankfurt am Main 2000, S.287~444(Erstausgabe Wien 1913).

Egon Friedell, *Ecce Poeta*. Berlin 1912.

Manuel Gasser, *Das Selbstbildnis. Gemälde grosser Meister*. Zürich 1961.

Karl-Markus Gauß, *Wann endet die Nacht. Über Albert Ehrenstein–ein Essay*. Zürich 1986.

Romeo Giger, Der Mensch ist das Mass der Dinge. Zum 100. Geburtstag von Oskar Kokoschka. *Neue Zürcher Zeitung* v. 28. Februar 1986, S.39.

Johann Wolfgang v. Goethe, Der Sammler und die Seinigen. *Werke. Hamburger Ausgabe*, Bd.12. Hg. v. Erich Trunz. München 1988.

Iwan Goll, Claire Goll, *Briefe*. Mit einem Vorwort v. Kasimir Edschmid. Mainz/Berlin 1966.

E. H. Gombrich, Kokoschka in his Time. Lecture given at the Tate Gallery on 2 July 1986. London 1986.

Rüdiger Görner, *Georg Trakl. Dichter im Jahrzehnt der Extreme*. Wien 2014.

Rüdiger Görner, Reality as fiction or: fashioning of the self. Fred Uhlman–The artist as writer. Nicola Baird(Hg.), *The Making of an Englishman*. Fred Uhlman. A Retrospective. London 2018, S.102~119.

Stephen Greenblatt, *Renaissance Self-Fashioning. From More to Shakespeare*. Chicago 1980.

George Grosz, *Ein kleines Ja und ein großes Nein*. Hamburg 1955.

Friedrich Gundolf, *Heinrich von Kleist*. Berlin 1922.

Werner Haftmann, Oskar Kokoschka. Exil in der Tschechoslowakei und Großbritannien. Jutta Hülsewig-Johnen(Hg.), *Oskar Kokoschka. Emigrantenleben. Prag und London 1934~1953*. Katalog zu der 1994/95 in der Bielefelder Kunsthalle und der Nationalgalerie Prag gezeigten Ausstellung. Bielefeld 1994, S.27~45.

Michael Hamburger, Toter Maler an toten Staatsmann. Deutsch v. Hanno Helbling. *Neue Zürcher Zeitung* v. 18. Mai 1990, Fernausgabe Nr.113.

Hildegard Hamm-Brücher, *Kulturbeziehungen weltweit. Ein Werkstattbericht zur Auswärtigen Kulturpolitik*. 2. Auflage, München/Wien 1980.

Knut Hamsun, *Pan. Aus Leutnant Thomas Glahns Papieren*. Roman. Aus dem Norwegischen übersetzt v. Ingeborg und Aldo Keel. Nachwort v. Aldo Keel. Zürich 2009.

Raoul Hausmann, Rückkehr zur Gegenständlichkeit in der Kunst. *Dada Almanach* 1920.

Anselm Haverkamp im Interview mit Juliane Rebentisch und Susanne Leeb. *Latenzzeit. Die*

Leere der fünfziger Jahre. Texte zur Kunst. 12(2003), Heft 50, S.45~53.

Georg Wilhelm Friedrich Hegel, *Vorlesungen über die Ästhetik. Erster und zweiter Teil*. Mit einer Einführung hg. v. Rüdiger Bubner. Stuttgart 1977.

Christiane Heuwinkel, Die sichtbare Welt. Oskar Kokoschka und Jan Amos Comenius. Jutta Hülsewig-Johnen(Hg.), *Oskar Kokoschka. Emigrantenleben. Prag und London 1934~1953*. Bielefeld 1994, S.91~98.

Oliver Hilmes, *Witwe im Wahn*. München 2004.

Josef Paul Hodin, Einige frühe Briefe Kokoschkas aus der Emigration. *Literatur und Kritik*, September 1978, Heft 128, S.458~462.

Josef Paul Hodin, *Spuren und Wege. Leben und Werk der Malerin Hilde Goldschmidt*. Hamburg 1974.

Camill Hoffmann, Kokoschkas Bildnisse und Phantasien. *Die Dame*(1917), Heft 3, S.6~7.

Camill Hoffmann, Kokoschkas Dichtung und Theater. *Das Kunstblatt. Jahrgang 1917*, Heft 7, S.219~221.

E. T. A. Hoffmann, *Der Sandmann. Historisch-kritische Edition*. Hg. v. Kalterina Latifi. Frankfurt am Main 2011.

Robert Hoffmann, *Mythos Salzburg. Bilder einer Stadt*. Salzburg/München 2002.

Werner Hofmann, Der irrende Ritter. *Die Zeit* v. 28. Februar 1986.

Edith Hoffmann-Yapou, *Kokoschka–Life and Work*. London 1947.

Hugo von Hofmannsthal, *Gesammelte Werke in zehn Einzelbänden: Reden und Aufsätze II(1914~1924)*. Hg. v. Bernd Schoeller in Beratung mit Rudolf Hirsch. Frankfurt am Main 1979.

Hilde Burger(Hg.), *Hugo von Hofmannsthal–Harry Graf Kessler, Ein Briefwechsel 1898~1929*. Frankfurt am Main 1968, Nr.12.

Friedrich Hölderlin, *Sämtliche Werke und Briefe in drei Bänden*. Hg. v. Jochen Schmidt. Frankfurt am Main 1994.

Silvia Höller, Hilde Goldschmidt(Hg.), *1897~1980. Zwischen Kokoschka, Exil und Kitzbühel*. Innsbruck/Wien 2005.

Colin Holmes, *John Bull's Island: Immigration and British Society 1871~1971*. Abbingdon 1988.

Barbara Honigmann, *Das Gesicht wiederfinden. Über Schreiben, Schriftsteller und Judentum*. München/Wien 2006.

Jutta Hülsewig-Johnen(Hg.), *Oskar Kokoschka. Emigrantenleben. Prag und London 1934~1953*. Katalog zu der 1994/95 in der Bielefelder Kunsthalle und der Nationalgalerie Prag gezeigten Ausstellung. Bielefeld 1994.

Franz Kafka, *Briefe an Felice und andere Korrespondenz aus der Verlobungszeit*. Hg. v. Erich Heller und Jürgen Born. 11. Auflage, Frankfurt am Main 2009.

Donata Kaman, *Theater der Maler in Deutschland und Polen*. Münster 2001.

Reinhard Kapp, Zum Stand der Bearbeitung des Orpheus-Stoffes in den zwan-ziger Jahren. Jürg Stenzl(Hg.), *Ernst Křenek, Oskar Kokoschka und die Geschichte von Orpheus und Eurydike. Ernst Křenek-Studien*, Bd.1. Schliengen 2005, S.33~47.

Marie Luise Kaschnitz, *Gesammelte Werke*. Hg. v. Christian Büttrich und Norbert Miller. Bd.5: Die Gedichte. Frankfurt am Main 1987.

Marie Luise Kaschnitz, *Gesammelte Werke*. Hg. v. Christian Büttrich und Norbert Miller. Bd.7: Die essayistische Prosa. Frankfurt am Main 1987.

Wolfgang Kemp(Hg.), *Der Betrachter ist im Bild. Kunstwissenschaft und Rezeptionsästhe-tik*. Berlin 1991.

Wolfgang Kermer: Der schöpferische Winkel–Willi Baumeisters pädagogische Tätigkeit. *Beiträge zur Geschichte der Staatlichen Akademie der Bildenden Künste Stuttgart*. Hg. v. Wolfgang Kermer. Bd.7. Ostfildern-Ruit 1992.

Gert Kerschbaumer, *Meister des Verwirrens. Die Geschäfte des Kunsthändlers Friedrich Welz*. Wien 2000.

Gert Kerschbaumer, Karl Müller, *Begnadet für das Schöne. Der rot-weiß-rote Kulturkampf gegen die Moderne*. Wien 1992.

Harry Graf Kessler, *Tagebücher 1918 bis 1937*. Hg. v. Wolfgang Pfeiffer-Belli. Frankfurt am Main/Leipzig 1996.

Ernst Klee, *Das Kulturlexikon zum Dritten Reich. Wer war was vor und nach 1945*. Frankfurt am Main 2007.

Paul Klee, Schöpferische Konfession. *Tribüne der Kunst und der Zeit. Eine Schriftensammlung*, Band XIII, hg. v. Kasimir Edschmid. Berlin 1920.

Paul Klee, *Tagebücher 1898~1918*. Hg. v. Felix Klee. Köln 1957. Heinrich von Kleist, *Penthesilea. Ein Trauerspiel. Nummerierte Vorzugsausgabe*. Julius Hoffmann Verlag. Hergestellt in den Graphischen Werkstätten der Württembergischen Staatlichen Kunstgewerbeschule Stuttgart. Stuttgart 1923.

Heinrich von Kleist, *Penthesilea. Reclam-Ausgabe*, Leipzig 1927.

Heinrich von Kleist, *Sämtliche Werke und Briefe in vier Bänden*. Hg. v. Ilse-Marie Barth, Klaus Müller-Salget, Stefan Ormanns und Hinrich C. Seeba. Frankfurt am Main 1997.

Oskar Kokoschka, *Briefe in vier Bänden*. Bd.1. Hg. v. Olda Kokoschka und Heinz Spielmann. Düsseldorf 1984 ff., S.10(v. 11. August 1909).

Oskar Kokoschka, *Das schriftliche Werk in vier Bänden*. Bd.IV. Hg. v. Heinz Spielmann. Hamburg 1973~1976.

Oskar Kokoschka, *Gitta Wallerstein, 1921*. Hg. v. Kulturstiftung der Länder und Staatliche Kunstsammlungen Dresden. Albertinum. *Patrimonia 380*. Dresden 2015.

Oskar Kokoschka, *Mein Leben*. Vorwort und dokumentarische Mitarbeit v. Remigius Netzer. München 1971.

Oskar Kokoschka, Nachlassbibliothek im Oskar Kokoschka-Zentrum der Universität für angewandte Kunst Wien.

Oskar Kokoschka, Schriftlicher Nachlass Zentralbibliothek Zürich: Sammlung Kokoschka.

Oskar Kokoschka, *Städtebilder und Landschaften*. Einführung v. Walter Urbanek. München 1990.

Oskar Kokoschka, Walter Kern, *Thermopylae*. Ein Triptychon. Winterthur 1955.

Hermann Köstler, Oskars guter Geist. Zum Tod von Olda Kokoschka. *Neue Zürcher Zeitung* v. 26. Juni 2004.

Karl Kraus, *Worte in Versen*. Leipzig 1916.

Frank Krause, *The Phallic Woman as Sacred Mother in Plays by Kokoschka and von Unruh: Ritualistic Body Phantasms in Expressionist Approaches to Gender*. Goldsmiths Performance. Research Pamphlets. No.5. London 2014.

Ernst Křenek, *Im Atem der Zeit. Erinnerungen an die Moderne*. Aus dem amerikanischen Englisch v. Friedrich Saathen. Revidierte Übersetzung v. Sabine Schulte. Wien 2012.

Abd el Krim, *Memoiren. Mein Krieg gegen Spanien und Frankreich*. Übersetzt v. Artur Rosenberg. Dresden 1927.

Pjotr A. Fürst Kropotkin, *Moderne Wissenschaft und Anarchismus*. Berlin 1904.

Siegfried Lenz, *Einstein überquert die Elbe bei Hamburg. Erzählungen*. München 1978.

Alfred Lichtwark, *Übungen in der Betrachtung von Kunstwerken nach Versuchen mit einer Schulklasse*. Hg. v. der Lehrervereinigung zur Pflege der künstlerischen Bildung. Dresden 1898.

Fritz Löffler, Dresdner Sezession Gruppe 1919. *Expressionismus: die zweite Generation 1915~1925*. München 1989.

Fritz Löffler, Emilio Bertonati, Joachim Heusinger von Waldegg(Hg.), *Dresdner Sezession 1919~1923*. Ausstellungskatalog Galleria del Levante. München/Mailand 1977.

Lun Yu, *Gespräche*. Düsseldorf/Köln 1975, Buch 12, Abschnitt 1, S.121.

Michiko Mae, Elisabeth Scherer(Hg.), *Nipponspiration–Japonismus und japanische Popularkultur im deutschsprachigen Raum*. Wien/Köln/Weimar 2013.

Alma Mahler-Werfel, *Mein Leben*. Vorwort v. Willy Haas. Frankfurt am Main Marian 1980.

Malet, Oskar Kokoschka and the Freie Deutsche Kulturbund. The 'Friendly Alien' as Propagandist. *'I didn't want to float; I wanted to belong to something.' Refugee Organisations in Britain 1933~1945*. Hg. v. Anthony Grenville und Andrea Reiter. *The Yearbook of the Research Centre for German and Austrian Exile Studies*. Vol.10(2008), S.49~66.

Klaus Manger, Trakl und die 'Franziska Kokoschkas'. *Neue Zürcher Zeitung* v. 3./4. August 1985(Nr.177), S.47~48.

Henning Mankell, *Treibsand. Was es heißt, ein Mensch zu sein*. Aus dem Schwedischen v. Wolfgang Butt. Wien 2014.

Golo Mann, *Zeiten und Figuren. Schriften aus vier Jahrzehnten*. Frankfurt am Main 1979.

Thomas Mann, *Gesammelte Werke in dreizehn Bänden. Bd.X: Reden und Aufsätze 2*. Frankfurt am Main 1990.

Thomas Mann, *Tagebücher 1933~1934*. Hg. v. Peter de Mendelssohn. Frankfurt am Main 1977.

Karl Marx, Ökonomisch-philosophische Manuskripte("Pariser Manuskripte" 1844). *MEW* Bd.40. Berlin 2005, S.541 f.

Véronique Mauron, *Werke der Oskar Kokoschka-Stiftung*. Aus dem Französischen v. kathrin Braunschweig-Geller, Pascal Steenken und Heike Gieche Wenger. Vevey 1994.

Monika Mayer, Bruno Grimschitz und die Österreichische Galerie 1938~1945. Eine biografische Annäherung im Kontext der aktuellen Provenienzforschung. Gabriele Anderl, Alexandra Caruso(Hg.), *NS-Kunstraub in Österreich und die Folgen*. Innsbruck 2005, S.59~79.

Mischa Meier, Die Thermopylen–"Wanderer, kommst Du nach Spa(rta)." Elke Stein-Hölkeskamp, Karl-Joachim Hölkeskamp(Hg.), *Die griechische Welt. Erinnerungsorte der Antike*. München 2010, S.98~113.

Alois Melichar, *Überwindung des Modernismus. Konkrete Antwort an einen abstrakten Kritiker*. Wien. Frankfurt am Main/London 1954.

Yehudi Menuhin, *Unvollendete Reise. Lebenserinnerungen*. Übersetzt v. Isabella Nadolny und Albrecht Roeseler. 6. Auflage, München 1976.

Ingrid Mesterton u. a.(Hg.), *Ernst Josephson. 1851~1906*. Bilder und Zeichnungen. Städtisches Kunstmuseum Bonn 1979.

Herman Meyer, Die Verwandlung des Sichtbaren. Die Bedeutung der modernen bildenden Kunst für Rilkes späte Dichtung. Rüdiger Görner(Hg.), *Rainer Maria Rilke. Wege der Forschung*, Bd.638. Darmstadt 1987, S.131~184.

Christopher Long, *Der Fall Loos*. Salzburg 2014.

Lise Lotte Möller, *Kokoschkas Radierungen zu 'Penthesilea'. Eine Einführung*. Frankfurt am Main 1970.

Erich Mühsam, *Tagebücher 1910~1924*. Hg. und mit einem Nachwort v. Chris Hirte. 2. Auflage, München 1995.

Anna Müller-Härlin, Die Artists' International Association und 'refugee artists'. *'I didn't want to float; I wanted to belong to something.' Refugee Organisations in Britain 1933~1945*. Hg. v. Anthony Grenville und Andrea Reiter. *The Yearbook of the Research Centre for German and Austrian Exile Studies*. Vol.10(2008), S.27~48.

Anna Müller-Härlin, Rebellious and supportive: the collector Michael Croft and artists in exile in Great Britain. Andrew Chandler, Katarzyna Stoklosa, Jutta Vinzent(Hg.), *Exile and Patronage: Cross-cultural Negotiations Beyond the Third Reich*. Berlin 2006, S.45~54.

Walter Muschg, Von Trakl zu Brecht. Walter Muschg, *Die Zerstörung der deutschen Literatur und andere Essays*. Hg. v. Julian Schütt und Winfried Stephan. Mit einem Nachwort v. Julian Schütt. Zürich 2009.

Michael Navratil, "Den Schauer des Mythos neu schaffen." Die kreative Rezeption von Nietzsches "Geburt der Tragödie" in der Wiener Moderne. *Sprachkunst* XLII(2011), 2. Hlb., S.245~269.

Matthias Neuber(Hg.), *Beiträge zu Hans Vaihingers 'Philosophie des Als Ob'*. Würzburg

2014.

George Padmore, *Afrika unter dem Joch der Weissen*. Erlenbach-Zürich/Leipzig 1937.

Panikos Panayi, *The Enemy in our Midst. Germans in Britain During the First World War*. London/New Delhi/New York/Sydney 1991.

Helmut Pape, Wir können nur gemeinsam sehen. Die Verschränkung der Blicke als Modell humanen Sehens. Horst Bredekamp, John M. Krois(Hg.), *Sehen und Handeln. Berliner Schriften für Bildaktforschung und Verkörperungsphilosophie*. Bd.1. Berlin 2011, S.117~140.

Brigitte Pedde, *Willi Baumeister 1889~1955*. Schöpfer aus dem Unbekannten. Berlin 2013.

Franz Pfeuffer, Die neue Franzensbrücke über den Donau-Canal in Wien. *Zeitschrift des Österreichischen Ingenieur-und Architekten-Vereins*. 18(1900).

Ulrich Pfisterer, Valeska von Rosen(Hg.), *Der Künstler als Kunstwerk. Selbstporträts vom Mittelalter bis zur Gegenwart*. Stuttgart 2005.

Eberhard Pikart unter Mitarbeit v. Dirk Mende, *Theodor Heuss. Der Mann. Das Werk. Die Zeit*. Veröffentlichungen des Schiller Nationalmuseums, Nr.17. Hg. v. Bernhard Zeller. Stuttgart 1967.

Anna Plodeck, *The making of Fred Uhlman: life and work of the painter and writer in exile*. 2 Bände. Dissertation. University of London (Courtauld Institute of Art), 2004.

Gertrud Pott, *Die Spiegelung des Sezessionismus im österreichischen Theater*. Wien 1975.

Fred K. Prieberg, *Musik im NS-Staat*. Frankfurt am Main 1982. Brigitte Raitz(Hg.), "Ein Wörterbuch anlegen." Marie Luise Kaschnitz zum100. Geburtstag. Mit einem Essay v. Ruth Klüger. Marbacher Magazin 95/2001, S.102~104.

Oliver Rathkolb, *Die paradoxe Republik. Österreich 1945~2015*. Aktualisierte und erweiterte Neuausgabe. Wien 2005 und 2015.

Hanno Rauterberg, Architektur und Verbrechen. *Die Zeit* v. 13. August 2015(Nr.31).

Herbert Read, *The Creative Nature of Humanism*. Zürich 1958.

Joachim Reiber, *Gottfried von Einem. Komponist der Stunde null*. Wien 2017.

Willi Reich, *Alban Berg. Leben und Werk*. München/Zürich 1985. Rainer Maria Rilke, *Haßzellen, stark im größten Liebeskreise. Verse für Oskar Kokoschka*. Hg. v. Joachim W. Storck. Marbach 1988.

Rainer Maria Rilke, *Werke. Kommentierte Ausgabe in vier Bänden*. Bd.2: *Gedichte 1910 bis 1926*. Hg. v. Manfred Engel und Ulrich Fülleborn. Frankfurt am Main/Leipzig

1996.

Luise Rinser, *Jan Lobel aus Warschau. Erzählung*. 18. Auflage, Frankfurt am Main 2012.

Inga Rossi-Schrimpf, *George Minne. Das Frühwerk und seine Rezeption in Deutschland und Österreich bis zum Ersten Weltkrieg*. Weimar 2012.

Joseph Roth, Prag. Spaziergang in einer verzauberten Stadt (1932). *Frankfurter Allgemeine Sonntagszeitung* v. 25. November 2012, Nr.47, S.57.

Konstanze Rudert (Hg.), *Will Grohmann. Im Netzwerk der Moderne*. Katalog zur Ausstellung in den Staatlichen Kunstsammlungen–Kunsthalle im Lipsiusbau Dresden. München 2012.

Konstanze Rudert (Hg.), *Will Grohmann. Texte zur Kunst der Moderne*. München 2012.

Konstanze Rudert (Hg.), *Zwischen Intuition und Gewissheit. Will Grohmann und die Rezeption der Moderne in Deutschland und Europa 1918~1968*. Dresden 2013.

Serge Sabarsky, *Oskar Kokoschka. Die frühen Jahre 1906~1926. Aquarelle und Zeichnungen*. Mit Beiträgen v. Werner Hofmann und Willi Hahn. München 1986.

Peter Sager, Alter Wilder. Großer Oskar. Ein Porträt. *ZEIT Magazin*, Nr.9 v. 21. Februar 1986, S.20~31.

Simon Schama, *The Face of Britain. The Nation through its Portraits*. London 2015.

Martin Schieder, Der Kritiker ist für die Kunst. Will Grohmann und die Moderne, 1914~1968. Regula Krähenbühl (Hg.), *Avantgarden im Fokus der Kunstkritik. Eine Hommage an Carola Giedion-Welcker (1893~1979)*. Zürich 2011, S.205~222.

Wolfgang Schneditz, Kokoschkas Erinnerungen an Trakl. *Die Presse*. Wien. Nr.42 v. 21. Oktober 1950, S.6.

Katja Schneider, Stefan Lehmann (Hg.), *Oskar Kokoschkas Antike. Eine europäische Vision der Moderne*. Mit Beiträgen v. R. Bonnefoit, A. und D. Furtwängler, A. Gutsfeld, St. Lehmann, Chr. Mileta, H. Spielmann, P. Weidmann. München 2010.

Albrecht Scholz, Ärzte und Patienten in Dresdner Naturheilsanatorien. *medizin–bibliothek–information* 4 (2004), Nr.1, S.13~19.

A. J. Sherman, *Island Refuge. Britain and Refugees from the Third Reich 1933~1939*. Berkeley and Los Angeles 1973.

Georg Simmel, *Aufsätze und Abhandlungen 1901~1908*. Bd.1. Gesamtausgabe, Bd.7. Hg. v. Rüdiger Kramme, Angela und Ottheim Rammstedt. Frankfurt am Main 1995.

Albert Soergel, *Dichtung und Dichter der Zeit. Eine Schilderung der deutschen Literatur der letzten Jahrzehnte*. NF: Im Banne des Expressionismus. 5. Auflage, Leipzig 1927.

Heinz Spielmann, *Osker Kokoschka. Die Fächer für Alma Mahler*. Hamburg 1969.

Heinz Spielmann, *Oskar Kokoschka. Leben und Werk*. Köln 2003.

Heinz Spielmann, *Oskar Kokoschka, Lebensspuren. Ausgewählte Gemälde, Aquarelle, Zeichnungen der Kokoschka-Stiftung Vevey aus den Jahren 1906 bis 1976. Mit unveröffentlichten Gesprächen des Künstlers aus dem Jahre 1966*. Flensburg 1992.

Heinz Spielmann, Oskar Kokoschka in Prag und England. Jutta Hülsewig-Johnen(Hg.), *Oskar Kokoschka. Emigrantenleben. Prag und London 1934~1953*. Katalog zu der 1994/95 in der Bielefelder Kunsthalle und der Nationalgalerie Prag gezeigten Ausstellung. Bielefeld 1994, S.177~189.

Jean Starobinski, *Porträt des Künstlers als Gaukler. Drei Essays*. Aus dem Französischen v. Markus Jakob. Frankfurt am Main 1985.

Ronald Stents, *A Bespattered Page? The Internment of His Majesty's 'most loyal enemy aliens'*. London 1980.

Adalbert Stifter, *Der Nachsommer*. Mit einem Nachwort und Auswahlbibliographie v. Uwe Japp. Anmerkungen und Zeittafel v. Karl Pörnbacher. Düsseldorf/Zürich 2005.

James Stourton, Kenneth Clark. *Life, Art and Civilization*. London 2016.

August Stramm, *Du. Liebesgedichte*. Berlin 1916.

August Stramm, *Die Dichtungen. Sämtliche Gedichte, Dramen, Prosa*. Hg. und mit einem Nachwort v. Jeremy Adler. München 1990.

Bührle Collection. *The Passionate Eye. Impressionist and Other Master Paintings from the Emil G. Bührle, Zürich*. Zürich/München 1990.

Nathan J. Timpano, *Coinstructing the Viennese Modern Body: Art, Hysteria, and the Puppet*. New Work 2017.

Georg Trakl, *Dichtungen und Briefe. Bd.I*. Hg. v. Walther Killy und Hans Szklenar. 2. ergänzte Auflage, Salzburg 1987.

Fred Uhlman, *The Making of an Englishman. Erinnerungen eines deutschen Juden*. Hg. und aus dem Englischen übertragen v. Manfred Schmid. Zürich 1998.

Hans Vaihinger, *Die Philosophie des Als Ob. System der theoretischen, praktischen und religiösen Fiktionen der Menschheit auf Grund eines idealistischen Positivismus. Mit einem Anhang über Kant und Nietzsche*. Berlin 1911.

Silvio Vietta, *Die Weltgesellschaft. Wie die abendländische Rationalität die Welt erobert und verändert hat*. Baden-Baden 2016.

Armin A. Wallas, *Albert Ehrenstein. Mythenzerstörer und Mythenschöpfer*. München 1994.

Barbara Wally, Neue Aspekte zur Gründungsgeschichte der Sommerakademie: Kokoschkas "Schule des Sehens" im Kunstkontext der 50er Jahre. Barbara Wally(Hg.), *Oskar Kokoschka in Salzburg. Die Gründung der Internationalen Sommerakademie für Bildende Kunst. Vor fünfzig Jahren*. Salzburg 2003, S.9~62.

Victor Freiherr von Weizsäcker, *Seelenbehandlung und Seelenführung nach ihren biologischen und metaphysischen Grundlagen betrachtet*. Gütersloh 1926.

Albert Wellek, Farbenharmonie und Farbenklavier. Ihre Entstehungsgeschichte im 18. Jahrhundert. *Archiv für die gesamte Psychologie* 94, 1935, S.347~375.

Paul Westheim, *Oskar Kokoschka*. 2. Auflage, Berlin 1925(Erstausgabe 1918).

Edith Wharton, *In Morocco*. London 1920. Neuausgabe 1927. Hans Maria Wingler, *Kokoschka-Fibel*. Salzburg 1957.

Norbert Christian Wolf, *Eine Triumphpforte österreichischer Kunst. Hugo von Hofmannsthals Gründung der Salzburger Festspiele*. Salzburg 2014.

Michael Zajonz, Mädchen in Blau. Oskar Kokoschkas Kinderporträt "Gitta Wallerstein" kehrt nach Dresden zurück. *Arsprototo* 10(2014), Heft 3, S.42~45.

Hugo Zehder, Dresdner Theater. *Tägliche Rundschau* v. 6. Juni 1917.

Stefan Zweig, *Die Welt von Gestern. Erinnerungen eines Europäers*. 38. Auf-lage, Frankfurt am Main 2010.

Internetquellen

British Library, https://www.bl.uk/collection-items/kokoschka(abgerufen am 5. Juli 2017).

http://www.kunstzitate.de/bildendekunst/manifeste/beckmann1938.htm(abgerufen am 23. Mai 2016).

감사의 말

이 책은 많은 것에 빚을 지고 있다. 먼저 이 책을 감히 시도할 수 있게 해준 착상의 순간이 떠오른다. 그 순간은 게오르크 트라클과 오스카 코코슈카 사이의 관계에 관한 얼마 안 되는 기록을 한 번 더 살펴보고 이 '표현주의자들'의 분열된 관계에 적용되는 릴케의 말을 반복적으로 재차 조사하여 고찰할 때였다. 바로 이때 전문적 주제와 전기를 결합한 연구서, 세기를 아우르는 이 예술가에 대한 연구서를 써야겠다고 생각했다. 이 책은《라이너 마리아 릴케. 언어의 핵심 작품에서Rainer Maria Rilke. Im Herzwerk der Sprache》(1987, 2004),《극단적 10년을 산 시인 게오르크 트라클Georg Trakl. Dichter im Jahrzehnt der Extreme》(2014)을 잇는 예술 3부작의 하나다. 이 3부작을 통해 나는 언어를 새롭게 고르고 보이는 것을 다른 방식으로 표현하고자 했다. 그러므로 이 책들은 서로에게 빚을 지고 있는 셈이다. 이 책들이 빈의 졸나이Zsolnay출판사에서 나올 수 있었던 것은 당연해 보인다. 하지만 출판사의 전통뿐만 아니라 헌신적인 편집장 헤르베르트 오를링거Herbert Ohrlinger나 세 책을 모두 담당한 베티나 뵈르괴터Bettina Wörgötter가 없었다면 불가능한 일이었을 것이다. 이는 오늘날 출판업계에서는 드문 일이므로 깊은 감사의 인사를 전한다.

지금부터는 감사의 마음을 담아 이름만 나열하겠지만 이 책이 탄생할 수 있었던 것은 이들 덕분임을 강조하고 싶다. 이들은 조언에서부터 반드시 필요한 참고 자료 제공까지 다양하고 독특한 방식으로 도움을 주었다. 스위스 브베에 있는 예니시박물관의 오스카코코슈카재단 큐레이터 아글라야 켐프Aglaja Kempf, 잘츠부르크 여름미술아카데미의 힐데군트 아만스하우저Hildegund Amanshauser, 런던대학 상원도서관의 안드레아 마이어 루도위시Andrea Meyer-Ludowisy, 루스 호이슬러Ruth Häusler와 라이너 발터Rainer Walter 및 취리히 중앙도서관 원고부의 열람실 팀, 빈시청 도서관의 마르셀 아체Marcel Atze, 빈응용예술대학 오스카코코슈카센터 센타장 베르나데트 라인홀트Bernadette Reinhold, 크렘스안데어도나우에 있는 에른스트크레네크연구소의 안체 뮐러Antje Müller 박사, 런던 테이트갤러리 아카이브의 열람실 팀 및 프란츠 에더Franz Eder와 잘츠부르크의 벨츠미술관.

나는 이들 모두에게 이 자리를 빌려 진심으로 감사의 마음을 전한다. 하지만 무엇보다도 오스카 코코슈카와 그의 작품에 감사하다. 예술비평은 한 가지 사실, 즉 궁극적으로 그 대상의 가치 평가에 기여해야 한다는 것을 잊어서는 안 된다. 그렇다 하더라도 최상의 경우 프리드리히 슐레겔이 요구한 바와 같이 비평도 예술이 되어야 하며, 반대로 예술이 비평이 될 수 있다. 실제로 비평은 예술이 되기를 갈구한다. D. H. 로렌스는 작품을 그 창작자로부터 보호하는 것이 비평가의 과제라고 했다. 이 말은 일부 예술가에게 적용될지언정 코코슈카에게는 확실히 적용되지 않는다. 코코슈카의 삶과 작품은 상호 조명되어야 한다. "어찌 되었든 삶은 좋은 것이다"라는 괴테의 위대한 고백에 "그리고 그것은 코코슈카의 예술 덕분이다"라는 말을 덧붙여본다.

옮긴이의 말

세기의 예술가

오스카 코코슈카(1886~1980)는 구스타프 클림트, 에곤 실레와 함께 빈 모더니즘을 대표하는 화가로 꼽힌다. '세기의 예술가, 인간의 내면을 탐구한 색채의 철학자'라는 이 책의 부제가 말해주듯이 저자는 화가이자 작가로서 왕성한 활동을 하면서 거의 한 세기를 살았던 코코슈카의 삶과 예술을 빈 모더니즘의 중심이자 그 시대의 결정체라는 관점에서 조명한다. 이 과정에서 저자는 코코슈카가 빈 모더니즘의 또 다른 거장들인 시인 게오르크 트라클, 리하르트 데멜, 라이너 마리아 릴케, 소설가 토마스 만, 작곡가 에른스트 크레네크, 아르놀트 쇤베르크, 알반 베르크, 알마 말러 등과 교제하면서 당시의 시대정신을 함께 만들어갔던 과정을 생생하게 묘사한다. 아래에서는 이 책의 서술을 토대로 코코슈카가 지나온 일생의 주요 장면을 간략히 정리해보았다.

빈 예술계의 악동

오스트리아의 소도시 푀흘라른에서 태어난 코코슈카는 한 살 때 가족과 함께 빈으로 이사해 그곳에서 국립실업학교를 졸업한 후 미술 교사의 추천으로 국가 장학금을 받고 고등 직업 예술 학교인 빈 공예학교에 입학했다. 당시 이 학교에 지원했다가 낙방한 학생 중에는 아돌프 히틀러도 있었다고 한다. 이 시기부터 코코슈카는 현대 건축의 선구자로 평가받는 아돌프 루스의 영향을 받아 당시에 지배적이던 아르누보 양식을 거부하면서 《살인자, 여자들의 희망》과 같은 충격적인 희곡을 발표해 빈 예술계의 악동, '최고 야수'라는 평가를 받았다. 그리고 공예학교 졸업 후 1910년에는 베를린으로 이주해 같은 해에 창간된 표현주의 문예지 《슈투름》에 참여하기도 했다.

알마 말러와의 사랑

1912년에 26세의 청년 예술가 코코슈카는 작곡가 구스타프 말러의 미망인이자 당시 빈의 모든 남성이 갈망하던 '팜파탈' 알마 말러(1879~1964)를 만났다. 야성미와 수준 높은 교양을 겸비한 이 여성과 코코슈카는 3년간 동거했는데, 강렬한 사랑과 알마의 계속된 남성 편력에 대한 그의 질투심은 광적인 창작 활동의 원동력이 되었다. 이 시기에 탄생한 작품이 그 유명한 〈바람의 신부〉다. 알마에게 여러 차례에 선물한 부채 작품과 석판화 등 그녀와 관련한 450여 점의 작품이 탄생했다. 코코슈카가 둘의 아이라고 믿으면서 반대했던 낙태 수술을 알마가 결행하면서 결국 두 사람은 헤어지게 되었고, 얼마 후에 알마는 바우하우스의 창립자인 건축가 발터 그로피우스와 재혼했다. 그녀를 잊지 못한 코코슈카는 실연의 아픔을 달래기 위해 인형 제작자에게 실물 크기의 알마 인형 제작을 의뢰하기도 했다. 그는 일종의 '리얼돌'과도 같은 알마 인형에 옷을 입혀 오페라 공연이나 카페에 데려가기도 했으며 이 인형을 소재로 한 그림을 여러 점 그리기도 했는데, 결국에는 실물과 너무 다른 인형의 모습에 환멸을 느껴 인형을 폐기 처분했다고 전해진다.

제1차 세계대전 참전과 교수 활동

1914년에 제1차 세계대전이 발발하자 코코슈카는 실연의 아픔과 자살 충동을 떨쳐버리기 위해 오스트리아 기병대에 자원입대했다. 그는 전장에서 머리에 총상을 입는 큰 사고를 당했지만 다행히 목숨을 부지해 드레스덴의 요양원에서 건강을 회복할 수 있었고, 1919~1927년 드레스덴예술대학에서 교수로 일했다.

망명 생활과 평화운동

점점 세력을 키워가던 나치의 억압을 피해 코코슈카는 1934년에 프라하로, 그리고 1938년에는 다시 런던으로 망명을 떠나야만 했다. 나치는 30여 개의 독일 미술관에서 압수한 이른바 '퇴폐미술' 작품들을 모아 1937년에 뮌헨에서 선전 목적의 퇴폐미술전을 개최했는데, 이때 코코슈카는 '문화 볼셰비스트', '예술의 적 제1호', '퇴폐 작가 중에서도 가장 퇴폐한 자'로 폄하되었다. 이 시기부터 그는 파시즘과 국가사회주의에 맞서는 평화운동에 참여했으며, 그의 작품 활동은 점점 더 정치색을 띠게 되었다. 그는 1936년에 브뤼셀에서 열린 평화회의에 체코슬로바키아 대표단의 일원으로 참석해 연설했고, 1938년에는 런던에서 독일과 오스트리아 망명 예술인들의 단체인 자유독일문화연맹의 결성을 주도하기도 했으며, 독일제국의 오스트리아 합병이 국제법 위반이라고 호소하는 탄원서를 써서 헤이그 상설중재재판소에 보내기도 했다. 그 밖에도 망명자 신문에 글을 기고하고 여러 전시회와 집회에 연사로 나서는 등 그는 적극적으로 평화운동에 동참했다.

전후의 시각 학교와 회고전

제2차 세계대전이 끝난 후 67세의 코코슈카는 스위스로 이주했다. 1953년에 잘츠부르크 국제여름미술아카데미, 즉 시각 학교를 설립해 10년간 보는 법을 가르치는 데 힘을 쏟았다. 이 시기에 그는 공존의 문화를 장려하기 위해 바로크풍의 풍경화와 초상화를 많이 그렸는데, 이에 대해 저자 괴르너는 코코슈카가 젊은 시절 전위파 예술가에서 망명 시절의 좌익 반항자를 거쳐 문화보수주의자가 되었다고 평가한다. 전후 시기에는 코코슈카의 예술적 업적을 기리는 다양한 회고전이 세계 각지에서 개최되었으며, 1980년에 94세의 나이로 사망하기까지 그는 세계 예술계의 이목을 끄는 '자석'과도 같은 마력을 발휘했다고 저자는 평가한다.

최호영

연보

1886년	3월 1일, 오스트리아 소도시 푀흘라른에서 구스타프 요제프 코코슈카와 마리아 로마나 사이에서 둘째 아들로 태어난다.
1905~1909년	학교를 졸업한 후 공예학교에 들어간다. 빈공방 모임에서 그림엽서, 부채, 포스터 등을 제작한다. 1908년 그림책《꿈꾸는 소년들》을 발표한다.
1909~1910년	1909년 빈에서 열린 국제예술전에 작품을 출품하고《살인자, 여자들의 희망》을 무대에 처음 올린다. 아돌프 로스의 초청으로 스위스를 방문하고 그곳에서 여러 초상화를 그린다.
1910년	베를린으로 건너온다. 베를린에서 그린 초상화 드로잉 작품을 헤르바르트 발덴이 편집한《슈투름》에 발표한다. 미술상 파울 카시러의 출판사에서 전시회를 연다.
1911~1912년	빈으로 돌아와 잠시 공예학교에서 가르친다.
1912년	작곡가 구스타프 말러(1911년에 사망)의 미망인 알마 말러를 만난다.
1913년	알마 말러와 함께 이탈리아 베네치아로 여행을 떠난다. 석판화와 함께 시 '행복은 다르게 찾아오네Allos Makar'를 발표한다.
1914년	알마 말러와 헤어진다.〈바람의 신부〉를 그린다.
1915년	1월 3일, 비너노이슈타트 병영 기병훈련소에 자진해서 입소한다. 8월 29일, 갈리시아 전선에서 전투 중 머리에 총상을 입는다.
1916년	병원에서 회복한 후 연락장교로 이탈리아 전선에 파견되지만 9월 초에 부상으로 군 복무를 마치고 베를린으로 돌아온다. 석판화 연작 '사슬에 묶인 콜럼버스'와 '오 영원이여, 그대 우레 같은 말씀이여'를 출판한다. 베를린 슈투름갤러리에서 특별작품전을 열고 카시러갤러리와 계약을 체결한다.
1917년	스톡홀름에서 전시회 등을 위해 2개월간 체류하고 돌아와 드레스덴 근교에서 요양한다.
1918년	희곡《오르페우스와 에우리디케》를 모티브로 한 동판화와 잉크 드로잉, 동명의 유화를 완성한다. 코코슈카 작품의 최고 해석자 파울 베스타임의 연구

서 《오스카 코코슈카》가 출간된다. 인형 제작자 헤르미네 모스에게 알마 인형 제작을 의뢰한다(1919년 완성).

1919년	드레스덴예술대학 교수로 임명되어 1927년까지 그곳에서 가르친다.
1921년	희곡 《오르페우스와 에우리디케》가 드레스덴에서, 파울 힌데미트가 곡을 붙인 오페라 《살인자, 여자들의 희망》이 슈투트가르트에서 초연된다.
1922년	4월, 베네치아비엔날레에서 작품을 선보이고 그곳에서 (발터 그로피우스와 결혼한) 알마와 잠시 만난다.
1923년	안나 칼린과 함께 스위스로 여행을 떠난다. 비츠토르 디르스터이의 소설 《피할 수 없는 사람》을 위한 삽화를 작업한다. 10월 3일, 부친 구스타프 요제프 코코슈카가 사망한다.
1924~1925년	아돌프 로스와 세바스천 이셉과 함께 파리를 방문하는 등 여행을 시작한다. 파리를 시작으로 스페인과 포르투갈을 비롯해 네덜란드와 영국 등 여러 나라를 여행한다.
1926년	드레스덴 국제예술전에 참여한다.
1927년	파리에서 베네치아와 스위스로 여행을 떠난다. 취리히미술관에서 개인전을 연다. 11월 27일, 에른스트 크레네크가 작곡한 오페라 《오르페우스와 에우리디케》가 카셀에서 초연된다.
1928~1929년	북아프리카를 여행한 후 스페인, 아일랜드, 스코틀랜드를 방문한다. 이집트를 여행하며 예루살렘, 이스탄불, 베네치아에도 들른다.
1930년	알제리, 이탈리아, 프랑스를 방문한다.
1931년	카시러와 계약을 파기하고 경제적으로 어려워지자 빈으로 돌아온다.
1932년	파리로 돌아간다. 베네치아비엔날레에서 작품을 전시한다.
1933년	몇 달 동안 라팔로에 머문 후, 파리를 떠나 빈으로 돌아가 살기로 한다.
1934년	독일과 오스트리아에서 정치 상황이 악화하자 어머니가 사망한 후 프라하로 이주한다. 미래의 아내가 될 올다 팔코프스카를 만난다.
1935년	체코슬로바키아 대통령 토마시 마사리크의 초상화를 그린다. 마사리크의 도움으로 체코 국적을 취득한다.
1936년	브뤼셀에서 열린 평화회의에 참석해 연설한다. 1935년부터 시작한 희곡 《코메니우스》의 작업을 이어간다.
1937년	빈 오스트리아응용예술박물관에서 회고전을 연다. 나치 독일은 코코슈카의 작품 400여 점을 국가 소장품에서 제외하고 작품 9점을 뮌헨에서 열린 '퇴폐미술전'에 전시한다. 이에 대한 반응으로 〈'퇴폐'미술가의 자화상〉을

그린다.

1938년   독일군이 체코슬로바키아를 침공하자 코코슈카와 올다는 프라하에서 런던
              으로 이주한다.

1939~1945년   런던에 거주하며 가끔 스코틀랜드를 방문한다. 1942년에 런던 주재 소련
              대사 이반 마이스키의 초상화를 그린다. 이 작품은 스탈린그라드 전투에서
              부상당한 러시아 및 독일 병사들을 돕기 위해 판매된다. 1945년에는 체코
              슬로바키아 전쟁고아들을 돕기 위해 기부금을 보낸다.

1947년   영국 시민권을 취득한다. 바젤과 취리히에서 전시회를 연다. 에디트 호프만
              야포의 책《코코슈카, 삶과 작품Kokoschka-Life and Work》이 런던에서 출
              간된다.

1948년   이탈리아를 장기간 방문하며 베네치아비엔날레에 참여한다.

1949년   빈과 로마를 방문하고 처음으로 미국을 여행한다.

1950년   런던에서 잘츠부르크, 뮌헨, 이탈리아를 방문한다. 독일에서는 프랑크푸르
              트와 본을 방문하며, 본에서 테오도르 호이스 대통령의 초상화를 그린다.

1951년   함부르크를 여행한 후 스위스와 이탈리아를 방문한다.

1952년   스위스에서 장기 체류한 후 함부르크, 런던, 미니애폴리스를 방문하는데, 특
              히 미니애폴리스에서는 미술학교 객원 교수로 재직한다.

1953년   잘츠부르크에서 시각 학교를 설립한다. 이 잘츠부르크 국제여름미술아카데
              미는 1963년까지 매년 여름마다 정기적으로 열린다. 스위스 제네바 호수
              근처에 있는 델핀빌라를 매입하고 마침내 이곳에 정착한다.

1954년   '테르모필레' 3부작을 작업하기 시작한다. 빌헬름 푸르트벵글러의 제안으로
              1955년 잘츠부르크 페스티벌에서 공연될 모차르트 오페라《마술피리》무
              대를 디자인한다.

1958년   뮌헨과 빈에서 대규모 회고전이 열린다.

1960년   옥스퍼드대학에서 명예박사 학위를 받는다. 코코슈카의 여동생 베르타
              (1889년 출생)가 사망한다.

1961년   그리스를 두 번째로 방문한다.

1965년   석판화집《오디세이》를 출간한다.

1966년   취리히 쿤스트하우스에서 80세 생일을 기념해 대규모 회고전이 열린다. 이
              외에도 잘츠부르크, 슈투트가르트, 뉴욕, 카를스루에 등에서 개인전을 개최
              한다.

1967년   아리스토파네스의 희극에 기반을 둔 석판화 연작 '개구리'의 작업을 시작한다.

1969년	석판화집《사울과 다윗》을 출간한다. 애거사 크리스티의 초상화를 그린다.
1971년	회고록《나의 인생》이 출간된다.
1972년	희곡《코메니우스》를 수정한다.
1975년	심각한 시력 문제(백내장)로 수술을 받는다. 함부르크와 마드리드에서 대규모 회고전이 개최된다. 오스트리아 시민권을 다시 취득한다.
1976년	동생 보후슬라프(1892년 출생)가 사망한다. 90세 생일을 기념하여 여러 특별 전시회가 열린다.
1978년	일본에서 대규모 전시회(450점)가 열린다. '코코슈카 오마주Homage to Kokoschka' 순회 전시회(100점)가 미국과 캐나다에서 열린다.
1980년	2월 22일, 몽트뢰에서 사망하여 인근 클라랑스에 묻힌다.

찾아보기

| ㄱ |

《가면무도회》 277, 342

가세트, 오르테가 이Gasset, Ortega y 316

가이거, 베노Geiger, Benno 373

간디, 모한다스 카람찬드Gandhi, Mohandas Karamchand 247, 288, 289

감셰거, 루돌프Gamsjäger, Rudolf 361, 362

《개구리》 342

〈개와 함께 있는 광대〉 286

〈게〉 228, 231

〈게르니카〉(피카소) 373

게르스틀, 리하르트Gerstl, Richard 262

게오르게, 하인리히George, Heinrich 108, 111, 123

《경제학·철학 초고》 338

〈고양이〉 286

〈고양이, 양고기, 생선〉 79

〈고양이와 함께 있는 소녀〉 286, 292

고흐, 빈센트 반Gogh, Vincent Van 38, 162, 218, 261, 298, 357, 404

골상학 16, 212, 255

골, 이반Goll, Yvan(Iwan) 275

골츠갤러리Galerie Goltz 150

골, 클레르Goll, Claire 275, 276

골트슈미트발레르슈타인갤러리Galerie Goldschmidt-Wallerstein 150

골트슈미트, 야코프Goldschmidt, Jakob 158, 162

골트슈미트, 힐데Goldschmidt, Hilde 227, 229

곰브리치, 언스트Gombrich, Ernest H. 186

공예학교 30, 32, 67, 111, 262

〈광란의 살인자〉 63

괴링, 헤르만Göring, Hermann 294, 324

〈교향곡〉 262

구를리트, 볼프강Gurlitt, Wolfgang 107, 360, 364

구를리트, 프리츠Gurlitt, Fritz 103

국제여름미술아카데미 16, 312, 322~324, 326, 329, 332, 336, 360

국제예술가협회 222

국제초등학교연맹 52, 335

국제평화회의 51, 115, 120, 207

군돌프, 프리드리히Gundolf, Friedrich 266

굴딩, 밸러리Goulding, Valerie 268

〈굶주린 아이를 위로하는 그리스도〉 248

귀테르슬로, 알베르트Gütersloh, Albert Paris 261

《그대. 연애시》 92

그라스, 귄터Grass, Günter 11, 312

그라프 라만, 알리체Graf-Lahmann, Alice 133, 137, 146, 161, 185

그레츠, 파울Graetz, Paul 112

그레코, 엘Greco, El 67, 182, 252

그로만, 빌Grohmann, Will 141, 310, 320

그로스, 게오르게Grosz, George 109, 143, 231, 261

그로스만, 슈테판Grossmann, Stefan 119, 120

그로피우스, 발터Gropius, Walter 92

그뤼네발트, 마티아스Grünewald, Matthias 141

《그리스도의 탄생》 63

그릴파르처, 프란츠Grillparzer, Franz 77

그림시츠, 브루노Grimschitz, Bruno 358, 359

기거, 로미오Giger, Romeo 381

길레이, 제임스Gillray, James 231

길베르, 이베트Guilbert, Yvette 63

《꽃 사이에 있는 오필리아》 264

《꿈꾸는 소년들》 33, 35, 40, 277, 278, 279, 286, 375

《꿈을 간직한 사람들》 39

|ㄴ~ㄷ|

나겔, 한나Nagel, Hanna 312

《나그네여, 스파르타에 가거든…》 295

《나의 인생》(알마) 78

《나의 인생》(코코슈카) 8, 9, 56, 85, 158, 160, 169, 170, 174, 175, 204, 221, 278, 313, 342, 390

나치 26, 31, 53, 189, 193, 200, 215, 226, 227, 238, 241, 244, 294, 310~312, 319, 320, 324, 326, 332, 357, 360, 404

내셔널갤러리The National Gallery 215, 238~240

네부슈카, 리시Nebuschka, Lissi 78

네어, 카스파르Neher, Caspar 328

노르다우, 막스Nordau, Max 59

노이만, 하인리히 폰Neumann, Heinrich von 103

노이베르거, 프리츠Neuberger, Fritz 108, 109, 114

노이에갤러리Neue Galerie 151

《노이에비너쥬르날》 151

《노이에프라이에프레세》 25, 59, 262

노포트니, 프리츠Novotny, Fritz 358, 361

《놀고 있는 아이들》 246

누벨 오브 젝티비테 211

《누워 있는 누드》 312

《눈 뜨는 봄》 41

뉴벌링턴갤러리New Burlington Galleries 215, 218

《늦여름》 118, 119

니진스키, 바슬라프Nijinsky, Vaslav 82

니체, 프리드리히Nietzsche, Friedrich Wilhelm 5, 28, 81, 382, 383

니컬슨, 벤Nicholson, Ben 219

닐센, 아스타Nielsen, Asta Nielsen 78

님프치, 울리Nimptsch, Uli 225, 228, 229

다다갤러리DADA-Galerie 113

《다다 연감》 211

다다이즘 15, 124

다비드, 자크 루이David, Jacques-Louis 295, 296

〈다비드〉 146

다우텐다이, 막스Dauthendey, Max 339

《더 큰 희망》 366

〈덜시 다리〉 168

덩컨, 이사도라Duncan, Isadora 110

데멜, 리하르트Dehmel, Richard

델핀빌라 276, 280, 297, 315, 367

〈도버 해안〉 168

도스토옙스키, 표도르Dostoevskii, Fyodor Mikhailovich 349

도이치, 에른스트Deutsch, Ernst 109, 123

《독일은 살아남을 필요가 있을까?》 241

돌푸스, 엥겔베르트Engelbert Dollfuß 26, 188

《동물계의 사랑과 성생활》 38

《동물의 정신생활》 38

〈두 여인이 있는 실내〉 264

〈두 여행자〉 341

두리외, 틸라Durieux, Tilla 65, 261

뒤카, 폴Dukas, Paul 41

〈드레스덴, 신시가지 I〉 128

〈드레스덴, 신시가지 II〉 129

《드레스덴에서 보낸 편지》 133

드레스덴예술대학 126, 128, 143

드레이퍼스, 헨리Dreyfus, Henry 239

드로이다 백작 부인Countess of Drogheda 268, 228,
229

《드로잉 1906~1965》 342

드보르자크, 안토닌Antonín Dvořák 25, 181

들라크루아, 외젠Delacroix, Eugène 288, 320

디르스터이, 비츠토르Dirsztay, Victor 348

《디오니소스 찬가》 28

딕스, 오토Dix, Otto 141, 148, 211, 310, 319

딜타이, 빌헬름Dilthey, Wilhelm 327

| ㄹ |

라겔뢰프, 셀마Lagerlöf, Selma 116

라만, 알리체Lahmann, Alice 146, 161, 184, 185

라만, 하인리히Lahmann, Heinrich 108

라스커 쉴러, 엘제Lasker-Schüler, Else 34, 99, 141, 260, 261, 340

라이문트, 페르디난트Raimund, Ferdinand 342

라인하르트, 막스Reinhardt, Max 111, 112

라인하르트, 베르너Reinhardt, Werner 251, 289

라테나우, 에른스트Rathenau, Ernst 191, 224, 373

〈라 파시오나리아〉 206, 207

라프, 율리우스Raab, Julius 363

랑, 릴리트Lang, Lilith 33, 35, 36, 53, 72

랑보 백작Grafen Rambaud 171, 172

랑, 에르빈Lang, Erwin 53, 57

랑, 에른스트Lang, Ernst Ernst Lang 74

랑, 하인츠Lang, Heinz 259

러브, 마거리트Loeb, Marguerite 146, 161, 162

〈런던〉 325

〈런던의 템스강 전경 I〉 168

레르네트 홀레니아, 알렉산더Lernet-Holenia, Alexander 177, 178

〈레만 호수 I〉 148

레비나스, 에마뉘엘Levinas, Emmanuel 255

레셰흐라트, 에마누엘Lešehrad, Emanuel 41

레스터갤러리Leicester Gallery 171

레싱, 고트홀트 에프라임Lessing, Gotthold Ephraim 347

레인, 렘브란트 판 레인Rijn, Rembrandt van 121, 376, 378, 379, 380

렌츠, 지크프리트Lenz, Siegfried 342, 349

렝크, 프란츠Lenk, Franz 312

로덴스타인, 존Rothenstein, John 215, 239, 240

로랭, 클로드Lorrain, Claude 142

〈로렐라이〉 232

로마나, 마리아Romana, Maria 26, 27

로비나, 한나Rovina, Hanna 164, 165

로스, 아돌프Loos, Adolf 25, 36, 39, 42, 54, 55, 59, 63, 65, 67, 84, 99, 101, 159, 190, 258~260, 334, 358, 431,

로이들, 안톤Loidl, Anton 32

《로체》 262

로트, 요제프Roth, Joseph 202, 351

롤러, 알프레트Roller, Alfred 111

루돌프 2세Rudolf II 315

루벤스, 페테르 파울Rubens, Peter Paul 142, 143, 177

《루시퍼》 41

루이스, 윈덤Lewis, Wyndham 218

루카치, 게오르크Lukács, Georg 67

루트비히, 에밀Ludwig, Emil 86, 291

뤼켄, 이바르 폰Lücken, Ivar von 108, 340

뤼트겐, 헬무트Lütgen, Helmut 170, 173

르네상스 10, 51, 266

르동, 오딜롱Redon, Odilon 264

리드, 허버트Read, Herbert 215, 381

리베르만, 막스Liebermann, Max 146, 182~184, 255, 359

리스트, 요한Rist, Johann 277

〈리옹〉 195

리저, 헨리에테 아말리에(릴리)Lieser, Henriette Amalie(Lilly) 75, 81, 92

리처, 헬레네Ritscher, Helene 72, 87

리흐테르, 스뱌토슬라프Richter, Sviatoslav 276

리히터, 에밀Richter, Emil 141

리히터, 케테Richter, Käthe 108, 109, 114, 123

리히트바르크, 알프레트Lichtwark, Alfred 16, 391

린드하겐, 칼Lindhagen, Carl 120, 121

린저, 루이제Rinser, Luise 243, 369, 370

〈린츠, 페닝베르크에서 바라본 풍경〉 330

릴케, 라이너 마리아Rilke, Rainer Maria 67, 71, 83, 99, 103~106, 108, 122, 129, 204, 251, 289, 331, 367, 425

| ㅁ |

마네스, 크비도Mánes, Quido 25

마렉스, 게르하르트Mareks, Gerhard 373

마르더슈타이크, 한스Mardersteig, Hans 141, 171

마르크스, 카를Marx, Karl 338

마르크, 프란츠Marc, Franz 261

마르틴, 도로테Martin, Dorothee 238

마리아트로이피아리스트교회Piaristenkirche Maria
Treu 30, 280

마사리크, 토마시Masaryk, Tomáš G. 51, 169, 203~
206, 236, 267, 289, 290

마샤두, 베르나르디누Machado, Bernardino Luis
160

《마술피리》 202, 203, 277, 342, 372

《마스운트베르트》 354

마시오타, 미켈란젤로Masciotta, Michelangelo 367

마울베르치, 프란츠 안톤Maulbertsch, Franz Anton 30,
32, 91, 263, 280

《마의 산》 243

마이스키, 이반Maisky, Ivan 235~240, 289, 401

마이트너, 루트비히Meidner, Ludwig 169, 223, 224,
275

《마태수난곡》 171

마테이카, 빅토어Matejka, Viktor 301, 326, 327, 356,
361~363

만, 골로Mann, Golo 354, 355

만델스탐, 오시프Mandelstam, Ossip 296

만케르, 파울루스Manker, Paulus 392

만켈, 헤닝Mankell, Henning 79

만, 토마스Mann, Thomas 31, 51, 108, 156, 191~197,
199, 243, 261, 376, 390

만틀, 로테Mandl, Lotte 133, 159

만, 하인리히Mann, Heinrich 51, 261

《말》 259

말라르메, 스테판Mallarmé, Stephane 83

말러, 구스타프Mahler, Gustav 71~76, 80, 90, 95,
111, 262, 280, 348, 349, 388

말러 베르펠, 알마Mahler-Werfel, Alma(알름쉬Almschi,
알미Almi, 알밀리Almili, 알밀리치Almilizi) 10, 11, 42,
54, 58, 70~83, 89~95, 100, 101, 105, 113~115,
122, 125, 127~129, 132~138, 147, 148, 171,
185, 202, 246, 265, 268, 275, 277, 286, 343, 348,
364, 387, 388, 392

망거, 클라우스Manger, Klaus 88

매카시, 조지프McCarthy, Joseph 250

〈맨드릴개코원숭이〉 17, 166, 169, 170, 267, 286,
288

메뉴인, 예후디Menuhin, Yehudi 282

메르츠 총체예술 150

〈메리 던 부인〉 269

메세르슈미트, 프란츠 크사버Messerschmidt, Franz-
Xaver 263

메이어, 골다Meir, Golda 291

멘스도르프 디트리히슈타인, 알렉산드리네Mensdorff-
Dietrichstein, Alexandrine 102

멘제, 카로Mense, Caro 312

멘첼, 아돌프 폰Menzel, Adolf von 224

멘크, 클라라Menck, Clara 381

멜리하, 알로이스Melichar, Alois 319~321

멜바, 넬리Melba, Nellie 164

멜빌, 허먼Melville, Herman 301

모더니즘 10, 16, 31, 36, 59, 63, 66, 84, 91, 99,
113, 156, 169, 218, 223, 257, 259, 261, 263, 264,
266, 284, 300, 303~305, 310, 313, 322

《모더니즘 극복》 319

《모래 사나이》 133

《모래 속의 발자국》 293

모리스, 윌리엄Morris, William 32

모스, 헤르미네Moos, Hermine 130, 131, 163

〈모자를 쓴 자화상〉 268

모저, 콜로만Moser, Koloman 33, 39

모차르트, 볼프강 아마데우스Mozart, Wolfgang
Amadeus 30, 138, 144, 202, 243, 277, 281, 316,
342, 361

모테지크츠키, 마리 루이제 폰Motesiczky, Marie-
Louise von 243

《목신 판》 118, 146, 342

〈목화 따는 여자〉 39

몰리, 아서Morley, Arthur 316, 385

몰, 카를Moll, Carl 71, 78, 201, 354, 356

몸베르트, 알프레트Mombert, Alfred 41, 339

《몽유병자들》 342

몽테스큐 프장삭, 빅트아르 드Montesquiou-Fezensac,
Victoire de 55, 274

몽테스키외, 샤를Montesquieu, Charles Louis de
Secondat 149

무사이오스Musaeus 77

무슈크, 발터Muschg, Walter 68

무어, 헨리Moore, Henry 219, 229

《물질주의의 운명》 176

뭉크, 에드바르Munch, Edvard 263, 264, 290, 334,
359

〈뮈렌 근처의 알프스 풍경〉 81

뮈잠, 에리히Mühsam, Erich 261

뮈조성 251, 289

뮌츠, 루트비히Münz, Ludwig 356~361

뮌터, 가브리엘레Münter, Gabriele 264

뮌히, 한스Münch, Hans 309

미네, 조지Minne, George 34

미니히, 카를Minnich, Karl 86

《미술과 건축》 320

미요, 니콜Milhaud, Nicole 272, 280

《미학강의》 267

《미학적 교육에 관한 편지》 338

| ㅂ |

바그너, 리하르트Wagner, Richard 13, 14, 62, 72, 293

바그너, 오토Wagner, Otto 26

《바그다드의 공주 티노의 밤들》 34

《바다의 물결, 사랑의 물결》 77

바드, 조지프Bard, Joseph 165~167, 169

바라니, 로베르트Bárány, Robert 120

바라베스, 슈타니슬라프Barabäs, Stanislav 376

〈바람의 신부〉 79, 81, 83, 85, 88, 90, 99, 103, 106, 226, 247, 280, 297, 384

바로크(미술, 양식) 30, 231, 242, 252, 263, 297, 305, 318, 320, 347, 364, 381

바르, 헤르만Bahr, Hermann 33

바를라흐, 에른스트Barlach, Ernst 13, 14

바비, 이반Babij, Ivan 312

〈바스크 어린이를 도와주세요〉 247

바우마이스터, 빌리Baumeister, Willi 310, 406

바이겔, 한스Weigel, Hans 320

바이츠제커, 빅토르 폰Weizsäcker, Viktor von 186

바젤리츠, 게오르그Baselitz, Georg 320

바흐오펜, 요한 야코프Bachofen, Johann Jakob 181

바흐 칸타타 80, 155, 243, 277, 279

발덴, 헤르바르트Walden, Herwarth 59, 63, 66, 91, 92, 101, 103, 107, 155, 260

발저, 로베르트Walser, Robert 309

발터, 브루노Walter, Bruno 73

발, 후고Ball, Hugo 113

〈방문〉 81

배리슨시스터즈Barrison Sisters 55

버거, 존Berger, John 341

버지스, 앤서니Burgess, Anthony 223

버클리, 조지Berkeley, George 323

《범유럽》 176

베네시, 에드바르트Beneš, Edvard 240, 244, 249

베네치아비엔날레 146, 305, 357, 367

《베네치아에서의 죽음》 192

베데킨트, 프랑크Wedekind, Frank 41, 58, 87, 88

베딩턴 베런스, 에드워드Beddington-Behrens, Edward 240

베로나 백작Conte Verona 55, 274

베르거 하머슐라크, 마르가레타Berger-Hammerschlag, Margareta 329

베르거, 힐데Berger, Hilde 392

베르그너, 엘리자베트Bergner, Elisabeth 155

《베르길리우스의 죽음》 342

베르디, 주세페Verdi, Giuseppe 277, 342

베르크, 알반Berg, Alban 41, 311

베르토, 펠릭스Bertaux, Félix 211

베르펠, 프란츠Werfel, Franz 204, 388

베른도르퍼, 프리츠Waerndorfer, Fritz 33, 39

베른하르트, 토마스Bernhard, Thomas 371, 372

베베른, 안톤 폰Webern, Anton von 260, 283, 284

베스타임, 파울Westheim, Paul 241~243, 250, 298, 299, 367

베어, 테오도어Beer, Theodor 55, 57

베이컨, 프랜시스Bacon, Francis 305

베촐트, 빌헬름Waetzoldt, Wilhelm 266

베크만, 막스Beckmann, Max 13, 150, 211, 215, 216

베토벤, 루트비히 판Beethoven, Ludwig van 209, 276, 281, 283~285, 316, 319, 320, 357

베허, 요하네스 R.Becher, Johannes R. 155

벤, 고트프리트Benn, Gottfried 212, 264

벤담, 제러미Bentham, Jeremy 14, 184, 189

벨데, 앙리 반 데Velde, Henry van de 65

벨라스케스, 디에고Velázquez, Diego 161

벨레스, 에곤Wellesz, Egon 67

벨츠, 프리드리히Welz, Friedrich 324, 342, 357

보는 시각 16

보른, 볼프강Born, Wolfgang 192, 193, 199

보스, 히로니뮈스Bosch, Hieronymus 315

《보체크》 311

보티시즘 218

본도네, 조토 디Bondone, Giotto di 91

볼테르Voltaire 247, 347, 364

《봄의 제전》 321

뵐, 하인리히Böll, Heinrich 295, 298

부르크하르트, 야코프Burckhardt, Jacob 266

부소니, 페루초Busoni, Ferruccio 279

부쉬베크, 에르하르트Buschbeck, Erhard 86, 87

부슈베크, 에른스트Buschbeck, Ernst 354

부슈, 프리츠Busch, Fritz 147

〈부인과 앵무새〉 103, 104

분리파 16, 33, 59, 71, 141, 147, 354, 357, 358, 359

《불타는 가시덤불》 67, 69, 70, 77, 112, 113, 375

〈붉은 달걀〉 231, 287

〈붉은 말〉 286

뷔를레, 에밀 게오르크Bührle, Emil Georg 272~274, 404

뷔히너, 게오르크Büchner, Georg 38

뷔히너, 루트비히Büchner, Ludwig 38

브라우어, 막스Brauer, Max 291, 292, 405

브라운, 크리스티나 폰Braun, Christina von 78

브라운탈, 율리우스Braunthal, Julius 241, 242

브란팅, 얄마르Branting, Hjalmar 120

브레히트, 베르톨트Brecht, Bertolt 328

브로트, 막스Brod, Max 204

브로흐, 헤르만Broch, Hermann 67, 316, 342

브루스, 베시Bruce, Bessie 54, 260

브루크너, 안톤Bruckner, Anton 30

브뤼헐, 피터르Brueghel, Pieter 231

브리콜라주 315

브리폴트, 로버트Briffault, Robert 181

브링크만, 알베르트 에리히Brinckmann, Albert Erich 323

《블라우에라이터》 316

블라우, 티나Blau, Tina 59

블레이크, 윌리엄Blake, William 223

블로흐, 에른스트Bloch, Ernst 365

《비구상미술의 사고 오류》 309

비그만, 마리Wigman, Mary 110

〈비너스와 오르간 연주자〉 79

《비너스의 변신》 41

《비너쿤스트반더러》 192, 194

비네르트, 이다Bienert, Ida 126

비어바움, 오토 율리우스Bierbaum, Otto Julius 71

비젠탈, 그레테Wiesenthal, Grete 35

비트겐슈타인, 루트비히Wittgenstein, Ludwig 99

빈공방Wiener Werkstätte 32, 33, 86

빈여성예술학교Wiener Frauenkunstschule 59

빈조형예술대학Akademie der bildenden Künste Wien 356, 359, 360

빈청년파 10

〈빈첸초 팔로티〉 258

《빌헬름 마이스터의 편력시대》 49

빙글러, 한스 마리아Wingler, Hans Maria 35, 342

《빛의 길》 205

| ㅅ |

〈사울과 다윗〉 277, 381

《사울과 다윗》(석판화집) 342

사전트, 존 싱어Sargent, John Singer 218

《사촌 퐁스》 109

《살로메》 321

《살인자, 여자들의 희망》 40, 42~45, 50, 53, 62, 72, 78, 86, 87, 109, 111, 113, 147, 260, 312, 343, 375

《삶의 계명》 176

상가타 저택 55, 60

《새로운 시각 이론에 관한 시론》 323

샤드, 크리스티안Schad, Christian 211

샤텐슈타인, 니콜라우스Schattenstein, Nikolaus 64

샤흐트, 햘마르Schacht, Hjalmar 247

샬레커, 프리츠Schahlecker, Fritz 245, 251

서덜랜드, 그레이엄Sutherland, Graham 219, 301~303, 305

《서동시집》 193

석판화 연작 '개구리' 342

석판화 연작 '사슬에 묶인 콜럼버스' 80, 103, 104, 155, 157

석판화 연작 '오 영원이여, 그대 우레 같은 말씀이여' 80, 103, 104, 155, 157, 277

〈선원의 신부〉 292

성니콜라이교회 374

〈성모승천〉 175

《세계도해》 49, 114, 144, 145, 190, 204

세일런, 앤트완 그래프Seilern, Antoine Graf 268

세잔, 폴Cézanne, Paul 79, 218

셰르바르트, 파울Scheerbart, Paul 63

〈소녀가 있는 빈 풍경〉 325

《소년의 이상한 뿔피리》 27

쇤베르크, 아르놀트Schönberg, Arnold 34, 59, 67, 73, 75, 77, 219, 245, 260, 261, 276, 281, 293, 316, 358

쇤, 볼프Schön, Wulf 381

쇼버, 요한Schober, Johann 29, 30

쇼펜하우어, 아르투르Schopenhauer, Arthur 68

숄츠, 빌리Scholz, Willi 244, 245

쉬츠, 테레제 요제파Schütz, Therese Josefa 24

쉬프, 바이올렛Schiff, Violet 241

쉬프, 시드니Schiff, Sydney 241

쉰들러, 안나 소피Schindler, Anna Sophie 71

쉰들러, 에밀 야코프Schindler, Emil Jakob 71

슈니츨러, 아르투어Schnitzler, Arthur 259

슈레커, 프란츠Schreker, Franz 90, 319

슈림프, 게오르크Schrimpf, Georg 211

슈말렌바흐, 프리츠Schmalenbach, Fritz 8

슈미트 로틀루프, 카를Schmidt-Rottluff, Karl 310, 320

슈미트, 카를Schmitt, Carl 188

슈바르체, 테레즈Schwartze, Thérèse 59

슈바르츠발트, 오이게니(게니아)Schwarzwald, Eugenie
  (Genia) 66, 259

슈바르츠발트, 헤르만Schwarzwald, Hermann 103

슈바프, 프란츠Schwab, Franz 86

슈베린 백작 부인Gräfin Schwerin 108

슈비터스, 쿠르트Schwitters, Kurt 13~15, 220

슈슈니크, 쿠르트 폰Schuschnigg, Kurt von 185, 208,
  208, 352, 353, 355

슈, 오스카 프리츠Schuh, Oscar Fritz 328

슈타델만, 하인리히Stadelmann, Heinrich 109

슈타이너, 루돌프Steiner, Rudolf 56

《슈투름》 14, 45, 63, 66, 101, 103, 155, 260, 261,
  274

슈투름갤러리Sturm-Galerie 103

슈트라우스, 리하르트Strauss, Richard 321, 362

슈트람, 아우구스트Stramm, August 92, 103, 106

슈티프터, 아달베르트Stifter, Adalbert 118, 119

슈프랑거, 에두아르트Spranger, Eduard 333

슈피스, 다이지Spies, Daisy 133

슈피츠베크, 카를Spitzweg, Carl 25

슈필, 힐데Spiel, Hilde 363

슈필만, 하인츠Spielmann, Heinz 81, 286

슐레머, 오스카Schlemmer, Oskar 111

슐리히터, 루돌프Schlichter, Rudolf 211, 312

스메타나, 프란티셰크Smetana, František 25

스크랴빈, 알렉산드르Skrjabin, Alexander 148, 316

스토펠스, 헨드리키에Stoffels, Hendrickje 378

스트라빈스키, 이고르Stravinsky, Igor 82, 147, 321

스트린드베리, 아우구스트Strindberg, August 118

스프레차투라 7

《스핑크스와 밀짚 인형》 40, 44, 45, 112, 113

슬레포크트, 막스Slevogt, Max 146

슬리빈스키, 얀Slivinsky, Jan 158

시각 학교Schule des Sehens 7, 16, 30, 68, 142, 227,
  309, 321~324, 326~329, 331~334, 338, 364

《시간의 숨결 속에서. 모더니즘의 추억》 126

시라흐, 발두어 폰Schirach, Baldur von 324

'시인과 스핑크스' 44

《시인을 보라》 44

《신음악의 철학》 321

신즉물주의 210, 211, 311, 312

실러, 프리드리히Schiller, Johann Christoph Friedrich
  von 5, 338, 293

실레, 에곤Schiele, Egon 63, 177, 259, 261, 274,
  297, 312

〈실연한 연인〉 292

| ㅇ |

아데나워, 콘라트Adenauer, Konrad 280, 291, 302

아도르노, 테오도르Adorno, Theodor Wiesengrund 16, 321

《아들》 109

아들러, 한스 귄터Adler, Hans Günther 316

〈아랍의 여인들과 아이들〉 269

아레니우스, 스반테Arrhenius, Svanthe 120

아르놀트, 크리스티안Arnold, Christian 312

아르누보 35, 71, 86, 286

아르침볼도, 주세페Arcimboldo, Giuseppe 314~316

아르프, 한스Arp, Hans 309

《아를레키노》 147

아리스토파네스Aristophanes 342

《아리안느와 푸른 수염》 41

〈아마릴리스〉 325

아방가르드 9, 11, 113, 183, 184, 215, 262, 263, 309, 320, 371

아이넴, 고트프리트 폰Einem, Gottfried von 277, 278, 279, 328, 341

아이힝거, 일제Aichinger, Ilse 366

아인슈타인, 카를Einstein, Carl 12, 257

《아인슈타인, 함부르크 엘베강을 건너다》 342, 350

《아일랜드의 전설》 279

〈아침과 저녁〉 279, 280

아피아, 아돌프Appia, Adolphe 111

〈악의에 찬 눈〉 286

《악치온》 155

《안 엘리차 레트》 279, 351

〈알렉산더대왕의 전투〉 317~319

알마 인형 11, 42, 115, 127~129, 133~135, 202, 265

알베르트 라자르트, 루Albert-Lazard, Lou 104

알텐베르크, 페터Altenberg, Peter 35, 61, 258~260, 358

알트도르퍼, 알브레히트Altdorfer, Albrecht 314, 317~319

알트만 로스, 엘지Altmann-Loos, Elsie 258

《암피트리온》 77, 343

애스테어, 아델Astaire, Adele 169, 287

앵그르, 장 오귀스트 도미니크Ingres, Jean Auguste Dominique 79

〈야경〉 379, 380

〈야곱과 라헬〉 192

〈야만인〉 296

야수파 218

《얀 로벨》 370

〈양고기와 히아신스가 있는 정물화〉 79

《어느 페르시아인의 편지》 149

《어머니》 181

〈어머니와 아이(노 가면을 쓴 트루들)〉 267, 269, 325

에렌슈타인, 알베르트Ehrenstein, Albert 100, 107, 108, 116, 117, 150, 154~157, 181, 184, 185, 204, 205, 216, 352, 359

에르하르트, 루트비히Erhard, Ludwig 86, 291

에른스트, 막스Ernst, Max 309

에셴바흐, 볼프람 폰Eschenbach, Wolfram von 67

〈에케 호미네스〉 292, 374, 376

에크, 베르너Egk, Werner 279, 321

에트슈미트, 카시미어Edschmid, Kasimir 311

엑슈타인 디너, 베르타Eckstein-Diener, Bertha 55, 56

《엘렉트라》 321

엘크림, 아브드el-Krim, Abd 173

엡스타인, 제이컵Epstein, Jacob 305

〈여름〉 219

《여성의 권리 옹호》 188

《여성의 종속》 188

《여인과 세계》 41

〈여자 살해〉 62

《역사》 294, 300

《예술의 세계》 323

예이츠, 윌리엄 버틀러Yeats, William Butler 279

예이츠, 잭 버틀러Yeats, Jack Butler 341

옌치, 에른스트Jentsch, Ernst 133

《오디세이》(석판화집) 342

《오르페우스》 122

《오르페우스에게 바치는 소네트》 122

〈오르페우스와 에우리디케〉 123, 124, 325

《오르페우스와 에우리디케》 94, 114, 121~124,
　　126, 127, 136, 148, 170, 276~279, 375

오르프, 카를Orff, Carl 279

오를리크, 에밀Orlik, Emil 39, 257

오스트리아센터-오스트리아협회Austrian Centre-

Associations of Austria 221

《오스트리아의 비극》 242

오웰, 조지Orwell, George 223

오펜하이머, 막스Oppenheimer, Max 261, 262

〈올다와 오스카 코코슈카〉 252, 269

〈올리브산의 그리스도〉 105

《요셉과 그 형제들》 191~194, 196, 198

요셉손, 에른스트Josephson, Ernst 121

요클, 안나 마리아Jokl, Anna Maria 241

《욥》 109, 112~114, 375

〈우리는 무엇을 위해 싸우는가〉 222, 247

《우리 시대의 어느 어린이》 283

《우리 시대의 예술》 333

《운문 속의 단어》 64

울만, 프레드Uhlman, Fred 220, 221, 399

워튼, 이디스Wharton, Edith 173

〈원자력 에너지의 해방〉 321

위스망스, 카미유Huysmans, Camille 120

《유토피아의 정신》 365

융크, 로베르트Jungk, Robert 191

〈음악의 힘〉 32, 128, 277, 279~281

《의제擬制로서의 철학》 189, 397

이든, 로버트 앤서니Eden, Robert Anthony 228, 239

〈이민자들〉 111, 114

〈이삭의 죽음〉 192, 194

이셉, 세바스천Isepp, Sebastian 159

《20세기의 예술》 12, 257

〈2인 나체화: 두 여인〉 81

〈2인 초상〉 80, 136

《이중 권리》 189

《인간 지식의 원리론》 323

인본주의(자) 11~14, 51, 138, 169, 186, 217, 246, 267, 272, 282, 290, 293, 313, 314, 335, 356, 381

《인본주의의 창조적 본질》 381

《인형극에 관하여》 133

임달, 막스Imdahl, Max 16

입센, 헨리크Ibsen, Henrik 5, 42, 118

입체파 79, 124, 218

| ㅈ ~ ㅊ |

자거, 페터Sager, Peter 381

〈자살자〉 169

〈자, 손님! 시간이 됐어요〉 292

자유독일문화연맹 16, 219~221, 234, 235, 241, 399

〈자화상〉(피에솔레) 269

〈작별을 고하는 레오니다스〉 296, 298

《작은 긍정과 큰 부정》 109

잘린, 에드가Salin, Edgar 342, 375

《잘츠부르거 나흐리히텐》 360

〈잘츠부르크, 카푸치너베르크에서 바라본 풍경〉 330

〈전투〉 295, 296

《정신 치료와 지도》 186

〈정원의 석상〉 325

〈제네바 호수〉 368

〈제네바 호수 풍경〉 368

제들마이어, 한스Sedlmayr, Hans 313, 314, 406

《제르바》 174

제르킨, 루돌프Serkin, Rudolf 67

제임스, 헨리James, Henry 173

젤리크만, 아달베르트 프란츠Seligmann, Adalbert Franz 59

조르주쁘띠갤러리Galerie Georges Petit 182

조이스, 제임스Joyce, James 182

조지, 로이드George, Lloyd 237

〈존과 베티 콜스〉 269

존 레텔, 알프레트Sohn-Rethel, Alfred 361

존슨, B. S.Johnson, B. S. 223

존, 오거스터스John, Augustus 182, 218, 245

주다, 엘스베스Juda, Elsbeth 303

주트너, 베르타 폰Suttner, Bertha von 259

〈죽은 꿩〉 288

《죽은 날》 14

《중심의 상실》 313, 314

〈즉흥〉 264

지멜, 게오르크Simmel, Georg 262, 263

차라, 트리스탕Tzara, Tristan 113

차르디, 엠마Ciardi, Emma 59

《차이트》 354

〈책 읽는 소년〉 64

처칠, 윈스턴Churchill, Winston L. S. 219, 228, 236,

239, 301, 302, 305

《천일야화》 174

청기사(파) 261, 365

체니, 셀던 워런Cheney, Sheldon Warren 228

체슈카, 카를 오토Czeschka, Carl Otto 32

쳄린스키, 알렉산더 폰Zemlinsky, Alexander von 72

《초상화 미술》 266

〈총에 맞은 물오리〉 288

총체예술 14, 15, 111

〈최면술사〉 39

추상(화) 9, 11, 16, 32, 79, 88, 124, 135, 137, 161,
 176, 211, 215, 263, 264, 278~281, 283, 285,
 300, 305, 309, 310, 311, 315, 317, 319, 321, 232,
 336, 339, 345, 350, 363, 368, 369, 388

추크마이어, 카를Zuckmayer, Carl 275, 340, 370

〈춤추는 한 쌍〉 325

츠바이크, 슈테판Zweig, Stefan 31, 61, 204, 219,
 351

〈친구들〉 108, 114, 121

| ㅋ |

카네티, 엘리아스Canetti, Elias 31, 52, 53, 316

카니, 미나Carney, Mina 249, 250

카니, 잭Carney, Jack 249, 250

카르사비나, 타마라Karsavina, Tamara 131

《카를 5세》 177

카살스, 파블로Casals, Pablo 282, 283, 371

카슈니츠, 마리 루이제Kaschnitz, Marie Luise 88

카스텔, 루이 베르트랑Castel, Louis-Bertrand 316

카시러갤러리Galerie Cassirer 170, 182, 201, 340

카시러, 파울Cassirer, Paul 59, 65, 107, 182, 193,
 260

카터, 안젤라Carter, Angela 223

카프카, 프란츠Kafka, Franz 16, 108, 301, 322, 391

칸딘스키, 바실리Kandinsky, Wassily 13, 261, 263,
 264, 310, 316, 334

칼리어 니렌슈타인, 오토Kallir-Nirenstein, Otto 151

칼린, 안나Kallin, Anna(미를리Mirli) 182, 201

칼보코레시, 리처드Calvocoressi, Richard 52, 126,
 133, 135, 137, 145~149, 151, 152, 162~164,
 171, 173, 177~179, 181, 182, 201, 204, 205,
 226, 230, 283, 293

《캉디드》 247, 364

캠벨, 콜린Campbell, Colin 82

컨스터블, 존Constable, John 168

케른, 발터Kern, Walter 299, 300, 301, 309

케스텐베르크, 레오Kestenberg, Leo 279

케슬러, 하리 그라프Kessler, Harry Graf 264, 265

케어, 알프레트Kerr, Alfred 219, 221, 222

켈너, 레온Kellner, Leon 29

《켈스의 서》 286

켐프, 볼프강Kemp, Wolfgang 272

켐프, 빌헬름Kempff, Wilhelm 276, 281

코르네르, 에밀Korner, Emil 233

《코르넷》 104

코른펠트, 파울Kornfeld, Paul 110

코린트, 로비스Corinth, Louis 359

《코메니우스》 317, 341, 374~376, 382

코메니우스, 요한 아모스Comenius, Johann Amos 16, 49, 51, 52, 114, 138, 144, 149, 158, 176, 184, 188, 190, 191, 204, 205, 208, 216, 217, 231, 233, 234, 236, 241, 248, 290, 291, 334, 335, 351, 353, 356, 374, 376~380

코우덴호페 칼레르기, 리하르트 폰Coudenhove-Kalergi, Richard von 176

코코슈카, 구스타프 요제프Kokoschka, Gustav Josef 24, 25, 27, 28

코코슈카, 바츨라프Kokoschka, Václav 24, 25

코코슈카, 베르타Kokoschka, Berta 49, 342

코코슈카, 보후슬라프Kokoschka, Bohuslav(보히Bohi) 26, 94, 107, 118, 167, 200, 204, 220, 226, 329, 342, 364, 381

《코코슈카, 테르모필레》 299

콜라주 14, 15

콜비츠, 케테Kollwitz, Käthe 59, 247, 359

쾨르너, 테오도르Körner, Theodor 302, 364

쿠르티우스, 루트비히Curtius, Ludwig 297

쿠빈, 알프레트Kubin, Alfred 13, 92, 349

쿠퍼, 알프레드 더프Cooper, Alfred Duff 216, 217

〈쿠퍼, 일명 블라클 농부〉 32

《쿤스트레뷔》 86

크라우스, 카를Kraus, Karl 59, 60, 64, 65, 155, 169, 222, 258, 260, 340, 358, 370, 392

크라이스키, 브루노Kreisky, Bruno 364

크라카우어, 지그프리트Kracauer, Siegfried 212

크레네크, 에른스트Křenek, Ernst 123~128, 159, 170, 177, 276~278

크로폿킨, 표트르 A.Kropotkin, Pjotr A. 38

크로프트, 다이애나Croft, Diana 220

크로프트, 마이클Croft, Michael 219~221, 269

크로프트, 포지Croft, Posy 167, 220, 221, 269, 314

크로프트, 헨리 페이지Croft, Henry Page 219, 221

크리너, 미하엘라Krinner, Michaela 374

크리스티, 애거사Christie, Agatha 275, 302, 341

크바트플리크, 빌Quadflieg, Will 333

크조코어, 프란츠 테오도어Csokor, Franz Theodor 362, 363

클라우스, 요제프Klaus, Josef 88, 328

클라이스트, 하인리히 폰Kleist, Heinrich von 77, 133, 141, 142, 266, 279, 309, 342~345, 347, 348

클라크, 케네스Clark, Kenneth 215, 238~240

클레, 파울Klee, Paul 311

클렘퍼러, 오토Klemperer, Otto 90

클림트, 구스타프Klimt, Gustav 33, 71, 99, 259, 356

키르히너, 에른스트 루트비히Kirchner, Ernst Ludwig 310, 311, 320

키펜베르크, 카타리나Kippenberg, Katharina 104

《키프로스에서의 부활절》 341

키플링, 러디어드Kipling, Rudyard 91

| ㅌ ~ ㅍ |

〈타마신의 베두인족 현자〉 269, 290

〈타이곤〉 166, 286, 288

《타임스》 236, 241, 244

《타임스리터러리서플먼트》 293

탄하우저갤러리Galerie Thannhauser 261

〈태생 풍경〉 312

터너, 윌리엄Turner, William 168, 337

'테르모필레' 3부작 258, 280, 292, 294~301, 309, 318, 332, 367, 371, 373, 374, 376

〈테르모필레의 레오니다스〉 295, 296

테마리, 엘차Temary, Elza 169, 287

테이트갤러리Tate Gallery 215, 239, 240, 382, 397, 401

테자어, 루트비히 에리크Tesar, Ludwig Erik 86

토마스, 딜런Thomas, Dylan 223

《토템과 터부》 187

〈'퇴폐'미술가의 자화상〉 216, 219, 268

퇴폐미술(전) 85, 193, 207, 208, 324, 352, 353, 357

투른 운트 탁시스, 마리 폰Thurn und Taxis, Marie von 104

《투부치》 155, 156

툴루즈 로트레크, 앙리 드Toulouse-Lautrec, Henri de 63

튑케, 베르너Tübke, Werner 258

트라클, 게오르크Trakl, Georg 79, 83~88, 94, 99, 101, 106, 297, 340, 384~386, 388, 425

《트리스탄과 이졸데》 62, 280, 293

티에폴로, 조반니 바티스타Tiepolo, Giovanni Battista 7

티치아노, 베첼리오Tiziano, Vecellio 79, 175

《티치아노의 죽음》 10

티펫, 마이클Tippett, Michael 283

틴토레토Tintoretto 182

《파우스트》 86

파운드, 에즈라Pound, Ezra 218, 230, 237, 239, 275

파이잉거, 한스Vaihinger, Hans 189, 397

파이퍼, 존Piper, John 305

〈파인애플이 있는 정물화〉 38

파일헨펠트, 발터Feilchenfeldt, Walter 272

《파켈》 155, 260

팔코프스카, 올드리스카(올다)Palkovská, Oldriska 52, 53, 201, 205, 206, 210, 215, 217~219, 225, 227~229, 233, 250, 268~270, 329, 361, 365, 373, 385

팔코프스키, 카렐 B.Palkovsky, Karel B. 25, 201

패드모어, 조지Padmore, George 173

펄먼, 헨리Pearlman, Henry 268

〈페디리코 가르시아 로르카〉 206

페를 발레르슈타인, 기타Perl-Wallerstein, Gitta 364, 366

페인, 토머스Paine, Thomas 184, 188, 189

《페트루슈카》 82, 147

《펜테질레아》 77, 342, 343, 345, 347, 348

〈펜테질레아 앞에서 달아나는, 파멸 직전의 아킬레

우스〉343

펠릭스뮐러, 콘라트Felixmüller, Conrad 141, 312

펨페르트, 프란츠Pfempfert, Franz 155

《평균율 클라비어곡집》 276

포스터, 레너드Forster, Leonard Forster 384

포이크트, 브루노Voigt, Bruno 312

폴록, 잭슨Pollock, Jackson 364

〈폴페로〉 240

푀르스터, 에밀 폰Förster, Emil von 36

푈데시, 언도르Foldes, Andor 381

푈치히, 한스Poelzig, Hans 243

《표현주의 10년의 서정시》 264

푸르트벵글러, 빌헬름Furtwängler, Wilhelm 279, 280,
  297, 320, 332, 362, 433

푸르트벵글러, 아돌프Furtwängler, Adolf 297

푸르트벵글러, 엘리자베트Furtwängler, Elisabeth 278,
  373

《푸르헤》 372

〈푸른 옷을 입은 여인〉 265, 267

푸생, 니콜라Poussin, Nicolas 79

〈푸토와 토끼가 있는 정물〉 286

《프라거타크블라트》 51

프라고나르, 장 오노레Fragonard, Jean-Honoré 177

프라이, 로저Fry, Roger 218

〈프라하에 대한 향수〉 219

프란츠, 로테Franzos, Lotte 57, 58, 66

《프란치스카. 5막으로 된 현대의 불가사의》 87

프레이저, 제임스Frazer, James 188

〈프로메테우스〉 258

'프로메테우스 신화' 3부작 258, 292, 367

프로이트, 지그문트Freud, Sigmund 133, 187, 188,
  221

프로코피예프, 세르게이Prokofiev, Sergei Sergeevich
  321

프리데부르크, 루트비히 폰Friedeburg, Ludwig von
  191

프리델, 에곤Friedell, Egon 44, 45, 67

프리첼, 로테Pritzel, Lotte 129

플라우트, 제임스Plaut, James S. 367

플라체크, 한스Platschek Hans 367

플레크, 루드비히Fleck, Ludwik 331

〈플로다 폭포〉 168

《피델리오》 357

피셔 그라이징, 헤르베르트Fischer-Greising, Herbert
  312

피셔, 볼프강 게오르크Fischer, Wolfgang Georg 302,
  363

피셔, 테오도어Fischer, Theodor 226

《피오렌차》 376

피지즈, 에바Figes, Eva 223

피츠너, 한스Pfitzner, Hans 92

피카소, 파블로Picasso, Pablo 9, 172, 177, 221, 371,
  373, 374

피커, 트비히 폰Ficker, Ludwig von 99

《피할 수 없는 사람》 348

《필경사 바틀비》 301

| ㅎ |

하겐분트 67, 71

〈하데스와 페르세포네〉 268

하르틀라우프, 구스타브 프리드리히Hartlaub, Gustav
 Friedrich 311

하링거, 야코프Haringer, Jakob 309

《하얀 동물 살해자》 39~42, 86

하우스만, 라울Raoul Hausmann 211

하우젠슈타인, 빌헬름Hausenstein, Wilhelm 141, 150

하우프트만, 게르하르트Hauptmann, Gerhart 42

하이네, 하인리히Heine, Heinrich 71

하이제, 카를 게오르크Heise, Carl Georg 141, 171

하젠클레버, 발터Hasenclever, Walter 108, 109, 114,
 275, 340

하트파니, 파울Hatvani, Paul 266

하트필드, 존Heartfield, John 143, 219, 231

하페르캄프, 안젤름Haverkamp, Anselm 256

〈한 쌍의 연인과 고양이〉 114, 286

함부르거, 미하엘Hamburger, Michael 303

〈함부르크 해일〉 292

함순, 크누트Hamsun, Knut 118, 119, 146, 342

〈합병, 이상한 나라의 앨리스〉 231, 232

〈해밀턴 공작과 공작부인〉 269

〈향수〉 202

헉슬리, 줄리언Huxley, Julian 169

〈헝가리 풍경〉 330

헤겔, 게오르크 빌헬름 프리드리히Hegel, Georg
Wilhelm Friedrich 189, 267

헤로도토스 292~297, 300

《헤로와 레안더》 77

헤르더, 리요한 고트프리트Herder, Johann Gottfried 6

헤베지, 루트비히Hevesi, Ludwig 35

헤세, 헤르만Hesse, Hermann 309, 333

헤켈, 에리히Heckel, Erich 320, 321

헤펜스톨, 존 레이너Heppenstall, John Rayner 222,
 223

헨리히, 디터Henrich, Dieter 313

헨체, 한스 베르너Henze, Hans Werner 279

헬러, 헤르만Heller, Hermann 262

헵워스, 바바라Hepworth, Barbara 219, 305

《현대 과학과 무정부주의》 38

《현대미술 입문》 229

호니히만, 바바라Honigmann, Barbara 255

호들러, 레르디낭Hodler, Ferdinand 274

호디스, 야코프 판Hoddis, Jakob van 36

호딘, 요세프 파울Hodin, Josef Paul 226, 227, 244

호라티우스 118

호이스, 테오도르Heuss, Theodor 290~291, 301,
 332, 352, 363, 368, 405

호퍼, 카를Hofe, Karl 311, 312

호프만, 베르너Hofmann, Werner 382

호프만스탈, 후고 폰Hofmannsthal, Hugo Von 7, 10,
 26, 314, 328, 351, 408

호프만 야포, 에디트Hoffmann-Yapou, Edith 155, 217,
 231, 232, 242, 367

호프만, 요제프Hoffmann, Josef 32, 33

호프만 E. T. A.Hoffmann, E. T. A. 133, 134

호프만, 카밀Hoffmann, Camill 110, 111

《홈부르크 공자》 343

횔덜린, 프리드리히Hölderlin, Friedrich 82, 368, 385,
  388

휘슬러, 제임스 애벗 맥닐Whistler, James Abbott
  McNeill 222

휠젠베크, 리하르트Hülsenbeck, Richard 156

흄, 데이비드Hume, David 188

히틀러, 아돌프Hitler, Adolf 30, 31, 204, 208, 209,
  215~217, 231, 249, 273, 294, 310, 317, 352,
  354, 358, 360

힌데미트, 파울Hindemith, Paul 111, 112, 147, 276,
  369

힐러, 쿠르트Hiller, Kurt 340

힝켈, 한스Hinkel, Hans 51